道路交通信息检测技术及应用

李颖宏　张永忠　王力　主编

刘小明　主审

机械工业出版社

本书较为系统地介绍了道路信息检测技术的原理及应用。全书分为车辆检测技术、无检测器路口交通信息的获取技术、交通检测技术综合应用、交通环境检测技术共4部分10章，着重介绍了基于磁频、波频、视频的车辆检测技术，基于主成分分析法和聚类分析法来获取未安装检测器路口的交通流信息的技术，交通信息的预处理技术，车辆检测技术在智能交通系统中的综合应用，以及道路能见度检测及道路空气污染监测技术。

本书注重理论分析与工程实践相结合，内容丰富、针对性强、注重实用性，可作为高等院校交通工程专业、交通信息工程与控制专业、交通设备与控制工程专业、自动化专业及其他相关专业的教材或教学参考书，也可作为交通领域专业工程师或其他领域工程技术人员的参考书。

图书在版编目（CIP）数据

道路交通信息检测技术及应用/李颖宏，张永忠，王力主编．—北京：机械工业出版社，2013.8（2020.1 重印）
ISBN 978-7-111-43778-9

Ⅰ.①道… Ⅱ.①李…②张…③王… Ⅲ.①公路运输－交通信息系统－检测－高等学校－教材 Ⅳ.①U491.1

中国版本图书馆 CIP 数据核字（2013）第 198522 号

机械工业出版社（北京市百万庄大街 22 号 邮政编码 100037）
策划编辑：王 欢 责任编辑：王 欢
版式设计：常天培 责任校对：刘 岚
封面设计：赵颖喆 责任印制：常天培
北京捷迅佳彩印刷有限公司印刷
2020 年 1 月第 1 版第 3 次印刷
184mm×260mm · 18.25 印张 · 498 千字
4 001—4 500 册
标准书号：ISBN 978－7－111－43778－9
定价：49.00 元

凡购本书，如有缺页、倒页、脱页，由本社发行部调换

电话服务	网络服务
社服务中心：(010)88361066	教 材 网：http://www.cmpedu.com
销 售 一 部：(010)68326294	机工官网：http://www.cmpbook.com
销 售 二 部：(010)88379649	机工官博：http://weibo.com/cmp1952
读者购书热线：(010)88379203	**封面无防伪标均为盗版**

序

智能交通系统（Intelligent Transportation System，ITS）旨在通过多学科交叉融合和发展，特别是现代计算机技术、信息通信技术、智能控制技术、现代管理技术等的综合应用，来最大程度地提高路网通行能力和使用效率、减少交通事故、缓解交通拥挤、降低能源消耗和减轻环境污染。经过20多年的快速发展，ITS从概念的提出与完善、设备和系统研发，到大规模的技术应用与实施，在许多发达国家和地区已被证明是解决交通问题的有效手段。

ITS的出现和快速发展，是道路交通系统及综合交通运输体系发展到特定阶段需要通过综合应用高新技术来解决交通问题的必然需求，更受到近20年来信息技术（IT）快速发展的直接影响和推动。ITS的技术核心之一就是交通信息的全面、准确、及时的采集、处理、传输和发布。ITS的大量研发、推广与应用都是围绕着交通信息的获取和处理展开的。可以说，交通信息的采集、检测技术是整个ITS的基础和关键。

本书较为系统地介绍了道路交通领域交通信息检测技术的基础理论、基本原理、检测方法与实际应用，对分布于各章节的各种道路交通信息检测技术进行了相应的应用实例分析，并在第9章以典型的电子警察系统为应用案例进行了多种交通信息检测技术的综合应用剖析，使读者清楚地了解在实施ITS工程时各种交通信息检测技术应用的条件和环境。

现阶段我国正处在城市化、机动化的快速发展进程之中。尽管道路交通基础设施建设的投入巨大、发展迅速，但仍难以适应经济快速增长和人们对交通的需求。如何减少交通事故、缓解交通拥挤已经成为各级政府和广大交通参与者的重大关切问题之一。智能交通系统是提升道路交通综合管控水平、解决交通问题的行之有效的手段。《国家中长期科学和技术发展规划纲要(2006—2020年)》中把智能交通列为国家重点研究领域及优先课题之一。过去10年来，我国ITS发展迅速，特别是在系统、技术、设备的投入和应用方面投入很大，但在ITS发展所依赖的基础条件、基础技术方面的重视还不太够，对交通信息检测、采集技术的发展，特别是基于有效应用的发展方面存在很多不足。本书的一个重要特色就是围绕各种道路交通信息检测技术，突出强调理论联系实际，注重技术应用和工程实践性。

期望本书的出版将有利于推动道路交通信息和智能交通领域专业人才的培养，有助于推动我国在ITS方面的积极探索和健康发展，我愿意将本书推荐给广大的读者。

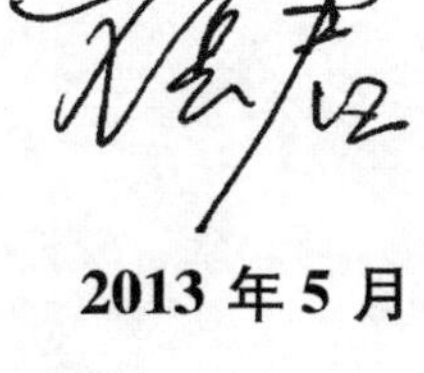

2013年5月

前　言

智能交通系统（ITS）是将先进的信息技术、数据通信传输技术、电子传感技术、控制技术及计算机技术等有效地集成运用于整个地面交通管理系统而建立的一种在大范围内、全方位发挥作用的实时、准确、高效的综合交通管理运输系统。智能交通系统一般由多个功能子系统，包括先进的交通管理系统、交通控制系统、电子收费系统、先进的公共交通系统等，而所有子系统都以交通信息为基础，因此交通信息是智能交通系统三大核心要素（信息、通信和集成）之一。

交通信息检测技术是智能交通系统的关键技术之一，本书主要介绍了目前道路交通控制与管理中所涉及的主流信息检测技术，并针对每种技术结合具体交通应用进行了实例分析。

全书共有10章，由李颖宏教授、张永忠研究员、王力副教授主编，刘小明教授主审，同时城市道路交通控制技术北京市重点实验室的田红芳、王玉全、杨飚、张福生、王志建、熊昌镇、周慧娟、陈兆盟、张海波等同志分别参编了不同的章节，公安部交通管理科学研究所姜良维研究员编写了第9章。

在本书的编写过程中，得到了李正熙教授建设性的指导意见，深圳市公安局交通警察局林维望、南京市公安局公安交通管理局顾怀中、宁波市公安局公安交通管理局张为秀、北京博研智通科技有限公司尹胜超等为编者提供了丰富的材料，研究生刘乐敏、郝小青、郑增强、李朝等参加了本书的资料整理工作。本书还引用了大量国内外作者发表的有关智能交通系统方面的文献，在此表示衷心的感谢。

由于道路交通信息检测技术尚处于不断发展的过程中，本书涉及的内容有限，加之时间仓促，难免存在不妥之处，敬请读者批评指正。

李颖宏

2013年5月于北方工业大学

目 录

序

前言

第 1 章 绪论 ………………………… 1

1.1 智能交通系统概述 ……………… 1

1.2 智能交通系统中的交通信息 ………… 3

1.2.1 主要交通流参数 ……………… 3

1.2.2 交通信息检测器 ……………… 9

第 2 章 基于磁频的车辆检测技术 ……… 13

2.1 环形线圈车辆检测器 …………… 13

2.1.1 环形线圈的检测原理 …………… 14

2.1.2 *LC* 并联谐振电路的谐振频率 …… 15

2.1.3 频率 f_0 的估计方法 …………… 16

2.1.4 基于环形线圈车辆检测器的交通数据检测方法 ……………… 17

2.2 环形线圈车辆检测器的应用 ………… 20

2.2.1 环形线圈车辆检测器的安装 ……… 20

2.2.2 典型的环形线圈车辆检测器 ……… 23

2.2.3 环形线圈车辆检测器在电子警察系统中的应用 …………… 27

2.2.4 环形线圈车辆检测器在 SCOOT 信号控制系统中的应用 ……………… 30

2.2.5 环形线圈车辆检测器在城市快速路出入口信号控制系统中的应用 …… 37

2.3 地磁车辆检测器 ……………… 40

2.3.1 地磁车辆检测器的工作原理 ……… 40

2.3.2 基于地磁车辆检测器的车辆信息检测 ……………… 42

2.4 地磁车辆检测器在车辆检测中的应用 ……………… 44

2.4.1 地磁车辆检测器的安装 ………… 44

2.4.2 地磁车辆检测器在停车场管理系统中的应用 ……………… 46

2.4.3 Sensys 无线地磁车辆检测系统 ……………… 49

第 3 章 基于射频的车辆检测技术 ……… 63

3.1 射频识别技术的发展概况 ………… 63

3.2 RFID 系统的组成 ……………… 64

3.3 RFID 的工作原理及技术特点 ……… 67

3.3.1 RFID 工作的物理基础 ………… 67

3.3.2 RFID 系统的数据编码 ………… 73

3.3.3 RFID 的工作过程 ……………… 75

3.3.4 电子标签（或 RFID 射频卡）的分类 ……………… 76

3.3.5 环境对 RFID 的影响 …………… 76

3.4 RFID 在智能交通中的应用 ………… 77

3.4.1 RFID 车辆检测器的主要功能 …… 77

3.4.2 RFID 在厦门智能交通控制与管理系统中的应用 ……………… 77

3.4.3 RFID 在机动车身份自动检测识别系统中的应用 ……………… 84

3.4.4 RFID 在公交优先系统中的应用 … 87

第 4 章 基于波频的车辆检测技术 ……… 95

4.1 超声波车辆检测器 ……………… 95

4.1.1 超声波车辆检测器的工作原理 …… 95

4.1.2 超声波车辆检测器的应用 ……… 98

4.2 微波车辆检测器 ……………… 100

4.2.1 雷达测速仪 ……………… 101

4.2.2 远程微波交通检测器 ………… 108

4.3 红外车辆检测器 ……………… 122

4.3.1 红外车辆检测器概述 ………… 122

4.3.2 红外车辆检测器的性能与应用 … 124

4.4 其他车辆检测器 ……………… 128

第 5 章 基于视频的车辆检测技术 ……… 131

5.1 视频车辆检测技术的发展概况 …… 131

5.2 视频车辆检测系统组成 ………… 133

5.3 目标检测与跟踪方法及原理 ……… 136

5.3.1 目标检测 ……………… 137

5.3.2 基于边缘高斯混合模型的运动车辆检测方法 ……………… 144

5.3.3 基于车牌识别的车辆检测方法 … 164

5.3.4 目标跟踪 ……………… 179

5.3.5 基于自适应均值漂移算法的运动车辆目标跟踪方法 ……… 185

5.4 视频车辆检测系统的安装 ……… 194

5.5 视频车辆检测技术的应用 ……… 195

5.5.1 闯红灯违法检测 …… 195
5.5.2 车辆逆行检测 …… 197
第6章 移动型交通数据采集技术 …… 200
6.1 基于GPS的浮动车交通信息采集技术概述 …… 201
6.2 GPS浮动车信息采集系统的基本组成 …… 201
6.3 移动型交通流检测系统浮动车样本的选取 …… 205
6.3.1 基于路段速度估计的浮动车样本大小模型 …… 205
6.3.2 基于路网覆盖率分析的浮动车样本比例模型 …… 206
6.3.3 基于路段车辆分布的浮动车样本大小模型 …… 208
6.3.4 综合浮动车大小模型的建立 …… 210
6.3.5 移动型交通流检测系统浮动车样本的选择 …… 215
6.4 GPS浮动车信息采集系统的应用分析 …… 218
6.4.1 GPS浮动车原始数据的预处理 … 218
6.4.2 基于GPS浮动车数据的路段平均速度估计 …… 219
6.5 应用案例简介 …… 220
第7章 无检测器道路交通信息的获取技术 …… 222
7.1 邻近交叉口关联分析方法 …… 222
7.2 主成分分析法 …… 224
7.2.1 主成分分析法中主分量的确定 … 224
7.2.2 主成分分析的计算过程 …… 226
7.2.3 数据验证 …… 227
7.2.4 主成分分析法预测 …… 228
7.3 聚类分析法 …… 231
7.3.1 聚类分析法的选择 …… 231
7.3.2 相似系数的计算 …… 233
7.3.3 相似系数的选取原则 …… 234
7.3.4 聚类分析法预测 …… 234
7.4 基于数据融合的交通信息获取技术 … 237
第8章 交通检测数据预处理技术 …… 239
8.1 错误数据的界定与识别 …… 239
8.1.1 统计判别法 …… 239
8.1.2 物理判别法 …… 241
8.2 缺失数据的修复 …… 243
8.2.1 基于时间序列的数据修复 …… 243
8.2.2 基于历史数据的数据修复 …… 244
8.2.3 基于空间位置的数据修复 …… 244
8.3 基于检测数据的异常交通状况识别 … 244
第9章 交通检测技术综合应用 …… 249
9.1 交通数据检测器性能特点比较 …… 249
9.2 交通流检测系统的组成及应用 …… 252
9.3 交通检测技术综合应用——电子警察 …… 255
9.3.1 概述 …… 255
9.3.2 闯红灯自动记录系统 …… 256
9.3.3 公路车辆智能监测记录系统 …… 260
9.4 小结 …… 269
第10章 道路环境检测技术 …… 270
10.1 道路能见度检测 …… 270
10.1.1 能见度的定义 …… 270
10.1.2 能见度检测原理 …… 271
10.1.3 能见度检测方法 …… 272
10.2 道路空气污染的监测 …… 282
10.2.1 机动车污染物排放量的检测与估算方法 …… 282
10.2.2 道路上机动车污染物排放量的检测 …… 283
参考文献 …… 285

第1章　绪　论

1.1　智能交通系统概述

智能交通系统（Intelligent Transportation System，ITS）是交通系统的发展方向。它是将先进的信息技术、数据通信传输技术、电子传感技术、控制技术及计算机技术等有效地集成运用于整个地面交通管理系统，而建立的一种在大范围内、全方位发挥作用的实时、准确、高效的综合交通运输管理系统。ITS可以有效利用现有交通设施、减少交通负载和环境污染、保证交通安全、提高运输效率，因而日益受到各国的重视。

从20世纪60年代以来，发达国家进行了城市智能交通系统的研究。美国是目前智能交通系统发展最为先进的国家之一。在1995年美国交通部（Department of Transportation，DOT）发布了"国家智能交通系统项目规划"，明确规定了智能交通系统的7大领域和29个用户服务功能。其中，着重发展的7大领域为出行和交通管理系统、出行需求管理系统、公共交通运营系统、商用车辆运营系统、电子收费系统、应急管理系统、先进的车辆控制和安全系统。

日本有关部门认为ITS是解决20世纪遗留的最大问题之一——道路交通问题的有效手段，而且是保持和推进日本经济活力的重要措施，并认为ITS将成为其21世纪上半叶重要的产业，可以创建新的产业领域。1996年，日本制定了"推进ITS总体构想"，推出了为期长达20年的发展计划，包含了智能交通子系统部分应用、改善基础设施建设及系统和产品研发。

欧洲的ITS研究开发是由官方（主要是欧盟）与民间并行进行的，促进ITS发展的机构主要是欧洲研究协调局（European Research Coordination Agency，EURECA）和欧洲道路交通远程实现协调组织（European Road Transport Telematics Implementation Coordination Organization，ERTICO）。1985年，为了促进官方与民间在研究开发领域的合作，成立了EURECA。并先后启动了欧洲高效安全交通系统计划——PROMETHEUS，和保障车辆安全的欧洲道路基础设施计划DRIVE。在这两大计划的指导下，欧洲各国开展了ITS领域的研究开发工作。欧洲ITS协会提出要将道路、车辆、卫星和计算机利用通信系统进行集成，远景是将各国独立的系统逐步转变为车与车、车与路、车与其他的合作系统，实现人和物的移动信息互操作和一票移动，准备实现路侧紧急呼叫、车内和路侧速度提示，实现通过浮动车和蜂窝电话检测交通和道路状态、危险货物车辆和被盗车辆跟踪系统、客户关系管理等服务。

我国ITS的发展虽然起步略晚于发达国家，但也有几十年的历史，到目前为止经历了三个阶段。第一阶段从1973年至1984年，依靠自己的技术和国产设备，以电视监控与线控为起点逐步向面控系统发展，实现了以北京前三门交通监控系统为代表的城市主要交叉路口的点控制及路段的线控制。第二阶段从1984年至1993年，北京、上海分别应用南斯拉夫、美国和澳大利亚的面控系统，直到公安部组织完成了面控系统国产化的"七五"攻关。此后，我国几十个大中城市相继采用了国产的面控系统。第三阶段从1993年起，我国部分城市开始了现代化综合交通指挥系统的研制与实施。这种系统不仅包括了交通信号控制和电视监视系统，还包括了警车定位系统、地理信息系统以及交通事故、车辆与机动车驾驶人档案管理等综合静态信息系统。这种现代化交通管理与指挥系统实际上就是我国智能交通系统的基础。

目前我国大中城市已建或在建的智能交通系统主要包括以下几个方面：

① 交通信号控制与指挥系统。我国大多数大城市的信号控制系统建设已经具有相当的规模，而且在此基础上又进一步建设了指挥系统；很多城市指挥中心的规模与设备水平已经达到一些发达国家的建设规模与水平，其中包括我国自行开发的系统和引进的国外 SCATS、SCOOT 等系统。目前，我国若干研究机构和一些企业集团正在致力于适合我国混合交通特点的、具有一定自学习功能的、与交通诱导等其他子系统有相当协调能力的信号控制系统的研究开发工作。

② 交通监视与监测系统。我国多数城市已经建立了以电视摄像为主体的交通监视与交通流信息监测系统。管理人员通过该系统监视突发交通事故，及时处理交通事故、交通堵塞和记录交通违章、交通违法。有些城市的监视系统还能够根据交通流量的变化来控制摄像机镜头自动指向道路拥挤或发生突发交通事故的路段，具备了一定的智能化功能。

③ 交通管理信息系统。该系统利用网络技术实现车辆档案、驾驶员档案、交通事故及交通违章的综合管理，建立盗抢机动车信息库、车辆与驾驶员信息库，并实现数据共享。

④ 交通信息动态显示系统。该系统利用交通控制系统和交通信息系统及 122 报警台采集突发交通事故信息，通过道路交通显示屏发放信息，引导道路使用者合理地参与交通。

⑤ 交通诱导系统。该系统利用交通广播电台或交通寻呼台实时发送交通信息。我国的省会城市和部分大城市目前已经基本上建立了交通广播电台和交通寻呼台，进行了交通数据广播网试点，利用调频附加信道和广播信息交换网，实现跨地区长途运输的交通信息传送。

⑥ 交通运输安全报警系统。该系统利用 GPS/GIS㊀等功能，监管长途客车安全运行，及时制止意外事故的发生。

⑦ 交通违法检测系统。该系统利用照相、摄像、视频检测等手段，记录机动车违法信息，又称“电子警察系统”。随着现代科技的广泛应用，目前我国的主要城市基本上都已经安装了电子警察系统，为公安交通管理非现场执法的实施提供了保障。

⑧ 驾驶员考试系统。该系统利用激光技术、摄像检测以及计算机信息技术自动记录驾驶学员的场地驾驶过程，实施场地考试自动监测；利用检测技术、信息技术自动记录驾驶学员的道路行驶过程，实施道路考试自动监测。

⑨ 交通事故快速勘察系统。该系统利用立体摄影、计算机信息和数据传输等技术，对事故现场进行快速勘察、制图和事故现场图像的及时传送，使指挥控制中心对交通事故进行实时处理和指挥。

⑩ 电子收费系统。该系统利用电子技术、计算机技术以及信息通信技术，通过安装在汽车上的电子标识卡（存储与车辆收费有关的大量信息，如预缴金额、车型、车主等）与安装在收费车道旁的读写收发器，通过微波或红外进行快速的数据交换，实现车辆的不停车收费。它不仅可以解决收费站的排队问题，而且可以方便地实现道路拥挤收费，进行交通需求管理；可进行交通监视、事件检测、实时 OD㊁矩阵估计、驾驶员信息采集和各种费用的自动收取等。

⑪ 公共交通运营指挥调度系统。该系统利用 GPS/GIS 等相关技术，实现公共交通的智能运营组织调度，特别是针对大型活动或突发交通事故，能够提供辅助指挥调度相关决策方案，提高救援效率。

㊀ GPS/GIS：Global Positioning System/Geographic Information System，全球定位系统/地理信息系统。

㊁ OD Origin Destination，起点终点。

2011年4月交通运输部组织编制了《交通运输“十二五”发展规划》，规划指出：交通运输行业必须把加快发展方式转变作为重要的战略举措，将交通运输结构调整作为主攻方向，以科技进步和创新为重要支撑，加快推进现代交通运输业发展。

目前，北京市已初步建成4大类ITS：道路交通控制、公共交通指挥与调度、高速公路管理、紧急事件管理，约30个子系统分散在各交通管理和运营部门。“十二五”期间，北京将构建并完善包括高速公路ETC系统[⊖]、轨道交通、综合交通枢纽智能化、地面公交智能化、智能停车管理与服务、智能化公共自行车服务等在内的智能交通服务体系，并重点建设公共交通基础设施及运营数据体系。

1.2 智能交通系统中的交通信息

随着社会发展和技术进步，智能交通系统从一开始的交通管理计算机化，发展为强调系统性、信息交流的交互性及服务的广泛性的交通工程与管理系统。

交通信息是城市交通规划和交通控制与管理的重要基础信息，按照信息来源不同，可分为城市道路交通信息、高速路交通信息；按照统计间隔不同，可分为宏观交通信息、中观交通信息、微观交通信息；按照时间性质不同，可分为历史交通信息、实时交通信息；按照信息变化情况的不同，可分为静态交通信息和动态交通信息。静态交通信息是指交通系统中一段时间内稳定不变的信息，主要包括道路路网信息、交通管理设施信息等交通基础设施信息，也包括机动车保有量、道路交通流量等统计信息及交通参与者出行规律，这些是在时间上和空间上相对稳定的信息。动态交通信息是指实时道路交通流信息、交通控制状态信息及实时交通环境信息等这些在时间上和空间上相对变化着的信息。

另外，实时交通信息是指能表征城市道路实时交通状态的相关信息，如交通流三参数（流量、密度、速度）实时信息、交通事故信息、天气信息、实时交通管理与控制信息、车辆和出行者需求服务信息等。这些信息是非常重要的。

交通信息主要是通过车辆检测器获取的。车辆检测器（又称为车辆交通信息采集系统）是现代交通控制系统中的基础设施。车辆检测器是以机动车辆为检测目标，检测车辆的通过或存在状况，主要检测对象包括车辆的行驶速度、交通流量、占有率等信息，从而提供较为全面的道路交通状况感知信息，以便为智能交通系统的建模、控制和决策诱导提供支撑。

本书重点介绍的是面向城市道路交通信号控制的实时交通信息检测与处理技术。

1.2.1 主要交通流参数

连续不断的车辆在道路上行驶，形成车流，称作“交通流”。交通流状态分为稳定交通流状态和非稳定交通流状态。稳定交通流状态是指车辆在道路上行驶时，依次鱼贯而行，受到外界的干扰因素较少，主要交通流参数包括交通流量、速度和密度以及车头时距、车头间距。非稳定交通流状态是指接近或超过道路通行能力时，交通流受阻，出现排队或等待，主要交通流参数包括排队长度、等待（延误）时间等。

交通流定性特征和定量特征，称为交通流特性。定性特征主要是指道路状况畅通、拥堵情况等，例如北京交通发展研究中心开发的“北京市交通运行智能化分析平台”首次提出“交通拥堵

⊖ ETC系统：Electronic Toll Collection System，电子不停车收费系统。

指数”的概念。它通过道路实时动态交通拥堵指数，综合反映宏观路网动态运行状况，从拥堵强度、拥堵范围、拥堵时间、发生频度、稳定性这“五维”特征，表征拥堵的严重程度、时间和空间影响程度，全方位反映城市交通流定性特征及演变规律。定量特征，即上述提及的交通流参数，主要包括交通流量、速度和密度以及车头时距、车头间距、排队长度、等待延误时间等。

1. 交通流量

交通流量是指在单位时间内，通过道路某一点、某一断面或者某一条车道的运行单元数。当运行单元是车辆，则为车辆交通流量；若为行人或自行车则为行人交通流量或自行车交通流量。

车辆交通流量计算公式如下：

$$Q = N/T \tag{1.1}$$

式中，Q 为交通流量（veh/h）[⊖]；N 为数据采样间隔内的车辆数（veh）；T 为数据统计采用的时间间隔（h）。

2. 车速

车辆行驶路程与相应时间之比，称为车速，是衡量为驾驶人提供的交通服务质量的一个重要指标。车速有以下几种不同的定义：

平均行驶速度，是以观测车辆通过已知长度路段的行驶时间为基础来度量交通流情况的。平均行驶速度等于车辆行驶路段长度除以车辆经过该路段的平均行驶时间。行驶时间只包括车辆运动时间。

平均行程速度，是以观测车辆通过已知长度路段的行程时间为基础来度量交通流情况的。平均行程速度等于车辆行驶路段长度除以车辆经过该路段的平均行程时间。行程时间包括车辆运动时间、停车延误时间。它也称作区间平均速度。

地点速度，又称为瞬时车速或点速度，它是车辆通过某一地点的瞬时速度。一般在测定地点速度时，通常取 20～50m 的距离来测定。

时间平均速度，是指通过道路上某一点观测车速的算术平均值，也称为平均地点速度。

区间平均速度，是指在某一特定时间内处在所测路段长度范围内的所有车辆行驶路程的平均值。

以环形线圈车辆检测器为例，每辆车的地点速度可以用下式计算：

$$v_i = \frac{D}{\Delta t_i} \tag{1.2}$$

式中，v_i 为采样间隔内第 i 辆车的地点速度；Δt_i 为采样间隔内第 i 辆车通过前后线圈的时间差；D 为前后线圈之间的距离。

根据 JT/T 455—2001《环形线圈车辆检测器》的要求，环形线圈车辆检测器输出的平均速度为时间平均速度，即观测时间内通过道路某断面所有车地点速度的算术平均值，即

$$\overline{v}_t = \frac{1}{N}\sum_{i=1}^{N} v_i \tag{1.3}$$

式中，$\overline{v}_t$ 为采样间隔内时间平均速度；v_i 为采样间隔内第 i 辆车的地点速度；N 为数据采样间隔内的车辆数。

而在实际应用中，有些检测器输出的速度采用的是区间平均速度。如著名的英国 PEEK 公司的环形线圈检测器输出的速度就采用区间平均速度，即

⊖ 本书中以 veh 表示车辆数，1veh/h 表示每小时 1 辆。

$$\bar{v}_s = \frac{D}{\frac{1}{N}\sum_{i=1}^{N}\Delta t_i} = \frac{D}{\frac{1}{N}\sum_{i=1}^{N}\frac{D}{v_i}} = \frac{1}{\frac{1}{N}\sum_{i=1}^{N}\frac{1}{v_i}} \tag{1.4}$$

式中，$\bar{v}_s$ 为采样间隔内区间平均速度。

式（1.4）表明区间平均速度是观测路段内所有车辆行驶速度的调和平均值。一般情况下，时间平均速度和区间平均速度相差不大，只有在采样间隔内速度波动很大的情况下，两者才会有比较大的区别，这时采用调和平均值能更好地表征交通状态。

3. 交通密度

当交通流量为零时，不能认定此刻没有车辆，而是有两种情况：一是道路上没有行驶车辆；二是车速为零，有车而不流，即阻塞。这种情况下，不能只用交通流量来描述交通状况，而应采用交通密度描述交通状况。

所谓交通密度，是指单位长度道路上，在某一瞬间的车辆总数。为使车流有可比性，对于同一条道路，可以不考虑车道仅考虑方向来比较；对于不同车道数的不同道路应采用单车道来定义密度。交通密度是衡量车流畅通状况的重要指标，有

$$\rho = \frac{N}{L} \tag{1.5}$$

式中，ρ 为交通密度，(veh/km)；L 为路段长度（km）；N 为路段长度 L 内的某瞬时车辆数（veh）。下面介绍几个相关概念。

临界交通密度：是指交通流量接近或达到道路通行能力时的交通密度，又称为最佳交通密度，用 ρ_m 表示。

阻塞交通密度：是指车流密集到所有车辆基本无法运动时的交通密度，用 ρ_j 表示。此时车速近似于零，车流量也接近于零。

交通密度的分布特征用空间占有率和时间占有率来描述，统称为车道占有率。车道占有率越高，则交通密度越大。

空间占有率：在某一瞬间、一定的观测路段长度内行驶的车辆总长度占该观测路段长度的百分比，称为空间占有率，用 R_s 表示。

$$R_s = \frac{1}{L}\sum_{i=1}^{n} l_i \times 100\% \tag{1.6}$$

式中，L 为观测路段的总长度（m）；l_i 为第 i 辆车的车身长度（m）；n 为观测路段上车辆总数(veh)。

时间占有率：在某一时段内，车辆通过某一断面的累积时间占该时段的百分比，用 R_i 表示。

$$R_i = \frac{1}{T_0}\sum_{i=1}^{n} t_i \times 100\% \tag{1.7}$$

式中，T_0 为观测时段（s）；t_i 为第 i 辆车通过观测断面时占用的时间（s）；n 为观测时段内通过观测断面的车辆总数（veh）。

4. 交通流量、车速、交通密度之间的相互关系

在以上的交通流参数中，交通流量、车速和交通密度一般称为交通流三要素，这三大参数是描述交通流基本特征的主要参数，它们彼此之间既相互联系，又相互制约。车速和交通密度反映了交通流从路上获得的服务质量，交通流量可度量车流的数量和对交通设施的需求情况。交通流量 Q、速度 v 和交通密度 ρ 三者之间的基本关系为

$$\bar{Q} = \bar{\rho}\,\bar{v} \tag{1.8}$$

式中，$\overline{Q}$为平均交通流量（veh/h）；$\overline{v}$为空间平均速度（km/h）；$\overline{\rho}$为平均交通密度（veh/km）。

（1）车速与交通密度的关系

在道路上行车时会有一种感性认识，当道路上交通密度小时，车速较高，畅行无阻；当交通密度增大，即道路上的车辆增加时，则驾驶人被迫降低车速；当交通达到拥挤状态时，车速会降得更低，直至处于停止状态。这表明车速和交通密度之间存在一定的关系，一般有以下几种模型可以表述这种关系。

1）线性关系模型　根据实践经验，1933 年美国专家格林·希尔茨（Green Shields）提出了车的速度－交通密度的单段式线性关系模型，即

$$v = a - b\rho \tag{1.9}$$

式中，a、b 为常数。当 $\rho = 0$ 时，v 可达到理论最高速度，即达到畅行速度 v_f，$v_f = a$；当交通密度达到最大值，即 $\rho = \rho_j$ 时，车速 $v = 0$，则 $b = v_f/\rho_j$，代入式（1.9）有

$$v = v_f - \frac{v_f}{\rho_j}\rho = v_f(1 - \frac{\rho}{\rho_j}) \tag{1.10}$$

式中，ρ_j 为阻塞交通密度。

$$\rho = 0 \rightarrow v = v_f$$
$$\rho = \rho_j \rightarrow v = 0$$
$$\rho = \rho_m \rightarrow v = v_m$$
$$Q \rightarrow Q_{max}$$

格林·希尔茨提出的车速－交通密度的单段式线性关系模型，在交通密度适中的情况下是比较符合实际的。但此模型不能很好地表征交通密度很大或很小的情况下的车速－交通密度关系。

2）对数模型　当交通密度比较大时，采用 1959 年格林伯格（Greenberg）提出的基于对数模型的车速—交通密度关系能够较好地描述实际情况，其公式如下：

$$v = v_m \ln\left(\frac{\rho_j}{\rho}\right) \tag{1.11}$$

式中，v_m 为对应最大交通流量时的车速（km/h）。

这种模型和交通拥挤情况的现场数据相符合，但是当交通密度小时不适用。

3）指数模型　1961 年，安德伍德（Underwood）提出的指数模型比较适合当交通密度小时的情况，其公式如下：

$$v = v_f e^{\frac{\rho}{\rho_m}} \tag{1.12}$$

式中，ρ_m 为最大交通流量时的交通密度（veh/km）；e 为自然对数的底数。

在小交通流量情况下，这种模型与现场数据曲线很吻合。但是存在一个问题，当交通密度趋近于阻塞交通密度时，以此模型推得的车速并不趋近于零，与实际存在较大误差。

4）广义的车速－交通密度模型

$$v = v_f\left(1 - \frac{\rho}{\rho_j}\right)^n \tag{1.13}$$

式中，n 为大于零的实数，当 $n = 1$ 时，式（1.13）变为线性关系式。

（2）交通流量与交通密度关系

由交通流量、车速、交通密度之间的基本关系式式（1.8）和格林·希尔茨公式式（1.10），可得

$$Q = \rho v = \rho v_f(1 - \frac{\rho}{\rho_j}) = v_f(\rho - \frac{\rho^2}{\rho_j}) \tag{1.14}$$

则得，交通流量与交通密度的关系曲线如图 1-1 所示。

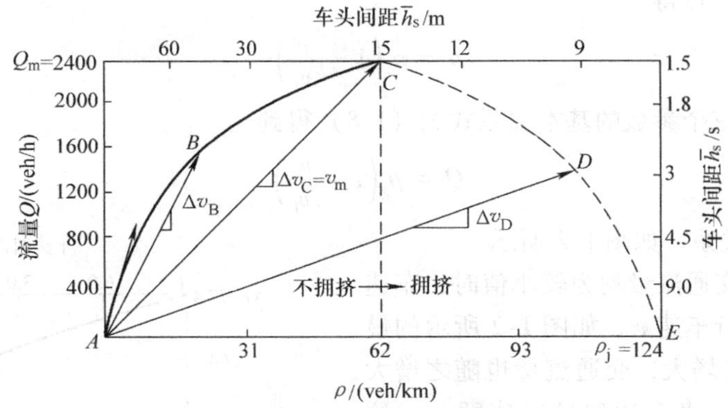

图 1-1 交通流量 - 交通密度关系曲线

将式（1.14）对 Q 求导，并令

$$\frac{\mathrm{d}Q}{\mathrm{d}\rho} = v_f - \frac{2v_f}{\rho_j}\rho = 0$$

可求出，当 $\rho=\rho_j/2$ 时，Q 最大，即

$$Q_{max} = \frac{v_f\rho_j}{4} \tag{1.15}$$

当采用不同的车速 - 交通密度公式时，就可以求得不同的交通流量 - 交通密度公式，在此不再一一赘述。

由图 1-1 所示的交通流量 - 交通密度曲线，可以得到这两个变量之间的一些主要特征关系如下：

① 当交通密度为零时，交通流量为零，故曲线通过坐标原点。

② 随交通密度增加，交通流量增大，直至达到道路的通行能力，即曲线上点 C 的交通流量达到最大值，对应的交通密度为最佳交通密度 ρ_m。

③ 从点 C 起，交通密度增加，车速下降，交通流量减少，直到阻塞交通密度 ρ_j，则车速等于零，交通流量等于零。

④ 由坐标原点向曲线上任一点画矢径。这些矢径的斜率表示区段平均速度：通过点 A 的矢径与曲线相切，其斜率为畅行车速 v_t。

⑤ 对于交通密度比 ρ_m 小的点表示不拥挤情况，而交通密度比 ρ_m 大的点表示拥挤情况。

【例 1-1】 已知某公路的畅行车速为 80km/h，阻塞交通密度为 110veh/km，车速 - 交通密度关系为线性关系。问：该路段上期望得到的最大交通流量是多少？此时所对应的车速是多少？

解：

最大交通流量为

$$Q_m = \frac{v_f\rho_j}{4} = \left(\frac{80\times 110}{4}\right)\text{veh/h} = 2200\text{veh/h}$$

车速为

$$v_m = \frac{v_f}{2} = \left(\frac{80}{2}\right)\text{km/h} = 40\text{km/h}$$

（3）交通流量与车速关系

由前面的论述可知，车速－交通密度之间的关系可用多种关系式模型表达。以线性关系模型为例，由式（1.10）可得

$$\rho = \rho_j\left(1 - \frac{v}{v_f}\right) \tag{1.16}$$

将式（1.16）代入三个参数的基本关系式式（1.8）得到

$$Q = \rho_j\left(v - \frac{v^2}{v_f}\right) \tag{1.17}$$

Q 与 v 是二次函数关系，如图 1-2 所示。

当交通密度与交通流量均为较小值时，车速可达最大值，即畅行车速 v_f，如图 1-2 所示的最高点 A；当交通密度增大，交通流量也随之增大时，车速逐渐减小，直至达到最佳速度 v_m，这时交通流量最大，为点 C。因此，从 v_m 处至点 C 的线与曲线上半部分所围成的区域为不拥挤区。

当交通密度继续增大，交通流量反而减小，车速也减小，直至达到最大交通密度 ρ_j 时形成阻塞，这时车流停止行驶，交通流量和车速均为零。因此，车速－交通流量曲线通过坐标原点。同时，从 v_m 处至点 C 的线与曲线下半部分所围成的区域为拥挤区。

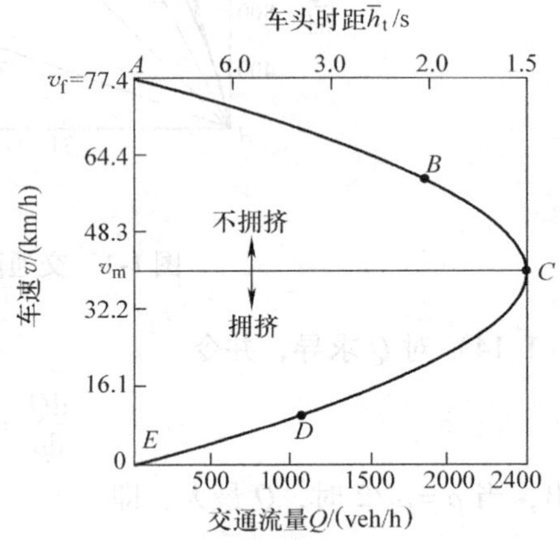

图 1-2　交通流量－车速关系曲线

综上所述，按格林·希尔茨的车速－交通密度模型、交通流量－交通密度模型、车速－交通流量模型可以看出，Q_m、v_m 和 ρ_m（交通流量－车速关系曲线）是划分交通拥挤的重要特征，如图 1-3 所示。

① 当 $Q \leqslant Q_m$、$\rho > \rho_m$、$v < v_m$ 时，属于拥挤状态；

② 当 $Q \leqslant Q_m$、$\rho \leqslant \rho_m$、$v \geqslant v_m$ 时，属于不拥挤状态。

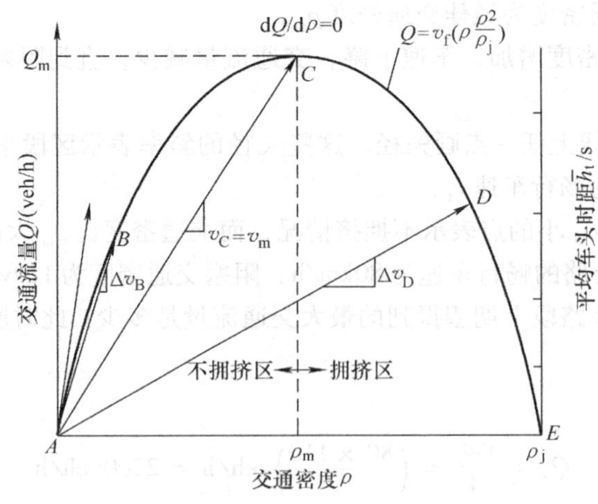

图 1-3　交通流三要素关系曲线图

1.2.2 交通信息检测器

交通信息检测器在智能交通系统中占有重要的地位，是实现智能交通控制与管理的关键基础设施。通过不同的检测技术实时获取道路上交通流量、车速、交通密度和时空占有率等交通参数，为监控中心分析、判断、发出信息和优化控制方案提供依据。交通信息检测器及其检测技术水平直接影响到道路交通监控系统的整体运行管控水平。

在交通流检测系统中，常用的车辆信息检测采集技术有环形线圈、微波、视频、超声波等车辆检测器，可概括为移动式和固定式两大类。固定检测以环形线圈检测技术为代表，该技术较成熟、检测准确度高，但由于只能检测路段点信息，因此信息完备性差。移动检测多以浮动车检测技术为代表，该技术能够检测整个路段，信息完备性好，但由于受到检测车随意停车等因素影响，存在检测度不高的情况。

1. 移动式交通信息获取技术

移动式交通信息获取技术是指，运用装有特定设备的移动车辆检测道路上的特定标示物来采集交通数据的方法的总称。

目前，该技术主要有基于定位技术的动态交通数据采集技术、基于电子标签的动态交通数据采集技术、基于汽车牌照自动判别的动态交通数据采集技术和基于手机探测车的交通信息采集技术。

目前，随着车路协同技术的发展，对移动式交通信息的获取技术要求越来越高，应用也会越来越广泛。

（1）基于GPS定位的动态交通数据采集技术

基于GPS定位的动态交通数据采集技术是在车辆上配备GPS接收装置，以一定的采样间隔记录车辆的三维位置坐标和时间数据，这些数据通过与GIS的电子地图相结合，计算出车辆瞬时车速和通过特定路段的行程时间和行程速度指标。若在给定的时段内有多辆车经过特定路段，可以得到该路段的平均行程时间和平均行程速度。其不足之处在于，需要足够多装有GPS的车辆运行在城市路网中，检测准确度与GPS的定位准确度有很大的关系，且检测数据易受电磁干扰。

（2）基于电子标签的动态交通数据采集技术

电子标签是射频识别（Radio Frequency Identification，RFID）系统的基本组成之一。基本的RFID系统由阅读器和应答器组成。应答器是RFID系统的信息载体，阅读器通过射频天线发送一定频率的射频信号，阅读器对接收的信号进行解调和解码，然后送到后台主系统，由主系统进行相关处理。基于电子标签的动态交通数据采集技术可以直接获取交通流量信息，间接得到车辆的行程时间、行程车速等。其不足之处在于，车辆必须安装电子标签，路网中车辆的贴签率是获得准确检测交通数据的关键指标。

2. 固定式交通信息获取技术

固定式交通信息获取技术主要是指，运用安装在固定地点的交通检测器对移动的车辆进行监测，从而实现采集交通信息的方法的总称。固定式交通检测器绝大部分安装在高速公路、快速路以及城市主干道和次干路的重要交叉口处。

（1）按检测原理分类

按检测器检测原理不同，可将检测器划分为磁频、波频和视频车辆检测器。

1）磁频车辆检测器

利用磁频技术采集交通信息的设备主要有环形线圈车辆检测器、地磁车辆检测器等。其中，环形线圈车辆检测器是目前检测参数较多、车辆信息采集准确度较高、在交通控制中应用最为广泛的交通流检测器。它是利用埋设在车道下的感应线圈对通过线圈或位于线圈之上的车辆所引起电磁感应的变化进行处理而达到检测目的的。当车辆通过线圈时产生电感的变化会导致相位的变化，通过相位比较器获得一个相应的信号。它可以用来检测交通流量、占有率、车速以及车辆类型等。

2）波频车辆检测器

波频车辆检测器主要有超声波车辆检测器、微波车辆检测器、红外车辆检测器以及被动式声波车辆检测器。

超声波车辆检测器的工作原理是利用“多普勒效应”反射原理，通过接收由超声波发生器发生、发射的超声波束并经车辆反射的超声波回波来检测车辆，通过判断发射信号与原反射回波信号在时间上的差异来检测车辆数和车辆类型等。它采用悬挂式安装，具有使用寿命长、可移动、架设方便的特点，但易受环境的影响。

微波车辆检测器同样是利用“多普勒效应”反射原理，通过发射器对检测区域发射微波，当车辆通过时，多普勒效应反射波会以不同的频率返回，就可以通过检测反射波的频率来检测通过车辆的信息。其优势是能胜任恶劣环境、全天候工作，检测出多达8个车道的交通流量、道路占有率、平均车速、长车流量等交通流参数。但对于多车道、车辆并行或人车混杂的复杂路段，在相邻车道同时过车时会出现误检。

红外车辆检测器采用反射式检测技术，反射式检测探头由一个红外发光管和一个红外接收管组成。通过红外探头向道路上发射调制脉冲，当有车辆通过时，红外线脉冲从车体反射回来被探头的接收管接收，经处理输出一个检测信号。该检测器具有快速准确的特点，但易受环境影响，如灰尘、冰、雾会影响系统的正常工作。

3）视频检测技术

视频检测是将视频图像和模式识别技术相结合并应用于交通领域的新型数据采集技术。它通过实时分析输入的交通图像，判断图像中划定的一个或者多个检测区域内的运动目标物体，获得所需的交通数据。其优势是安装和维护比较方便，通过单台摄像机可检测多车道，信息全面，可实现检测车辆的存在、车速、占有率、车类、车色、车流向、车辆行驶轨迹、车头时距、通过时间、排队长度与交通密度等，但阴影、积水反射和天气变化易对车辆信息的提取造成不利的影响。

（2）按施工方式分类

交通检测器按照施工方式的不同，分成侵入式检测器（Intrusive Detector）和非侵入式检测器（Non - intrusive Detector）两种。其中，侵入式检测器包含环形线圈车辆检测器、地磁车辆检测器；非侵入式检测器包含视频、微波雷达、激光雷达、被动红外、超声波车辆检测器，以及它们几个的共同使用而形成的新方式。侵入式检测的设备直接安装到公路的地表下方，需破开路面，这些检测器的应用都比较成熟。不过也正是因为它们在安装时需要挖开地表，这样不仅影响公路的使用寿命，而且在维修和更改应用时需要再次挖开地表，因此使它们逐渐被非侵入式检测的设备取代。非侵入式检测技术正是为了解决侵入式检测技术的这一缺点而提出来的。一般说来，它们在安装时对交通的影响比较小，并且能够提供高准确度的数据。最近的评估表明，安装在地表以上的检测器采集的数据基本可以表征相应路段的交通流参数。但其缺点是容易受环境的影响，如对于超声波车辆检测器，当风速6级以上时，反射波产生漂移而无法正常检测。探头下方通过的人或物也会产生反射波，造成误检。另外，对于红外车辆检测器工作现场的灰尘、冰、雾会影响系统的正常工作。这两种检测方法都有其利弊，因此还有些路段会在检测时会将几种方式结合，以求获得更准确的测量结果。

（3）按工作方式分类

此外，在车辆检测中使用的检测器按照工作方式可分为两种类型：主动式（Active）和被动式（Passive）。例如，激光测距仪、毫米波雷达等为主动式检测器，电荷耦合器件（CCD）摄像机，目前广泛使用的地磁线圈检测器、超声及红外检测器则属于被动式检测器。使用主动式检测器进行车辆检测，算法实现简单、性能较好，但是仍然存在一些不足，如分辨率较低、检测器之间互有干扰、成本昂贵及可能带来的环境问题。相比较而言，被动式检测器的价格相对便宜，并且在对车辆的具体位置信息要求不高时能提供交通路口的排队长度以及车辆类型等基本信息。以上因素决定了目前车辆检测的主流算法大部分基于被动式检测器。目前被广泛采用的被动式检测器为视频检测器。其优点在于，在车辆行驶路线发生改变时（如转弯），可以实现更有效的检测与跟踪，而且丰富的视频信息可以用来进行相关的应用，如道路检测、交通标志识别，以及行人、障碍物的检测与识别等。

（4）按检测主体分类

利用先进的检测或者视频技术测量交通流和车辆的情况，如果按照对检测主体要求的不同又可分为两种类型：不可区分个体车辆的车流检测技术（Traffic Detection）和可区分个体车辆的车辆识别技术（Vehicle Identification）。不可区分个体车辆的车流检测技术能够检测到每辆通过检测区域的车辆，但是不能辨别身份，如传统使用的埋在地下的感应线圈、设于路上的微波检测设备。其目的检测多种交通流数据，包括交通流量（计数）、速度、占有率、车辆分类等。可区分个体车辆的车辆检测技术能够判断每辆通过监测区域的车辆的身份，如车牌自动识别（Automated License Plate Recognition）技术、基于视频图像识别车辆（Image - based Vehicle Identification）颜色和外形识别技术，但其造价高于车流检测设备。

表1-1给出了目前广泛应用的各种车辆信息采集技术的特点，具体的原理和应用将在后继的章节中详细叙述。

表1-1　各种车辆检测技术的特点

技术	优　点	缺　点
环形线圈	① 技术成熟，能够大范围应用 ② 能够提供基本的交通流参数（交通流量，存在车辆否，道路占用率，车速等） ③ 高频激励模型可以提供车辆分类的功能	① 安装时需要挖开道路，减少了公路的使用寿命 ② 安装维护时需要关闭路段线路 ③ 使用的可靠性与交通压力及温度有关 ④ 在同一地点通常需要安装多个检测器
磁力计	① 与环形线圈相比，受交通压力的影响更小 ② 可以使用射频（RF）连接传输数据	① 安装时需要挖开道路，减少公路的使用寿命 ② 安装维护时需要关闭路段线路 ③ 测试区域狭小
磁场探测（电感或探测线圈）	① 可用在环形线圈无法应用的场合（如桥上） ② 受交通压力的影响较小	① 安装时需要挖开道路或在道路下方开挖隧道作业 ② 不能检测静止车辆
微波雷达	① 一般情况下，在恶劣天气下能正常使用 ② 能直接测量出车速 ③ 能应用在多车道路段	① 无线传输带宽和传输波形不能方便使用 ② 多普勒传感器不能探测静止车辆

（续）

技术	优　点	缺　点
红外	① 可准确测量车辆的位置、车速及车辆类型 ② 能够通过多区域测量车速 ③ 能应用在多车道路段	① 受烟雾、雨雪等天气因素影响 ② 在下雨或下雾天气条件下检测器的灵敏度会受到影响
超声波	① 能应用在多车道路段	① 温度变化很大的情况下，会影响测量效果 ② 车速较高情况下，大周期方波会减少其对车道占用率的检测能力
声音	① 非侵入式测量方法 ② 对于车速徒然增加有很高的灵敏度 ③ 能应用在多车道路段。	① 低温情况下，影响数据的准确程度 ② 特定模型，不适用于车速较慢的场合
视频图像处理	① 能够监视多区域多车道 ② 易于修改和增加检测区域 ③ 能提供大量数据 ④ 多摄像头拼接能够提供较大范围的检测数据	① 由于天气的变化，车辆投影到相邻车道的影子会影响测量数据的有效性 ② 安装高度有一定要求 ③ 大风天气具有较大影响 ④ 系统建设费用较大

随着智能交通管理与控制系统性能的日益完善和丰富，对底层交通信息采集的准确度、内涵要求越来越高，也促进了交通信息检测技术的迅速发展。

第 2 章　基于磁频的车辆检测技术

磁频车辆检测技术是基于电磁原理进行车辆检测的，通过检测磁场强度的变化来判断是否有车辆存在或通过，主要包括环形线圈车辆检测器、磁性车辆检测器、地磁车辆检测器、微型线圈车辆检测器和磁成像车辆检测器等，分为以下三类。

（1）环形线圈车辆检测器

它是一种基于电磁感应原理的检测器，当车辆通过通有一定电流的地埋环形线圈或停在其上时，铁质车身切割磁力线，引起线圈回路电感量的变化，检测器通过检测该电感变化量就可以检测出车辆的存在。这是目前国内外技术相对成熟和应用最为广泛的车辆检测设备。

优点：高准确度、高可靠性、低成本。

缺点：施工和维护时将破坏路面而不方便，检测参数少。

（2）地磁车辆检测器

当车辆位于或通过检测区域时，将引起地磁场的变化，由此实现车辆的存在性或通过性检测。它是小范围、高灵敏度的检测器，可以和其他的地磁车辆检测器组网形成大范围的车辆检测。

优点：检测准确度高、性能稳定、使用寿命较长、安装简单、施工方便、不受气候影响、故障率低。

缺点：检测参数少。

（3）磁成像车辆检测器

它是利用车辆磁成像技术，通过测量车辆出现引起的磁场变化来检测车辆。由于不同构造的车辆有不同的磁纹，通过检测这些磁纹不仅可以检测到车辆，还可以得知车辆的车速和车型，甚至可以测出车辆的型号及构造。

优点：安装方便、功能强大、专用软件支持现场处理数据。

缺点：要实现车型目标识别，需要有庞大的车型图像数据库，还需要大量、高运算能力的计算机支持。

环形线圈车辆检测器以高准确率、低成本和高可靠性而被大量使用，目前国内外大多数城市道路交通信息采用的是环形线圈车辆检测器，本章将重点介绍。

2.1　环形线圈车辆检测器

环形线圈车辆检测器是一种基于电磁感应原理的车辆检测器，由埋设在路面下的环形线圈、信号检测处理单元（包括耦合振荡电路、信号整形电路、检测信号放大电路、数据处理单元和通信接口等）及馈线三部分构成，整个系统的结构框图如图 2-1 所示。

通有交流电流的环形线圈埋在待检区域路面下，当车辆通过线圈或者停在线圈上时，引起回路电感变化，信号检测处理单元检测出该变化就可以检测出车辆的存在。电感量的变化表现为耦合振荡电路频率的变化和相位的变化，所以检测这个电感变化量一般来说有两种方式：一种方式是利用相位锁存器和鉴相器，对相位的变化进行检测；另一种方式则是利用计数器等对其振荡频率进行检测。本节将详细地介绍后一种检测方法。

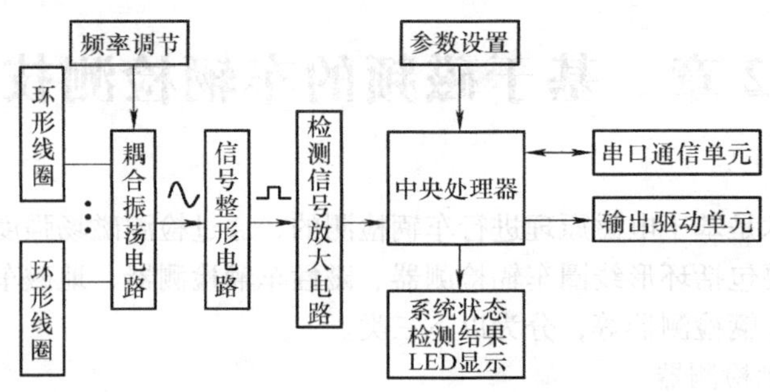

图 2-1　环形线圈车辆检测器结构框图

环形线圈车辆检测器的主要优点是线圈电子放大器已标准化、技术成熟、测量准确度高；不足是线圈长时间埋在路面下，实际使用中由于路面物理移位（道路施工、热胀冷缩、重车碾压等）而造成的损坏居多，使用寿命较短。但美国现已研制出一种免维护型环形线圈系统，克服了以往环形线圈所存在的安装要求高、线圈易损坏等问题，能使线圈使用寿命保持在 10 年以上，这是环形线圈车辆检测器发展的一个飞跃，给其应用注入了新的活力。

2.1.1　环形线圈的检测原理

环形线圈的结构如图 2-2 所示，为一种 8 字形绕法的线圈，环形线圈与被测车辆是通过电磁场相互耦合、相互影响的。

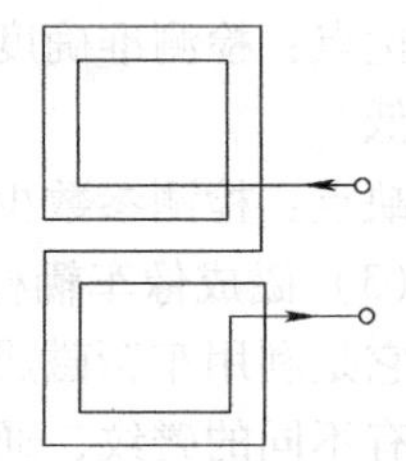

图 2-2　8 字形绕法线圈

根据电磁感应原理可知，当车辆处于环形线圈产生的交变磁场中时，就会在车辆内部产生感应电动势，并在车辆中形成闭合回路，产生感应电流，这种感应电流就称为涡流。涡流产生的磁场与环形磁场的方向相反，引起振荡回路的阻抗发生变化。而从电路角度来看，一辆车不管它的形状多么复杂，当它通过环形线圈交变磁场时，在车体中引起的涡流是一定的，所形成的影响也是一定的，即车辆可以被等效地看成具有一定电路参数的电路。环形线圈和车辆的等效电路如图 2-3 所示。

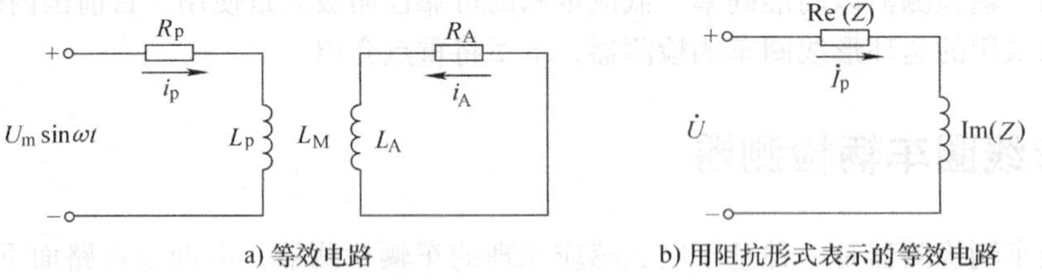

图 2-3　环形线圈和车辆的等效电路

在图 2-3a 中，车辆被看成一个由电感 L_A 和电阻 R_A 组成的短路环；环形线圈回路有电感 L_p、线圈电阻 R_p 和正弦交流电压 $U_m \sin\omega t$，U_m 为交流电压的幅值，ω 为电压角频率。图中，i_p、i_A 分别为环形线圈回路和车辆回路中的电流；L_M 为环形线圈和车辆之间的互感，与环形线圈与车辆之间的位置有关。

根据基尔霍夫电压环路定律，通过等效电路可以得到以下的动态方程：

$$\begin{cases} i_p R_p + L_p \dfrac{di_p}{dt} + L_M \dfrac{di_A}{dt} = U_m \sin\omega t \\ L_A \dfrac{di_A}{dt} + i_A R_A - L_M \dfrac{di_P}{dt} = 0 \end{cases} \tag{2.1}$$

当电路处于稳态时，i_p 和 i_A 都是按正弦变化的交流电，且角频率和电压角频率相同，为 ω，可以得到如下的用复数形式表示的稳态方程：

$$\begin{cases} R_p \dot{I}_p + j\omega L_p \dot{I}_p - j\omega L_M \dot{I}_A = \dot{U} \\ j\omega L_A \dot{I}_A + R_A \dot{I}_A - j\omega L_A \dot{I}_p = 0 \end{cases} \tag{2.2}$$

式中，$\dot{U}$ 为电压相量；$\dot{I}_p$、$\dot{I}_A$ 为与电流 i_p、i_A 对应的电流相量。

由式（2.2）的第二个等式可得用 $\dot{I}_p$ 表示的 $\dot{I}_A$，再代入式（2.2）的第一个等式，可得等效阻抗为

$$Z = R_p + \frac{\omega L_M^2 R_A}{R_A^2 + (\omega L_A)^2} + j\omega\left[L_p - \frac{(\omega L_M)^2 L_A}{R_A^2 + (\omega L_A)^2}\right] \tag{2.3}$$

则图 2-3a 所示电路就等效成了图 2-3b 所示电路，在图 2-3b 中，Re（Z）表示等效阻抗 Z 的实部，Im（Z）表示等效阻抗 Z 的虚部。式（2.3）的虚部被称为等效电抗，其对应的等效电感为

$$L = L_p - \frac{(\omega L_M)^2 L_A}{R_A^2 + (\omega L_A)^2} \tag{2.4}$$

式（2.4）中的 L_p 是与车辆材料的磁导率有关的，第二项 $(\omega L_M)^2 L_A / [R_A^2 + (\omega L_A)^2]$ 与车辆中的涡流效应有关。通过式（2.4）可以得到阻抗中的等效电感的变化情况，式中的负号表示电涡流效应是使线圈的等效电感量减小的。如果工作频率适当，当有车辆通过环形线圈时，等效电感 L 的变化正是环形线圈车辆检测器所需要检测的参数。

2.1.2　*LC* 并联谐振电路的谐振频率

一般情况下，在环形线圈检测器中通过谐振电路把等效电感 L 的变化转换成谐振频率的变化输出。图 2-4 所示为 LC 并联谐振原理电路，其中的关键环节就是 LC 并联谐振电路，它的作用把等效电感 L 的变化变换为对应频率变化。

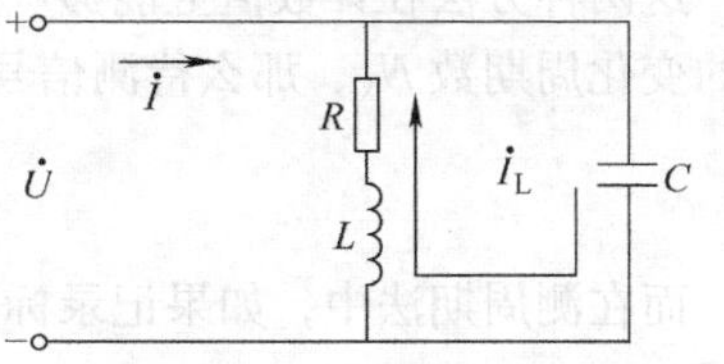

图 2-4 中，R 为等效电阻，相当于图 2-3b 所示的 Re（Z）；$\dot{U}$ 为电压相量；$\dot{I}$ 为电流相量；L 则为式（2.4）给出的等效电感；$\dot{I}_L$ 为流经电感 L、电阻 R 和电容 C 组成的回路的电流相量。根据图 2-3 所示可知复数导纳为

$$Y = j\omega C + \frac{1}{R + j\omega L} \tag{2.5}$$

图 2-4　*LC* 并联谐振原理电路

经过化简有

$$Y = \frac{R}{R^2 + (\omega L)^2} + j\left(\omega C - \frac{\omega L}{R^2 + (\omega L)^2}\right) \tag{2.6}$$

由式（2.6）可见，当并联电路的导纳的虚部等于零时，电流与电压同相位，并发生并联谐振，令并联谐振的角频率为 ω_0，考虑实际情况，R 表示的等效电阻是很小的，则有

$$\frac{1}{\sqrt{1+\left(\frac{R}{\omega_0 L}\right)^2}}\approx 1$$

由此，可得并联谐振的角频率为 ω_0 的表达式为

$$\omega_0 \approx \frac{1}{\sqrt{LC}} \quad 或 \quad f_0 \approx \frac{1}{2\pi\sqrt{LC}} \tag{2.7}$$

基于图 2-4 所示的 LC 并联谐振电路可以构成各种形式的 LC 振荡电路，LC 振荡电路的输出是频率为 f_0 的正弦信号。

由以上的分析可见，当有车辆通过环形线圈时会引起等效电感 L 的变化，通过谐振电路就可以转变为谐振频率的变化，进而引起 LC 振荡电路输出的正弦信号的频率变化。

2.1.3　频率 f_0 的估计方法

LC 振荡电路输出的正弦信号进过放大整形后得到方波信号，作为处理器的输入信号。处理器通过检测方波信号的频率，可间接获得 LC 振荡电路的输出频率。下面介绍几种估计频率 f_0 的方法。

1. 测频法

测频法就是在确定的一段时间 T_w 内，记录待测信号的变化周期数（或计数脉冲的个数）N_X，利用得到的 N_X 就可以计算出待测信号的频率为

$$\hat{f}_0 = \frac{N_X}{T_w} \tag{2.8}$$

式中，$\hat{f}_0$ 为待测信号频率的估计值。

2. 测周期法

在测周期法中，需要使用标准信号，如处理器的时钟信号。设该标准信号的频率为 f_s，如果在一个时间 $T_d = 1/f_0$，且 $f_s > f_0$，记录标准信号的周期数为 N_s，则待测信号的频率为

$$\hat{f}_0 = \frac{f_s}{N_s} \tag{2.9}$$

测频法和测周期法的误差分析：

这两种方法在计数值上能够产生的最大计数误差为 ±1。例如在测频法中，如果记录待测信号的变化周期数 N_X，那么待测信号的真实频率满足下列不等式：

$$\frac{N_X - 1}{T_w} \leqslant f_0 \leqslant \frac{N_X + 1}{T_w} \tag{2.10}$$

而在测周期法中，如果记录标准信号的周期数为 N_s，那么待测信号的真实频率满足下列不等式：

$$\frac{f_s}{N_s + 1} \leqslant f_0 \leqslant \frac{f_s}{N_s - 1} \tag{2.11}$$

通过以上的分析可见，当待测信号的频率比较低时，测周期法比采用测频法的准确度高；而当待测信号的频率比较高时，为了获得较高的频率测量准确度，应采用测频法。

3. 等精度测频法

等精度测频法是在上述测频法的基础上发展起来的，它的测量时间 T_w 不是固定的值，而是被测信号周期的整倍数，即与待测信号同步，因此消除了对待测信号计数时产生的 ±1 字的计数误差，可以达到在整个测量频段内的等精度测量。

在测量过程中，有两个计数器分别对标准信号和待测信号同时计数。首先给出测量时间 T_w 的开启信号，此时计数器并不开始计数，而是等到被测信号的上升沿到来时，计数器才真正开始计数；然后在测量时间的关闭信号到来时，计数器也不立即停止计数，而是等到被测信号的下一个上升沿到来时才停止计数，到此一个测量过程结束。

可以看出，实际的测量时间与预设测量时间 T_w 并不严格相等，但是其差值不会超过待测信号的一个周期，假设在一次实际测量时间内，计数器对待测信号的计数值为 N_X，对标准信号的计数值为 N_s，标准信号的频率为 f_s，则待测信号的频率为

$$\hat{f}_0 = \frac{N_X}{N_s} f_s \tag{2.12}$$

等精度测频法的误差分析：

等精度测频法能够产生的相对误差可以表示为

$$\delta = \frac{|\hat{f}_0 - f_0|}{f_0} \times 100\% \tag{2.13}$$

在测量过程中，由于 N_X 的计数起停时间是由该信号的上升沿触发的，故在实际测量时间内，N_X 的计数是无误差的，实际测量时间 τ 为

$$\tau = N_X \frac{1}{f_0} \tag{2.14}$$

而在实际测量时间 τ 内，对标准信号的计数值为 N_s，N_s 最多相差一个计数误差，令计数误差为 ΔN_s，则有

$$\begin{cases} |\Delta N_s| \leqslant 1 \\ f_0 = \dfrac{N_X}{N_s + \Delta N_s} f_s \end{cases} \tag{2.15}$$

将式（2.15）代入式（2.13）有

$$\begin{aligned} \delta &= \frac{|\hat{f}_0 - f_0|}{f_0} \times 100\% \\ &= \frac{\left|\dfrac{N_X}{N_s} f_s - \dfrac{N_X}{N_s + \Delta N_s} f_s\right|}{\dfrac{N_X}{N_s + \Delta N_s} f_s} \times 100\% \\ &= \frac{|\Delta N_s|}{N_s} \times 100\% \leqslant \frac{1}{N_s} = \frac{1}{\tau f_s} \end{aligned} \tag{2.16}$$

由式（2.16）可知，这种测量方法的测量相对误差与待测信号的频率无关，仅与实际测量时间 τ 和标准信号 f_s 的频率有关，即实现了整个测试频段内的等准确度测量。还可以看出，实际测量时间越长，标准频率越高，测量结果的相对误差就越小。更进一步来讲，根据估计得到的频率值 $\hat{f}_0$ 利用式（2.7）即可得到等效电感的估计值为

$$\hat{L} = \frac{1}{(2\pi f_0)^2 C} \tag{2.17}$$

2.1.4　基于环形线圈车辆检测器的交通数据检测方法

根据经验，在一定的灵敏度下，当车辆覆盖 1/3 线圈长度时，即可判断为有车辆存在。该比

例系数需根据实际情况进行调节，设线圈的长度为 L_C，一般车长为 L_V，当车辆驶过线圈时能够检测到有车的有效感觉范围为 L_S，如图 2-5 所示，L_S 的计算方法为

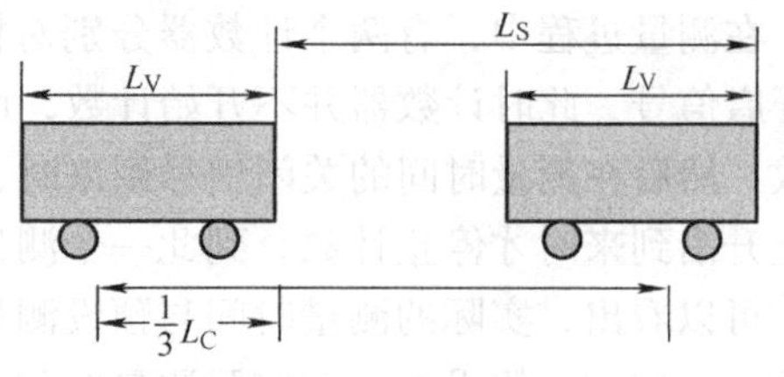

图 2-5　车辆的有效感知范围

$$L_S = \frac{2}{3}L_C + L_V - \frac{1}{3}L_C = \frac{1}{3}L_C + L_V \tag{2.18}$$

车速感知上限：当车辆的速度超过车速感知上限时，则检测器无法感知到车辆的存在。

在实际应用中，为了避免检测误差对检测结果的影响，计算机程序需要连续检测到 N 个有效的有车状态时，才可以最终做出有车的判断，参数 N 的具体数值根据实际情况设定。假设在程序中每隔 T_L 采样更新一次等效电感的估计值 $\hat{L}$，T_L 称为电感采样时间，则检测器做出有车判断的最小时间间隔为 NT_L，由此可以推导出车速感知上限为

$$v_M < \frac{L_S}{NT_L} \tag{2.19}$$

1. 交通流量计算

交通流量计算一般是指统计周期内通过线圈车辆的数量，由于检测器可以准确地检测到车辆的通过，因此只要在设定的时间内对通过的车辆进行计数即可得到车辆的流量值。假设在统计时间 T 内，车辆计数值为 N，则可以得到单位时间内交通流量的估计值为

$$q \leqslant \frac{N}{T} \tag{2.20}$$

根据式（2.19）可知，只要车速小于 v_M，检测器就能感知到通过的车辆，通常认为车速小于 v_M 是合理的，因此车速对检测准确度的影响可以忽略不计。下面讨论几种会对交通流量检测准确度造成影响的因素。

车辆的底盘高度，直接影响车辆经过线圈时所引起的电感量的变化。底盘高的车辆引起的电感变化量小，底盘低的车辆引起的电感变化量大。当车辆底盘高出一定范围时，则可能检测不到车辆的通过。目前轿车底盘高度通常在 150 ~ 200mm，中小客车的底盘高度一般在 400mm 左右。

基于环形线圈的检测器，对于不同车型车辆的检测准确度也不相同，同时这种检测方法对馈线的长度也比较敏感。馈线长度的增加会造成馈线部分的电感比例加大，这时当车辆通过时引起的等效电感的相对变化量减小，从而对检测准确度造成一定的影响。

所以交通流量的检测准确度受车型、馈线长度等现场因素的影响。在实际应用中，可根据实际情况调整振荡频率和检测灵敏度，以保证最高的交通流量计算准确度。

2. 车速检测

在双线圈车速检测方法中，需要在一个车道上相距一定的距离 s 埋设两个环形线圈，如图 2-6所示。假设线圈 1 在 t_1 时刻检测到车辆的存在，线圈 2 在 t_2 时刻检测到车辆的存在，则可以得到车速的估计值为

$$\hat{v} \approx \frac{s}{t_1 - t_2} \tag{2.21}$$

然而，在实际工程中，由于车辆行驶的位置、车速都存在有一定的随机性，可以采用下面方法提高检测准确度。

1）三线圈测速法

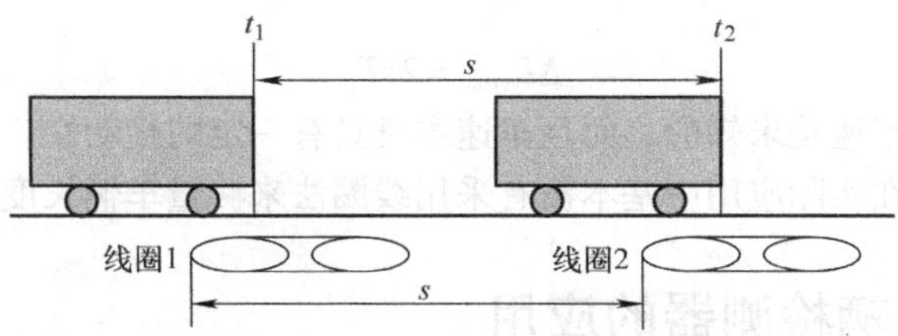

图 2-6　双线圈车速检测法的线圈埋设示意图

将第一只线圈与第二线圈、第一只线圈与第三只线圈、第二只线圈与第三只线圈分别组成测速线圈对，排除突发性的速度值，计算出车辆行驶的检测点处平均速度，从而将测速误差控制在 1% 的误差范围之内。

2）硬件中断法

将两只线圈的轮询方法改为硬件中断，一旦线圈检测有车辆出现，立即以最高级别的硬件中断向处理器发出中断请求，处理器保护好正在处理的程序现场后立即响应中断，减少由于轮询而延误的时间，从而提高测速准确度。

3）增加距离法

适当增加两只测速线圈间的距离，使车辆通过两只线圈的时间增加，以此达到降低误差的目的。不过，伴随距离增加也会产生新的问题，如果车辆仅通过一只线圈，则测不出速度，因此两只测速线圈的有效距离应控制在车辆长度有效范围之内。

3. 车辆长度检测

基于环形线圈的检测器还可以对车辆长度进行估计，其原理如图 2-7 所示。

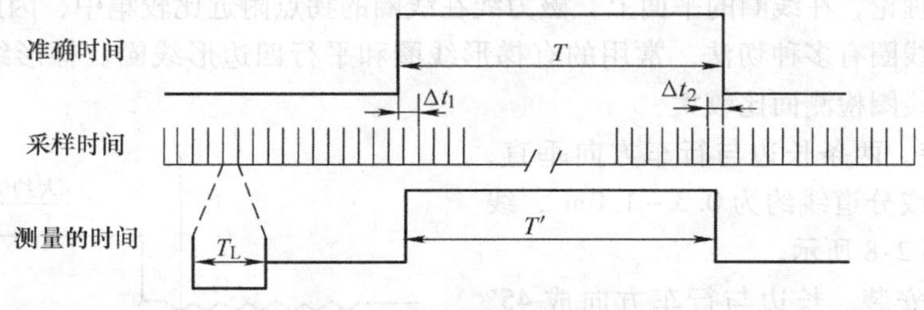

图 2-7　车长估计原理

图 2-7 中，时间 T 对应的脉冲为车辆通过检测线圈时产生的准确时间脉冲，在其上升沿车辆进入检测线圈，在其下降沿车辆离开检测线圈。时间 T' 对应的脉冲为测量到的车辆通过时间，在其上升沿和下降沿与采样时间点对应。在时间 T 内车辆行驶的距离为车辆长度 L_V 和检测线圈长度 L_C 之和，同时假设车辆的行驶速度 v 是已知的（如可以通过双线圈车速检测方法对车速进行测量），那么车辆长度 L_V 的估计方法为

$$L_V = T'v - L_C \tag{2.22}$$

图 2-7 中，Δt_1 表示由采样时间造成的测量时间的起始迟滞时间，Δt_2 表示测量时间的技术迟滞时间，Δt_1 和 Δt_2 具有随机性质，而且采样时间越短，Δt_1 和 Δt_2 也就越短，测量时间误差为

$$\Delta t = T - T' = \Delta t_1 + \Delta t_2 \tag{2.23}$$

因此可得车辆长度的测量误差为

$$\Delta L_V = v\Delta t \tag{2.24}$$

最大测量误差为

$$\Delta L_{V\max} = 2vT_L \tag{2.25}$$

但在实际应用中，车速是未知的，而且车速本身具有一定的扰动性。上述的方法从原理上可以获得车辆长度，但是在实际应用中基本没有采用线圈法来测量车辆长度的。

2.2 环形线圈车辆检测器的应用

环形线圈车辆检测器是目前世界上应用非常广泛的一种检测设备。车辆通过埋设在路面下的环形线圈，引起线圈磁场的变化，检测器据此计算出交通流量、车速、时间占有率和行进方向等交通参数，并上传给中央控制系统，以满足交通管理与控制系统的需要。

2.2.1 环形线圈车辆检测器的安装

1. 线圈施工规范

在环形线圈车辆检测器的安装过程中，按施工要求进行施工。根据气侯等因素，在不同地区，敷设时的具体要求不同。

（1）线圈尺寸及材料

线圈的尺寸：线圈的大小取决于检测功能需求和实际道路宽度，一般不小于0.5m×0.5m，线圈匝数不少于4圈。一般情况下，推荐尺寸为2m宽，长度（车行方向上）至少为1m。

环形线圈是埋设于路面之下的，所以要求它应具有良好的耐热、耐寒、耐拉、抗腐蚀和柔韧性能，推荐使用聚氯乙烯尼龙护套线。

（2）线圈形状

根据电磁场理论，在线圈的平面上，磁力线在线圈的拐点附近比较集中，因此线圈拐点处的灵敏度比较高。线圈有多种切法，常用的有梯形线圈和平行四边形线圈。梯形线圈检测面比较小，平行四边形线圈检测面比较大。

① 矩形安装。两条长边与行车方向垂直，两端距道路边缘或分道线约为0.3～1.0m，线圈宽为1m，如图2-8所示。

② 倾斜45°安装。长边与行车方向成45°角，两端距道路边缘约为0.2m，宽为0.8m，如图2-9所示。

③ 8字形安装。使用于路面较宽（超过6m）或滑动门检测的情况，该形状可分散检测点，提高灵敏度，如图2-10所示。

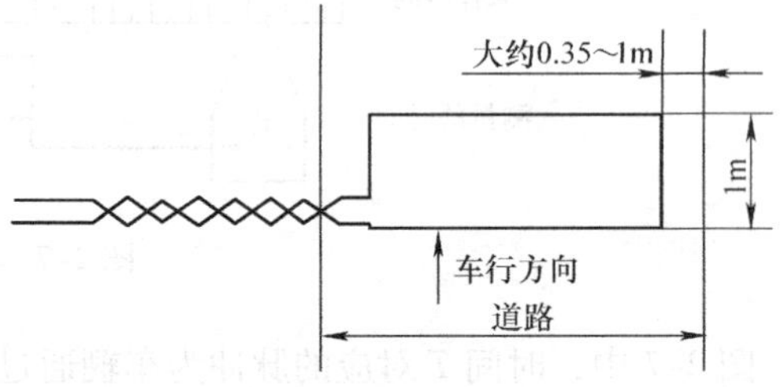

图2-8 矩形安装示意图

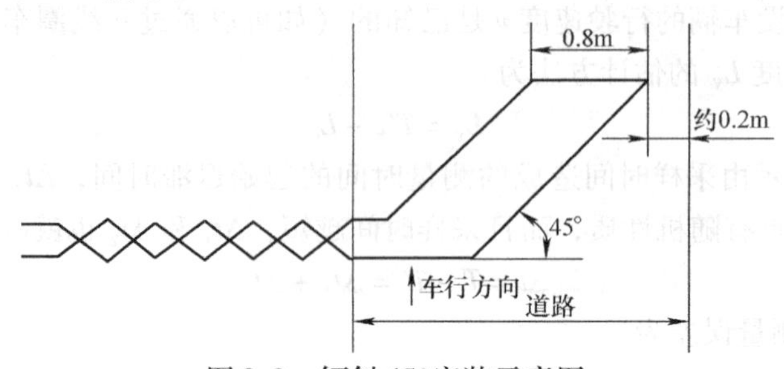

图2-9 倾斜45°安装示意图

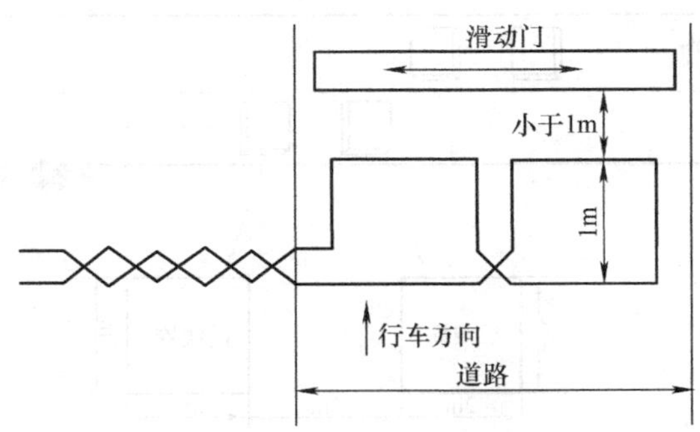

图2-10 8字形安装示意图

(3) 线圈匝数

检测器工作在最佳状态下，线圈的电感量应保持在100～300μH之间。线圈周长与线圈匝数的关系见表2-1。

表2-1 线圈周长与匝数的关系

线圈周长/m	线圈匝数
<3	根据实际情况，保证线圈的电感量保持在20～2000μH之间
3～6	5～6匝
6～10	4～5匝
20～25	3匝
>25	2匝

(4) 输出引线

鉴于双绞线的输出引线将会引入干扰，使得线圈的电感值变得不稳定，同时探测线圈的灵敏度会随引线的增长而降低，因此要求输出引线不能过长，且引出电缆做成紧密双绞的形式，要求最少每米绞合20次。

(5) 馈线

它是环形线圈的连接端到信号机之间的线缆，用于传输检测信号的线缆。馈线的质量与检测稳定性和灵敏度有直接的关系，因此不能随意选择线型，要求选用聚氯乙烯绝缘屏蔽电缆。在实际应用时，一般采用带有优质橡胶护套的2.5mm^2铜芯屏蔽或非屏蔽双绞线电缆（馈线长度为300～500m）或1.5 mm^2铜芯屏蔽或非屏蔽双绞线电缆（馈线长度<300m），其双绞密度不少于30绞/m，电缆本身绝缘电阻>100MΩ/500V。

2. 埋设方法及注意事项

环形线圈常工作于单线圈埋设的情况下，但有些场合下，如测速等，则用双线圈埋设，铺设过程和要求大体相同。在双线圈埋设方式中，检测单元是铺设在路面下一前一后的两个线圈，线圈在车辆行驶方向的长度是固定的，宽度可由实际路面决定。两个线圈的放置要有一定的距离，如图2-11所示。

环形线圈车辆检测器必须安装在离探测线圈尽可能近且防水的环境里。环形线圈车辆检测器能否良好工作在很大程度上取决于它所连接的感应线圈。

如图2-12所示，具体铺设要求如下：

① 按规格，采用切路机在路面切出槽，槽宽一般为5～15mm，由电缆直径决定；深为

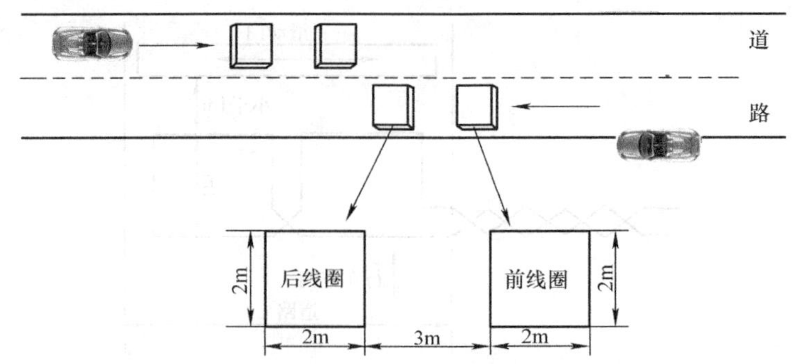

图 2-11 环形双线圈检测器放置距离示意图

50～150cm。

② 在四个角上进行 45°倒角，防止尖角破坏线圈电缆。

③ 从线圈至路边切一条引线槽。

④ 绕制线圈。绕线圈时必须将线圈拉直，但不要绷得太紧并紧贴槽底。注意在线圈的绕制过程中，应使用电感测试仪实际测试线圈的电感值，并确保线圈的电感值在 100～300μH 之间。

⑤ 沿引线槽将双绞线引至路边。

⑥ 用沥青或软性树脂将切槽封上。

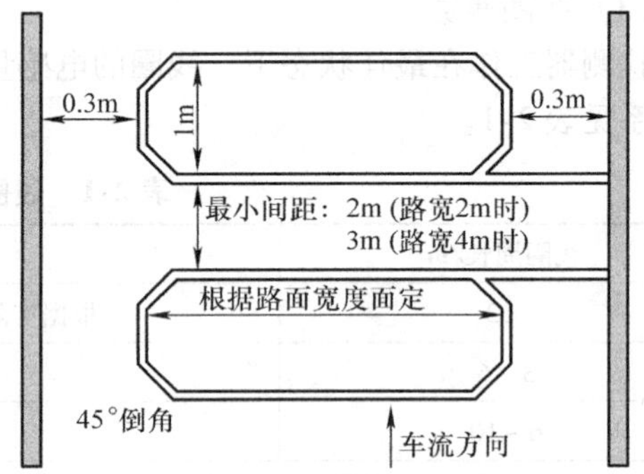

图 2-12 线圈安装示意图

埋设好的环形线圈都应用 500V 绝缘电阻表（俗称摇表、兆欧表、直流高阻表）测试其对地的电阻，在 500V 直流电压下其绝缘电阻应≥10MΩ，线圈串联电阻＜10Ω。环形线圈和馈线连接点建议用 TL－JTK－BV5 长形全绝缘（黄色）中间接头，用压接钳压接。接好后，两股接头用防水橡胶带紧裹数匝，并在表面涂上环氧树脂固化。馈线的屏蔽套必须可靠接地。

当环形线圈放置于钢筋混凝土的钢筋之上时，线圈至少在钢筋之上 5cm。安置线圈的槽内除了线圈本身之外不得有其他任何导体。安置的线圈应当离任何可移动的金属物品至少 1.4m 以上。

对于多车道并要在不同的车道下分别安装多组检测线圈的情况，在安装时还应该防止线圈串扰。所谓线圈串扰就是当两个感应线圈靠得很近，两个线圈的磁场叠加在一起，相互造成干扰。串扰会导致错误的检测结果和环路检测器的死锁。对于相邻的但属于不同感应器的线圈间可以通过以下措施，消除串扰：

① 将相邻的线圈间距加大。必须保证探测线圈之间的间距大于 2m。

② 相同的尺寸采用不同的线圈匝数，以改变线圈的工作频率。

③ 对线圈引出导线进行良好的屏蔽，屏蔽线必须在探测器端接地。线圈电缆和接头最好采用多股铜导线。在电缆和接头之间最好不要有接线端。如果必须有接线端，也要保证连接可靠，用电烙铁将它们焊接起来。导线线径不小于 $0.5mm^2$，最好采用双层防水线，并且置于防水的环境中。

线圈槽的填充物：为了保证线圈的密封性和柔软度推荐使用环氧树脂、聚酰胺树脂和邻苯二甲酸二丁酯的混合物。当搅拌到 60～70℃时可进行线圈封装。如果路面是沥青路面，也建议底层使用环氧树脂的混合物，上层使用沥青。

在实际工程中，由于路面基础不同，所以埋设线圈的深度也有差异。在混凝土路面上埋设线圈时，严禁一个线圈跨越两块混凝土板面，否则线圈容易断裂，布设线圈线缆之后应使用环氧树脂或特殊沥青封好路面。

2.2.2　典型的环形线圈车辆检测器

1. ST4S

德国西门子公司的 ST4S 环形线圈车辆检测器是针对城市和城际交通环境设计的，符合最新技术规范标准，并可与所有通用交通控制设备接口。

（1）ST4S 检测器功能

① 自调谐，积木式 3U 欧标板卡结构，符合英国 TR2512 标准接口定义。

② 4 路独立检测通道，高可靠固态继电器输出。

③ 用插值运算进行车速测量。

④ 灵敏度和存在时间可调，每个通道有三个灵敏度设置开关和一个存在时间设置开关。通过检测卡面板外置的开关，ST4S 检测器可以灵活地设置每个通道的灵敏度和存在时间。当配置为高灵敏度时，ST4S 检测器可以进行自行车检测。ST4S 检测器可将存在时间设定为 3.5s、4min、35min 或 4h。另外，每通道均可通过开关选择不同的线圈激励频率，以消除相邻线圈间的串扰。

⑤ LED（发光二极管）节能显示模式。检测板配有若干 LED 指示灯，显示检测和故障状态，指示灯可以在超过预定的时间后关闭，以降低功耗，按动面板上的激活按钮可以恢复状态显示，并可以通过面板上的复位按钮、开/关电源操作和背板上的复位输入对检测器进行复位。

（2）ST4S 检测器主要技术参数

ST4S 检测器主要技术参数见表 2-2，检测器接口引脚编号及定义见表 2-3 。

表 2-2　ST4S 检测器主要技术参数

物理参数		其他	
产品规格	标准欧标单卡 160mm×100mm×25mm 四通道环形线圈检测器	安全标准	符合欧洲标准化委员会标准 EN60950
灵敏度 $\Delta L/L$	7 级，0.01%～0.1%		
车速	0～129km/h	环境标准	机械和温度符合欧洲标准 HD638 工作温度为 -15～70℃ 相对湿度为 95%（无冷凝）
线圈电感	20～1000mH，包括馈线		
推荐线圈截面积	105～205mm²		
最大线圈尺寸	150m 馈线可覆盖 6 车道或 300m 馈线覆盖 3 车道 （按照 101m 长的 V 形布局）	电磁兼容	CE 认证 电磁辐射和电磁敏感性符合欧洲标准 EN50293
馈线长度	0～300m		
推荐线圈截面积	105～205mm²		
线圈电感调谐范围	50～300μH（含馈线电感）		
电源	AC/DC24（1±20%）V　120mA		
工作频率	20～110kHz		
输出方式	隔离固态继电器输出		
设计标准	设计符合英国标准 TR2512		

表 2-3 ST4S 检测器接口引脚号及定义

引脚	定义	引脚	定义	引脚	定义	引脚	定义
a1	通道 1 输出，常闭	a17	通道 3 输出，常开	b1		b17	
a2		a18		b2	通道 1 输出，公共端	b18	AC 24V 电源
a3	通道 1 输出，常开	a19	通道 3 线圈	b3		b19	
a4		a20		b4		b20	通道 3 线圈
a5	通道 1 线圈	a21	AC 24V 电源	b5		b21	PCB 地址 第 1 位
a6		a22		b6	通道 1 线圈	b22	通道 4 输出，常闭
a7		a23	通道 4 输出，公共端	b7		b23	
a8		a24		b8	通道 2 输出，常闭	b24	通道 4 输出，常开
a9	通道 2 输出，公共端	a25	SCI Txd	b9		b25	SCI Txd
a10		a26		b10	通道 2 输出，常开	b26	通道 4 线圈
a11		a27	通道 4 输出，公共端	b11		b27	
a12		a28	SCIRxd	b12	通道 2 线圈	b28	SCIRxd
a13	通道 2 线圈	a29	复位	b13		b29	PCB 地址第 2 位
a14		a30	PCB 地址第 3 位	b14	机箱接地	b30	DC +24V 或 DC +12V 电源
a15	通道 3 输出，常闭	a31	+5V 输出	b15		b31	PCB 地址第 4 位
a16		a32	PCB 地址第 5 位	b16	通道 3 输出，公共端	b32	直流电源，零电位

在实际应用时，如果检测器使用 24V 交流电压，检测器内部的 0V 参考电压来自桥式整流器的一个输出端。在 ST4S 中，由于控制器电源经常与地面检测器电源相连，所以一种安全的预防措施就是将检测器的 AC 24V 电源一端接地。这样，检测器内部的 0V 参考电压（直流 24V 零电压端）上就会有 50Hz 交流信号。因此，在不同电路板之间，0V 参考电压节点（引脚 b32 电压）一般是不同的，不应连接在一起，而且不能将其连接到控制器的 0V 参考电压或地端。如果需要将测试设备与检测器相连，在这种情况下，用户应避免将检测器内部 0V 参考电压端接地，否则将会损坏整流桥。

（3）ST4S 检测器主要参数的设定

ST4S 检测器在设置时应确保以下连接的正确性：①任何情况下，一对输入馈线只能接入同一个 ST4S 卡。②管道和地面下的导线连接牢固。灵敏度、存在时间、频率选择的设置要遵循以下规定。

1）灵敏度

每个独立的检测通道有三个灵敏度设置开关和一个存在时间设置开关，都外置于检测卡的面板上，根据具体应用场合检测通道灵敏度的设置见表 2-4。

表 2-4 检测通道灵敏度的设置

S1	S2	S4	灵敏度 $\Delta L/L$	应　用
ON	ON	ON	通道关闭	
OFF	ON	ON	0.01%	一般不使用
ON	OFF	ON	0.02%	感应控制及自行车检测、停车线
OFF	OFF	ON	0.04%	感应控制，无需自行车检测

（续）

S1	S2	S4	灵敏度 ΔL/L	应　用
ON	ON	OFF	0.08%	SCOOT 系统
OFF	ON	OFF	0.16%	一般不使用
ON	OFF	OFF	0.5%	一般不使用
OFF	OFF	OFF	1.0%	一般不使用

当其中某个通道不用时，可以通过设置与其对应的三个开关为“ON”状态来关闭该通道。这可以确保无检测信号输出，并且避免对其他正在工作检测器造成干扰。

在设置或修改完成后，要按下复位按钮使更改生效。通常不推荐将灵敏度设置为0.01%，因为它极易产生错误，但是在需要检测自行车的场合下可能需要进行这样的设置。

同时针对具体应用，表2-5给出了在一些应用场合下的建议设定值，当遇到特殊的路面情况、线圈尺寸或馈线长度时，需要重新进行灵敏度计算。

表2-5　灵敏度设置参考

应用	灵敏度 ΔL/L	备　注
交通信号感应控制或便携式信号	0.02%	需要自行车检测
人行道感应控制	0.04%	不需要自行车检测
停车场	0.04%或0.08%	通常不需要检测自行车
车速检测	0.04%	车速准确度不受灵敏度的影响
城市交通控制（交通流量、排队和占有率）	0.04%或0.08%	需要高配置，减少相邻车道之间的检测器的影响
SCOOT 系统	0.08%	参阅 STC 线圈安装手册

2）存在时间

存在时间设置开关S9和工作频率选择开关（SW5～SW8，分别对应4个检测通道）布设在检测器板上，如图2-13所示。

存在时间开关S9和检测器面板上标示为P的开关设置要严格遵从表2-6的规定。

开关S9/2始终处于ON的状态，这个开关是为以后系统升级预留的。

3）频率选择

在检测器面板上为每一个检测通道设置了1个独立的2位开关（SW5～SW8），见表2-7，可以分别设置选择在不同频率下工作，以最大程度地减少检测单元间的干扰。

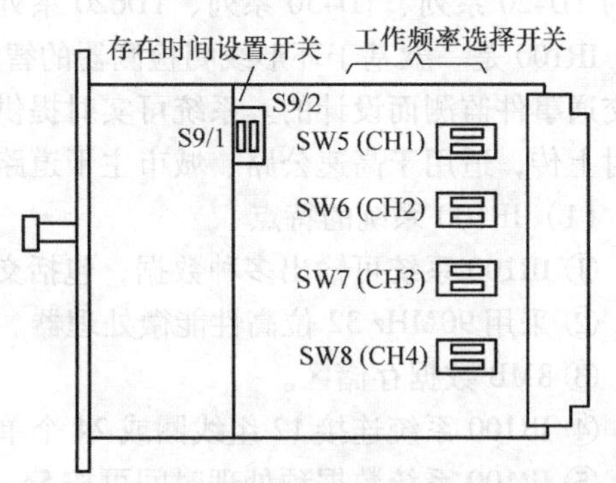

图2-13　检测器面板上存在时间设置开关和工作频率选择开关示意图

表 2-6 存在时间设置开关的应用

检测器面板上存在时间设置开关		检测器面板上的开关 P	检测通道的存在时间范围
S9/2	S9/1	P	
ON	OFF	ON	3.5s
ON	OFF	OFF	4min
ON	ON	ON	35min
ON	ON	OFF	2h（英国（UK）不使用）

表 2-7 工作频率选择开关的应用

工作频率选择开关	POS2	POS1	频率
SW5（或 SW6、SW7、SW8）	OFF	OFF	HIGH（高） ↓ ↓ LOW（低）
	OFF	ON	
	ON	OFF	
	ON	ON	

当控制柜机架上插有多套检测器板卡时，可以按照以下方式进行设置：机架中第一块检测器板卡的，SW5～SW8 全部设置为 OFF 状态，使其工作在高频率点上；紧邻的另一块检测器板卡的 SW5～SW8 全部设置为 ON 状态，使其工作在低频率点上；而后的检测器板卡的 SW5～SW8 全部再设置为 OFF 状态，以此类推，使其工作频率设置在高、低交错的状态，以最大程度减少彼此间的相互干扰。

当所有参数设置好后，应确保上电至少 10min，然后观察前面板“检测”LED 灯的状态，当有车辆经过时，LED 指示灯应亮起。注意，在任何时间 LED 灯都不应该处于闪烁状态。

目前，在北京市城市道路交通控制系统中，特别是在 SCOOT 系统中，广泛地采用了 ST4S 检测器。

2. IR100 智能道路事件检测系统

南非 Nortech 国际公司是 1969 年成立的股份有限公司，是专业的感应线圈检测器生产厂商，主要产品有停车检测器、交通检测器（单通道的 TD130 系列，双通道的 TD250 系列，以及四通道的 TD420 系列、TD450 系列、TD620 系列、TD630 系列等）、检测器诊断仪及交通事件检测系统。IR100 是一款基于环形线圈检测器的智能道路事件检测系统，是专为高等级公路交通流检测及交通事件监测而设计的。系统可实时提供准确的交通数据，也可按照预设的时间段存储数据并定时上传，适用于高速公路、城市主干道路的断面交通数据采集。

（1）IR100 系统的特点

① IR100 系统可输出多种数据，包括交通流量、车速、车道占用率及车长、行车时距等。

② 采用 90MHz 32 位高性能微处理器。

③ 8MB 数据存储区。

④ IR100 系统连接 12 组线圈或 24 个单线圈。

⑤ IR100 系统数据预处理时间可按 5s～1h 进行设置。

⑥ 数据上传周期有 5s、10s、30s、1min、5min、15min、30min、1h，以数据块方式上传。

⑦ 系统负载能力可达约 60000 个节点（255 网段 ×234 节点，59670 个节点）。

⑧ 系统实时检测各个检测器、各个线圈的工作状态，并能实时报警。

⑨ 具有逆向行车的单车报警或逆向交通流检测功能。

⑩ TD634ES 检测器内设时间同步器，彻底消除串扰。

（2）IR100 系统的设备组成

1）四通道车辆检测器 TD634ES

TD634ES 是一个全新的快速、准确、可靠的 4 通道环形线圈车辆检测器。它可准确检测道路上的所有车辆，适应车速可高达 200km/h 以上，可充分满足道路车辆事件检测系统在测量车辆的车速与间距时的最高要求。

2）SC600E 处理模块

SC600E 与各检测器板卡的数据交换提供智能管理，在任何情况下，SC600E 可以在 100μs 内“捕获”并存储线圈状态的变化。

3）NP601 通信模块

① 采用 90MHz 32 位高性能微处理器，具有 8MB 数据闪速（Flash）存储区。大容量存储单元可满足长时段（间隔 60s，24 个线圈，大于 10 天）的数据存储需求。

② 可设定以 5s、10s、30s、1min、5min、15min、30min、1h 累计，隔 30s（可调）以数据块的方式上传。

③ 具有多种通信接口，除现场的 RS－232 配置监测口外，交通数据接口可以选择 RS－232、RS－485 和 10Base－T 以太网接口，并支持传输控制协议/网际协议（TCP/IP），易于和计算机联网，以减少集成商开发的工作量。

④ IR100 系统地址设置范围可达 255 ×234 个节点。

⑤ 数据传输速率为 300～115200bit/s。

4）PS224B 电源模块及 19in㊀机架与背板。

（3）IR100 系统主要性能指标

检测车速范围：0～200km/h；

车辆计数准确度 >99%；

占有率准确度 >95%；

车速准确度 >95%；

检测、处理并存储各个车道的交通数据的时间间隔：5s、10s、30s、1min、5min、15min、30min、1h，可调；

交通数据上传周期：5s、10s、30s、1min、5min、15min、30min、1h，可调；

交通数据存储时间：>10 天；

数据传输速率：300～115200bit/s。

IR100 智能道路事件检测系统（见图 2-14），从 2000 年进入我国以来，已广泛用于我国大陆地区的多条高速公路、公路隧道、桥梁的交通监控项目，在这近百个监控项目中表现出它有非常良好的技术性能。

2.2.3 环形线圈车辆检测器在电子警察系统中的应用

电子警察系统，又称闯红灯违章自动监控系统，一般包括数据采集、视频抓拍、违章确认、数据上报、处罚等子系统，主要安装于城市交通路口，24h 全天候对闯红灯的机动车辆进行自动识别与抓拍，并对闯红灯违法车辆进行记录。公安交通管理部门以抓拍的违章照片为依据，对违章者进行处罚和教育，这样可以大大提高机动车驾驶员的自觉性，增强安全意识，保证道路畅通。

㊀ 1in＝2.54cm，后同。

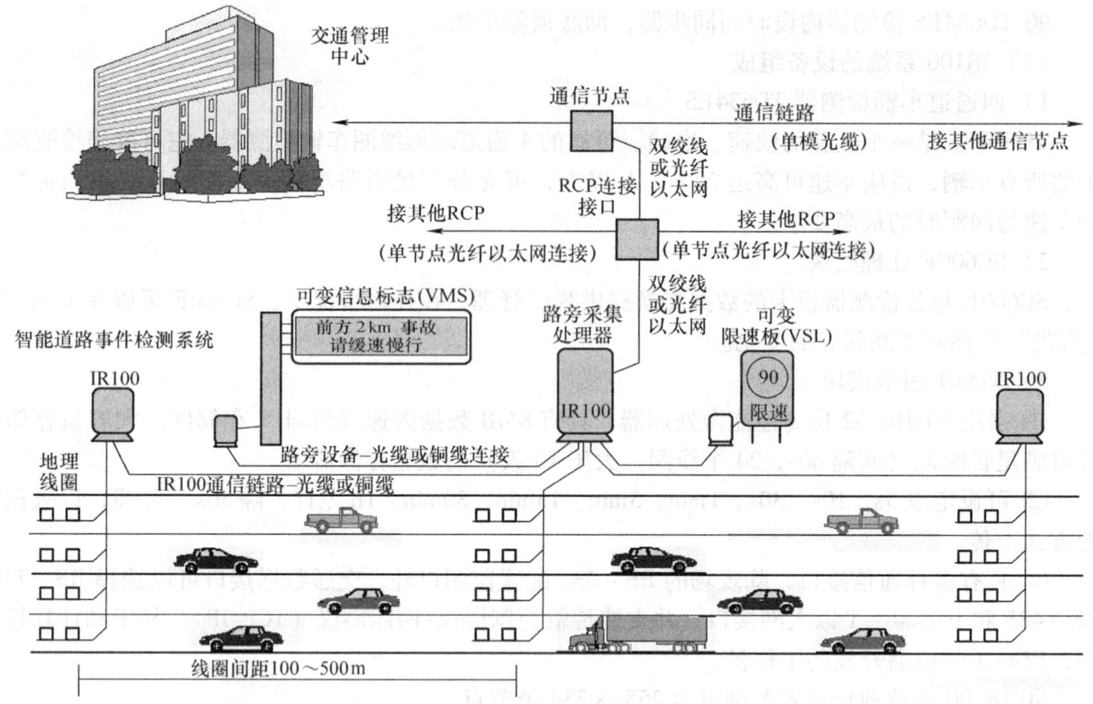

图 2-14　IR100 智能道路事件检测系统

(1) 闯红灯违章自动监控系统

闯红灯违章自动监控系统由指挥中心管理部分、通信网络部分和路口控制部分组成，通过有线和无线通信相结合的网络数据交换体系进行信息传递。指挥中心管理部分主要实现对路口设备、网络的监控和抓拍的图像、数据进行处理；通信网络部分实现路口控制部分和指挥中心管理部分的数据和图像信息的传输；路口控制部分通过摄像机抓拍机动车辆违章闯红灯的图像信息，并将图片信息传送至指挥中心管理部分，如图 2-15 所示。

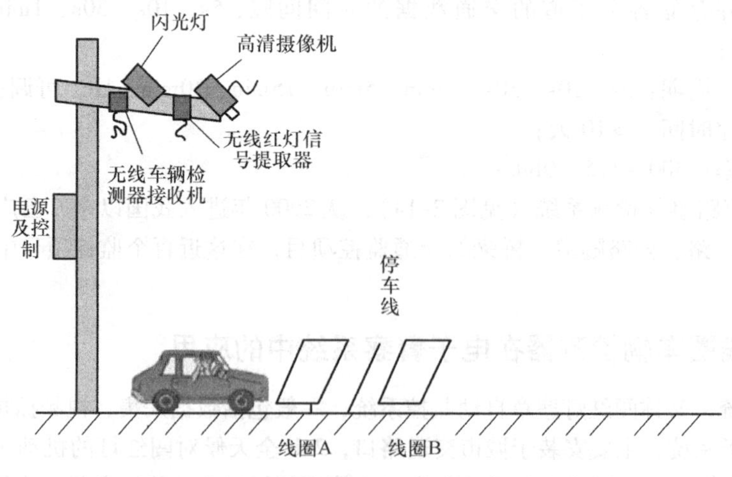

图 2-15　闯红灯违章自动监控系统路口控制部分

(2) 检测器的布设

在公安部标准 GA/T 496—2009《闯红灯自动记录系统通用技术条件》中规定，不对绿灯、黄灯相位通过停车线的机动车进行记录。同时为了避免红灯相位期间由对向的通行机动车误触发所产生的无效图像，往往要求车辆检测器具有机动车通行方向判断功能。因此，这就要求车辆检测器在同一车道上要有两个检测点，图2-15所示两个车辆检测点可以位于停车线前后。

（3）闯红灯抓拍工作原理

环形线圈车辆检测器一旦检测到车辆进出线圈，车辆检测器就会给控制器输出相应信号。

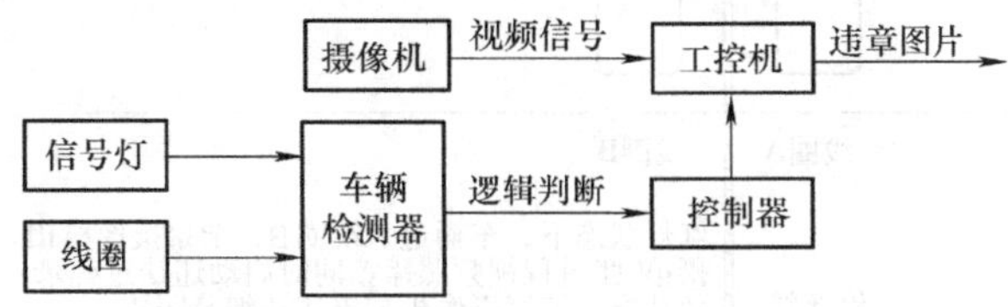

图2-16　车辆闯红灯抓拍系统原理框图

控制器同时和车辆检测器、红绿灯信号相连。红、绿灯信号通过光耦隔离转换成标准TTL电平输入。控制器时刻监控车辆检测器输出的车辆通过线圈的情况和红绿灯信号的状态，一旦有闯红灯的车辆出现，控制器就会给工控机输出信号，控制违法抓拍和违章图片的上传。

（4）具体工作流程

在通行状态下（该方向绿灯亮时），系统持续判断是否有车辆通过检测区域，并监测信号灯的状态。

在禁行状态下（该方向红灯亮时），根据以下四个阶段来判定违法事件，如图2-17～图2-19所示。

① 车辆进入线圈A，但未进入线圈B。系统开始监控，如果在此红灯周期内，此车辆并未继续前进，只是停在线圈A上而并未离开，则系统会判定车辆没有违法。

② 车辆驶离线圈A。如果在此红灯周期内该车辆继续前进，当车辆车体离开线圈A而车身压在停车线上时，系统判定违章事件发生。发出控制指令拍摄第1张过程视频照片，如图2-17所示。

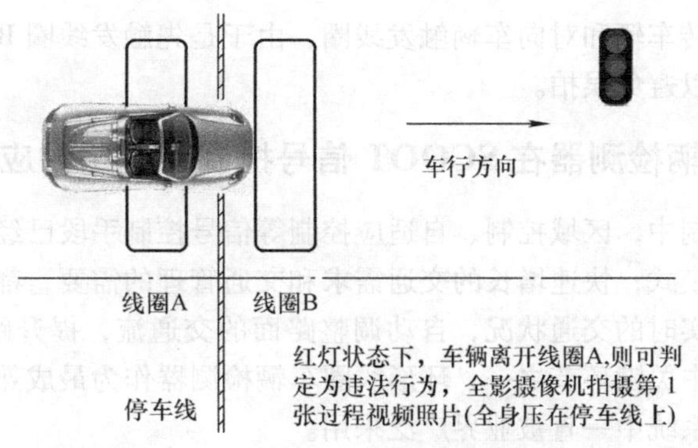

图2-17　车辆闯红灯违法抓拍工作流程1

③ 车辆进入线圈B。当车辆进入线圈B时，拍摄第2张违法过程照片，抓拍违法细节照片，如图2-18所示。系统记录车辆离开时刻，并启动违法过程录像功能，将车辆越过停车线前2s后3s、总共5s时间段内的视频流进行数字压缩，以录像资料文件形式保存，可以动态完整地再现

车辆违法的全过程，进一步减少争议。

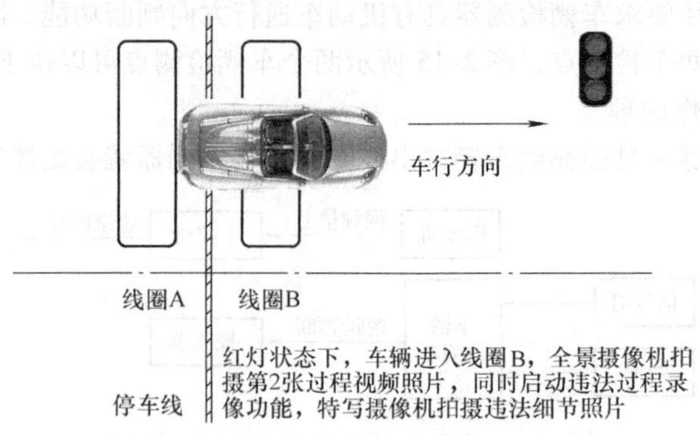

图 2-18　车辆闯红灯违法抓拍工作流程 2

④ 车辆驶离线圈 B。车辆离开线圈 B 时，摄像机抓拍第 3 张违法过程照片，如图 2-19 所示。至此，形成完整的 3 张过程照片，包括车辆压到停车线、离开停车线、继续前进这 3 个不同位置的状态。至此，电子警察系统获得了关于此次违法事件的所有图像证据。

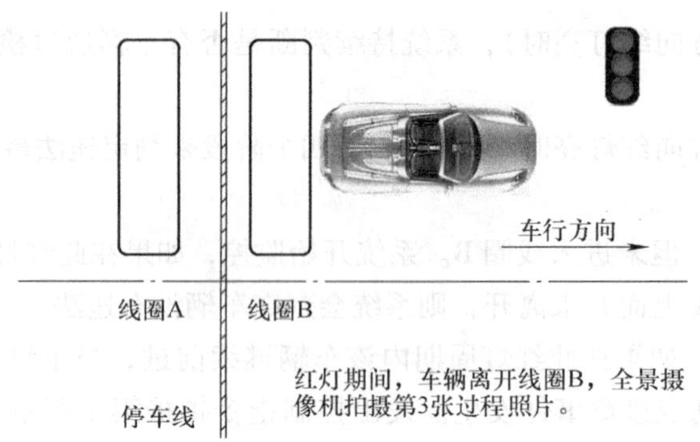

图 2-19　车辆闯红灯违法抓拍工作流程 3

如果从相邻方向左转车辆和对向车辆触发线圈，由于是先触发线圈 B 再触发线圈 A，系统可以判断不是违法车辆，以避免误拍。

2.2.4　环形线圈车辆检测器在 SCOOT 信号控制系统中的应用

在现代交通信号控制中，区域控制、自适应控制等信号控制手段已经在快速取代基于传统的单点多时段的信号控制模式；快速增长的交通需求和交通管理的需要，都非常迫切地要求交通管理部门能够根据路面的实时的交通状况，自动调整路面的交通流，提升路口的通行速率。准确、快速的交通流检测是其中关键环节之一，环形线圈车辆检测器作为最成熟、最可靠、成本最低廉的检测手段在信号控制系统中一直被业界广泛采用。

绿信比、周期、相位差优化技术（SplitCycleOffsetOptimizationTechnique，SCOOT），是方案形成式控制方式的典型代表，是一种对交通信号网施行实时协调控制的自适应控制系统。1975 年由英国运输与道路研究所（Transport and Road Research Laboratory，TRRL）研制成功，目前全世界超过 170 个城市正运行着该系统。我国第一套 SCOOT 系统应用于北京市建国门外地区，所控制的区域包括 39 个交叉口。目前 SCOOT 系统在大连、青岛、成都、武汉等城市都有应用。

1. SCOOT 系统的构成

SCOOT 系统是通过连续检测道路网络中交叉口所有进口交通需求来优化每个交叉口的配时方案，使交叉口的延误和停车次数最小的动态、实时、在线信号控制系统，系统结构框图如图 2-20所示。其硬件组成包括 3 个主要部分：中心计算机及外围设备、数据传输网络和外设装置（包括交通信号控制机、线圈检测器或视频检测器、信号灯等）。

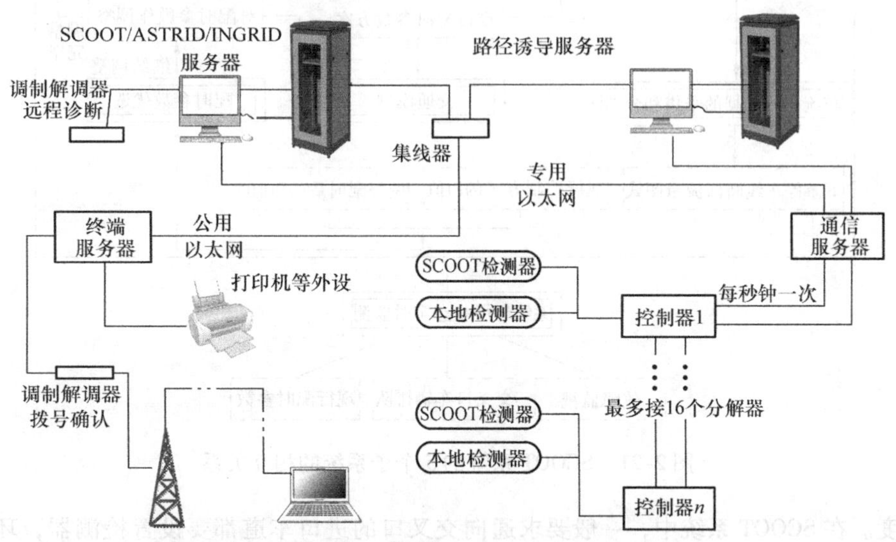

图 2-20　SCOOT 系统结构框图

软件大体由 5 个部分组成：

① 车辆检测数据的采集和分析。

② 交通模型（用于计算延误时间和排队长度等）。

③ 配时方案参数优化调整。

④ 信号控制方案的执行。

⑤ 系统运行状态实时监测。

以上 5 个子系统相互配合、协调工作，共同完成交通控制任务，如图 2-21 所示。

2. SCOOT 系统交通信息的采集与处理

传统上 SCOOT 系统一般采用环形线圈车辆检测器采集交通信息，目前在北京大多采用的是西门子 ST4R/ST4S 环形线圈车辆检测器。随着视频技术的发展和交通控制系统对交通信息需求的丰富，部分地区的 SCOOT 系统已采用了视频车辆检测器用于信息的采集。

（1）环形线圈的布设原则

在 SCOOT 系统中，环形线圈检测器或其他检测器是用来检测某个具体连线（Link，指检测线圈到停车线的有向线段）上的车流的。一个连线可能需要多个检测器采集数据。一个检测器通常覆盖 1 或 2 条车道，所以 3 条车道的道路至少需要 2 个检测器。原则上要保证每一股接受 SCOOT 系统控制的车流的实时动态情况均能被正确地检测，即每一股接受专用信号相位控制的车流都要有一个检测线圈。但是，对于那些不管何时都按一个固定不变的放行时间通过交叉口的车流，可以不设置检测器。同理，非直接由 SCOOT 系统控制的连线上（如按固定相位差与相邻交叉口同步运行的信号灯控制行人过街道）也可以不专设检测器。

一个 SCOOT 系统的环形线圈车辆检测器的线圈宽度为 2m（沿车流方向），这是检测车流最

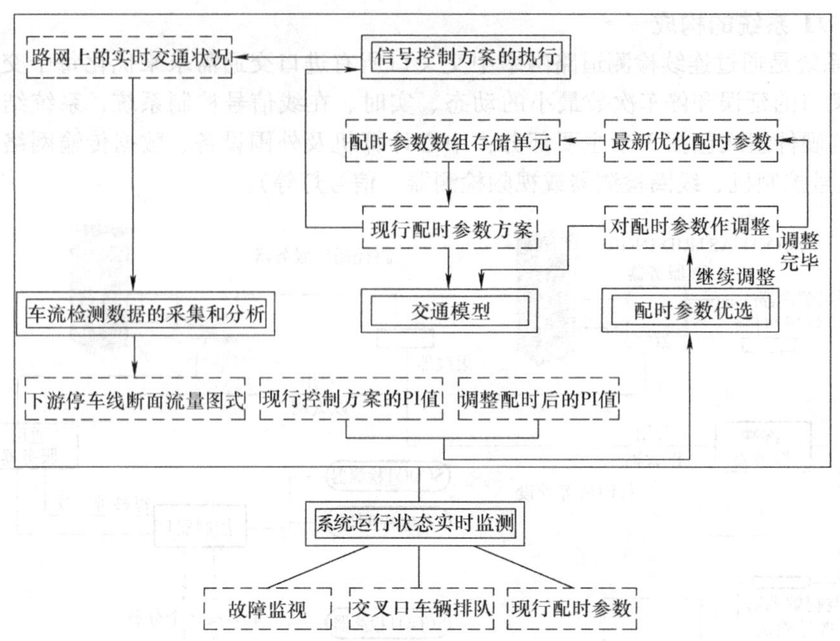

图 2-21　SCOOT 系统的 5 个子系统的相互关系

合适的长度。在 SCOOT 系统中，一般要求通向交叉口的进口车道都要设置检测器，环形线圈检测器设置在上游段，距停车线的距离为 80 ~ 150m。没有条件配置上游检测器的，可将环形线圈车辆检测器设置在停车线前。

SCOOT 系统环形线圈放置位置示意图如图 2-22 所示。

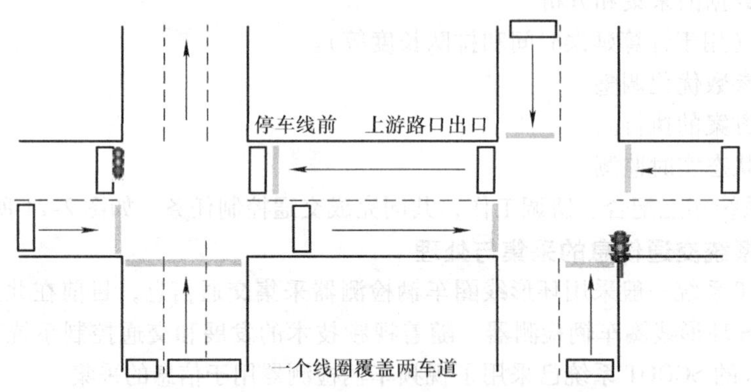

图 2-22　SCOOT 系统环形线圈设置位置

在 SCOOT 系统中，环形线圈车辆检测器的设置还要考虑一下因素：

1）通过环形线圈的车辆行驶速度

为了正确反映路网上车流运动的实时情况，要求环形线圈的设置位置应在通常无阻滞的地段，即通过环形线圈的车流速度大致等于或接近车流平均速度，偏差不超过 ±20%。如果把检测器的环形线圈设置在下游停车线附近，显然是达不到要求的。但是，若设置得过于靠近上游交叉口，同样也达不到要求的效果。因此，通过实践，一般将环形线圈设置在上面提到的上游路段，距停车线的距离为 80 ~ 150m。对于交叉口上游行人过街信号灯杆下的管线来说，环形线圈至少要离行人过街通道 25 ~ 30m。

2）受阻滞车队的队尾位置

SCOOT 系统的正常功能之一是控制路网上交通拥挤和堵塞的发生，尤其是要防止受阻滞车队蔓延至上游交叉口乃至堵塞上游交叉口的情况发生。一旦发生上述异常情况，控制系统应能立即察觉，并十分快速地做出反应。为此，环形线圈应尽可能向上游路段设置，要设置在预计可能出现的最大排队长度之外。

3）支路汇入车流

有些连线（路段）中途有非灯管交叉口，一些从支路上来的车辆随机地汇入该路段，而且车流量较大，其日交通量占主路车流日交通总量的 10% 以上。在这种情况下，环形线圈布设位置也应多加考虑，可把环形线圈设在支路汇入点的下游。若汇入点离下游停车线太近，则应当采取分设环形线圈的方法。

4）左转车流

对于左转车流的检测有两种情况：一种是在远离停车线的上游方向提前设置左转车道标示，左转车流在上游就和直行车流分道行驶，传感器可以仍按常规设置在上游断面；另一种情况，左转车流只是在靠近停车线的渠化段才和直行车分开，这时，检测左转车的环形线圈就只能设置在出口断面处。这种方法虽不及第一种方法好，但也能向系统提供较为满意的左转车流数据，只不过所提供的数据总是滞后于实时交通一个周期时间。

（2）SCOOT 系统中环形线圈车辆检测器的配置

1）路口环形线圈车辆检测器设置

路口每个方向最多设置 4 个环形线圈车辆检测器（右转车道不设置环形线圈车辆检测器），环形线圈车辆检测器的编号规则是路口每一个方向按照环形线圈车辆检测器的设置位置由里向外依次编号，如图 2-23 所示。例如，由南向北方向一车道的检测器由里向外编号依次为 S1V、S2V。

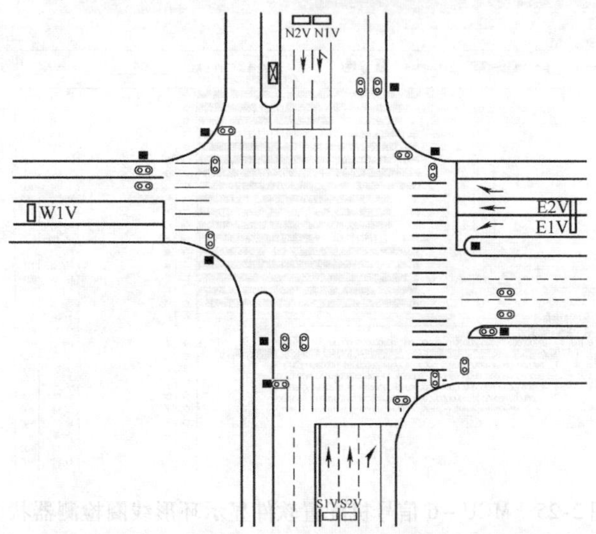

图 2-23　路口环形线圈车辆检测器的设置与编号

2）环形线圈车辆检测器在 MCU－6 的信号机 I/O 端口上的配置

在 MCU－6 信号机配置界面中设置与路口环形线圈检测器对应的关系。其规则是将路口北、东、南、西按顺时针四个方向的所有环形线圈检测器依次设置对应信号机背板的 0 ~ 31 号 I/O 端口。根据图 2-23 所示，北面有两个环形线圈检测器 N1V 和 N2V，则这两个环形线圈车辆检测器对应信号机背板的 0 和 1 号 I/O 端口。具体的配置如图 2-24 所示。

逻辑输入

No.	名称	反转	UD	DFM	有效时间(Minuts)	无效时间(Hours)	V/O
0	N1V			N	0	0	
1	N2V			N	0	0	
2	E1V			N	0	0	
3	E2V			N	0	0	
4	S1V			N	0	0	
5	S2V			N	0	0	
6	W1V			N	0	0	
7	W2V			N	0	0	
8							

图 2-24　MCU－6 信号机的 I/O 端口配置

3）环形线圈车辆检测器与信号机的连接

根据上述 MCU－6 信号机配置的 I/O 端口与路口检测器的对应关系进行检测信号线的连接，实际输入信号要与配置相一致。从上面的配置可以看出，路口北面的两个环形线圈检测器 N1V、N2V 对应信号机背板的是 0 和 1 号 I/O 端口，则将路口北面线圈检测器的输出与信号机背板的 0 和 1 号 I/O 端口相接。当有车辆经过上述环形线圈车辆检测器时，通过 MCU－6 配置软件，可以看到对应的 I/O 端口的数据变化。当有车辆经过环形线圈车辆检测器 N1V 和 N2V 时，相应的 I/O 端口会出现 1 个或多个“1”；如果没有检测到车辆，相应的 I/O 端口的状态为“0”，如图 2-25 所示。

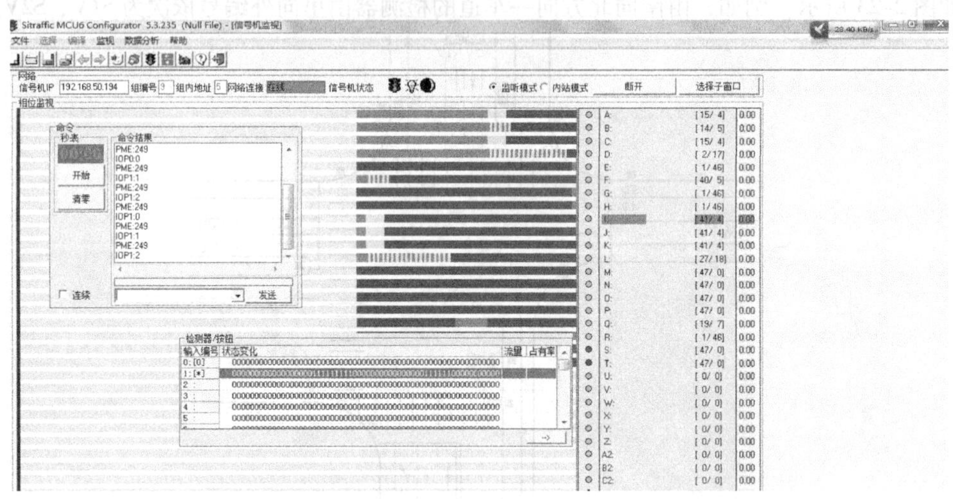

图 2-25　MCU－6 信号机配置软件显示环形线圈检测器状况

同理，路口东面的两个环形线圈检测器的输出与信号机背板的 2 和 3 号 I/O 端口相接，路口南面的两个环形线圈检测器的输出与信号机背板的 4 和 5 号 I/O 端口相接，路口西面的一个环形线圈检测器的输出与信号机背板的 6 号 I/O 端口相接。信号机背板及其 I/O 端口分布如图 2-26 所示。

4）SCOOT 系统中心数据库中环形线圈检测器的配置

在 SCOOT 系统中心数据库中环形线圈检测器的配置原则：每个信号机外站定义 10 个字节的

图 2-26　MCU－6 信号机背板及其 I/O 端口分布

返回位；前 2 个字节的返回位用于定义 G 位和一些对时位等，又称掩码。以某城市河荫中路西口的北面连线的 SCOOT 系统中心数据库环形线圈检测器配置如图 2-27 所示。北面 4 个环形线圈检测器所占的掩码是 2.0～2.3，东面 4 个环形线圈检测器所占的掩码是 3.0～3.3，南面 4 个环形线圈检测器所占的掩码是 4.0～4.3，西面 4 个环形线圈检测器所占的掩码是 5.0～5.3。剩下的 8 个字节用于定义 16 个环形线圈检测器，每条连线（Link）的环形线圈检测器从里往外依次编号为 1～4，每个环形线圈检测器检测数据占 4 位，一个方向最多 4 个检测器，则检测数据最多 16 位（2 个字节），4 个方向共 8 个字节。

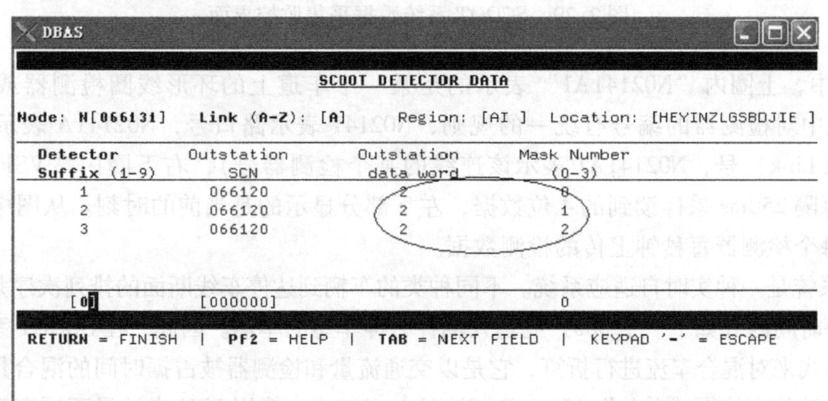

图 2-27　某 SCOOT 系统中心数据库环形线圈车辆检测器配置

5）核对环形线圈车辆检测器数据

配置完 SCOOT 系统中心数据库后，利用命令 UPDATE 更新数据库，然后在利用命令 LMONN66131A（环形线圈车辆检测器编号）查看下端环形线圈车辆检测器数据是否与中心数据库配置一致，如图 2-28 所示。

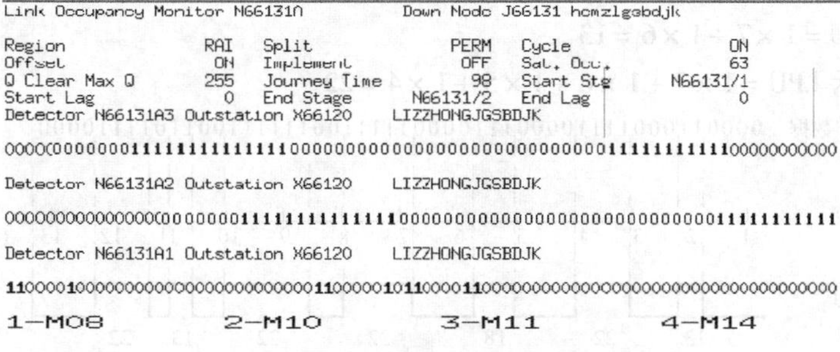

```
Link Occupancy Monitor N66131A                Down Node J66131 hcmzlgsbdjk

Region              RAI   Split              PERM   Cycle              ON
Offset               ON   Implement           OFF   Sat. Occ.          63
Q Clear Max Q       255   Journey Time         98   Start Stg    N66131/1
Start Lag             0   End Stage      N66131/2   End Lag             0
Detector N66131A3 Outstation X66120    LIZZHONGJGSBDJK

000000000000111111111111110000000000000000000000000000000000111111111100000000000

Detector N66131A2 Outstation X66120    LIZZHONGJGSBDJK

000000000000000000000111111111111110000000000000000000000000000000000001111111111

Detector N66131A1 Outstation X66120    LIZZHONGJGSBDJK

110000100000000000000000000000011000001011000011000000000000000000000000000000000

1-M08              2-M10              3-M11              4-M14
```

图 2-28　核对环形线圈检测器数据

（3）SCOOT 系统中环形线圈车辆检器数据的采集及应用

在 SCOOT 系统中，每一个检测器的采样周期是 250ms，以“1”代表有车，“0”代表无车，采样数据每隔 1s 上传 1 次，每次上传 4 位信息，如图 2-29 所示。

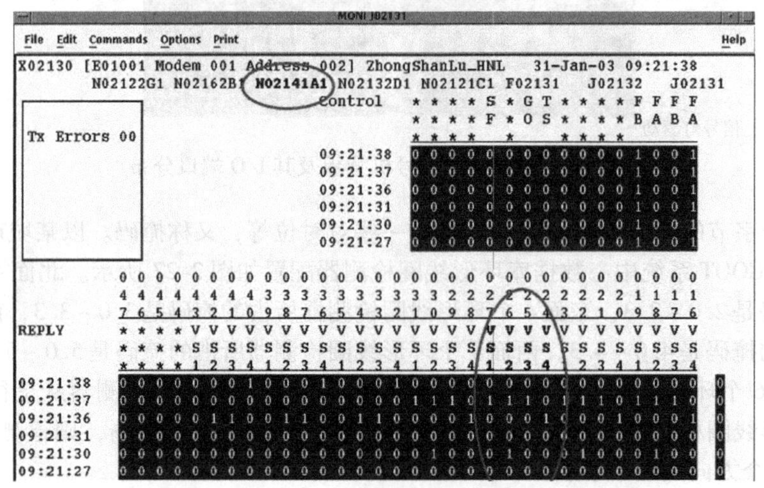

图 2-29 SCOOT 系统数据采集监控界面

图 2-29 中，上圈内“N02141A1”表示的是某一个车道上的环形线圈检测器或视频检测器（SCOOT 系统中对检测器的编号有统一的规则，N02141 表示路口号，N02141A 表示该路口某个方向的连线（Link）号，N02141A1 表示该连线的某个检测器号），右下圈内“VS1”～“VS4”是该检测器每隔 250ms 采样读到的 4 位数据，左下部分显示的是当前的时刻。从图中可以动态地观测到系统每个检测器每秒钟上传的检测数据。

SCOOT 系统是一种实时自适应系统。不同种类的车辆到达停车线断面的排列次序是随机的，无法预计在某一时间内（如下一个 30s）到达几辆什么样车型的车辆。因此，在 SCOOT 系统中采用的是实测流量图式来对混合车流进行折算，它是以交通流量和检测器被占据时间的混合量作为计量单位，取名为“连线车流图式单位”（Link Profile Unit，LPU）。使用 LPU 来计量不同车型的随机混合车流所形成的交通负荷，这是 SCOOT 系统的一个重要的特点。以某一线圈检测器连续采集的数据为例，获得的采集序列为二进制码流“0000110001111000011100001111…”，如图 2-30 所示。

检测器流量计算是根据检测器状态从 OFF 到 ON 的次数来确定的，即以“0”（可以是连续多个“0”，个数不限）为分割符，以连续的“1”（“1”的个数不限，可以是单个“1”）构成 1 个字串，在这 1 字串中，对连续出现的“1”按“7、6、5、4”赋予权重，换算出 LPU 值。字串中如果“1”的个数超过 4 位，超过的位数则忽略不计，因此一个字串对应的最大 LPU 为 22，例如：

“11”表示 $LPU = 1 \times 7 + 1 \times 6 = 13$

“111111”表示 $LPU = 1 \times 7 + 1 \times 6 + 1 \times 5 + 1 \times 4 = 22$

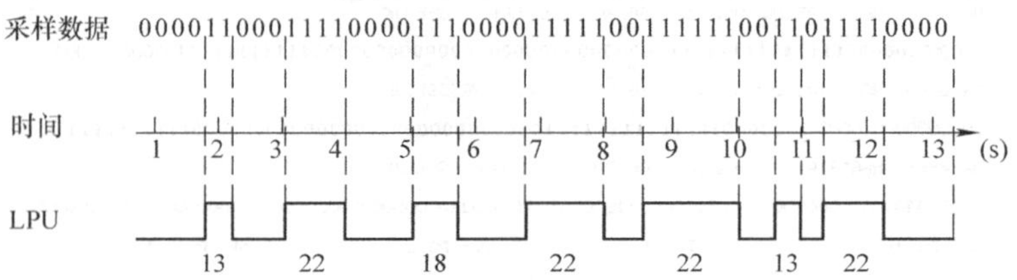

图 2-30 SCOOT 系统检测器检测示例

SCOOT 系统中采用的 LPU/h 表征的交通流量与本书第 1 章中定义的实际交通流量不同，可以通过当量因子转换成实际的交通流量，一般取 1veh = 12 ~ 17LPU，系统默认 1veh = 17LPU。

SCOOT 系统以交通流为观察目标，根据检测数据与需求截面图相结合来预测停车线处的排队长度，每 150s 优化一次（平峰时 300s 优化一次）来动态寻求最佳控制。

在 SCOOT 系统中，通过检测器还可以获得检测器占有率（检测器 0.25s 占有的次数和整个时间段的比）和车辆占有率（通过检测器占有率除以检测器流量获得的，提供车辆的平均占有率，单位为 ms/veh）等参数。

同时 SCOOT 系统通过检测器是否被连续占用或没有被占用来检查检测器是否出现故障。如果一个状态连续 5min 没有改变，则把该检测器设置为“疑点”状态，其相应的阶段复位到所设定的默认值。如果检测器又开始正常工作后，检测器的显示回归到“正确”状态，并且开始优化工作。如果 30min 后检测器依然显示为“疑点”状态，SCOOT 系统将把检测器设定为故障，并要求操作员或时间表命令重新设置检测器。

2.2.5　环形线圈车辆检测器在城市快速路出入口信号控制系统中的应用

城市的道路网系统一般由常规的城市道路系统、城市快速路系统、高速公路系统组成。城市快速路作为高速公路系统和城市主干道的衔接，一般起着连接城市中心商业区和机场、码头、车站等大型公共设施的作用，特别是作为疏散内部交通压力的放射状快速路，一般都与区域交通网络连接。通过合理科学的监控手段，提高快速路的监控水平，提高车辆的运行效率，是缓解城市道路拥堵的重要措施之一。

1. 检测器的设置位置

环形线圈车辆检测器在快速路出入口匝道布设时应根据控制算法中的需求而设置，作为信号控制检测环节，一般情况下在出入口上游/下游 50 ~ 80m 之间设置环形线圈车辆检测器。此外，在出口的辅路上下游也应设置环形线圈车辆检测器；在出口匝道或者入口匝道的出入口处有时也需设置环形线圈车辆检测器。

（1）城市快速路入口匝道信号控制系统中检测器的设置

一般需设置匝道排队检测器、上游检测器、下游检测器、汇入检测器等采集交通数据，如图 2-31 所示。

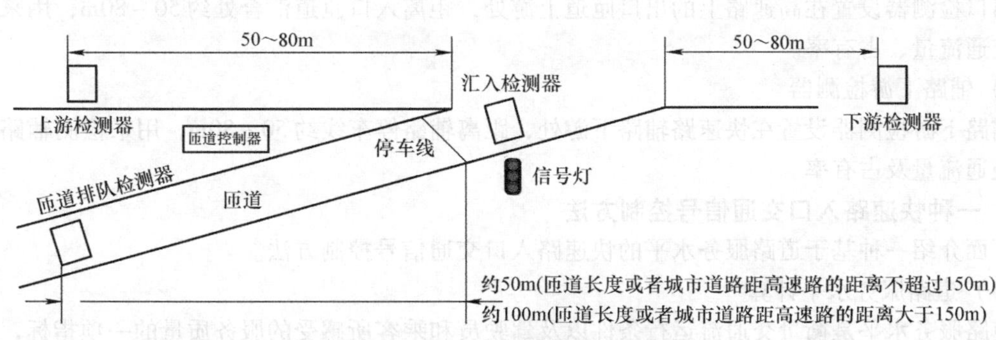

图 2-31　入口匝道检测器的设置

1）匝道排队检测器

匝道排队检测器的设置需根据匝道长度而定，如果匝道长度较短，或者与匝道相连接的城市地面道路距离高速路较近（不超过 150m），匝道排队检测器需设置在距离入口匝道与城市地面道路相连接点约50m处。以保证入口匝道上的排队车辆不影响城市地面道路的通行。如果匝道长度较长或者与匝道相连接的城市地面道路距离高速路较远（大于150m），匝道排队检测器应设置在距离入口匝道停车线约100m处。当匝道排队检测器被车流长时间占有时，说明车辆排队已至匝道排队检测器位置。

2）上游检测器

上游检测器设置在高速路上的入口匝道上游处，距离入口匝道汇入处约50~80m，用来检测上游交通流量、占有率。

3）下游检测器

下游检测器设置在高速路上的入口匝道下游处，距离入口匝道汇入处约50~80m，用来检测下游交通流量和占有率。

4）汇入检测器用于检测车辆是否顺利地汇入快速路主路上。

（2）城市快速路出口匝道检测器的设置

对于出口匝道与相连辅路而言，应确保出口匝道流量与辅路流量总和不超过出口匝道下游辅路路段瓶颈处的通行能力，这样才能避免交通拥挤的发生。由于驶离出口匝道的车辆未采用信号调节，考虑辅路容量的限制，为了避免出口匝道与辅路车流间的相互干扰，采取的办法是在辅路安装信号灯调节辅路车流的运行，确保出口匝道的车辆及时驶出。

以一个典型的城市快速路的出口匝道为例，设置下列用来采集交通数据的车辆检测器：出口检测器和辅路下游检测器，如图2-32所示。

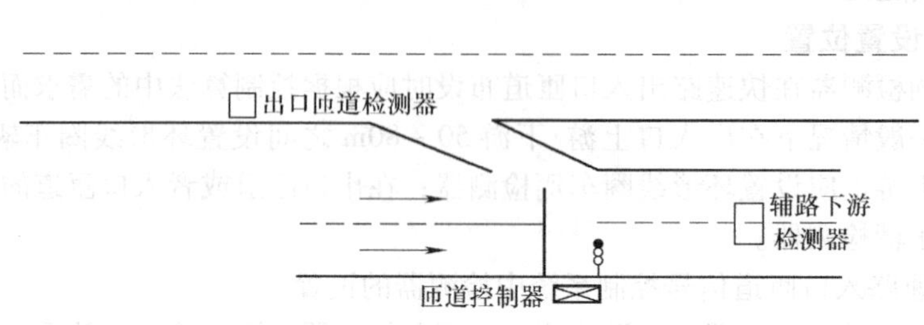

图2-32 出口匝道检测器和辅路下游检测器的设置

1）出口检测器

出口检测器设置在高速路上的出口匝道上游处，距离入口匝道汇合处约50~80m，用来检测上游交通流量、占有率。

2）辅路下游检测器

辅路下游检测器设置在快速路辅路下游处，距离辅路停车线约50~80m，用来检测辅路下游处的交通流量及占有率。

2. 一种快速路入口交通信号控制方法

下面介绍一种基于道路服务水平的快速路入口交通信号控制方法。

（1）道路服务水平计算

道路服务水平是衡量交通流运行条件以及驾驶员和乘客所感受的服务质量的一项指标，通常根据交通量、车速、行驶时间、驾驶自由度、交通间断、舒适性和方便性等指标确定服务水平。服务水平反映了道路在某种交通条件下所提供运行服务的质量水平。

检测器将采集的交通数据传输至信号控制器，由信号机对其进行分析、计算，首先计算上下游交通流量，然后根据预设的道路饱和流量计算流率（流率=当前流量/饱和流量），然后计算占有率。根据流率和占有率两项数据，综合上下游数据，对上下游数据进行加权，总数据 = 上游数据 ×0.4 + 下游数据 ×0.6。

信号控制器会计算一种道路服务水平曲线，如图2-33所示。

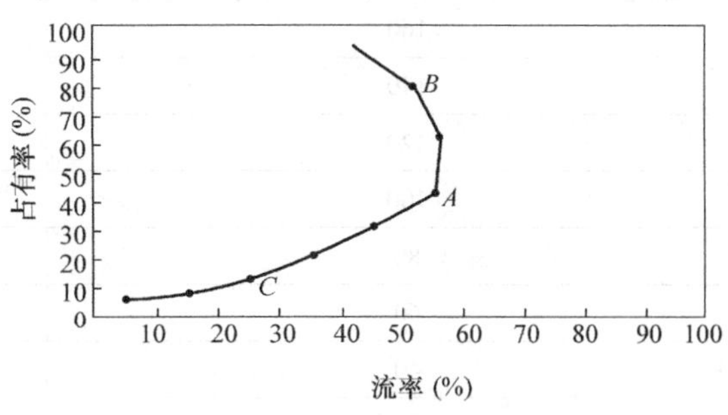

图2-33 道路服务水平曲线

通过图示可以看出，在点 C，占有率和流率值均很小，此时车辆行驶较为畅通；在点 A，流率较大，占有率也较大，两者基本已接近顶点最大值，说明此时车流量较大，车速行驶比较缓慢，已接近拥堵；在点 B，流率已经下降，占有率依然在增加，说明车辆已经发生拥堵。在控制时，根据信号控制器内部计算的道路服务水平曲线来形成控制策略。

（2）控制策略

信号控制器根据交通数据分析结果会自动选择控制方式，实现动态控制，具体如下：

① 首先判断流率和占有率的增长情况。当出现流率已经停止增长或者下降而占有率仍然继续增长时，需要对入口匝道采取匝道关闭措施，即信号灯保持在红灯状态，不给入口匝道通行权。

② 如果占有率值小于20%，说明此时车速较高，车辆行驶畅通。在此情况下，信号控制器会采取匝道开放措施。即信号灯保持在绿灯状态，一直给入口匝道通行权，直至占有率超过20%。

③ 当占有率值大于20%，而又没有出现流率已经停止增长或者下降而占有率仍然继续增长的情况时，即处于图2-33所示的点 A 和 C 之间时，信号控制器采取基于排队长度的多入口匝道协调控制。

基于排队长度的多入口匝道协调控制思想是为了避免个别入口匝道上的车辆排队过长而影响到与其相连接的城市地面道路的交通，对各个入口匝道进行排队检测，使排队长度较长的入口匝道多放行一些车辆，排队长度较短的入口匝道少放行一些车辆。这样既不会增加入口匝道驶入高速路主线的总体车辆数，也不会导致某些入口匝道上的车辆排队过长而影响与其相连接的城市地面道路的交通。具体实现方法如下：

当某个入口匝道检测到匝道排队检测器长期被车流占有时，说明此入口匝道排队长度过长，需请求其他入口匝道协调控制。此时，该入口的信号控制器会向其相邻的信号控制器发送协调请求，相邻的信号控制器收到协调控制请求后，首先判断自身入口匝道上的车辆排队是否过长，如果排队长度没有超过匝道排队检测器位置，则响应协调控制请求。响应方法为在下个周期放行入口匝道车辆时绿灯时间减少4s，并且向发送协调控制请求的信号控制器回传响应信息。如果自身入口匝道排队长度已经过长，则再向相邻的其他信号控制器转发此协调请求。当发送协调控制请求的信号控制器收到其他信号控制器回传的响应信息后，在下个周期放行入口匝道车辆时绿灯增加4s。

在信号控制器对入口匝道的控制方法中，如果周期过大、入口匝道绿灯放行时间过长，会导致车辆汇入主线困难，浪费绿灯时间；周期越小，车辆汇入效率越高。所以，为了使入口匝道上的车辆更容易汇入主线，对一般的入口匝道周期设置最大值为160s，同时设置周期最小值为20s。周期会随着上下游检测器所采集的占有率值变化而变化，周期变化幅度为每步20s，见表2-8。

表 2-8 周期的选择与占有率的关系

周期/s	占有率（%）
160	$20<Q_c\leqslant 25$
140	$25<Q_c\leqslant 30$
120	$30<Q_c\leqslant 35$
100	$35<Q_c\leqslant 40$
80	$40<Q_c\leqslant 45$
60	$45<Q_c\leqslant 50$
40	$50<Q_c\leqslant 55$
20	$55<Q_c\leqslant 60$

（3）绿灯时间调整方法

正常情况下，绿灯时间（s）计算如下：

绿灯时间 = 周期 ×（1 − Q） 绿灯时间单位为 s，式中 Q 为流率值。

响应协调控制请求时

绿灯时间 = 周期 ×（1 − Q）− 4 绿灯时间单位为 s。

请求协调控制并得到响应时

绿灯时间 = 周期 ×（1 − Q）+ 4 绿灯时间单位为 s。

当一次入口匝道放行开始时，即一个周期开始时，绿灯时间开始计时，直到绿灯时间结束，计时结束。如果绿灯期间，入口匝道与快速路主线中间的汇入检测器检测到放行的车辆没有顺利汇入主线时，计时也会结束，即绿灯时间结束。这样可以避免车辆汇入主线困难，浪费绿灯时间。

2.3 地磁车辆检测器

地磁车辆检测器和环形线圈车辆检测器都是通过检测车辆通过引起磁场变化来实现车辆检测的，但两种检测器所检测的磁场不同。从上节可知，环形线圈车辆检测器是在线圈中通入交变电流形成交变磁场，当车辆经过时引起磁场的变化来达到检测的目的的。而地磁车辆检测器是利用车辆存在或通过时所引起的地磁场强度的变化来实现车辆检测的目的的。

2.3.1 地磁车辆检测器的工作原理

地球周围存在一层很弱磁场，常称为地磁场，磁感应强度大约为 0.5 ~ 0.6Gs[㊀]，方向由北向南。

物质在磁场中电阻将发生变化，这种现象称为磁阻效应。磁阻效应有基于霍尔效应的普通磁阻效应和各向异性磁阻效应之分。对于强磁性金属（铁、钴、镍及其合金），当外加磁场平行于磁体内磁化方向时，电阻几乎不随外加磁场而变；当外加磁场偏离金属的内磁化方向时，金属的电阻减小，这就是各向异性磁阻（AnisotropicMagneto − Resistive，AMR）效应，又称为磁阻的非均质现象，其中能够引起磁阻效应的方向称为敏感方向或者感应方向。

㊀ Gs：高斯，磁感应强度非法定计量单位。磁感应强度的法定计量单位为 T（特斯拉）。1 Gs = 10^{-4}T。

地磁车辆检测器是一种各向异性磁阻传感器，以下简称 AMR 检测器，能够检测出磁感应强度为地球磁感应强度的 1/12000 的变化。以美国霍尼韦尔公司生产的 HMC1041 单轴 AMR 检测器为例，检测部件是一种特制的电阻条。该电阻条是在强磁场下将铁镍合金薄膜沉积在硅衬底上制成的，沉积时薄膜以长条带状的形式分布。AMR 检测器检测电路是由 4 个这样的磁阻构成一个惠斯顿电桥，是一种单边封装的磁场检测器，可感应与引脚平行方向的磁场，如图 2-34 所示。

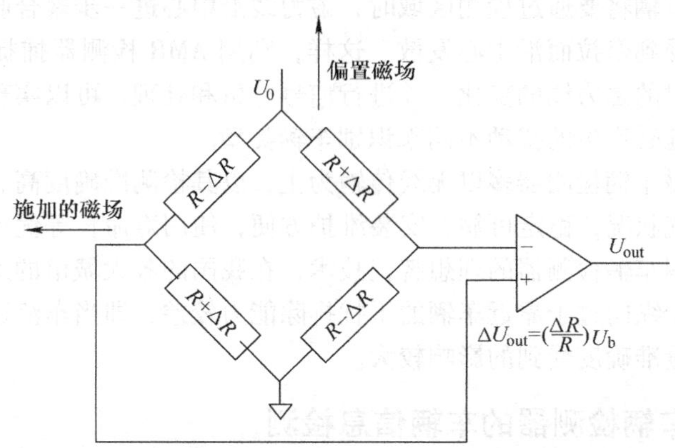

图 2-34　AMR 检测器的检测电路

检测器的工作电源为 U_b，当有铁磁性物体通过检测器所在的特定区域时，相当于在电桥上施加了一个偏置磁场，使得 2 个相对放置的电阻条的磁化方向朝着电流方向转动，引起电阻阻值的增大；另外 2 个相对放置的电阻条的磁化方向背着电流方向转动，引起电阻阻值的减小，这样打破了惠斯顿电桥的平衡，并将磁场的变化转换成差动输出电压，该输出电压 U_{OUT} 可表示为

$$U_{OUT}=\frac{\Delta R}{R}U_b \tag{2.26}$$

式中，R 为薄膜电阻；$\Delta R/R$ 为阻值的相对变化量；U_b 为检测器工作电压。

通过对电桥输出信号的放大、调理、采样就可以得到检测器感应方向上的磁场变化数据，从磁场的变化或畸变中检测出含有铁磁性物体。

图 2-35 所示为某 AMR 检测器测出的沿着感应方向随磁场强度变化的电桥输出电压曲线。

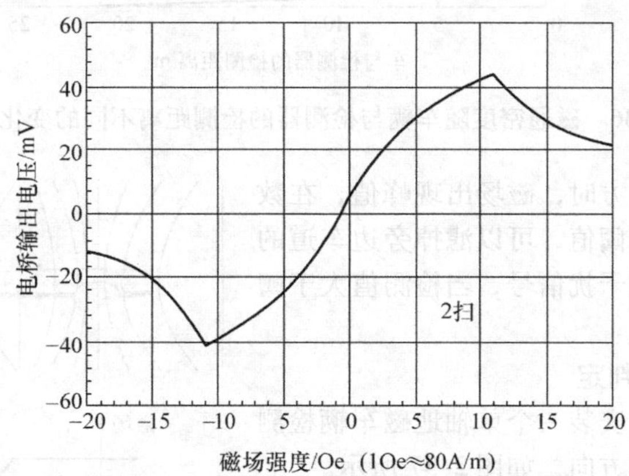

图 2-35　用某 AMR 检测器测出的沿感应方向随磁场强度变化的电桥输出电压曲线

AMR 检测器具有尺寸小、成本低、灵敏度高（使传感器可离被测铁磁性物体一段较长的距离）、对电磁噪声和干扰不敏感的优点，如 HMC1043 是三轴 AMR 检测器，由三个相互垂直的这种惠斯顿电桥组成，能测量空间三维方向的磁场，测量范围为 ±6Gs，分辨率为 120μGs。

地磁车辆检测器在检测车辆时就是利用 AMR 地磁探测原理对车辆的存在与运动及运动方向进行探测的。车辆本身含有铁磁性物质，当车辆接近地磁车辆检测器的检测区域时，检测区域的磁力线挤压聚合；当车辆将要通过检测区域时，磁力线沿中心进一步聚合收缩；当车辆正在通过检测区域时，磁力线受到牵拉而沿中心发散。这样，利用 AMR 检测器捕捉车辆接近、将要通过及正在通过检测区域时的磁力线的变化，并进行信号分析和处理，可以实现对车辆实时检测，也可以根据不同车辆对地磁产生的扰动不同来识别车辆类型。

目前市场上的地磁车辆检测器多以无线传输为主，以其检测准确度高，自适应、自学习能力强，适应各种复杂天气状况，稳定可靠，安装维护方便，使用寿命长等优点迅速占领市场，被一些专家认为是环形线圈车辆检测器的理想替代技术，在我国的各大城市的道路上已经开始逐步使用。其缺点在于，对于纵向过于靠近车辆的干扰排除能力较差，即当车流速度较低、前后车辆之间的距离较小时，测量准确度受到的影响较大。

2.3.2 基于地磁车辆检测器的车辆信息检测

1. 车辆的存在性检测

车辆的发动机和车轮对地磁场的扰动尤为明显，而车辆内部、车顶和后备箱等其他铁磁性物质产生的地磁场扰动可以忽略。一般在地下埋设单轴地磁检测器检测车辆，通过观察磁场的变化，来确定通过车辆的存在和方向，如图 2-36 所示。根据车辆铁磁性物质含量的不同，检测器与车辆的检测距离最远可达 15m。

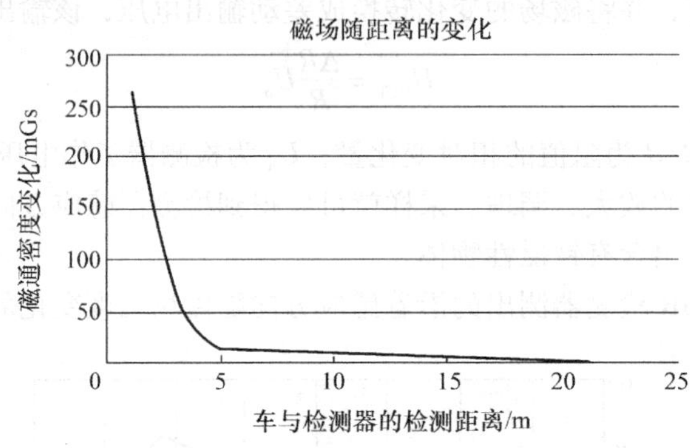

图 2-36 磁通密度随车辆与检测器的检测距离不同的变化曲线

当车辆位于检测器上方时，磁场出现峰值，在数据处理时通过建立合适的阈值，可以滤掉旁边车道的车辆或远距离车辆带来的干扰信号，当检测值大于阈值时，认为有车辆通过。

2. 车辆行驶的方向判定

沿着车辆的行驶方向安装一个单轴地磁车辆检测器就可以测量车辆的行驶方向，如图 2-37 所示。

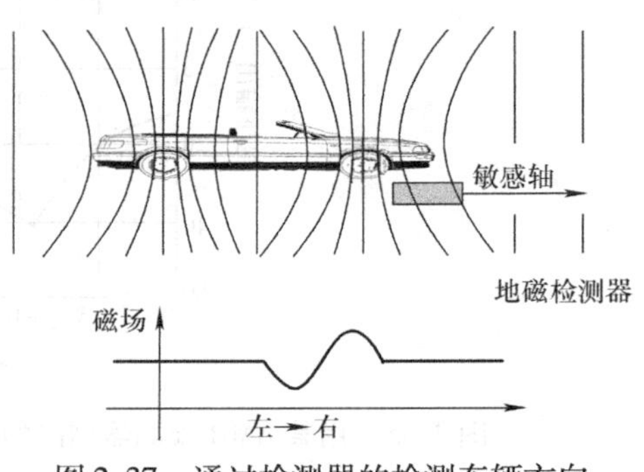

图 2-37 通过检测器的检测车辆方向

当没有车辆存在时，检测器输出背景的磁场作为它的初始值。当有车辆接近时，地磁场的磁力线将会偏向铁磁性车辆。如果地磁传感器的敏感轴指向右侧，而车辆是由左向右行驶的，那么磁场的变化规律是首先减弱，因为更多的磁力线会弯向迎面驶来的车辆。所以，从检测器的初始值磁场背景开始，随之而来的第一个畸变是曲线偏向负方向。

当车辆在检测器正上方时，通过车辆的磁场变化量基本为零，检测器输出曲线返回到初始值。当车辆继续向右时，磁力线将沿着敏感轴的正方偏向车辆。所以传感器的输出将会在初始值的基础上增大。当车辆驶离传感器的测量范围时，传感器输出恢复到初始值。如图2-37所示为当车辆从左向右时传感器的响应。

3. 基本车型的识别方法

任何铁磁性物体都会改变地磁场的分布，形成地磁场扰动，其综合影响是对地球磁场磁力线的扭曲和畸变，且这个扰动因铁磁性物体的结构及质量不同而不同。也就是说，不同类型的车辆对地磁场的干扰是不一样的。正是利用这个特征，就可以进行对车辆的基本类型进行分类。

一般利用双轴地磁传感器，将其水平安装后，能够将任何水平磁场分为 X 轴和 Y 轴矢量分量，通过两个方向的磁场变化的叠加来区分车型。其原理如图2-38所示。

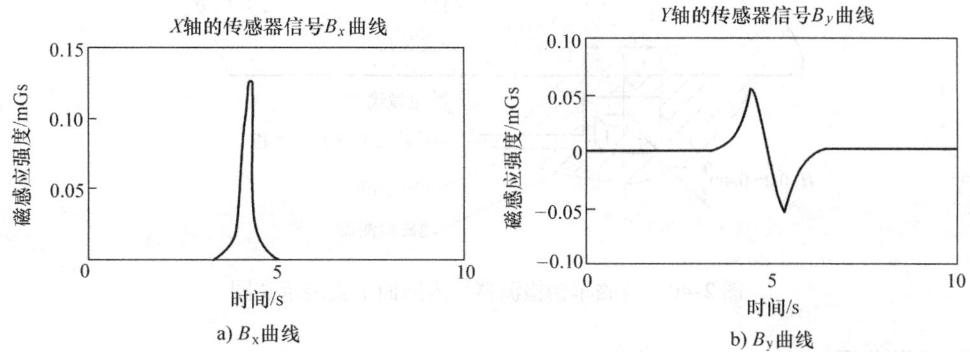

图2-38　某车辆的 B_x 及 B_y 曲线

从图2-39所示曲线可以看出，卡车、小轿车及摩托车的两轴地磁场扰动磁场叠加的曲线有明显的不同，可以建立基本模板用于比对区分三种车型。

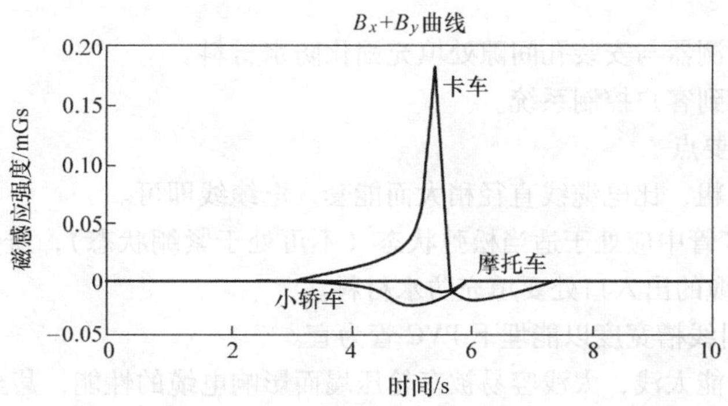

图2-39　三种典型车辆的 B_x+B_y 曲线

如果要实现准确的车型区分，可以建立标准的车辆模板库，通过对大量样本车辆感应曲线的数据采样分析，提取与车型分类有关的若干种特征，主要包括磁感应强度、高度、左右相对密度、上下相对密度、上升沿、下降沿、凹凸性、峰值等进行进一步的分析，通过与标准车辆模板的匹配、识别来进行车辆的准确区分。

2.4 地磁车辆检测器在车辆检测中的应用

2.4.1 地磁车辆检测器的安装

地磁车辆检测器安装方式有两种：埋入路面下安装和道路侧（路）边安装。

1. 埋入路面下安装

在路面挖掘安装孔和引线槽，将地磁车辆检测器和连接线缆埋入。车辆检测器安装固定后，其离车辆底盘距离可控制在某个范围内（一般 0.5m 以内）。与埋设环形线圈的工程量相比，其埋入路面下安装工程量较少，占用车道时间较短；可离线设置灵敏度和其他参数。

图 2-40 所示为地磁车辆检测器埋入路面下安装示意图。

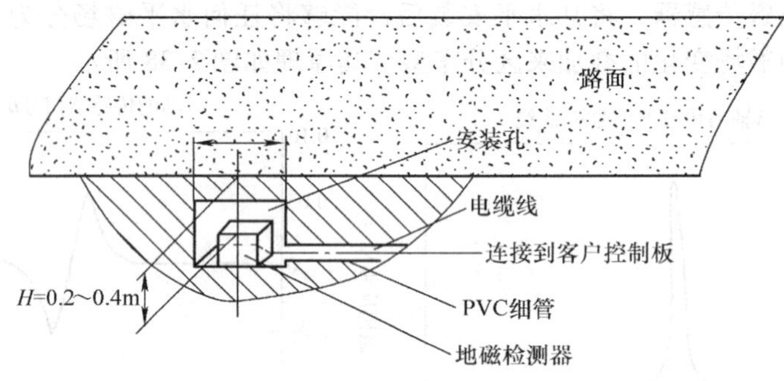

图 2-40 地磁车辆检测器埋入路面下安装示意图

（1）安装步骤

① 在路面上挖掘安装孔和引线槽，孔径以能放入检测器为适宜，深度为 0.2 ~ 0.6m。

② 将套有地磁车辆检测器电缆线的聚氯乙烯（PVC）管放入槽中。

③ 调节电缆线，将地磁检测器放入孔中，调整好距离地面高度为 0.2 ~ 0.4m，电缆线要处于松弛状态。

④ 往地磁车辆检测器与安装孔间隙处填充固化防水材料。

⑤ 将电缆线连接到客户控制系统。

（2）材料与安装要点

① PVC 管不要太粗，比电缆线直径稍大而能套入电缆线即可。

② 电缆线在 PVC 管中应处于适当松弛状态（不可处于紧绷状态），避免 PVC 管变形，拉断电缆线。PVC 管与电缆的出入口处要填充防水材料。

③ 装 PVC 管的引线槽宽度以能埋下 PVC 管为宜。

④ 引线槽深度不能太浅，太浅容易被车轮压塌而影响电缆的性能，甚至电缆会被压断。

⑤ 安装孔与检测器间隙的填充材料可选用水泥浆料或环氧树脂、沥青等，视情况而定。

（3）参数调试

① 参数预设置。预固定好地磁车辆检测器，根据参数设置步骤进行参数设置，可设置灵敏度、响应设置系数、恢复设置数等。设置完成后，需利用在规定车速范围内行驶通过的汽车看是否能够成功地检测，否则需要检查地磁车辆检测器与安装孔是否有问题。

② 固化安装。在以上测试正常的情况下，填入防水、固化材料，进行防水和加固。

2. 道路侧边安装

适合某些不能破坏的路面或比较松软的路面（安装后无法保证检测器位置长期不发生位移），以及车道较窄的场合，如高速公路出入口匝道和高速公路收费路。

道路侧边安装是地磁车辆检测器不同与环形线圈车辆检测器的鲜明特点，由于这种特点，它可为客户提供更高的性价比、最小的施工量，如图 2-41 所示。

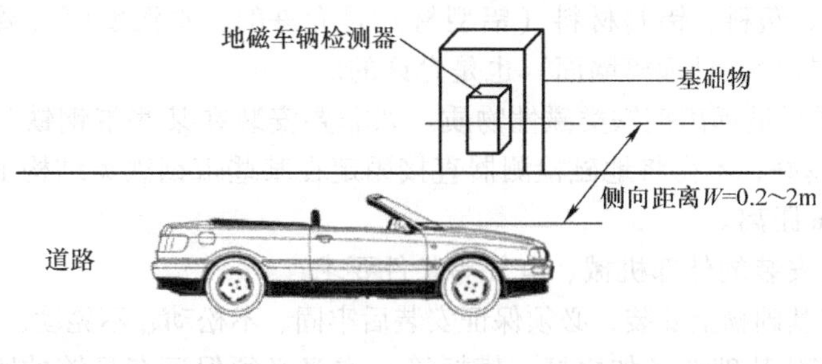

图 2-41　地磁车辆检测器的道路侧边安装

（1）使用场合

道路侧边安装时，理论上离车辆的侧向距离应为 2 ~ 3m。3m 以上的距离则需要设置较高的灵敏度，但较高的灵敏度会导致地磁车辆检测器对距离较近的摩托车、电动自行车等过滤能力不足，因为它们在 1m 内也能触发检测器。所以，选择适当的离车辆的侧向距离和灵敏度等参数，是道路侧边安装要特别考虑的问题。一般而言，有以下一些特性或原则需要加以利用或遵循：

① 离车辆的侧向距离越近，检测器感应到的扰动越大，这有助于通过调高阈值（降低灵敏度）以及其他参数，将非机动车过滤掉。

② 如果有条件，尽量将车流引到地磁车辆检测器的最佳距离范围内，或者将地磁车辆检测器安装在离车辆距离最佳的范围，即使得地磁车辆检测器离车辆距离尽可能近。

③ 停车场出、入口处通常都是单行道（或单车道）的，可以将地磁车辆检测器装在车道最狭窄处的外侧。这种情况下，道路侧边安装将可取得最佳效果。

④ 高速公路出口匝道也适合道路侧边安装。高速公路出口匝道通常是单车道的，车辆与侧边的距离较小，可在匝道两侧各安装一个地磁车辆检测器；若匝道特别窄，可安装一个检测器。

⑤ 低等级车道上的使用。我国除了高等级公路外，还有众多低等级公路，路面质量一般，塌陷、破坏的概率高，不适合埋设环形线圈车辆检测器。但是低等级车道通常较窄，同一路面双向行驶，因此只要在路边两侧各安装一个地磁车辆检测器。当有车辆行驶过两个地磁车辆检测器时，距离其中某一个地磁车辆检测器的距离必然较近，因而检测率较高。这样就使得在以往没有条件装备地磁车辆检测器的地方进行车辆检测成为可能。

⑥ 钢结构桥梁上的使用。桥梁是安全性要求很高的，通常不允许挖掘路面；而且越来越多的桥梁是钢结构的，桥路基础面下钢材质量巨大，远远大于汽车的钢质量，导致了靠电涡流原理的环形线圈车辆检测器，对汽车引发的阻抗变化很不灵敏，以至于无法使用。而这种情况下，地磁车辆检测器可以胜任，背景地磁场的大小并不影响它的正常工作，它只关心磁场的扰动量，所以无论路面还是桥面材料如何不同，对车辆引起的地磁场的扰动量依然是敏感的，所以还能进行检测。而且它可以道路侧边安装，不破坏路面，也符合大桥装配检测器的安装要求。

（2）道路侧边安装的侧向距离要求

离车辆距离最好保持在 0.2 ~ 2m 之内。距离越近效果越佳，推荐 1m 内为最佳距离。

(3) 道路侧边安装高度要求

0~2m，要与车辆铁磁性材料最集中的地方等高。

(4) 对检测器安装的基础物要求

① 必须有合适的基础结构适合用来固定地磁检测器，如水泥墙、立杆、箱体等。

② 地磁检测器安装基础物要尽量不使用钢铁类磁性材料，不能是较大钢铁制品，如钢管、钢板、钢筋网。木材、塑料、铝制材料（铝型材）是允许的，水泥墙面（要保证墙面内附近没有钢筋等钢铁物质或较少，且远离墙面）也是允许的。

③ 地磁检测器要尽量远离钢铁类磁性物质。如非要安装在某些带钢铁类结构上，要保证距离 10cm 以上，越远越好；不得将地磁检测器直接固定在某些带钢铁类结构上，应该用非金属或铝制材料隔离出 10cm 距离。

(5) 地磁检测器安装的外部机械、电气等条件要求

① 地磁检测器在基础物上安装，必须保证安装后牢固、不松动、不晃动，螺钉要加弹簧垫圈。

② 地磁检测器安装基础件（如立杆、横杆等）本身必须保证有足够的刚度，并且要固定牢靠，要长期位置稳定，要评估其随气候发生意外变化的可能。

③ 对地磁检测器要注意增加防水措施。

④ 要安装在不容易被人接触到的地方。

⑤ 不要把地磁检测器安装在具有大电流且电流经常变化的地方。要远离大容量电力设备，如变压器、配电箱。

⑥ 不要安装在靠近电力输电线处，特别是地下埋设的输电线处。

⑦ 安装后，地磁检测器本身电缆也要远离电气干扰源。

(6) 地磁检测器参数调试

与埋入路面下安装方式的参数调试方法类似。

2.4.2 地磁车辆检测器在停车场管理系统中的应用

停车场车位引导系统，是通过地磁控制器采集安装在停车场内各个停车位地磁检测器状态，来判断该区域车辆的进出情况的。数据通过 RS-485 通信传送到区域中央。区域中央则负责通过 RS-485 通信收集各个地磁控制器的信息，并对车辆进出数据进行信息处理，从而得到各停车区域的空车位数信息，并且将该信息通过设置在停车场总入口及各个停车区域入口处的 LED 引导屏显示出来，来引导车主快速停车。其系统结构如图 2-42 所示。

1. 检测器布设方式

检测停车位上车辆是否存在，可用一个 HMC1021（单轴）和一个 HMC1222（双轴）组成一个三轴检测器，将传感器放置在停车位中间（见图 2-43），检测器将磁场分成 B_x、B_y、B_z 矢量分量。一个各向异性的地磁车辆检测器能够检测到一个轴向上的变化，三轴的检测器就能够在检测范围边缘上更加可靠地检测车辆，为检测提供更可靠的保障。通过对 AMR 检测器简单的设置，可以有效而可靠地检测车辆是否存在。8 个地磁检测器接一个地磁控制器，30 个车位连接一个节点控制器。

2. 系统硬件构成

(1) 地磁检测器

当车辆在检测器附近出现时，周围的地磁力线会发生弯曲和密度的变化，地磁检测器感知这种微小的变化，并通过一定的判断准则来确定是否有车辆存在。

当车头离检测器有一定距离时，检测器的各输出轴几乎不会发生变化。车辆渐渐靠近检测器时，车辆的附近的地磁场朝车子方向发生了偏移，此时 X 轴为检测器灵敏轴，X 轴的输出有了较

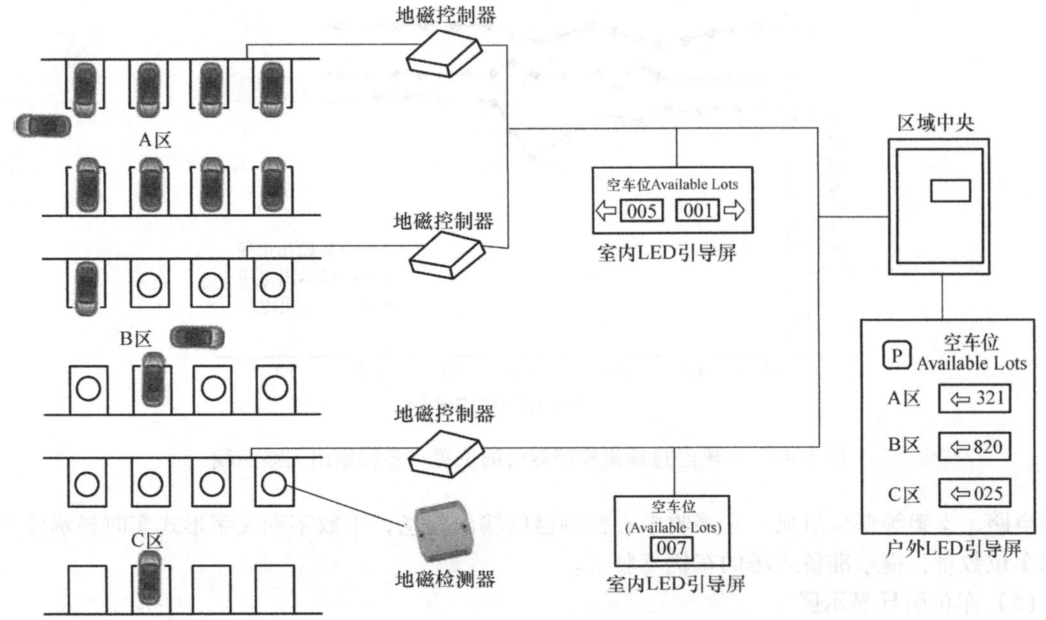

图 2-42 基于地磁车辆检测器的停车场车位引导系统结构

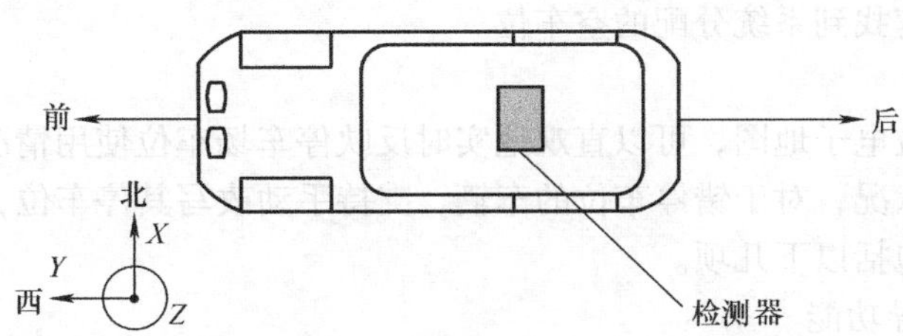

图 2-43 车辆和检测器的相对位置和方向

明显变化；当车辆的前轮轴通过检测器上方时，车辆的车轮（含有铁镍合金）对地磁场有较大的影响，此时 Y 轴为灵敏轴，Y 轴的输出变化最大；车辆继续前行，当检测器的位置位于车辆的发动机下方时，由于发动机对附近地磁场有较大影响，此时 X 轴、Z 轴为检测器灵敏轴，X、Z 轴输出变化最大；当车辆的后轮到达检测器位置时，Y 轴输出又有了较大变化，当车辆远离检测器上方时，各轴输出回复到初始状态；如图 2-44 所示。

（2）节点控制器

节点控制器用于连接中央控制器和地磁检测器、显示屏、引导箭头显示屏等，是停车场引导系统三层网络总线的中间层。节点控制器主要解决长距离引起的通信不可靠问题、网络节点数扩展问题、分组管理问题等，对保证系统的安全、可靠与高效有重要作用。

（3）中央控制器

中央控制器是整个系统的核心，主要负责整个停车场引导系统的采集与控制，实现各种引导功能。停车场引导系统的核心功能是进行车位引导，该功能主要由中央控制器完成。

（4）入口车位信息显示屏

入口车位信息显示屏用于显示停车场内车位信息。显示屏由高亮度 LED 模块、驱动电路、

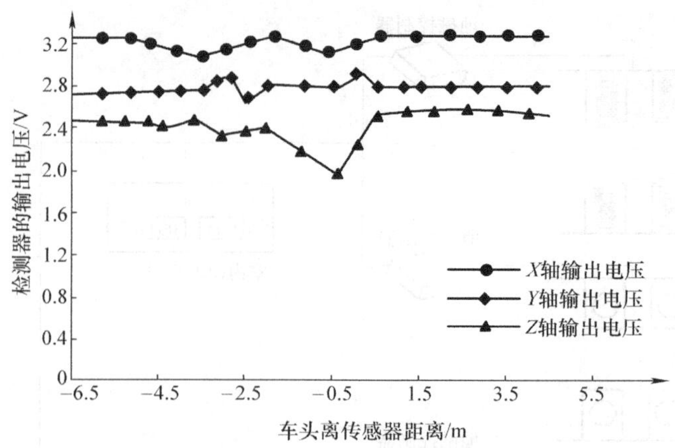

图 2-44 车辆经过地磁检测器时的位置与各轴输出关系曲线

控制电路、支架等部分组成。它接收中心控制器的输出信息，用数字和文字形式实时显示停车场空闲车位数量，提示准备入场的车辆驾驶员。

（5）车位引导显示屏

设置于车场岔路口位置，用于标识各个区是否有空车位，如有空车位，则指示箭头亮，并且显示剩余的车位数量；若无空车位，则指示箭头灭。显示屏由高亮度 LED 模块、驱动电路、控制电路、支架等部分组成。它接收中央控制器的输出信息，用数字、箭头和文字等形式显示车位方位，引导驾驶员快速找到系统分配的空车位。

3. 系统软件功能

系统中应嵌入车位电子地图，可以直观地实时反映停车场车位使用情况，操作员可直接根据电子地图来监控车场状况，对于错停车位的车辆，支持手动改写其停车位，以调整车位实际占用情况。系统软件功能包括以下几项。

（1）车位自动引导功能

车辆入场后，车位引导系统自动检测车位占用或空闲的状态，并将检测到的车位状况变化由车位引导控制器实时送至车位引导显示屏显示，车位引导显示屏指引车辆最佳停车位置，引导驾驶员快速地找到系统分配的空车位。

（2）电子地图功能

在系统软件中，可以直观地显示整个停车场的使用情况，软件中可以加载整个停车场的平面图，实时、动态地显示出停车场内每个车位的占用、空闲信息。

（3）车位自动统计功能

通过车辆感应功能，系统对进出停车场的车辆进行自动统计和计算，根据统计计算结果，系统实时地将车位信息传送给车位显示屏，在车位显示屏和软件界面上自动显示停车场内剩余的空车位信息。

（4）车位管理功能

系统可对车位进行实时控制管理，管理人员可以查看相关情况，停车入位后的车辆可以进行停车时间监测，在控制室可随时了解各车位的停车时间。

（5）数据共享功能

车位引导管理系统软件与停车场管理系统软件之间可共用同一个数据库，数据信息相互共享，实现系统间的相互联动。当车辆验证入场后，停车场管理系统软件就会把相应的信息传至服务器数据库，车位引导管理系统软件与停车场管理系统软件共用同一台服务器和数据库，因此车位引导管理系统可以实时获得相关的信息，进行车辆的引导。

（6）报表功能

系统可以根据要求，进行各种统计、自动生成相关报表，能够统计停车场每天和每月的使用率、分时段使用率等。

（7）系统自检功能

引导系统可定时进行自检，发生故障后自动报警，便于及时进行维护。

2.4.3　Sensys 无线地磁车辆检测系统

目前，作为先进的地磁传感技术与网络技术融合的结晶——无线地磁车辆检测器系统已经得到了广泛的应用。在该系统中，无线地磁检测器与数据接收主机之间采用无线自动组网技术，通过低功耗的射频技术将检测数据实时地发送到附近的接收装置。由于它具有检测准确度高、稳定可靠、安装维护方便等优点，无线地磁车辆检测系统已迅速占领市场，在国内很多城市的道路上已经开始逐步使用。Sensys Networks（以下简称 Sensys 公司的）无线地磁车辆检测系统是一种新一代路面浅埋式车辆检测系统，可以免布线安装，安装无需大面积破路，无需外部电源，具有很强的适应性，完全可以满足各种复杂气象条件下交通信息的采集和处理的要求。

1. Sensys 无线地磁检测系统的组成

Sensys 无线地磁检测系统是由多个无线地磁检测器和一个数据接收器（Access Point，AP）、一个或多个中继器（Repeater，RP）组成的。无线地磁车辆检测器通过无线信道实时将所检测的数据传送到附近的数据接收器或者先传送给中继器后由中继器传送给数据接收器，然后从数据接收器将数据传送给本地交通信号控制器或中心交通管理系统。各个设备之间的通信采用无线传输，其传输协议是 SNP（Sensys Nano Power）协议。

（1）无线地磁车辆检测器

无线地磁车辆检测器利用高灵敏度的 AMR 传感器在车辆进入检测区域检测地磁场的变化，以判断车辆的存在或通过，之后将此数据依据低功耗通信协议无线传至接收器或由中继器转至接收器。在整个网络系统中，每一个地磁检测器都有唯一的 ID 号。

（2）接收器（AP）

Sensys 数据接收器可以从多个 Sensys 无线地磁检测器采集数据，数据接收器直接从无线地磁检测器采集数据的距离范围约为 150ft[㊀]（约 46m）。这取决于接收器的安装高度，接收器可安装在离地面 4m 或更高的位置，以便向附近的无线地磁检测器和中继器提供充足的信号覆盖。

接收器与检测器和中继器维持双向无线连接，建立发送配置命令，并接收、汇总来自无线地磁检测器的数据。接收器除了负责接收每个检测器的信息外，还要把各个信息进行组合和计算，最后把结果信息传输出去，如传输给本地的交通信号控制设备，或通过有线或无线连接 IP 网络传输到远端的交通管理中心、公众旅行信息系统，或由用户根据自己需求对数据进一步分析作为他用。

接收器支持不同类型的数据输出：原始检测器数据输出和综合解析处理后的数据输出。原始数据发送主要用于现场调试和系统自身所用，不建议未经过接收器处理的数据直接输出到外部应用。

接收器的供电是通过网络口的，电源供电方式为以太网供电（Powerover Ethernet，PoE）双绞电缆输送至接收器。

㊀　ft：英尺，1ft = 0.3084m。

接收器所采集的数据可以通过触点式接口传送给路边的交通信号控制器，还可以通过双绞线、同轴电缆、光缆或无线信道以 IP（网际协议）通信方式将数据传送至交通管理中心，两种通信传输可以同时进行。为了满足某些交通管理中心与现场设备通信的特殊要求，还可以在 Sensys 接入点中内置 GSM（采用 GSM 演进增强数据速率/通用分组无线业务（EDGE/GPRS）方式）或 CDMA（采用 CDMA 1X RTT）调制解调器，以满足不同的应用要求。

（3）中继器

每个检测器的无线传输都有一定的距离限制（150ft，约 46m），当检测器和接收器之间的距离超过 46m 时，可以通过传输距离达 1000ft（约 305m）的中继器来转接。随着新产品系列的问世，还会延伸更远的距离。检测器把数据通过中继器传输给接收器，中继器起到中继作用。

为了简化安装，中继器通过电池供电，通常安装在离地 4m 或更高处，或安装在天桥或其他建筑上。众所周知，雷达或视频车辆探测系统的安装要求考虑路面凹陷程度、安装点的稳定性、太阳的相对角度和其他等因素，相比之下，无线地磁检测器大大便简化了安装过程。其安装位置必须能使该中继器支持的检测器或串联中继器或接收器在视野和幅度范围之内。中继器或接收器的视场为 120°，这样可以在同一方向上使用多个中继器来扩大接收器的范围和覆盖面。这对于在岔道安装检测器或通过式和存在式组合使用这种模式非常便利。

2. 接收器输出的数据类型

接收器有两种数据输出类型：原始数据类型和解析数据类型。

（1）原始数据类型

接收器把各个检测器采集到的有无车辆的状态信息的原始数据直接发送出去，由用户进行计算处理得到所需要的结果。

原始数据一般包含的信息有检测器的标识（ID）号、本地检测器检测到的信号状态、检测到信号的时间等。

（2）解析数据类型

此数据类型是指经过接收器解析、计算处理后得到的车辆信息。

接收器根据每个传感器采集到的有无车辆的状态信息，配合接收器中保存的检测器位置列表以及检测器的配对组合状况，采用 Sensys 系统内部的数据处理算法进行计算后，得到关于车辆的各种信息并输出给用户。

解析数据一般包含的信息有车流量、车速、车辆长度、车辆间距等。输出数据的格式有定时输出格式、实时标准输出格式、实时 Marksman 格式。输出数据的类型及格式取决于对接收器的配置，下面就接收器的主要配置做介绍。

3. 接收器的配置

系统在工作前必须对接收器进行必要的配置。对接收器及其检测器组成的网络系统的配置是通过 Sensys 系统的一个 TrafficDOT 专用软件工具来实现的。

TrafficDOT 的主要功能是察看实时测试状况、对各个检测器进行配置、建立检测器和其相对应位置的数据库、检测器配对的数据库、输出数据格式的设置以及通信类型的选择等。

（1）检测器位置及配对的配置

接收器使用前，首先配置各个检测器的位置列表，以及哪两个检测器组成一个检测器对的列表。

1）配置检测器列表

检测器列表包括每个检测器的编号，所在的车道识别号、位置等。

① 检测器编号。每个检测器对应一个唯一的 ID 号。

② 车道识别号。表明检测器所在的车道，由用户自定义，在接收器输出的数据中包含这个信息。

③ 检测器位置。一般有前后两个检测器。根据车道上车辆的行驶方向，车辆先接触到的一个编号为“0”，后接触到的一个编号为“1”。经过配置后，接收器才能根据每个检测器的信息正确处理数据。在软件中，单击“Configure”→“DotTable”，配置列表如图2-45所示。

Dots Configuration

Operations

☑	Dot Id 16	Lane	Position	CC Extension	CC Delay	Description	Address 170
☑	47F8	line1	1	0	0	a	0-00-0
☑	4CBB	line1	0	0	0	b	0-00-0
☐							
☐							

图2-45　检测器配置列表

2）配置检测器对

每两个检测器组成一个检测器对，才能进行车长、车速的测量。这两个检测器应布置于同一车道上共同完成数据采集。

① LeadingDotID。前面一个检测器的编号。

② TrailingDotID。后面一个检测器的编号。

③ Seperation。两个传感器的间距（mm）。

两个检测器的前后配置要和检测器实际的埋入位置相一致，否则计算的结果会出错。在软件中，单击“Configure”→“DotPareTable”，配置列表如图2-46所示。

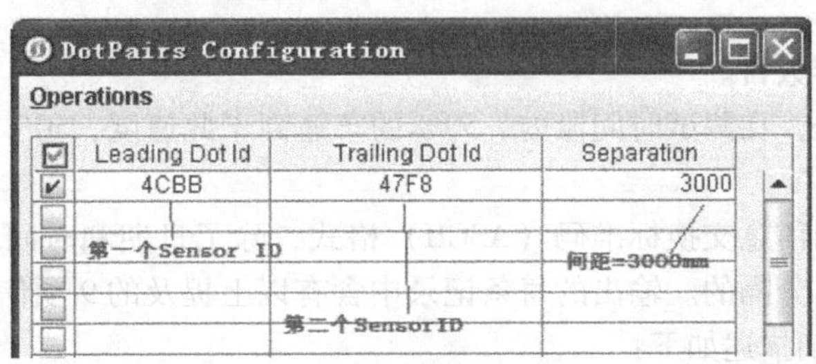

DotPairs Configuration

Operations

☑	Leading Dot Id	Trailing Dot Id	Separation
☑	4CBB	47F8	3000

图2-46　检测器对配置列表

3）配置完成后要保存参数

在软件中，单击“Configure”→“DotConfiguration”→“Apply”。

（2）解析数据类型的配置

解析后的数据输出的格式不论是定时输出格式还是实时输出格式，其都是在同一个菜单下设置完成的，只是具体的选项不同而已。

其配置选项在软件“SystemConfiguration”→“Push”中。

配置完成后，接收器作为一个客户端就可把解析后的数据发送到指定的IP地址和端口的服务器上。

1）定时输出数据的配置及数据描述

① 定时输出解析数据的配置。需设定接收器的工作模式及输出数据的周期，如图2-47所示。

工作模式配置操作：“System Configuratin”→“Push”→“Individual Car Report”→“Disabled”。

输出数据间隔操作："System Configuratin"→"Push"→"Report Interval"→"10 seconds"。另外，输出数据时间间隔可以设定。

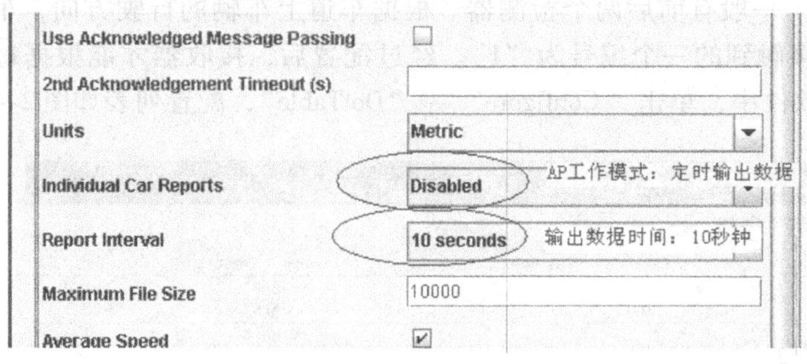

图 2-47　定时输出解析数据工作模式配置

② 定时输出解析数据的内容及格式。

输出数据内容：

＊日期；

＊时间；

＊接收器的 ID 号；

＊车道编号；

＊道路占有率；

＊车辆数；

＊中值车速；

＊平均车速；

＊未回报的检测器数目。

中值车速的含义是，在测试时间段内，50% 的车速高于此速度，50% 的车速低于此速度。

数据格式：

所有数据都是美国信息交换标准码（ASCII）格式，除了日期和时间之间以空格隔开外，其他的每项之间是以逗号分隔的。输出的每条记录中含有以上提及的 9 项信息加上这些信息之间的分隔符，共 17 项，详细描述如下：

第 1 项　日期：YYYY－MM－DD（10B（字节）），即年－月－日。

第 2 项　分隔符，空格，1B。

第 3 项　时间：HH：MM：SS（8B），即时：分：秒。

第 4 项　分隔符，逗号，1B。

第 5 项　接收器的 ID 号，16B。

第 6 项　分隔符，逗号，1B。

第 7 项　车道编号，此项根据用户的不同设置，其内容和长度都不同。

第 8 项　分隔符，逗号，1B。

第 9 项　道路占有率。1 到 2 位整数，2 位小数。

　　＝－1，错误数据，在规定的时间内没有收到检测器的信号；

　　＝0.00，收到检测器的信号，但此信号不能当作有效的信号；

　　＝21.66 正确的数据。

第 10 项　分隔符，逗号，1B。

第 11 项　车辆数。

= -1，在规定的时间内没有收到检测器的信号；

=0，在规定的时间内收到一个检测器信号，但不能作为有效信号；

=5，正确的数据（数据没有最大值限制）。

第 12 项　分隔符，逗号，1B。

第 13 项　本车道的中值车速，保留 1 位小数，单位为 km/h。

= -1.0，没有收到检测器信号或检测器无效，不能计算车速。

第 14 项　分隔符，逗号，1B。

第 15 项　本车道的平均车速，1 位小数，单位为 km/h。

= -1.0 没有收到检测器信号或检测器无效，不能计算车速。

第 16 项　分隔符，逗号，1B。

第 17 项　没有回复的检测器数。

=2，表示 2 个检测器都没有检测到车辆信号；

=1，表示 1 个检测器检测到车辆信号；

=0，表示 2 个检测器都检测到了车辆信号。

[数据描述示例]

(a) 2012-01 -0716：15：20，0024a4dc0000210d，line1， -1， -1， -1.0， -1.0，2

说明：10s 内，两个检测器都没有检测到有效数据（车辆信号）。

(b) 2012-01 -0716：15：30，0024a4dc0000210d，line1，0.00，0， -1.0， -1.0，0

说明：10s 内，两个检测器都检测到有效数据，但不能计算出道路占有率、车辆数。

(c) 2012-02-0208：10：10，0024a4dc0000210d，line1，0.98，1， -1.0， -1.0，0

说明：10s 内，检测到有一辆车通过，但不能计算出车速（车速不合理）。

(d) 2012-02-0208：40：20，024a4dc0000210d，line1，13.36，5， -1.0， -1.0，0

说明：10s 内，检测到道路占有率为 13.36（道路占有率的数据范围是 0.00 ~ 99.99）；车辆数是 5（车辆数的范围是 0 ~ 999）。

(e) 2012-03-1013：10：10，024a4dc0000210d，line1，6.48，2，100.0，100.5，0

说明：10s 内，两个检测器都回复了数据，检测到道路占有率为 6.48，车辆数为 2；中值车速为 100.0km/h；平均车速为 100.5km/h（车速有 1 位小数、3 位整数，范围为 0.0 ~ 999.9）。

2）实时输出数据的配置及数据描述

实时输出就是当检测到一个有效的数据时就输出一个车辆的信息数据。这种情况下，只有检测数据有效才会输出，输出的时间间隔是随机的。根据不同的应用，输出的格式分为两种：标准格式和 Marksman 格式。

① 实时输出标准数据，配置页面如图 2-48 所示，配置操作如下：

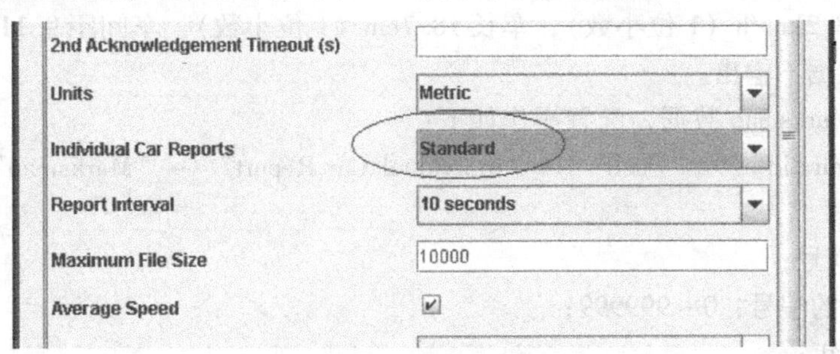

图 2-48　实时输出标准数据格式的配置

"System Configuratin" → "Push" → "Individual Car Report" → "Standard";

输出数据内容：

* 日期；
* 时间；
* 接收器的 ID 号；
* 车道编号；
* 车速；
* 车长；
* 车间距。

数据格式：

所有数据都是 ASCII 格式，日期和时间之间以空格隔开，接收器的 ID 号和车道标示字符串之间用"－"隔开，其他的每两项之间用逗号隔开。输出的每条记录中含有以上提及的 7 项信息加上这些信息之间的分隔符，共 13 项，详细描述如下：

第 1 项　日期：YYYY－MM－DD（10B），即年－月－日。

第 2 项　分隔符，空格"　"，1B。

第 3 项　时间：HH：MM：SS（8B），即时：分：秒。

第 4 项　分隔符，逗号 1B。

第 5 项　接收器的 ID 号，16B。

第 6 项　分隔符，"－"，1B。

第 7 项　车道编号，此项根据用户的不同设置，其内容和长度都不同。

第 8 项　分隔符，逗号，1B。

第 9 项　车速，1～3 位整数，1 位小数，单位为 km/h。和定时回报中的不同，只回报有效的数据（如果车速无效，则不输出数据）。

第 10 项　分隔符，逗号，1B。

第 11 项　车长，1 位小数，单位为 cm。

第 12 项　分隔符，逗号，1B。

第 13 项　车间距，2 位小数，单位为 s。

　　　　＝－1 第一辆车没法计算车间距。

[数据描述示例]

(a) 2012-01－0716：11：16，0024a4dc0000210d－line1，36.2，29.4，－1

说明：开始后的第一辆车经过，数据中的车间距＝－1（因前面没车）。

(b) 2012-01－0716：14：56，0024a4dc0000210d－line1，58.2，18.7，9.11

说明：车速 58.2km/h（1 位小数），车长 18.7cm（1 位小数），车间距 9.11s（2 位小数）。

(c) 无效的数据不输出。

② 实时输出 Marksman 数据，配置操作如下：

"System Configuratin" → "Push" → "Individual Car Report" → "Marksman"

输出数据内容：

* 接收器的 ID 号；
* 数据包记录的编号：0～999999；
* 日期：日月年；
* 时间：时分；

* 时间：秒；
* 时间：毫秒；
* 没有用；
* 车道号标示字符串；
* 方向；
* 车辆间隔时间；
* 车辆间隙时间；
* 车速：单位为 km/h；
* 车长；
* 车辆在第一个检测器上经过的时间：单位为秒，3 位小数；
* 车辆在第二个检测器上经过的时间：单位为秒，3 位小数。

数据格式：

所有数据都是 ASCII 格式，每两项之间用逗号隔开。输出的每条记录中含有以上提及的 16 项信息加上这些信息之间的分隔符，共 30 项，详细描述如下：

第 1 项　接收器的 ID 号，16B。
第 2 项　分隔符，逗号，1B。
第 3 项　数据包记录的编号（0～999999）。
第 4 项　分隔符，逗号，1B。
第 5 项　日期：DDMMYY（6B），即日月年。
第 6 项　分隔符，逗号，1B。
第 7 项　时间：HHMM（4B），即时分。
第 8 项　分隔符，逗号，1B。
第 9 项　时间秒：（2B）。
第 10 项　分隔符，逗号，1B。
第 11 项　时间：毫秒（3B）。
第 12 项　分隔符，逗号，1B。
第 13 项　没有用，是“0”，1B。
第 14 项　分隔符，逗号，1B。
第 15 项　车道号标示字符串，根据用户具体设置而定。
第 16 项　分隔符，逗号，1B。
第 17 项　方向，=1 为正向；=0，反向，1B。
第 18 项　分隔符，逗号，1B。
第 19 项　车辆间隔时间（3 位小数），单位为 s。
第 20 项　分隔符，逗号，1B。
第 21 项　车辆间隙时间（3 位小数），单位为 s。
第 22 项　分隔符，逗号，1B。
第 23 项　车速，单位为 km/h。
第 24 项　分隔符，逗号，1B。
第 25 项　车长，单位为 cm。
第 26 项　分隔符，逗号，1B。
第 27 项　分隔符，逗号，1B。

第 28 项　车辆在第 1 个检测器上经过的时间，3 位小数，单位为 s

第 29 项　分隔符，逗号，1B。

第 30 项　车辆在第 2 个检测器上经过的时间，3 位小数，单位为 s。

[数据描述示例]

(a) 0024a4dc0000235f，0，150712，1303，44，686，0，lane1，1，-21485.846，-21485.846，34，534，，0.602，0.531

(b) 0024a4dc0000235f，1，150712，1304，34，483，0，lane1，1，49.789，49.258，36，550，，0.570，0.539

(c) 0024a4dc0000235f，2，150712，1305，24，006，0，lane1，1，49.547，49.008，39，554，，0.516，0.516

只说明一下（c）：数据记录中，数据接收器的编号为 0024a4dc0000235f，当前输出的记录编号为 2，时间是 2012 年 07 月 15 日 13 点 05 分 24 秒 006 毫秒，车道号是 line1，车辆正向行驶，前后车辆间隔时间为 49.547s，车辆间隙时间为 49.008s，车速是 39km/h，车长 554cm，车辆在第一个检测器上的通过时间是 0.516s，车辆在第二个检测器上的通过时间是 0.516s。

3）其他配置选项

在解析输出数据中还有其他的配置选项：

Bufferreport：选择在网络连接断开时，接收器仍然可以把数据保存到内部缓存（buffer）中，在重新连接上网后，可以把保存的数据传给后台。

StayConnect：表示是否一致联网，即使在空闲模式时。

UseACK：在接收器发送出回报数据后，是否等待下一个 ACK（应答）信号。

Unit：长度或车速的单位制，可以选择公制或英制。

ReportInterval：设定回报一笔数据的周期。

AverageSpeed：回报数据中是否含有平均车速。

TimestampOption：时间戳的位置选择。

DiagnosticCorrectionofAverages：检测器数据诊断，去除不合逻辑数据。

OutputDiagnostic：输出数据中是否包含诊断数据。

(3) 原始数据的配置及数据描述

输出原始数据时，接收器的工作模式是 EventProxy 模式，这时接收器就是一个事件的代理服务器。每当检测器的状态改变时，该检测器发给接收器的检测回报数据，由接收器透过 EventProxy 模式发给外部。

回报的数据类型为“1”是指检测到的信号从“0”到“1”的跳变；同样，回报的数据类型为“0”是指检测到的信号从“1”到“0”的跳变。

原始数据输出格式配置操作是，在软件中单击“System Configuratin”→“Others”；在“Event Port”选项中设置，12000，如图 2-49 所示。

“Event Port”是 Event Proxy 模式时输出数据的端口，这个端口不能设置成 10000（接收器的 TrafficDOT 端口），否则会引起冲突。

在“TimeSynchronization”选项中，选择“Synchronized”，即时间同步。

数据包的内容：

* 检测器的 ID 号；
* 检测器状态改变的时间戳；
* 回报的数据类型；

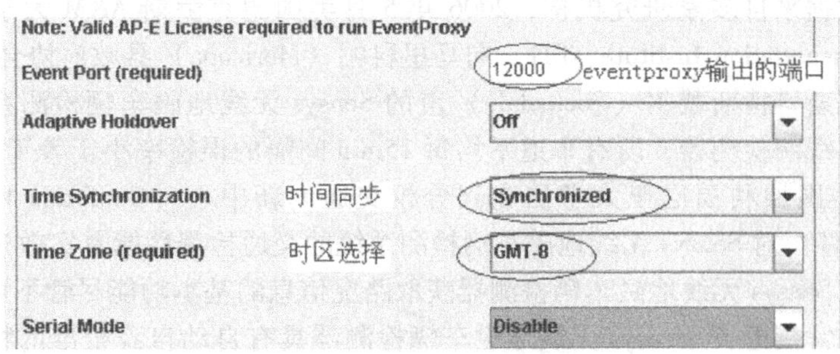

图2-49　原始数据输出格式配置

＊数据包结束标示：以十六进制0x0A表示。

数据格式：

所有数据都是ASCII格式，每两项之间以空格隔开，共20或21B，详细描述如下：

第1项　检测器的ID号，4B。

第2项　分隔符，空格，1B。

第3项　检测到信号的时间，单位为s。9位或10位整数，3位小数。13、14B。

第4项　分隔符，空格，1B。

第5项　回报的数据类型，1B。

=0，检测器检测到“1”到“0”的信号变化（有车变成无车）。

=1，检测器检测到“0”到“1”的信号变化（无车变成有车）。

=2，时间同步包。此包中，检测器ID=0000

=3，表示检测器检测到的状态在看门狗周期内一直没变，一直是“1”；

=4，表示检测器检测到的状态在看门狗周期内一直没变，一直是“0”；

第六项　结束标示

[数据描述示例]

以ASCII格式显示：

47f8 943920280. 0004

4cbb 943920284. 1861

47f8 943920284. 4571

47f8 943920284. 5660

4cbb 943920285. 6390

以十六进制显示：

34 37 66 38 20 39 34 33 39 32 30 32 38 30 2E 30 30 30 20 34 0A

34 63 62 62 20 39 34 33 39 32 30 32 38 34 2E 31 38 36 20 31 0A

从以上数据可以看出，原始数据往往用于系统的测试和调试，用户所关心的车辆信息可以通过接收器内部解析获得。用户可以根据实际需求，配置、选择输出的车辆信息。

4. Sensys网络无线地磁检测系统的特点与优势

(1) 检测准确度高

所有其他车辆检测技术（包括先进的视频和雷达检测系统）中，环形线圈车辆检测器被公认为最准确的车辆检测器，Sensys无线地磁检测系统的检测准确度与环形线圈车辆检测器检测准确度相当。测试数据来自多家研究机构，2006 年 5 月美国德克萨斯 A&M 大学交通运输研究所（Texas A & M Transportation Institute，TTI）向马里科帕（Maricopa）县政府协会提交了一份报告，报告指出，安装在斯科特斯戴尔（Scottsdale）市的 Sensys 无线地磁车辆检测系统其计数准确度高于所设置的环形线圈检测器，所有车道平均每 15min 间隔的误检率小于等于 1%。由美国加州运输部出资赞助美国加利福尼亚大学伯克利分校交通创新中心（California Center for Imovative Transportation，CCIT）对 Sensys 无线地磁车辆检测系统的交通检测性能及实效进行了评估，CCIT 在其报告中写道“Sensys 无线地磁车辆检测器获取路况信息的基本功能尽管不可能优于环形线圈检测器，但至少非常接近。”Sensys 无线地磁车辆检测器具有自动自我校准的特点，检测准确度不受环境和交通流变化的影响，无论是对自由交通流，还是停车起步，还是密集的相继而行，均能够保持同样水平的准确检测。

（2）高可靠性

Sensys 无线地磁车辆检测器与环形线圈检测器一样，是在需要进行车辆检测的地方进行浅埋式安装的检测装置。但与环形线圈检测器有所不同的是，无线地磁车辆检测器不容易因道路的热胀冷缩，松软路基造成的路面位移、破损或小规模道路施工等，而遭到破坏；而且每个封在硬塑料壳中的 Sensys 无线地磁车辆检测器仅占据路面的一个小圆点，通常不会像环形线圈检测器那样因重型车辆碾压而造成路面形变并使线圈被压断。在安装 Sensys 无线地磁车辆检测器的过程中，因工程承包方施工而造成性能和可靠性下降的概率微乎其微。

1）稳定的无线连接

Sensys 无线地磁车辆检测器通过双向无线通信将检测数据传送给附近的 Sensys 接入点，然后根据应用需求，通过有线或无线的方式将数据转送至路边交通信号控制器或交通管理中心。为了使数据通信稳定可靠，适应全天候条件和防止因相邻车辆占道而阻断通信链路，设计中，每个带时标的检测事件均保存在存储器中，由 Sensys 无线地磁车辆检测器重复向接入点发送，直至接入点确认成功收到数据，由此保证对行进或停止车辆的检报。

Sensys 接入点连续监视每个无线地磁检测器的无线通信链路质量，给出测定的接收信号强度显示（Received Signal Strength Indicator，RSSI）和反映通信链路质量态势的链路质量指数（Link Quality Index，LQI）。在安装阶段，这些数值都要经过检验，以保证所选定的无线信道不受本地其他信号干扰，并保证所有无线地磁检测器都在接入点或相关中继器覆盖范围之内。一旦投入正常运行，将连续监视每个无线地磁检测器的 RSSI/LQI，必要时将会警示现场维护，并且 RSSI/LQI 超标期间所采集的数据将被标示为质疑或无效数据。

2）稳定的 IP 通信

Sensys 无线地磁检测系统本身以 IP 方式与交通管理系统进行数据通信，因此，Sensys 系统的外场设备所采集的数据可以通过任何有线或无线打包数据网络传送到任何远端 IP 地址，并且专用网络或公共网络均可。如果通过允许公开访问的 IP 网络（如蜂窝数据网）将数据传送给某一专用网络，为了保证数据安全，可以建立虚拟专用网络（Virtual Private Network，VPN）。实际上，以 IP 通信方式可将数据从 Sensys 无线地磁检测系统的外场可靠有效地传送到任何地方；而采用 TCP/IP 通信方式，无论是通过有线还是无线信道连接 Sensys 接入点，均可以保障可靠地将数据按顺序依次传递到接收方。

3）实时运行监视及设备管理

通过 IP 连接，可以在各中心对外场设备的运行进行远程监视与管理，可以立即检测出任何 Sensys 无线地磁检测器或接入点因设备故障而瞬间或经常性通信故障所引起的掉线。每个无线地磁检测器均为唯一寻址，通过接入点所对应的 RSSI 和 LQI 的即时显示，可以连续监视其无线通信链路和磁感装置的运行状况，该功能不仅判断是否有数据，还可以监视车辆检测的质量。

4）内在的可靠性保障

Sensys 无线地磁检测系统建立了保障其检测数据准确可靠的有效机制。例如，为了检测速度，需要在同一车道安装两个或多个地磁检测器，但每个地磁检测器依然保持自检的独立性，一旦某一地磁检测器出现故障，另一个地磁检测器至少还能提供车辆计数和占有率数据。另外，由于个别地磁检测器故障独立于其他地磁检测器，因而一条车道的数据缺失不会影响到其他车道的数据。而微波或视频检测器的设备故障往往会丢失所有覆盖车道的数据。当然，如果 Sensys 中继器或接入点故障会影响所有覆盖车道，但通过 IP 连接的远端监视会发现其故障所在，以实现尽快修复。

5. Sensys 网络无线地磁车辆检测系统的应用

（1）安装

通常将 Sensys 无线地磁车辆检测器安装在车道中央，在设置检测器的路面钻一个直径 4in（约为 10cm）、深 2.41in（约为 5.7cm）的圆孔，沿车辆运行方向按要求放入检测器，然后用快干环氧树脂灌封即可，不需要任何开槽、下线圈、布管线等大规模破路施工。若要检测车速，则需要在同一车道上安装 2 个传感器，安装后测量两者的距离并记录在配置软件中。

Sensys 无线地磁车辆检测器在安装过程中对道路与交通影响微乎其微，而且可以克服多车道上下行隔离路段、立交、桥梁、远离于交通信号控制器、高地下水位、劣质路面以及由于某种特殊原因无法设置环形线圈车辆检测器等多种困难。尤其对于那些需要在上游路段进行交通检测的地方，埋设环形线圈需要较多费用来铺设管线，而采用 Sensys 无线地磁车辆检测系统可以完全省出这些开销。

（2）应用

Sensys 无线地磁车辆检测系统可以非常准确、可靠地直接或间接测量多种交通数据，如交通流量、占有率、车速、存在状态、车长分类、车头时距、车间距、行车方向及排队长度等。如此强大的功能使 Sensys 无线地磁车辆检测系统适用于多种不同的交通管理应用中，例如：

高速公路或交通干线监视（交通数据采集站）；

特殊检测（交通限速及冲突区域保护）；

停车线检测；

高速公路匝道管制。

Sensys 无线地磁检测系统既可以提供与环形线圈检测器一样的数据输出形式，也可以提供其他的数据输出方式，因此，Sensys 无线地磁检测系统可以直接向现场交通信号控制器、交通管理中心、交通信息服务中心、高速公路/交通干线交通管理系统、自适应交通控制系统（如 SCOOT、SCATS、ACS、RHODES、OPAC 等）提供实时交通数据，尤其是可以同时向本地交通信号控制器和各种中心系统提供实时检测数据，具有较高的灵活性。

在通过系统内在的 IP 通信与交通管理系统集成的同时，Sensys 无线地磁检测系统还可以通过触点式接口连接现有的路侧交通信号控制器，进行实时交通信号控制。通过在交通信号控制器（如满足美国标准第 170 类控制器标准、NEMA（全国电气制造商协会）TS1、NEMA TS2、2070ATC（自动交通管制）等）的检测器机架上插入 Sensys 触点接口卡，或者任何能够以触点接口方式连接环形线圈检测器的交通信号控制器，即可将 1 个或多个 Sensys 数据接收器从各个检测器汇集的实时检测数据转换成多路触点信号输出给交通信号控制器，使交通信号控制器对检测器的配置与连接环形线圈车辆检测器完全相同。也就是说，可以在现有交通信号控制器中直接替换破损的环形线圈检测器，以便充分利用现有的基础设施。所以 Sensys 无线地磁车辆检测器这种通过无线方式与接入点通信，在应用时具有很强的灵活性。对于任何新建项目，Sensys 无线地磁车辆检测器完全可以用在原计划设置环形线圈检测器的地方；对于已经设置环形线圈检测器的地方，当环形线圈车辆检测器损坏时，可以用 Sensys 无线地磁车辆检测器替代；尤其是在需要设置路段或路口上游检测但环形线圈检测器施工昂贵或现场条件受限的情况下，Sensys 无线地磁车辆检测器将是最佳选择。

【应用案例】在山西省临汾市交通信号控制系统中，Sensys 无线地磁检测器作为前端数据采集设备得到了实施应用。下面以临汾市鼓楼北大街向阳路交叉口为例说明应用情况。

路口基本情况：鼓楼北大街向阳路交叉口地处临汾市鼓楼大街主干道，是鼓楼北大街与向阳路相交的十字路口，路口车流量较大。

交通组织与渠化：该路口无单行、禁行及禁左管制措施。路口渠化表及渠化图分别见表 2-9 及图 2-50。

表 2-9 路口渠化表

方向	进口机动车道类型（设计）
西	2 左，2 直，2 右
东	1 左，2 直，1 右
南	2 左，2 直，2 右
北	2 左，2 直，1 右

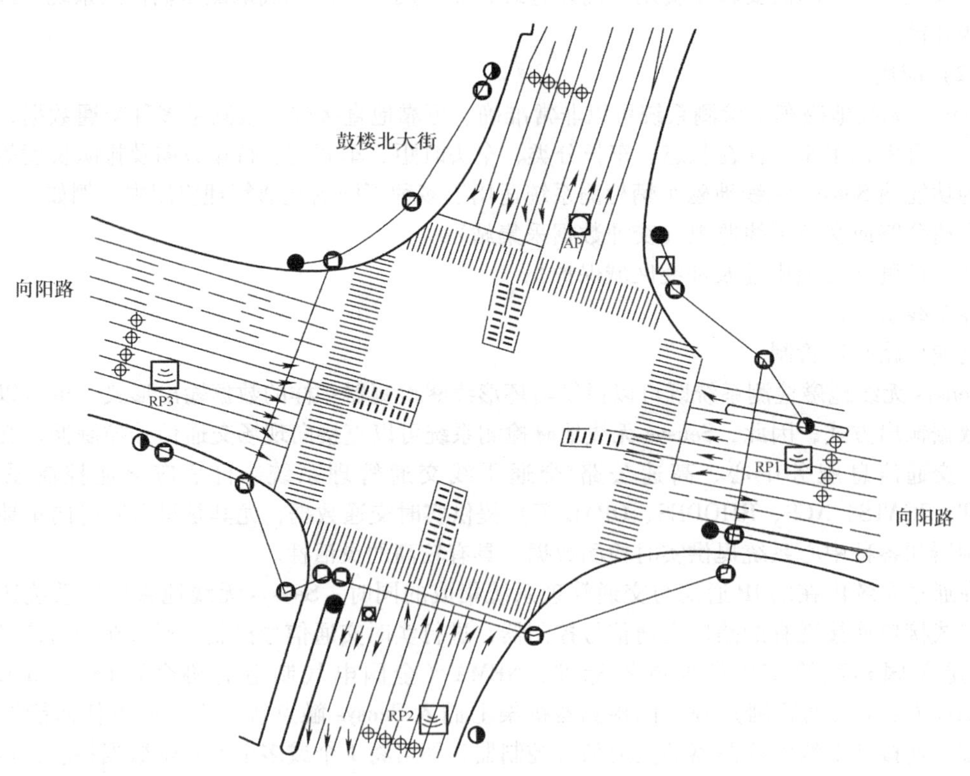

图 2-50 鼓楼北大街向阳路交叉口路口渠化图

无线地磁车辆检测器配置信息见表 2-10 及图 2-51。

表2-10　无线地磁车辆检测器配置表

序号	车辆检测器编号	安装位置	CC卡对应位置	简称
1	1#	北口左转1	0-01-1	NL1
2	2#	北口左转2	0-01-2	NL2
3	3#	北口直行1	0-01-3	NV1
4	4#	北口直行2	0-01-4	NV2
5	5#	东口左转1	0-02-1	EL1
6	6#	东口直行1	0-02-2	EV1
7	7#	东口直行2	0-02-3	EV2
8	8#	东口直行3	0-02-4	EV3
9	9#	南口左转1	0-03-1	SL1
10	10#	南口左转2	0-03-2	SL2
11	11#	南口直行1	0-03-3	SV1
12	12#	南口直行2	0-03-4	SV2
13	13#	西口左转1	0-04-1	WL1
14	14#	西口左转2	0-04-2	WL2
15	15#	西口直行1	0-04-3	WV1
16	16#	西口直行2	0-04-4	WV2

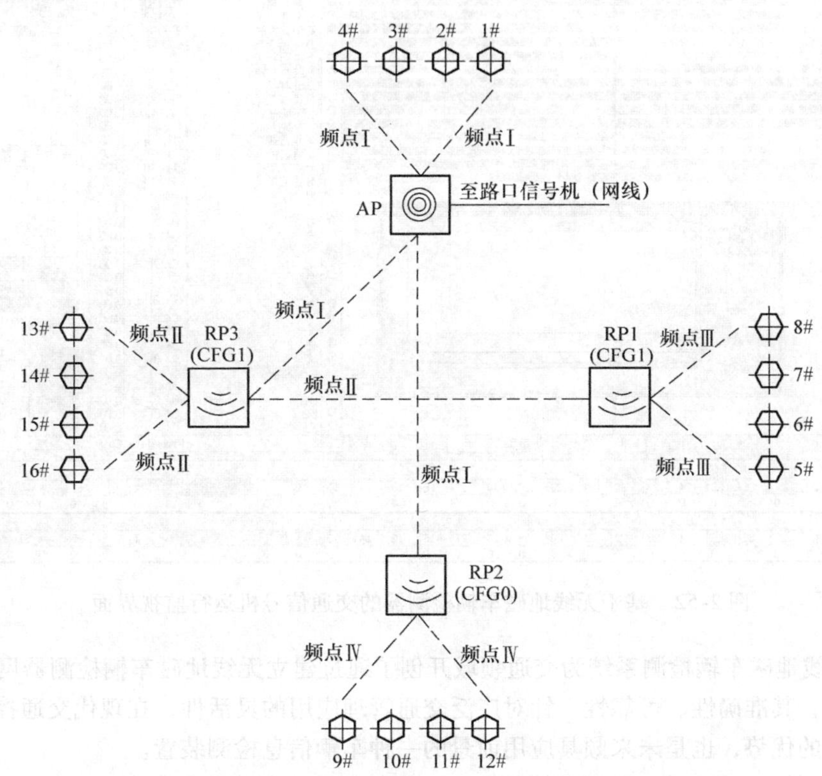

图2-51　鼓楼北大街向阳路交叉口路口无线地磁检测器配置

无线地磁车辆检测器相关设备布设信息分别见表2-11和表2-12。

表2-11 AP、RP安装位置表

序号	设备编号	安装位置
1	AP	信号灯横杆
2	RP1	东口电警横杆臂
3	RP2	南口电警横杆臂
4	RP3	西口电警横杆臂

表2-12 工作频点对应表

序号	配置频号	工作频点
1	频点Ⅰ	3
2	频点Ⅱ	12
3	频点Ⅲ	14
4	频点Ⅳ	9

在上述无线地磁车辆检测器相关设备安装、配置完成后，把所采集的车辆信息通过网络传输至交通信号机，通过感应控制测试，取得了良好的检测效果和控制效果。图2-52所示为交通信号控制系统运行监视界面，可以看到无线地磁车辆检测器在当前检测到的数据。

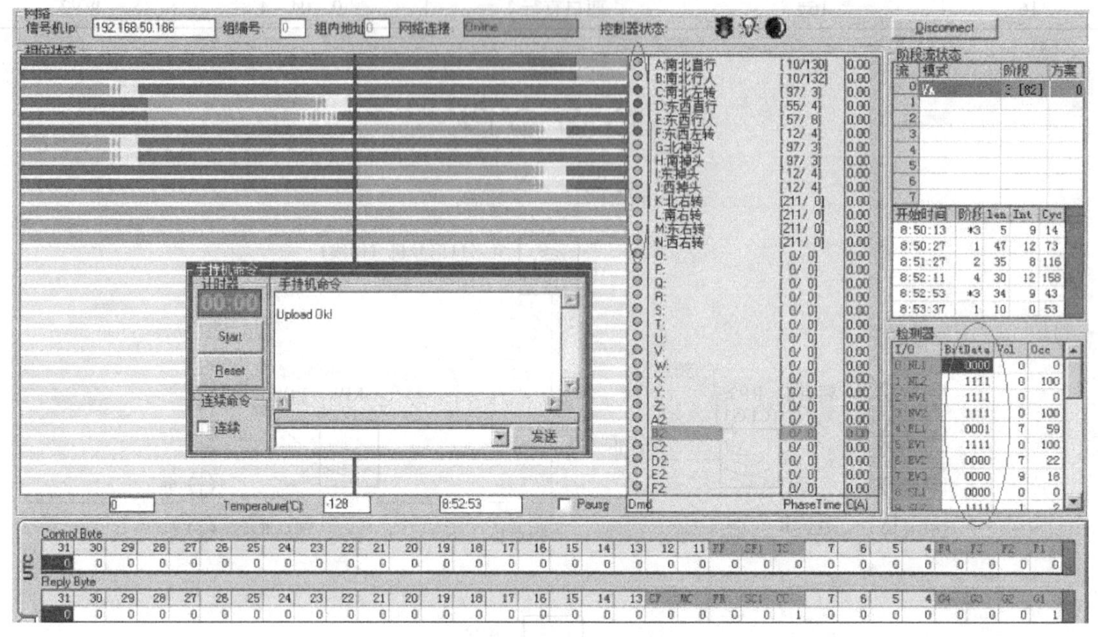

图2-52 基于无线地磁车辆检测器的交通信号机运行监视界面

Sensys无线地磁车辆检测系统为交通领域开创了通过建立无线地磁车辆检测器网络进行交通检测的新时代，其准确性、可靠性、针对广泛交通管理应用的灵活性，在现代交通控制与管理应用中具有一定的优势，也是未来颇具应用前景的一种车辆信息检测装置。

第3章　基于射频的车辆检测技术

在电子学理论中，当交变电流通过导体时在导体周围会形成交变的电磁场，称为电磁波。电磁波频率低于100kHz时，电磁波会被地表吸收，不能形成有效的传输；但电磁波频率高于100kHz时，电磁波可以在空气中传播，并经大气层外缘的电离层反射可实现远距离传输。一般把具有远距离传输能力的高频电磁波称为射频（Radio Frequency，RF），频率范围在300kHz～30GHz之间。射频技术在无线通信领域中有着广泛的应用。

射频识别（Radio Frequency Identification，RFID）技术是20世纪90年代开始兴起的一种自动识别技术，是一项利用射频信号通过空间耦合实现无接触信息传递并通过所传递的信息达到识别目的的技术。

RFID技术是一项易于操控、简单实用且特别适合用于自动化控制的应用技术，它无需接触或瞄准，可自由工作在各种恶劣环境下，拥有一套完整的协议，抗干扰能力强，可保证多个设备同时工作时具有高度的稳定性和可靠性。RFID技术所具备的优点如下：

① 识别速度快，标签数据存储容量大。

② 可以识别高速移动的标签，并可同时识别多个标签。

③ 操作快捷方便，标签使用寿命长。

④ 能对标签内数据进行加密，通信过程中使用校验技术，提高数据安全性。

⑤ 可以进行动态通信。

⑥ 标签数据可以动态修改。

3.1　射频识别技术的发展概况

1940～1950年，雷达的改进和应用催生了射频识别技术，1948年哈里斯托克曼发表的“利用反射功率的通信”奠定了射频识别技术的理论基础。

1950～1960年，是早期射频识别技术的探索阶段，10年间射频识别技术的理论得到了发展，开始了一些应用性尝试。

1970～1980年，射频识别技术与产品研发处于一个大发展时期，开始了初步应用，如自动汽车识别（Automatic Vehicle Identification）的电子计费系统、动物跟踪以及工厂自动化等。

1980～1990年，射频识别技术及产品进入商业应用阶段，开始出现规模性应用。美国、法国、意大利、挪威和日本等国家都安装使用了RFID系统。1987年，挪威诞生了第一个使用RFID电子收费系统；1989年，美国达拉斯南部高速公路也开始使用不停车收费系统等。20世纪80年代可以说是RFID技术在电子收费系统应用的年代。

1990～2000年，是RFID技术繁荣发展的年代，射频识别技术的标准化问题日趋得到重视。RFID技术已在许多国家的公路不停车收费和车辆跟踪与管理中得到广泛应用。在美国大量配置了电子收费系统，1991年俄克拉荷马州建成了世界上第一个开放的高速公路不停车收费系统；1992年休斯顿安装了世界上第一个电子收费系统和交通管理系统，该系统中首次使用了“Title21”标签，这套系统与安装在俄克拉荷马州的RFID系统相兼容。并且，各大汽车公司开发了小到能够密封到汽车钥匙中的电子标签，使RFID系统可以方便地应用于汽车防盗中，如日本丰田汽车、美国福特汽车和日本三菱汽车等已将 RFID 技术应用于汽车防盗中。

在这一时期，我国 RFID 技术的应用尚处于起步阶段。1993 年我国政府颁布实施“金卡工程”计划。1996 年 10 月北京首都机场高速公路天竺收费站安装了不停车收费系统，我国铁道部于 1999 年开始投资建设自动车号识别系统，并于 2000 年开始正式投入使用，作为电子清算的依据。

21 世纪以来，RFID 技术中一个重大的突破就是微波肖特基（Schottky）二极管可以集成在互补金属氧化物半导体（Complementary Metal - Oxide Semiconductor，CMOS）电路中，这使得微波 RFID 电子标签能够集成为一个芯片，这极大地推动了 RFID 应用技术的发展。

目前，美国微芯（Microchip）、日本日立（Hitachi）和瑞典 Tagmaster 等公司已有单一芯片的不同频段的电子标签供应市场，并加入了防冲突协议，使得一个阅读器可以同时读出至少 40 个微波电子标签的内容信息，同时也增加了低功耗读写功能、数据加密功能等，为 RFID 技术的应用提供更为广泛的应用前景。

3.2 RFID 系统的组成

RFID 系统由应答器（又称电子标签）、读写器和计算机数据管理系统组成，如图 3-1 所示。其中，RFID 应答器与读写器之间通过耦合元件来实现射频信号的空间（非接触）耦合，实现能量传递和数据交换。

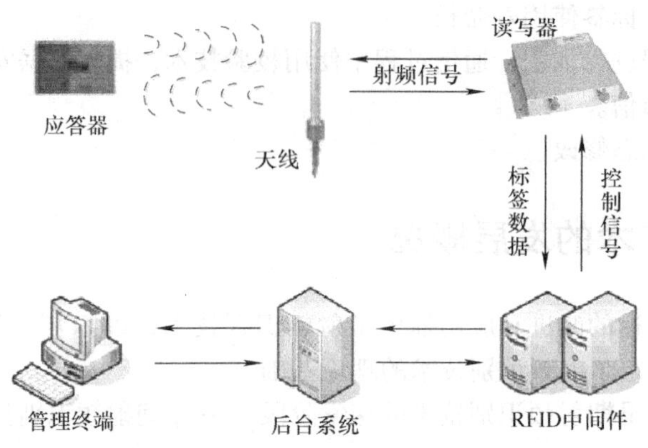

图 3-1 RFID 系统基本组成

RFID 系统的基本组成

（1）应答器

应答器是 RFID 系统的信息载体，按数据载体的不同可分为 1bit 应答器和电子数据载体应答器。

1bit 是可表示的最小信息单位，且仅能识别两种状态：“1”或“0”。对具有 1bit 应答器的系统来说，意味着只有两种可表示的状态：“相应范围内有应答”或者“相应范围内无应答”。1bit 应答器大多数通过应用简单的物理效应（振荡过程由二极管激发谐波或者在金属的非线性磁滞回线上激发谐波）来实现其功能。1bit 应答器的使用范围非常广泛，如商场的电子防盗器等。

电子数据载体应答器常被称作电子标签或智能标签（英文为 Tag，即射频卡），数据载体上可存储数千字节的数据，每个标签具有唯一的电子编码，附着在被识别的目标对象上。一般电子标签是由耦合元件（线圈、天线等）和微型芯片组成，如图 3-2 所示。

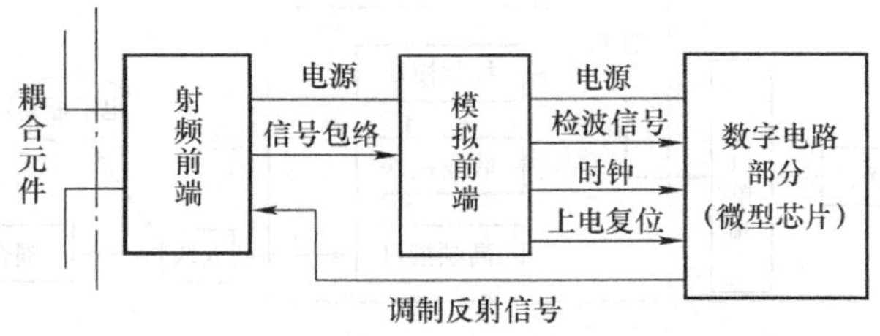

图3-2 电子标签结构框图

一般电子标签具有如下特点：

① 体积小，结构牢固，耐腐蚀。

② 使用寿命长（可读写次数超过10万次）。

③ 防水，耐高温。

④ 灵敏度高，抗干扰性强。

⑤ 存储器容量大。

⑥ 具有唯一的可标识符。

RFID标签分为被动、半被动（也称半主动）、主动三类。

① 被动式标签。被动式标签内部没有供电电源，内部集成电路通过接收到的电磁波进行驱动。这些电磁波是由RFID读写器发出的。当标签接收到足够强度的信号时，可以向读取器发出数据。被动式标签具有价格低廉、体积小巧、无需电源的优点，目前市场的RFID标签主要是被动式的。

② 半被动式标签。类似于被动式标签，但它多了一个小型电池，电力恰好可以驱动标签芯片，使得芯片处于工作的状态。这样天线可充分作为回传信号用，不用接收作为能量源的电磁波。与被动式标签相比，半被动式标签有更快的响应速度、更好的效率。

③ 主动式标签。主动式标签本身由内部电源供给，作为内部芯片所需电源，产生对外的信号。一般来说，主动式标签拥有较长的读取距离和较大的存储器容量可以用来存储读写器所传送来的一些附加信息。

（2）天线

天线在电子标签和读写器间传递射频信号。

（3）读写器

它是读取或写入标签信息的设备。

读写器是RFID信息读写控制和处理的中心，根据结构不同，可分为读和读/写两类。由于标签是非接触式的，必须借助读写器来实现应答器和应用系统之间的数据通信。

读写器的基本组成结构如图3-3所示，通常由耦合模块、收发模块、控制模块和接口单元组成。读写器和电子标签之间一般采用半双工通信方式进行信息交换，同时读写器通过耦合给无源标签提供能量和时序。

读写器分为定向型、全向型和手持型三种，如图3-4所示。

定向型读写器可以按角度来设置识别区域，识别角度为40°~60°；全向型读写器无方向性要求；手持型读写器提供对电子标签长距离、双向通信的能力，能在100m范围内同时监控数以百计配备电子标签的物品，具有超小型化、超轻、便携、电脑一体化等特点，使用异常灵活方便，为电子标签的广泛应用带来了巨大突破。

读写器主要完成以下功能：

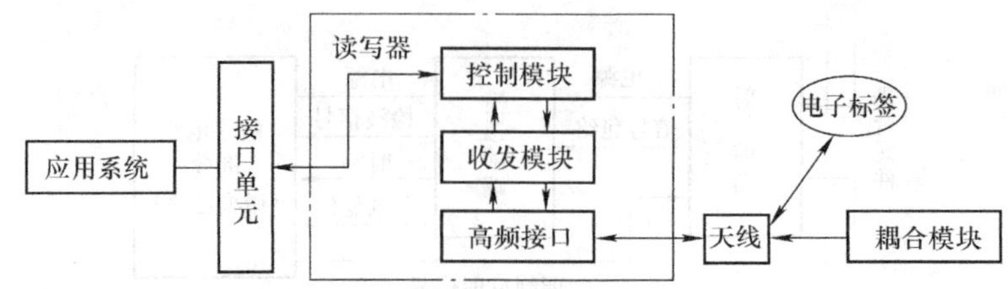

图 3-3 读写器的基本组成结构框图

a) 定向型 b) 全向型 c) 手持型

图 3-4 读写器的类型

① 读写器与电子标签之间的通信功能。

② 读写器可以通过标准接口与计算机网络连接，实现多读写器的网络通信。

③ 能够在读写区域内实现多电子标签的同时识别，具备防冲撞功能。

④ 能够校验读写过程中的错误信息。

⑤ 对于有源电子标签，能够识别电子标签电池相关信息。

读写器和电子标签的所有行为均由应用软件来控制完成。在 RFID 系统的工作程序中，应用软件向读写器发出读取命令，作为响应，读写器和电子标签之间就会建立特定的通信，读写器触发电子标签工作，并对所触发的电子标签进行身份验证，然后电子标签开始传送所要求的数据。

射频识别系统的一个重要性能指标是读写距离，也称为作用距离。它表示读写器是否能够可靠地读写电子标签内的信息的最远距离，其数值取决于电子标签及读写器系统的设计、成本要求、应用需求等，范围为 0 ~ 200m 左右。典型的情况是，在低频 125kHz、13. 56MHz 频点上，一般均采用无源电子标签，作用距离为 10 ~ 30cm 左右，个别系统到 1. 5m。在高频（HF）频段，无源电子标签的作用距离可达到 3 ~ 10m。更高频段的系统一般均采用有源电子标签，采用有源电子标签的系统，其作用距离一般可以达到 30 ~ 200m。

（4）计算机数据管理系统

在实际应用的 RFID 系统中，除了以上介绍的三部分基本构成外，一般都配置一个计算机数据管理系统。计算机数据管理系统主要完成数据信息的存储、管理以及对 RFID 标签的读写控制，有些系统通过读写器的 RS - 232 或 RS - 485 接口与外部计算机（上位机主系统）连接，进行数据交换。一般来说，写入数据是离线完成的，也就是预先在电子标签中写入数据，等到开始应用时直接把电子标签贴附在被标识物体上，读写器是可以非接触地读写电子标签信息的设备，完成对 RFID 标签信息的获取、解码、识别和数据管理。也有一些 RFID 应用系统，写数据是在线完成的，尤其是在生产环境中将信息作为交互式便携数据文件来处理时。图 3-5 所示为 RFID 在智能交通控制系统中应用的示意图。

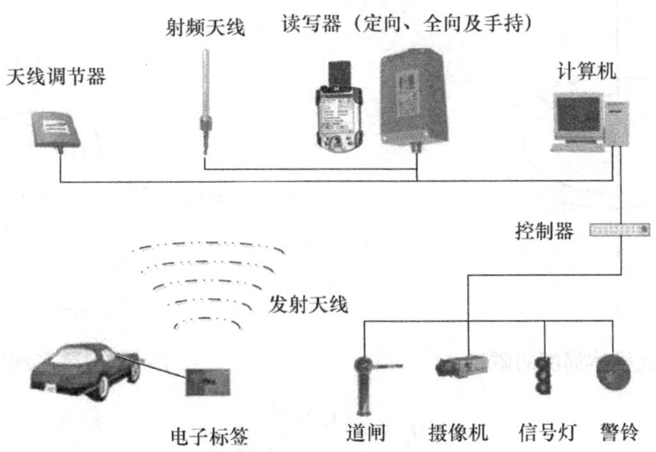

图3-5　RFID在智能交通控制系统中应用的示意图

3.3 RFID的工作原理及技术特点

3.3.1 RFID工作的物理基础

RFID技术是利用无线电波或微波能量进行非接触双向通信，来进行识别和数据交换功能的自动识别系统。射频识别技术，在低频段基于变压器的电感耦合模型（一次与二次之间的能量传递及信号传递），在高频段基于雷达探测目标的空间耦合模型（雷达发射电磁波信号碰到目标后携带目标信息返回雷达接收机）。这两种耦合模型的差异在于，所使用的无线电的频率不同和作用距离的远近。电感耦合模型只适用于低电流电路的应答器系统，一般作用距离为15cm以内，使用频率小于135kHz或等于13.56MHz。空间耦合模型适用于远距离应答器系统，一般使用距离为1m以上，使用频率范围为433MHz～5.6GHz。

实现射频能量和信息传输的电路称为射频前端电路，简称为射频前端。下面介绍基于电感耦合模型的射频前端电路的构造和原理。

1. 电感线圈的交变磁场

（1）磁场强度H和磁感应强度B

安培定律指出，当电流流过一个导体时，在此导体的周围会产生磁场，如图3-6所示。对于直线载流体，在半径为a的环形磁力线上，磁场强度H（A/m）是恒定的，磁场强度为

$$H=\frac{i}{2\pi a} \tag{3.1}$$

式中，i为电流（A）；a为半径（m）。

磁感应强度B和磁场强度H的关系式为

$$B=\mu_0\mu_r H \tag{3.2}$$

式中　μ_0为真空磁导率，$\mu_0=4\pi\times10^{-7}$H/m；μ_r为相对磁导率，表明材料的磁导率是μ_0的倍数。

（2）环形短圆柱形线圈的磁感应强度

在电感耦合的RFID系统中，读写器天线电路的电感常采用短圆柱形线圈结构，如图3-7所示。离线圈中心距离为r的点P处的磁场强度H_Z为

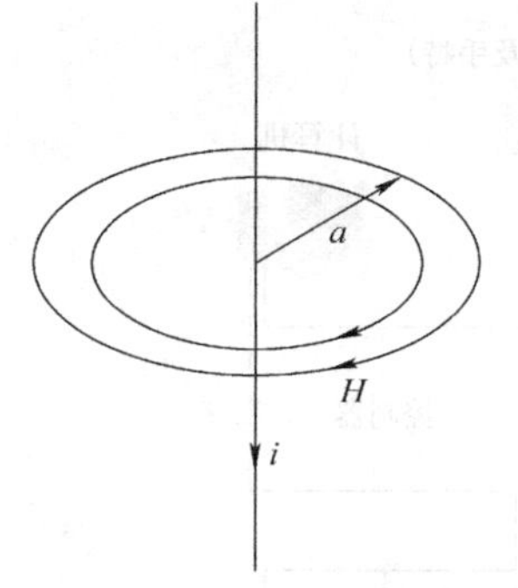

图 3-6　载流导体周围的磁场

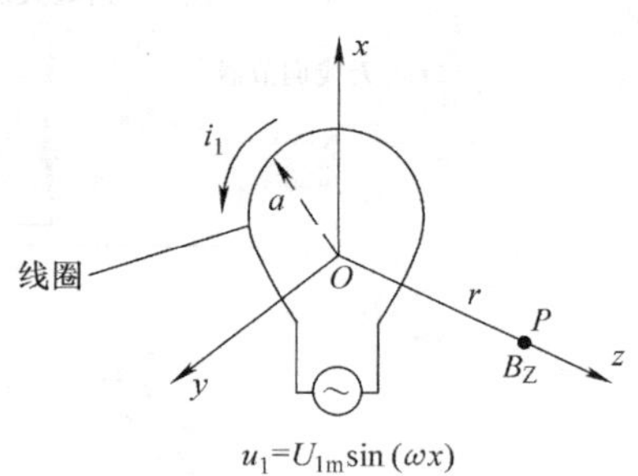

图 3-7　环形线圈的磁场

$$H_Z=\frac{i_1N_1a^2}{2\left(a^2+r^2\right)^{\frac{3}{2}}}$$

则

$$B_Z=\mu_0H_Z=\frac{\mu_0i_1N_1a^2}{2\left(a^2+r^2\right)^{\frac{3}{2}}} \tag{3.3}$$

式中，i_1 为电流；N_1 为线圈匝数；a 为线圈半径；r 为离线圈中心的距离；μ_0 为真空磁导率。

1）磁感应强度 B 和距离 r 的关系

①当 $r<a$ 时，由式（3.3）可知，在 $r<a$ 范围内磁感应强度几乎不变。当 $r=0$ 时，公式简化为

$$B_Z=\mu_0\frac{i_1N_1}{2a} \tag{3.4}$$

② 当 $r>a$ 时，式（3.3）可改为

$$B_Z=\mu_0\frac{i_1N_1a^2}{2r^3}=\mu_0H_Z \tag{3.5}$$

式（3.5）表明，当 $r>a$ 时，磁感应强度按 r 的三次方衰减，如图 3-8 所示。

由上述关系可以得出如下结论：从线圈中心到一定的距离范围内，磁场强度几乎是不变的，而后急剧下降，其衰减大约为 60dB/10 倍距离。该结论仅适用于近场，近场是指到线圈中心处的距离小于 r_λ 的范围，有

$$r_\lambda=\frac{\lambda}{2\pi} \tag{3.6}$$

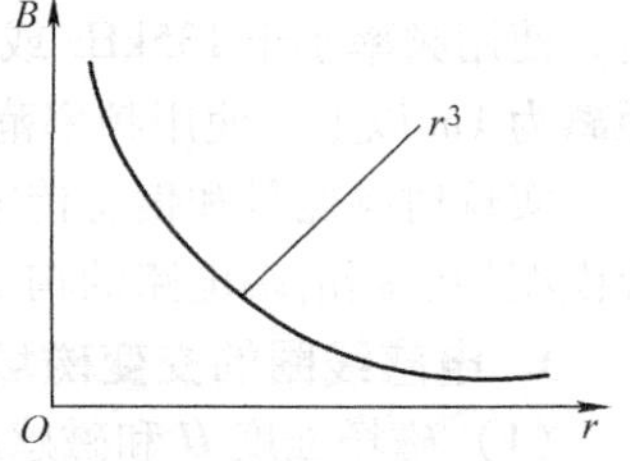

图 3-8　B 和 r 的关系

式中，λ 为波长。表 3-1 列出了频率小于 135kHz 和等于 13.56MHz 时的 λ 和 r_λ 的值。

表 3-1　频率、波长和 r_λ 的关系

频率	波长 λ/m	r_λ/m
<135kHz	>2222	>353
13.56MHz	22.1	3.5

2）最佳线圈半径 a

设 r 为常数，并简单地假定线圈中电流不变，讨论 a 和 B_Z 的关系。将式（3.3）改写为

$$B_Z=\frac{\mu_0i_1N_1}{2}\frac{a^2}{\left(a^2+r^2\right)^{\frac{3}{2}}}=k\sqrt{\frac{a^4}{\left(a^2+r^2\right)^3}} \tag{3.7}$$

式中，$k=\mu_0 i_1 N_1/2$，为常数。对式（3.7）求 $dB_Z/da=0$ 的解，得到 B_Z 具有极大值的条件为

$$a=\sqrt{2}\,r \tag{3.8}$$

式（3.8）表明，在一定距离 r 处，当线圈半径 $a=\sqrt{2}r$ 时，可获得最大磁感应强度。也就是说，当线圈半径 a 一定时，在 $r=a/\sqrt{2}\approx 0.707a$ 处可获得最大磁感应强度（假定线圈中的电流大小不变）。

虽然增加线圈半径 a，在较远距离 r 处会获得最大磁感应强度，但由式（3.3）会发现，由于距离 r 的增大，会使磁感应强度值相对变小，以致影响应答器的能量供给。

3）矩形线圈的磁感应强度

矩形线圈在阅读器和应答器的天线电路中也经常被采用，在距离线圈为 r 处的磁感应强度 B 的大小为

$$B=\frac{\mu_0 N i_1 ab}{4\pi\sqrt{\left(\frac{a}{2}\right)^2+\left(\frac{b}{2}\right)^2+r^2}}\left[\frac{1}{\left(\frac{a}{2}\right)^2+r^2}+\frac{1}{\left(\frac{b}{2}\right)^2+r^2}\right] \tag{3.9}$$

式中，i_1 为电流；a 和 b 为矩形线圈的边长；N 为匝数。

2. 读写器和应答器之间的电感耦合

读写器和应答器之间的电感耦合关系如图3-9所示。当应答器进入读写器产生的交变磁场时，应答器的电感线圈上就会产生感应电压。当距离足够近，应答器天线电路所截获能量可以供应答器芯片正常工作，读写器和应答器可进入信息交互阶段。

（1）应答器线圈感应电压的计算

应答器线圈上感应电压的大小和穿过导体所围面积的总磁链 ψ 的变化率成正比。感应电压 u_2 可表示为

$$u_2=-\frac{d\psi}{dt}=-N_2\frac{d\Phi}{dt} \tag{3.10}$$

式中，N_2 为应答器线圈的匝数；Φ 为每匝线圈的磁通量，并且

$$\psi=N_2\Phi \tag{3.11}$$

磁通量 Φ 与磁感应强度矢量 $\boldsymbol{B}$ 之间的关系为

$$\Phi=\int \boldsymbol{B}\times d\boldsymbol{S} \tag{3.12}$$

这里，磁感应强度矢量 $\boldsymbol{B}$ 是由读写器线圈产生的，其大小由式（3.3）给出：$\boldsymbol{S}$ 是线圈面积矢量；×表示内积运算，为磁感应强度矢量 $\boldsymbol{B}$ 和面积 $\boldsymbol{S}$ 表面法线之间的夹角的余弦函数值，如图3-10所示。当应答器线圈和读写器线圈平行时，夹角 α 为 0°，$\cos\alpha=1$。

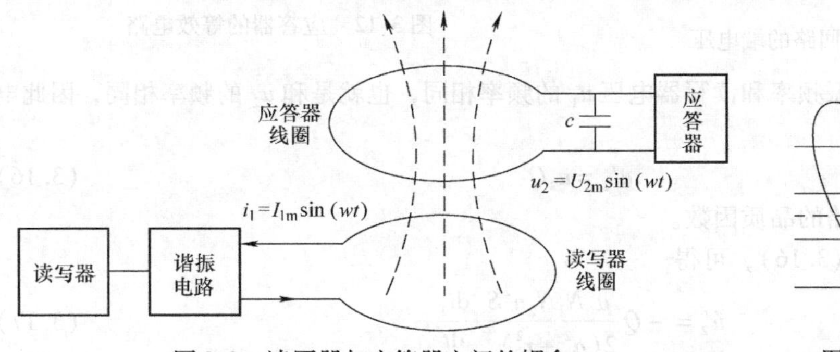

图3-9 读写器与应答器之间的耦合

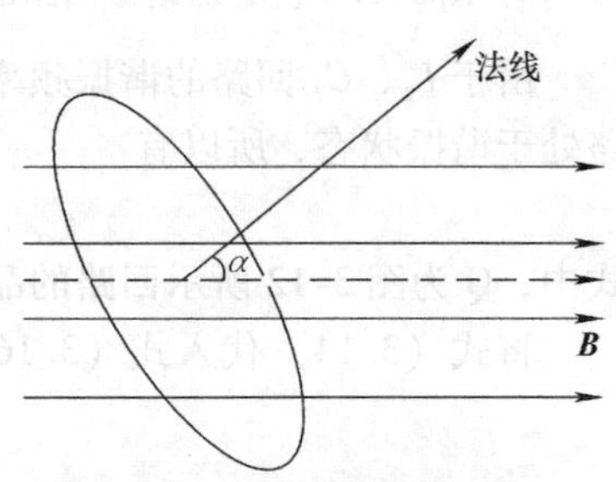

图3-10 线圈位置和磁感应强度矢量 $\boldsymbol{B}$ 的关系

将式（3.3）和式（3.12）代入式（3.10），可得

$$u_2 = -N_2\frac{\mathrm{d}\Phi}{\mathrm{d}t} = -N_2\frac{\mathrm{d}}{\mathrm{d}t}\left(\int \boldsymbol{B}\times \mathrm{d}\boldsymbol{S}\right) = -N_2\frac{\mathrm{d}}{\mathrm{d}t}\left[\int \frac{\mu_0 i_1 a^2 N_1}{2\,(a^2+r^2)^{\frac{3}{2}}}\cos\alpha\ \mathrm{d}\boldsymbol{S}\right] \tag{3.13}$$

设 $\boldsymbol{B}$ 和 $\boldsymbol{S}$ 的夹角 $\alpha=0^\circ$，即 $\cos\alpha=1$，则

$$u_2 = -\left[\frac{\mu_0 N_1 N_2 a^2 S}{2\,(a^2+r^2)^{\frac{3}{2}}}\right]\frac{\mathrm{d}i_1}{\mathrm{d}t} = -M\frac{\mathrm{d}i_1}{\mathrm{d}t} \tag{3.14}$$

$$M = \frac{\mu_0 N_1 N_2 a^2 S}{2\,(a^2+r^2)^{\frac{3}{2}}} \tag{3.15}$$

式中，i_1 为读写器线圈电流；N_1 为读写器线圈匝数；a 为读写器线圈半径；r 为两线圈距离；M 为读写器与应答器线圈间的互感；S 为应答器线圈面积。

式（3.14）表明，读写器线圈和应答器线圈之间的耦合像变压器耦合一样，一次线圈（读写器线圈）的电流产生磁通，该磁通在二次线圈（应答器线圈）产生感应电压。因此，也有人称电感耦合方式为变压器耦合方式。但这种耦合的一、二次侧是独立可分离的，耦合通过空间电磁场实现。

同时从式（3.14）还可知，应答器线圈上感应电压的大小和互感 M 大小成正比。互感 M 是两个线圈参数的函数，并且和距离的三次方成反比。因此，应答器要能从读写器获得正常工作的能量，它必须要靠近读写器，其贴近程度是 RFID 系统的一项重要性能指标，也就是在前面提及的工作距离或读写距离（读距离和写距离可能会不一样，通常读距离大于写距离）。

（2）应答器谐振回路端电压的计算

应答器天线电路可表示为图 3-11 所示的等效电路，u_2 是电感线圈 L_2 中的感应电压，R_2 是 L_2 的损耗电阻，C_2 是谐振电容，R_L 是负载，u_2 是应答器谐振回路两端的电压。应答器在 u'_2 达到一定电压值后，通过整流电路，产生应答器芯片正常工作所需的直流电压。

在此回路中，L_2、C_2 和 R_L 并联，u_2 在 L_2 支路上。本书第 1 章介绍了串、并联阻抗等效变换的方法，因此，可以把 R_L 和 C_2 的并联变换为等效的 C_2 和 R'_L 的串联。这样，图 3-11 所示的电路可等效为图 3-12 所示的电路。

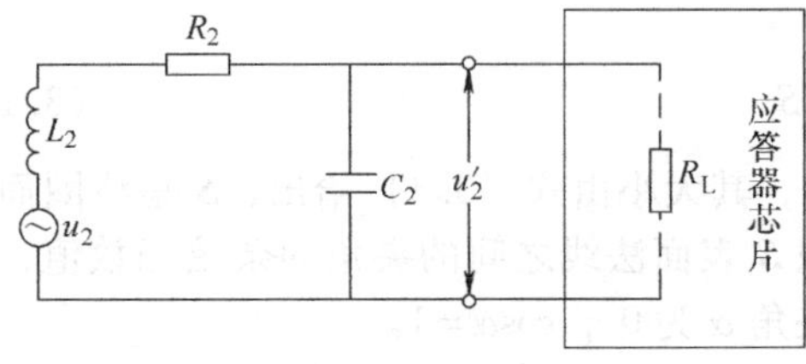

图 3-11　应答器谐振回路的端电压

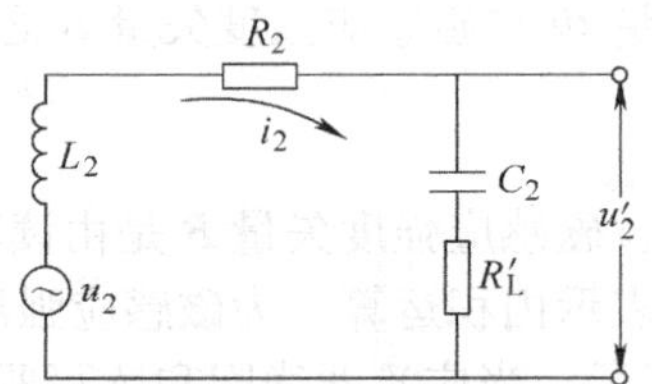

图 3-12　应答器的等效电路

由于 L_2、C_2 回路的谐振频率和读写器电压 u_1 的频率相同，也就是和 u_2 的频率相同，因此电路处于谐振状态，所以有

$$u'_2 = u_2 Q \tag{3.16}$$

式中，Q 为图 3-12 所示回路的品质因数。

将式（3.14）代入式（3.16），可得

$$u'_2 = -Q\,\frac{\mu_0 N_1 N_2 a^2 S}{2(a^2+r^2)^{\frac{3}{2}}}\,\frac{\mathrm{d}i_1}{\mathrm{d}t} \tag{3.17}$$

因为 $i_1 = I_{1\mathrm{m}}\sin\,(\omega t)\,\mathrm{d}i_1/\mathrm{d}t = I_{1\mathrm{m}}\cos\,(\omega t)\omega$ 为角频率 f 为频率，所以有

$$u_2' = -Q\omega N_2 S \frac{\mu_0 N_1 a^2}{2(a^2+r^2)^{\frac{3}{2}}} I_{1m}\cos(\omega t) = -2\pi f N_2 SQB_Z \tag{3.18}$$

式中，B_Z 是距离读写器电感线圈为 r 处的磁感应强度

$$B_Z = \frac{\mu_0 N_1 a^2}{2\,(a^2+r^2)^{\frac{3}{2}}} I_{1m}\cos\,(\omega t)$$

式（3.18）可用于应答器和读写器之间耦合回路参数的设计计算。

（3）应答器直流电源电压的产生

对于无源应答器，其供电电压必须从耦合电压 u_2 获得。从耦合电压 u_2 到应答器工作所需直流电压 U_{cc} 的电压变换过程如图3-13所示。

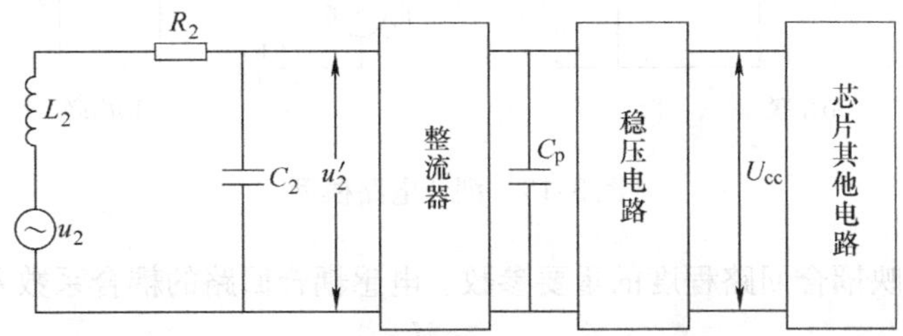

图3-13　应答器直流电源电压的变换过程

1）整流与滤波

天线电路获得的耦合电压经过整流电路后变换为单极性的交流信号，再经滤波电容 C_p 滤波，获得直流电压。滤波电容 C_p 同时又作为储能元件，以获得较强的负载能力。

图3-14所示为一个采用MOSFET的全波整流电路，滤波电容 C_p 集成在芯片内。如 C_p 电容量选得较大，则电路储能及电压平滑作用较好，但集成电路制作代价大。因此，C_p 容量不能选得过大，通常为百皮法数量级。

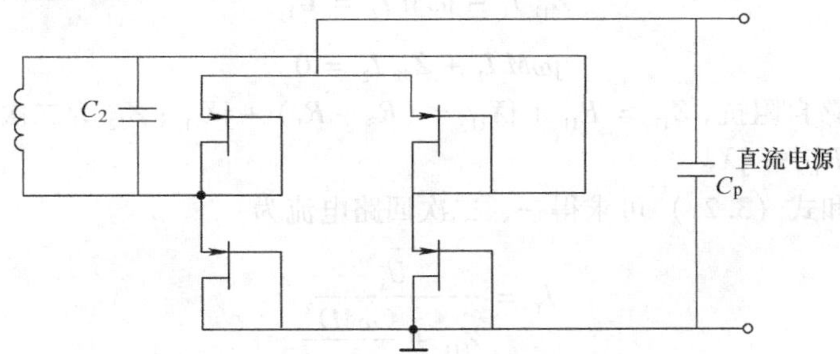

图3-14　采用MOSFET的全波整流电路

2）稳压电路

滤波电容 C_p 两端输出的直流电压是不稳定的，当应答器（卡）与读写器的距离变化时，它随应答器线圈 L_2 上耦合电压的变化而变化，而应答器内的电路需要有较高稳定性的直流电源电压，因此必须采用稳压电路。稳压电路在众多书籍中都有介绍，此处不再赘述。

3. 负载调制

电感耦合方式的RFID系统是通过负载调制方法进行数据传输的，负载调制有电阻负载调制和电容负载调制两种方法。下面仅介绍基于电感耦合方式的负载调制原理。具体的调制方法此处不展开介绍，读者可查阅相关文献。

(1) 耦合电路模型

将图 3-9 所示电路改为耦合电路形式，如图 3-15a 所示。图中，$\dot{U}_1$ 是角频率为 ω 的正弦电压，R_S为其内阻，R_1 是电感 L_1 的损耗电阻，M 是互感，R_2 是电感 L_2 的损耗电阻，R_L 是等效负载电阻。在图中还标明了线圈的同名端。很明显，一次回路代表读写器天线电路，二次回路代表应答器的天线电路，两者通过互感 M 实现耦合。

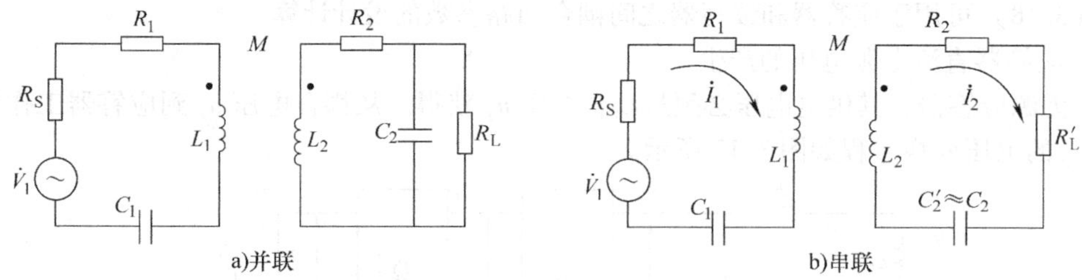

图 3-15 耦合电路模型

耦合系数 k 是反映耦合回路程度的重要参数。电感耦合回路的耦合系数 k 为

$$k = \frac{M}{\sqrt{L_1 L_2}} \tag{3.19}$$

式中，M 为 L_1 和 L_2 的互感；k 为小于 1 的正数，且无量纲。

为分析电路方便起见，将图 3-15a 所示的 C_2 与 R_L的并联电路转换为 R_L'和 C_2'的串联电路，这样便可得到图 3-15b 所示电路，这是一个互感耦合串联型回路。在二次回路（应答器）中，品质因数 Q 都大于 10，满足 $Q >> 1$ 的条件，因此 $C_2' \approx C_2$ 。

(2) 互感耦合回路的等效阻抗关系

图 3-15b 所示的一次和二次回路的电压方程可写为

$$Z_{11}\dot{I}_1 - \mathrm{j}\omega M\dot{I}_2 = \dot{U}_1 \tag{3.20}$$

$$\mathrm{j}\omega M\dot{I}_1 + Z_{22}\dot{I}_2 = 0 \tag{3.21}$$

式中，Z_{11} 为一次回路自阻抗，$Z_{11} = R_{11} + \mathrm{j}X_{11} = (R_S + R_1) + \mathrm{j}X_{11}$；$Z_{22}$ 为二次回路自阻抗，$Z_{22} = R_{22} + \mathrm{j}X_{22} = (R_2 + R_L') + \mathrm{j}X_{22}$。

从式 (3.20) 和式 (3.21) 可求得一、二次回路电流为

$$\dot{I}_1 = \frac{\dot{U}_1}{Z_{11} + \dfrac{(\omega M)^2}{Z_{22}}} \tag{3.22}$$

$$\dot{I}_2 = \frac{-\mathrm{j}\omega M\dot{U}_1/Z_{11}}{Z_{22} + \dfrac{(\omega M)^2}{Z_{11}}} \tag{3.23}$$

若令 $Z_{f1} = (\omega M)^2/Z_{22}$、$Z_{f2} = (\omega M)^2/Z_{11}$ 则式 (3.22) 和式 (3.23) 可表示为

$$\dot{I}_1 = \frac{\dot{U}_1}{Z_{11} + Z_{f1}} \tag{3.24}$$

$$\dot{I}_2 = -\frac{\mathrm{j}\omega M\dot{U}_1/Z_{11}}{Z_{22} + Z_{f2}} = \frac{\dot{U}_2}{Z_{22} + Z_{f2}} \tag{3.25}$$

式中，$\dot{U}_2 = -\mathrm{j}\omega M\dot{U}_1/Z_{11}$。

由式（3.24）和式（3.25），根据电路关系，可以得出图3-16a和b所示的一次和二次回路的等效电路。

由于Z_{f1}是互感M和二次回路阻抗Z_{22}的函数，并出现在二次等效回路中，故称Z_{f1}称为二次回路对一次回路的反射阻抗，它由反射电阻R_{f1}和反射电抗X_{f1}两部分组成，即$Z_{f1} = R_{f1} + jX_{f1}$。

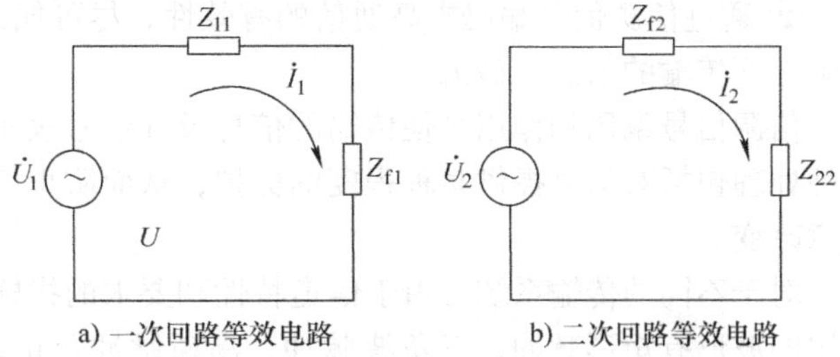

图3-16　耦合回路的等效电路

类似地，Z_{f2}称为一次回路对二次回路的反射阻抗，它由反射电阻R_{f2}和反射电抗X_{f2}组成，即$Z_{f2} = R_{f2} + jX_{f2}$。

通过以上的分析可以看出，应答器天线上的负载电阻的接通和断开可导致读写器天线上的电压发生变化，如果通过数据控制应答器天线负载的接通和断开，那么这些数据信息就能够从应答器传输到读写器，这种传输方式称为负载调制。

一般来说，数据传输的速度和数据传输的距离是衡量数据传输性能的两个参数。由于电子标签的体积、电能有限，从电子标签发出的无线信号很弱，因而信号传输的速度与传输的距离就很有限。为了实现数据远距离、高速度传输，必须把要传输的数据信号叠加在一个规则变化、信号比较强的电波上，这个过程就是调制，规则变化的电波即载波。在RFID系统中，载波一般由读写器通过天线发出，并进行调制。而实现数据的调制也有许多方法，如用数据信息改变载波的波幅即调幅、改变载波的频率即调频、改变载波的相位即调相。射频识别系统一般采用调幅或调频方式。

电磁反向散射耦合是基于雷达技术的，电磁波在传播过程中将被大小超过波长一半的物体所反射，即从读写器天线发射出的电磁波中的一部分将会被应答器的天线所反射，反射性能会受连接到天线上的负载变化的影响。为了有效地实现从应答器到读写器传输数据，与天线并联的附加负载电阻的接通和断开要与传输的数据流一致。应答器反射的电磁波在空间自由辐射，其中的一部分将被读写器天线所接收，从而实现了应答器与读写器间的信息传输。

3.3.2　RFID系统的数据编码

RFID系统是一个数字通信系统，其数据传输遵循通信系统要求。读写器与电子标签之间进行通信需要三个主要功能模块，即发送端的信号编码与调制模块、传输通道和接收端的解调与信号译码模块，如图3-17所示。

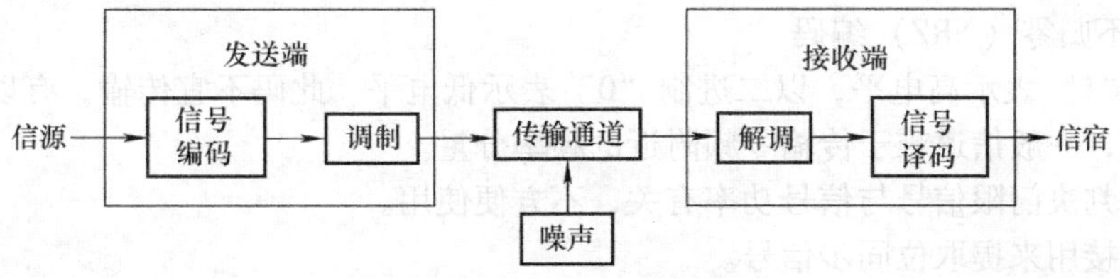

图3-17　数据传输模型

为了使代表信息的信号在数字系统或数字信道中有效地传输，必须将信源发出的信号进行变换，使之成为合适的数字脉冲串（一般为二进制脉冲串），这就是信源信号编码。在通信中，信源信号编码的目的主要有两个：

① 信号变换为适于数字通信系统处理与传输的数字信号形式。

② 通过信源信号编码提高通信的有效性，尽可能减少信息中的冗余度，使单位时间或单位频带上所传输的信息量最大。

信源信号编码的作用是使传输的信息及其信号表示尽可能最佳地与传输通道的性能相匹配。这种处理包括对信息提供某种程度的保护，从而防止信息受干扰或相碰撞以及对某些信号特性的蓄意改变。

对于不同的传输系统，由于信道特性和要求的指标不同，而采用不同的数字脉冲波形。通常采用的波形有矩形脉冲、三角波脉冲、高斯脉冲及正余弦脉冲等。由于矩形脉冲易于形成和变换，所以矩形脉冲成为最常用的数字波形。

射频系统通常使用下列编码中的一种：反向不归零（Non Return Zero NRZ）编码、曼彻斯特（Manchester）编码、单极性归零（Unipolar RZ）编码、差动双相（Differential Binary phase，DBP）编码、米勒（Miller）编码、差动编码等方式，如图3-18所示。

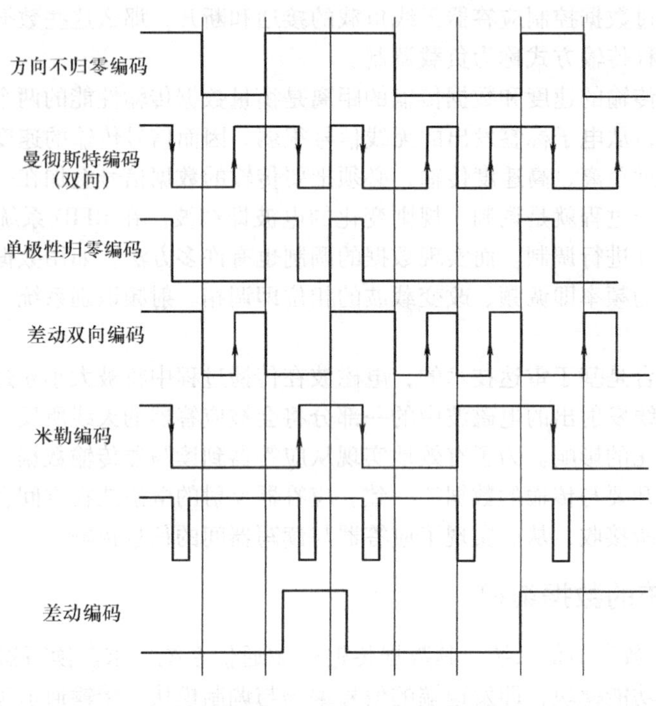

图3-18 常用数据编码

（1）反向不归零（NRZ）编码

用二进制“1”表示高电平，以二进制“0”表示低电平。此码不宜传输，有以下原因：

① 有直流，一般信道难于传输零频附近的频率分量。

② 接收端判决门限信号与信号功率有关，不方便使用。

③ 不能直接用来提取位同步信号。

④ 要求传输线有一根接地。

（2）曼彻斯特（Manchester）编码

曼彻斯特编码也被称为分相编码（Split - Phase Coding）。在曼彻斯特编码中，某位的值是由该位长度内半个位周期时电平的变化（上升/下降）来表示的，在半个位周期时的负跳变表示为二进制“1”，半个位周期时的正跳变表示为二进制的“0”。曼彻斯特编码在采用负载波的负载调制或反向散射调制时，通常用于从电子标签到读写器的数据传输，因为这有利于发现数据的传输错误。因为在位长度内，“没有变化”的状态是不允许的。当多个电子标签同时发送的数据位有不同值时，接收的上升沿和下降沿相互抵消，导致在整个位长度内是不间断的负载波信号。由于该状态是不允许的，所以读写器利用该错误就可以判定碰撞发生的具体位置。

（3）单极性归零（Unipolar RZ）编码

单极性归零编码在第一个半个位周期中的高电平用二进制“1”表示，而持续整个位周期内的低电平信号用二进制“0”表示。单极性归零编码可以用来提取位同步信号。

（4）差动双相（DBP）编码

差动双相编码在半个位周期中的任意的边沿都表示二进制“0”，而没有边沿就是二进制“1”。此外，在每个位周期开始时，电平都要反向。因此，对接收器来讲，位节拍比较容易重建。

（5）米勒（Miller）编码

米勒编码在半个位周期内的任意边沿表示二进制“1”，而经过下一个位周期中不变的电平表示二进制“0”。位周期开始时产生电平交变，对接收器而言，位节拍容易重建。

（6）差动编码

差动编码中每个要传输的二进制“1”都会引起信号电平的变化，而对于二进制“0”，信号电平保持不变。

选择编码方法时应考虑的因素。射频识别系统在选择信号编码方式时，最重要的是看调制后的信号频谱，以及对传输错误的敏感度。

在RFID系统中，由于使用的电子标签常是无源的，需要在与读写器的通信过程中获得自身的能量供给。为了保证系统的正常工作，信道编码方式首先必须保证不能中断读写器对电子标签的能量供给。另外，为保证系统可靠工作，还必须在编码中提供数据一级的校验保护，编码方式应该提供这个功能，并可以根据码型的变化来判断是否发生误码或与电子标签发生冲突。当电子标签是无源标签时，经常要求基带编码在每两个相邻数据位元间具有跳变的特点。这种相邻数据间有跳变的编码，不仅可以保证在连续出现“0”时对电子标签的能量供给，而且便于电子标签从接收到的编码中提取时钟信息串。同时，考虑到实际的数据传输中，由于信道干扰的存在，数据必然会在传输过程中发生错误，这就要求信道编码能够提供一定程度的检测错误的能力。

3.3.3 RFID的工作过程

工作原理：读写器在工作时发射特定频率的无线电波，电子标签进入磁场后，接收读写器发出的射频信号，凭借感应电流所获得的能量发送出存储在芯片中的信息（无源标签（Passive Tag）或被动标签的情况），或者由标签主动发送某一频率的信号（有源标签（Active Tag）或主动标签的情况），读写器读取信息并解码后，送至中央信息系统进行有关数据处理。电子标签与读写器之间的数据通信是通过空气介质以无线电波的形式进行的。以被动式射频识别系统为例，其工作过程如下：

① 读写器通过射频天线发送一定频率的射频信号，当电子标签（或RFID射频卡）进入射频天线工作区域时产生感应电流，从而获得能量而被激活。

② 电子标签（或RFID射频卡）将自身编码等信息通过内置的天线发射出去。

③ 系统射频天线接收到从电子标签（或RFID射频卡）发送来的载波信号，经天线调节器传送到读写器，读写器对接收的信号进行解调和解码，然后送到后台主系统进行相关处理。

RFID系统工作过程如图3-19所示。

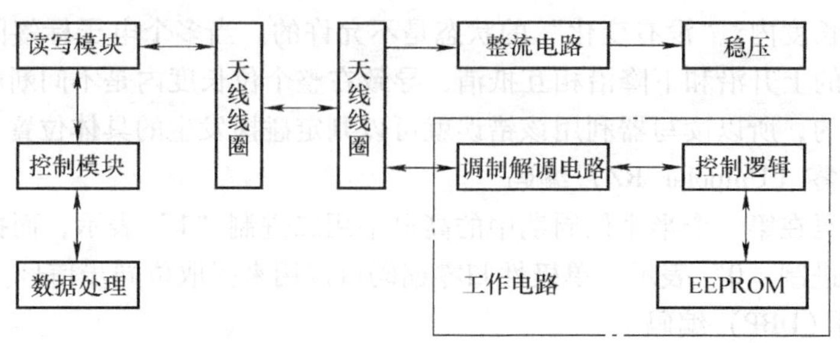

图 3-19 RFID 系统工作过程

3.3.4 电子标签（或 RFID 射频卡）的分类

很多的生产 RFID 产品公司都采用自己的标准，国际上现在还没有统一的标准。目前，可供射频卡使用的几种标准有 ISO 10536、ISO 14443、ISO 15693 和 ISO 18000。应用最多的是 ISO 14443 和 ISO 15693，这两个标准都由物理特性、射频功率和信号接口、初始化和反碰撞以及传输协议四部分组成。

按照不同的方式，电子标签（或 RFID 射频卡）有以下几种分类：

① 按供电方式分为有源和无源。有源是指电子标签内有电池作为电源，其作用距离较远，但使用寿命有限、体积较大、成本高，且不适合在恶劣环境下工作；无源则内部无电池，它利用波束供电技术将接收到的射频能量转化为直流电源为内部电路供电，其作用距离相对有源的短，但寿命长且对工作环境要求不高。

② 按应用频率的不同分为低频（LF）、高频（HF）、超高频（UHF）、微波（MW），相对应的代表性频率分别为低频 135kHz 以下、高频 13.56MHz、超高频 860～960MHz、微波 2.4GHz，5.8GHz。低频电子标签的成本较低、标签内保存的数据量较少、读写距离较短（无源情况下，典型阅读距离为 10cm）、电子标签外形多样（卡状、环状、钮扣状、笔状）、阅读天线方向性不强，主要应用于门禁和安全管理系统、自动停车场收费和车辆管理系统中。

高频或超高频电子标签及读写器成本均较高、标签内保存的数据量较大、读写距离较远（可达几米至十几米），适应物体高速运动性能好、外形一般为卡状、读写天线及电子标签天线均有较强的方向性。高频系统应用于需要较长的读写距离和高读写速度的场合，其天线波束方向较窄，且价格较高，一般应用于火车监控、高速公路收费等系统中。

③ 按调制方式的不同可分为主动式、半主动式和被动式。主动式电子标签用自身的射频能量主动地发送数据给读写器。被动式电子标签使用调制散射方式发射数据，它必须利用读写器的载波来调制自己的信号，该类技术适合用在门禁或交通应用中，因为读写器可以确保只激活一定范围之内的电子标签。在有障碍物的情况下，用调制散射方式，读写器的能量必须来去穿过障碍物两次，而主动方式的电子标签发射的信号仅穿过障碍物一次。因此，主动方式工作的电子标签主要用于有障碍物的应用中，且距离更远（可达 30m）。

④ 按电子标签作用距离可分为密耦合（作用距离小于 1cm）、近耦合（作用距离小于 15cm）、疏耦合（作用距离约 1m）和远距离（作用距离为一米～几十米）电子标签。

3.3.5 环境对 RFID 的影响

（1）温度对 RFID 的影响

由于 RFID 芯片是使用硅材料与金属材料制造的，因此可在 -20～70℃ 有效工作。

（2）空气湿度对 RFID 的影响

RFID 采用微波技术，对空气湿度有一定的要求，这主要是因为水吸收微波能量会造成能量衰竭而使读写距离下降，尤其在雾天与雨雪天受天气影响比较明显，读写距离可下降 50% 以上。可将长距离读写器输出功率从 1W 增加至 1.5W 以减小影响。但在雾天与雨雪天应减少使用，特别是使用移动读写方式的应用更应减少或者不用，以免受湿度的影响使读写距离下降。

（3）金属附着对 RFID 的影响

金属对微波能量的吸收相当高，这样可造成读写距离下降甚至无法识别。目前主要是通过芯片封装技术来解决这一问题。虽然封装技术能解决金属吸收微波能量的问题，但每片芯片的成本将增加 80% 以上。因此在实际使用中，需长距离读写的尽量避免附着在金属表面上。

3.4 RFID 在智能交通中的应用

3.4.1 RFID 车辆检测器的主要功能

RFID 技术目前在智能交通领域得到了广泛的应用，主要有：

① 相对位置定位，可以确定车辆进入了哪个区间。其定位的准确度取决于 RFID 读写器安装的密度。

② 路线导航，根据事先选定的路线，在抵达某关键路口的前一个路口，通过适当的信息发布机制，可以告诉车辆应准备在哪条行车道行驶或哪个出口驶出。

③ 信号控制，通过安装在路口的 RFID 读写器可以探测并计算出某两个红绿灯区间的车辆数目，从而智能地计算红灯或绿灯的分配时间。同时，通过对公交车辆类别的识别，可以实现公交优先的交通信号控制。

④ 不停车收费，通过装在路口的 RFID 读写器，并辅以其他自动控制系统，可实现不停车电子收费功能。

⑤ 实时速度指标，可以通过计算两读写器区间的车辆通过时间，进而实时统计出车辆的平均行驶速度。可以推算出该路段的拥堵程度，给驾驶员提供选择路段的参考。

⑥ 超速警告，根据两读写器区间的车辆通过时间计算出该车辆行驶是否超速。如果超速，通过适当的信息发布机制对该车辆进行通告或警告。

⑦ 自动违章记录与惩罚，在区间出口处识别到在某区间违章的车辆后，可以自动进行违章的记录与惩罚。其费用还可以从自动缴费渠道扣除。

⑧ 实时流量统计，根据通过两读写器区间的车辆数量，可以实时进行某路段的交通流量统计。如果交通流量超过某范围，还可以进行相应的警告信息发布以及进入限制。

3.4.2 RFID 在厦门智能交通控制与管理系统中的应用

目前，北京、上海、重庆、厦门等城市已将 RFID 技术用于智能交通管理中。厦门是国内较早大规模成功发行路桥年费卡（射频识别电子标签）的城市，目前已有四十多万辆机动车安装了厦门路桥的年费卡（即电子标签），全市汽车贴卡率超过 90%。2010 年，厦门市完成了基于 RFID 的“道路交通信息射频采集与处理系统”项目，该项目利用基站采集到的车辆过车信息数据，分析计算出路段平均速度和里程时间信息，并可提供给诱导发布系统进行对外发布；同时可提供车辆稽查功能，通过获取到的车辆电子标签 ID 号和通过时间的读写单元位置可确定重点查控车辆行驶路线及时间，形成记录，从而获得车辆的行驶路线及大概位置，并可将其显示在电子地图上，有利于公安等相关部门完成对车辆的跟踪、调查、取证工作。

2011年开始，在原项目基础之上，进一步扩大了RFID系统的基站建设，在保证以上RFID系统在城市交通管理方面的传统应用之外，并首次在国内突破性地将RFID系统引入到服务于信号控制系统的数据检测，为智能化交通信号控制系统提供战略性检测数据，从而实现对部分区域的自适应协调优化控制。

1. RFID点位的布设

根据射频采集的特性，结合信号控制系统的战略检测要求，根据厦门市道路网络的拓扑结构和信号控制示范区域的交通流现状，进行了优化设计，RFID检测点规划总目标是，通过对进入岛内和“三横四纵”核心控制区域的车辆进行检测，通过RFID检测器的检测数据实现以下功能：

① 厦门岛内交通总量的态势分析。

② 主要交通走廊和关键交通流发生区域的动态交通流分布分析。

③ 获取智能信号控制区域的动态交通流数据，用于交通信号控制。

④ 对某些区域常发性交通拥堵的全方位监测。

在用于交通信号控制时，RFID检测器的布设主要基于以下考虑：

① 一般情况下布设于距入口停车线80~150m处。

② 布设位置距路口距离应大于路口该方向上的平均排队长度。

③ 在满足上述条件的情况下，若平均排队长度较长，可以布设出口检测器，检测器布于上游出口25~35m处。

④ 检测点到停车线之间不能有新的合流或分流。

⑤ 为节省成本，布设RFID检测器时应尽量利用已有的天桥或者龙门架进行布设。

厦门市核心区道路交通流检测点的布设如图3-20所示。

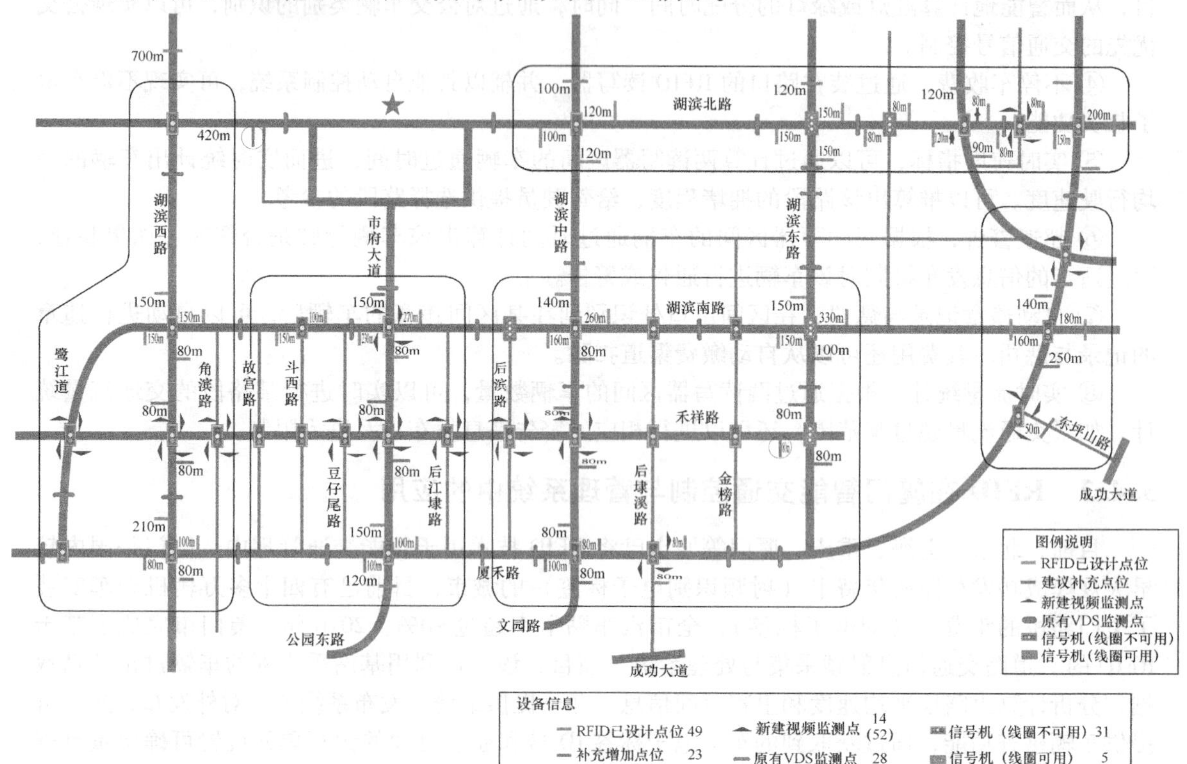

图3-20　厦门市核心区道路交通流检测点的布设

2. 信息采集设备

系统中主要采用了厦门信达物联 CTU6861 室外射频识别设备，其主要特点如下：

① 支持 ISO 18000 - 6C、ISO 18000 - 6B 和 I - PX，该设备可在同一应用环境下同时支持6B/6C 协议，且能实现6B/6C 协议标签的自动切换识别，可单独配置一种协议，也可以采用双协议轮询的工作模式。

② 符合信部无［2007］205 号《关于发布800/900MHz 频段射频识别（RFID）技术应用试行规定的通知》，完全支持中国无线电管理委员会要求的工作频率为 840 ~ 845MHz/920 ~ 925MHz，读写器在同一应用环境下可支持双频，并能完成双频切换。

③ 内嵌 Linux 操作系统，支持 Alien Higgs - 3 、Impinj Monza 4、NXP XM 等主流芯片的私有加密功能。

④ 自带底层算法，可准确判别车道，解决邻道干扰及误读情况，并可过滤冗余数据，减轻服务器及网络传输负担。

⑤ 快速标签识别，每秒可清点300 个以上的标签，支持读写器远程固件升级。

⑥ 防护等级为 IP65，为室外型读写器，天线及其他接口均为室外防水插头，在室外无需任何其他防尘防雨设施，可直接安装于户外道路，适应全天候高温、雷雨、冰雪等恶劣户外环境。

⑦ 读写器支持通过通信接口进行固件的在线升级。

⑧ 接口类型丰富，提供以太网口/RS - 232/RS - 485、WiFi，并支持 GPRS、WCDMA、TDSCDMA、CDMA2000（模块采用可选装集成方式）。

3. RFID 数据

在信号控制时，每个基站监测点每 250ms 上传一次监测数据。通过对上传数据的解析，可以获得监测点车流量、监测点之间的车辆路段平均车速及监测点异常数据检测、路段拥堵等交通事件检测数据，同时可以获取车辆的行驶轨迹等。

数据格式：

YYYY - MM - DD HH: TT: SS: MS，站点号，方向，车道号，车辆标识符

车辆标识是在车辆贴标时唯一赋予的，在厦门采用了两种不同的编码形式，通过与数据库比对，可以获得车牌号。

RFID 检测器能够监测到的区域是离 RFID 检测站点（读写器所在地）10 ~ 15m（使用12dBi 天线，6C 协议）或 8 ~ 10m（使用 12dBi 天线，6B 协议）的区域，下面仅以厦门市某一 RFID 检测站点（4000072）自 2012 - 9 - 10 17：7：10. 500 至 2012 - 9 - 10 17：7：13. 500 共计 2min 内上传的数据为例，分析所能获得的检测信息。以下是实时上传的数据：

2012 - 9 - 10 17：7：10. 500，4000072，2，1，E00400002L731602

2012 - 9 - 10 17：7：10. 500，4000072，2，2，E0040000FP95FN01

2012 - 9 - 10 17：7：10. 500，4000072，2，3，E0040000FN90FN01

2012 - 9 - 10 17：7：10. 750，4000072，2，1，E00400002L731602

2012 - 9 - 10 17：7：10. 750，4000072，2，2

2012 - 9 - 10 17：7：10. 750，4000072，2，3，E0040000FN90FN01

2012 - 9 - 10 17：7：11. 0，4000072，2，1，E00400002L731602

2012 - 9 - 10 17：7：11. 0，4000072，2，2，0592010120120504144353000023214

2012 - 9 - 10 17：7：11. 0，4000072，2，3，E0040000FN90FN01

2012 - 9 - 10 17：7：11. 250，4000072，2，1

2012 - 9 - 10 17：7：11. 250，4000072，2，2，0592010120120504144353000023214，E004

0000878K3302

2012 -9 -10 17：7：11.250，4000072，2，3，E004000016513901

2012 -9 -10 17：7：11.500，4000072，2，1

2012 -9 -10 17：7：11.500，4000072，2，2，0592010120120504144353000002 3214，E0040000878K3302

2012 -9 -10 17：7：11.500，4000072，2，3，E004000016513901

2012 -9 -10 17：7：11.750，4000072，2，1，E00400003K5N3202

2012 -9 -10 17：7：11.750，4000072，2，2，05920101201205041443530000023214，E0040000878K3302

2012 -9 -10 17：7：11.750，4000072，2，3，E004000016513901

2012 -9 -10 17：7：12.0，4000072，2，1，E00400003K5N3202

2012 -9 -10 17：7：12.0，4000072，2，2，05920101201205041443530000023214，E0040000878K3302

2012 -9 -10 17：7：12.0，4000072，2，3，E004000016513901

2012 -9 -10 17：7：12.250，4000072，2，1，E00400003K5N3202

2012 -9 -10 17：7：12.250，4000072，2，2，05920101201205041443530000023214，E0040000878K3302

2012 -9 -10 17：7：12.250，4000072，2，3，E004000016513901

2012 -9 -10 17：7：12.500，4000072，2，1，E00400003K5N3202

2012 -9 -1017：7：12.500，4000072，2，2，E0040000EL7O2606，05920101201205041443530000023214，

E0040000878K3302

2012 -9 -10 17：7：12.500，4000072，2，3，E004000016513901

2012 -9 -10 17：7：12.750，4000072，2，1，E00400003K5N3202

2012 -9 -10 17：7：12.750，4000072，2，2，E0040000EL7O2606

2012 -9 -10 17：7：12.750，4000072，2，3，E00400005NC1A301

2012 -9 -10 17：7：13.0，4000072，2，1

2012 -9 -10 17：7：13.0，4000072，2，2，E0040000EL7O2606

2012 -9 -10 17：7：13.0，4000072，2，3，E00400005NC1A301

2012 -9 -10 17：7：13.250，4000072，2，1，05920101201205041443530000023214

2012 -9 -10 17：7：13.250，4000072，2，2，E0040000EL7O2606

2012 -9 -10 17：7：13.250，4000072，2，3，E00400005NC1A301

012 -9 -10 17：7：13.500，4000072，2，1，05920101201205041443530000023214

2012 -9 -10 17：7：13.500，4000072，2，2，05920101201204230802520000019069

2012 -9 -10 17：7：13.500，4000072，2，3，E00400005NC1A301

以第一条记录为例，记录中依次反映的信息是：采集时间是 2012 年 9 月 10 日 17 时 7 分 10 秒 500 毫秒，站点编号（站点编号对应着实际的空间地理位置）是 4000072，车辆运行方向是东向西，检测的是第一个车道，当前检测到的车辆标识符是 E00400002L731602（通过数据库的比对，可以得到车牌号）。

下面以上面给出的站点 4000072 检测到的第二车道数据为例，分析可以获取的信息。

（1）交通流量信息

交通流量是指在选定时间段内通过道路某一地点、某一道路断面分车道的交通实体数量。本例中对于第二车道在 1min 内（17：7：11.0 —17：7：12.0，不包括 17：7：12.0 的数据）分别通过了车辆标识符为 E0040000878K3302、059201012012050414435300000023214 的两辆车，则第二车道单车道流量为每分钟 2 辆。同样，第一、第三车道的单车道流量也为每分钟 2 辆，则该车道断面车流量为每分钟 6 辆。不能简单地通过这样的算法获得的每分钟流量累计来获得短时或小时车流量，这是由于车辆通过 RFID 检测器有效阅读区需要一定的时间，当这个时间大于某一基本时间单位（本例中为 1min）时，就存在 1 辆车在连续两次车流量统计中重复出现，造成统计的误差。例如，对于第二车道，在下 1min 内（17：7：12—17：7：13）分别通过了车辆标识符为 E0040000878K3302、059201012012050414435300000023214、E0040000EL7O2606 的 3 辆车，则第二车道单车道流量为每分钟 3 辆；如果要计算 2min 的短时交通流量，不能简单地通过上面分别获得的每分钟流量进行累计（每分钟 5 辆），因为有两辆车在前后 2min 内的统计是重复的，实际 2min 内第二车道单车道通过了 3 辆车，所以在计算流量时应该考虑连续统计周期内重复的车辆。

此外，本系统可在输出交通流量时，按照 RFID 标签信息中对应车辆的号牌信息，输出按车型区分的交通流量统计数据，同时输出标准当量车流量。根据国家标准，当量交通流量是以小型客车为标准车类的，其他类型的车辆都需要转换成标准车类，具体转换系数见表 3-2。

表 3-2　车辆当量交通流量换算系数

车辆类型	一般道路	高速公路
大型客车	2.0	1.0
大型货车及其他大型汽车	2.0	1.0
小型客车	1.0	1.0
小型货车及其他小型汽车	1.0	1.0
拖拉机	2.0	
农用运输机	2.0	
专用机械	2.0	
摩托车	1.0	1.0
电车	2.0	1.0
挂车	3.0	1.0
自行车及其他人力车	城区 0.15 公路 0.10	
畜力车	2.0	

由于本项目是在厦门市区实施的，因而所有折算系数按照一般道路计算。

（2）路段平均车速

简单来讲，要获得路段车速数据只要计算出车辆通过某一路段所需的时间，根据此路段的距离即可计算出车速，再对所有车辆车速求平均值。下面介绍一种实际中采用的计算方法。

建立路段平均车速表，内容包括：路段起始监测点编号，结束监测点编号，计算时间段起点，计算时间段终点，路段平均车速（km/h），样本数。

下面以图 3-21 所示的 A2 到 B2（下标 2 代表方向，从 A 到 B）这段路为例进行说明。算法的基本思路如下：

① 假设程序每隔 ΔT 时间执行一次，程序在时间点 t_0 开始启动，则程序计算的时间序列为 $t_0+\Delta T, t_0+2\Delta T, \cdots, t_0+m\Delta T$。

② 假设每条路段的设计车速分别是 $v_1^{\mathrm{std}}, v_2^{\mathrm{std}}, \cdots, v_i^{\mathrm{std}}, \cdots, v_n^{\mathrm{std}}$，每条路段的长度分别为 $L_1, L_2, \cdots, L_i, \cdots, L_n$，则正常情况下车辆通过这段路程所需的时间分别为 $\delta t_1, \delta t_2, \cdots, \delta t_i, \cdots, \delta t_n$，其中 $\delta t_i = L_i / v_i^{\mathrm{std}}$。

③ 假设程序到了时间点 t_{p} 需要开始计算，首先统计 $t_{\mathrm{p}}-\Delta T$ 到 t_{p} 时间段内通过 B2 的车辆 $\{c_1, c_2, \cdots, c_i, \cdots, c_q\}$，然后统计 $t_{\mathrm{p}}-\Delta T-\delta t_{\mathrm{A2\to B2}}$ 到 $t_{\mathrm{p}}-\delta t_{\mathrm{A2\to B2}}$ 时间段内通过 A2 的车辆 $\{c_1, c_2, \cdots, c_i, \cdots, c_r\}$，对这两辆车集合求交集，得到先后经过 A2 和 B2 的车辆 $\{c_1, c_2, \cdots, c_i, \cdots, c_s\}$，然后根据每辆车经过 A2 到 B2 所用的时间，计算出每辆车的通行车速 $v_1, v_2, \cdots, v_i, \cdots, v_s$。

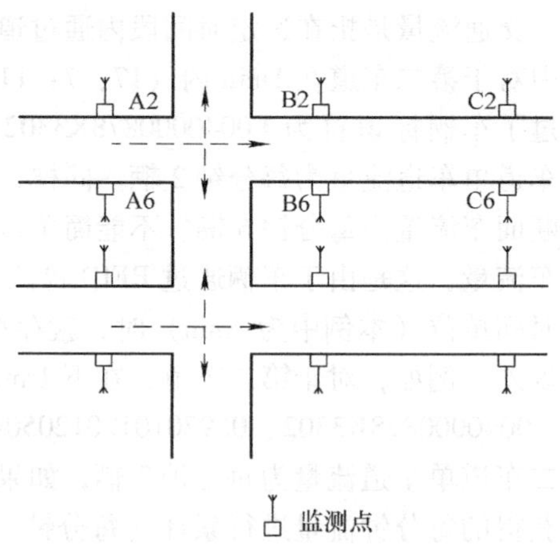

图 3-21 检测路段示意图

④ 异常速度数据的剔除。由于实际情况中存在车速过高或者过低的情况（如车辆超速、中途停车等），为了使这些车速值不影响真实道路服务水平（路段道路通畅状态）的检测，需要做数据处理，可采用五数概括（Five Number Summary）法则剔除异常速度，具体如下：

a）把样本速度 $v_1, v_2, \cdots, v_i, \cdots, v_s$ 按照从小到大的顺序排列。

b）统计出最低车速 $v_{\min}$、1/4 位点车速 $v_{1/4}$、中位点车速 $v_{1/2}$、3/4 位点车速 $v_{3/4}$、最高车速 $v_{\max}$。

c）计算出 $v_{1/4}$ 和 $v_{3/4}$ 之间的差 $\mathrm{IRQ}=v_{3/4}-v_{1/4}$，然后删除那些大于 $\alpha\mathrm{IRQ}+v_{3/4}$ 或者小于 $v_{1/4}-\alpha\mathrm{IRQ}$ 的速度值。α 作为一个参数值可以根据实际情况略作调整，通常取 1.5。

五数概括法则用中位数和分位点来界定异常数据的范围，而不是用均值和标准偏差，这样更有利于异常值的检测。试想如果有一些很大或很小的数据，它们会严重拉大或拉小均值，增加方差，如果用这样的均值和方差去衡量单个样本数据会有较大的误差。这样的情况下，分位数较为真实地反映数据的分布情况。

⑤ 对处理后的车速求平均值 $\bar{v}=\sum_{i=1}^{w} v_i$。其中，$w$ 是异常处理后的车速值的个数。

最后根据计算出的平均车速判断道路通畅的情况。根据我国公安部建设部 2008 年公布的《城市道路交通管理评价指标体系》（已有 2012 版，但考虑到目前实际应用情况，仍采用 2008 版），作者结合实际工程情况进行了总结，交通拥挤程度可以用城市主干路上机动车的平均行驶速度来描述，见表 3-3。

表 3-3 城市主要道路运行状况评价

平均行驶速度值/（km/h）	平均车速评价等级	道路交通拥堵状态
<15	拥堵	车流平均车速低，道路交通拥堵状况很差
[15, 30]	缓行	车流平均车速一般，道路交通拥堵状况一般
>30	畅通	车流平均车速较高，道路交通拥堵状况较好

（3）车道占有率

车道占有率的定义是，某一瞬时，单位长度路段上行驶的车辆总长占该路段长度的百分比即

$$R_s = \frac{1}{L}\sum_{i=1}^{n} l_i \times 100\%$$

在两个检测站点AB之间的路段，在从t_0时刻到t时刻之间经过检测站点A处的交通流量是通过AB区间内新增加的车辆数；反之，这时在下游检测站点B处的交通流量等于从AB区间内减少的车辆数。AB区间内车辆数的变化值应等于入量与出量之差。因此，只要知道最初AB区间的原始车辆数，就能求得检测时间内实有车辆数。在（t_0，t）内有

$$E_{(t)} = Q_{A(t)} + E_{(t_0)} - Q_{B(t)} \tag{3.26}$$

$$E_{(t_0)} = q_B + a - b \tag{3.27}$$

式中，$E_{(t)}$为在t时刻路段AB区间内的车辆数；$Q_{A(t)}$为在（t_0，t）通过站点A的累加交通流量；$E_{(t_0)}$为在检测初始t_0时刻，AB区间内的原始车辆数；$Q_{B(t)}$为在（t_0，t）通过站点B的累加交通流量；q_B为在（t_0，t）通过站点B的累加交通流量；a，b为超车数和被超车数。

在实际的检测时，要保证A、B两个站点同时开始检测，也就是说保持同步。在检测中，可以认为a、b是相等的，因为只要一个路段之间不存在中间停车问题，那么车辆之间的超车与被超车数都是相等的。

由以上的计算方法就可以检测出任意时刻t，AB区间内存在的车辆数，然后读取标签中的车辆信息，读取车辆的长度（如果车辆信息中没有长度信息，那么只能根据以上的车型转换为当量交通流量，然后再计算），之后进行叠加求和，再和总的检测路段长度相比，就是车道占有率。同时为了提高检测准确度，可以适当地延长检测时间。

（4）车头时距的检测

可通过统计每个检测站点所检测到的车辆的时刻表，然后进行统计汇总，按照时间先后顺序排列。计算出每两个时间之差序列$\{\theta_1,\theta_2,\cdots,\theta_n\}$，即前后两辆车的车头时距。车头时距的检测主要是针对某一点或者断面进行的，最后求出平均值即可。

（5）车头间距的检测

系统可根据检测到的每辆车的地点车速（v_1，v_2，…，v_i）和计算出的时间平均车速v^*，以及检测到的车头时距$\{\theta_1, \theta_2, \cdots, \theta_n\}$和平均车头时距，算出车头间距。

（6）排队长度的检测

① 针对检测到的交通流量，全部转换成当量交通流量，然后设定小客车的平均长度为L，基本上建议取值4.3m。因轿车一般的车身长度为4～4.6m，再长一些的会有5m左右，但是所占比例很小，因此一般取4.3m即可。

② 车队排队时的车头间距d，这个数值是个随机量，但是在交叉口基本上只能取一个平均的车头间距。由此可以得到前后两辆车之间的车头间距为$d+L$，再根据检测到的车辆数n就可以得出排队长度n（$d+L$）。

在实际应用中，可以通过RFID检测器检测的进入路口的车辆数减去驶出车辆数来获得排队的车辆数，从而获得一个估计的排队长度。

（7）检测站点交通事件检测

检测站点异常数据的分析可以用来检测交通拥堵事件，主要表现在如果出现拥堵情况，则在较长时间内只能检测到停留在它的检测范围内的车辆，具体判断方法如下：

① 统计$t_p - \Delta T \sim t_p$的时间内经过某个检测站点的车辆，找出所有不同的车辆标识符（电子标签号）。ΔT必须大于最长的红绿灯时间，这是针对距离路口近的进入路口方向的检测站点而言的。

② 如果每辆车被感应的次数都达到最大值，并且大部分都有多条记录，则可以判断这个检

测站点附近出现拥堵或者异常事件。至于这个“大部分”实际上是一个阈值，可以实际选择一些拥堵的情况，统计出每次拥堵时有多少车辆有两条或两条以上记录，多次统计后选择一个合理的值。

根据道路交通信息采集与传输子系统收集并传输的道路交通信息（包括实时交通流量数据、实时道路拥堵数据、突发事件数据以及相应的交通静态数据等），并对这些采集到的交通信息进行相应处理，将处理后的数据传输至相应的处理业务子系统，并由相应业务系统做出相关的决策处理，如图 3-22 所示。

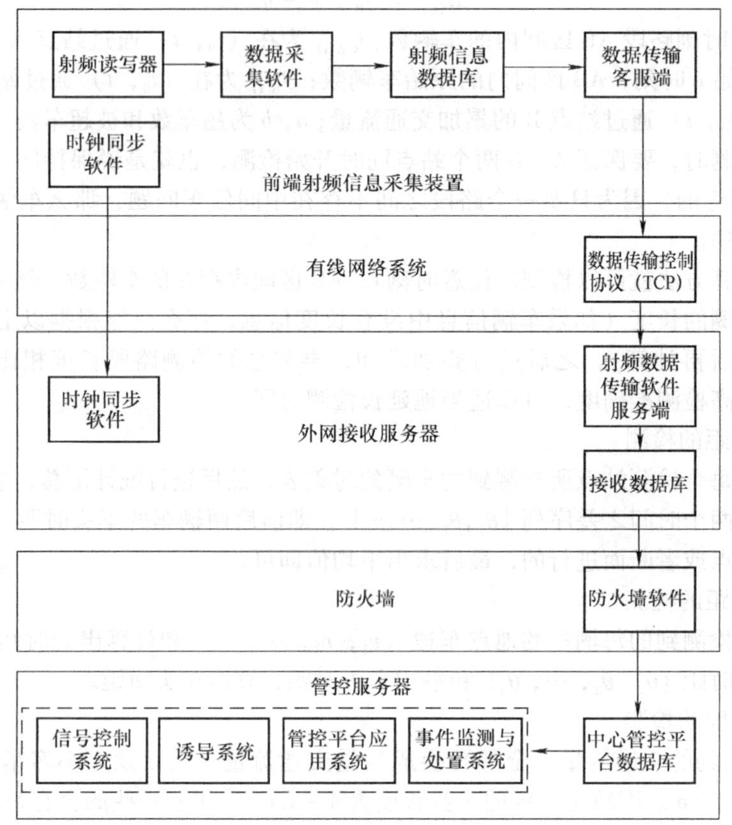

图 3-22 基于射频识别检测技术的交通信息采集与处理系统架构框图

3.4.3 RFID 在机动车身份自动检测识别系统中的应用

该系统采用机动车射频电子身份标签处理技术，对经过收费站、检查站或停车场的车辆，通过固定式或手持式读卡器，读取机动车上的标签，对机动车的唯一真实身份（即发动机号码、车架号码与车辆号牌的一致性）进行确认，并进行后续处理。

1. 系统构成

（1）硬件部分

硬件部分主要由机动车射频电子身份标签、读卡器（固定式射频读卡器或手持式读卡器）、车辆牌照获取与对比查询报警模块、服务器等构成。

机动车射频电子身份标签（为 RFID 标签）内存有公安交通管理部门存储的机动车唯一真实

身份，即该车辆的发动机号码、车架号码、牌照号码、车型、颜色、核定载重等以及其他所有需要的信息。以上电子信息由发卡器写入到标签中，并记录到数据库中以待查询比对。标签为不干胶质地，粘贴位置为挡风玻璃的右上方，如图3-23所示。

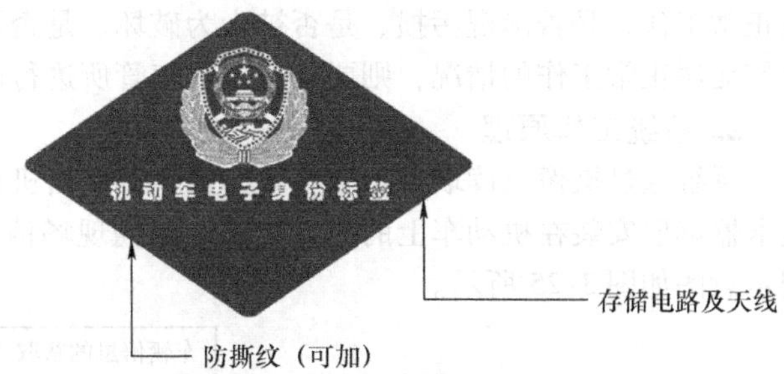

图3-23 机动车射频电子身份标签

车辆牌照获取与对比查询报警模块包括前端抓拍计算机、高清摄像机、辅助光源、触发单元、通信单元、报警单元等；主要负责图像储存、号牌识别、数据通信和驱动报警单元；接收高清摄像机抓拍的所有图片，经过号牌识别后，分类在本地进行保存；接收中心发来的报警信号，并驱动声光报警单元；发现问题车辆后，自动将数据回传中心数据库。

（2）软件部分

软件部分包括电子标签发放管理子系统、前端识别报警子系统、电子标签查询分析子系统与年检子系统四大部分。系统软件结构示意图如图3-24所示。

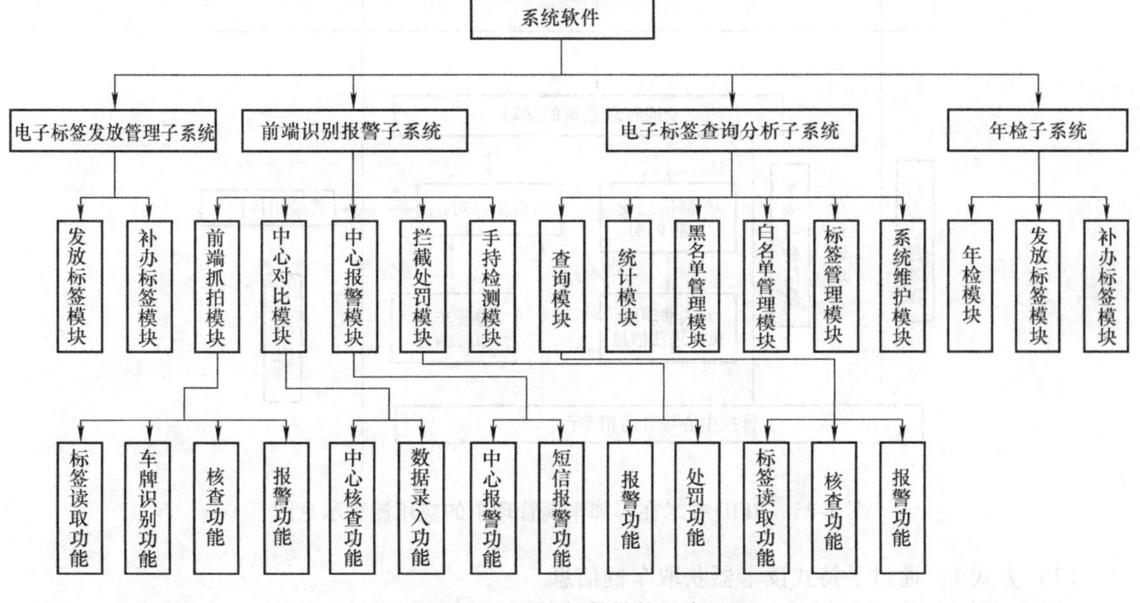

图3-24 系统软件结构示意图

电子标签发放管理子系统，负责将车辆信息写入电子标签，并将电子标签ID号与车辆的对应关系存储到数据库中备查。该系统包括发放标签模块与补办标签模块。

前端识别报警子系统，负责检查所有经过检测站点车辆的号牌与其所拥有电子标签，将检测结果发送回中心服务器，由中心服务器与黑名单数据及其他需要核查的数据进行对比，结果传回前端进行相应操作。如果车辆状态正常，则放行；如果车辆状态不正常，则进行拦截检查。

电子标签查询分析子系统，负责查询车辆信息、车辆通行信息、违法数据信息等，可根据操作人员的要求按电子标签ID号、机动车牌照号码、车辆通行地点、车辆通行时间等信息进行查询。

年检子系统，负责完成正常的车辆年检工作；同时，检验电子标签的完整度，如电子标签是否正常工作、是否出现污损、是否被人为破坏、是否可以再正常持续工作一年等。如果出现电子标签无法正常工作的情况，则要求车主到车管所进行电子标签的更换补办。

2. 系统工作原理

系统通过摄像机读取或直接获取方式，识别出机动车牌照号码；同时，利用固定式或手持式读卡器读取安装在机动车上的标签，获取车辆现场信息。RFID 技术在车牌车辆管理中的应用流程示意图如图 3-25 所示。

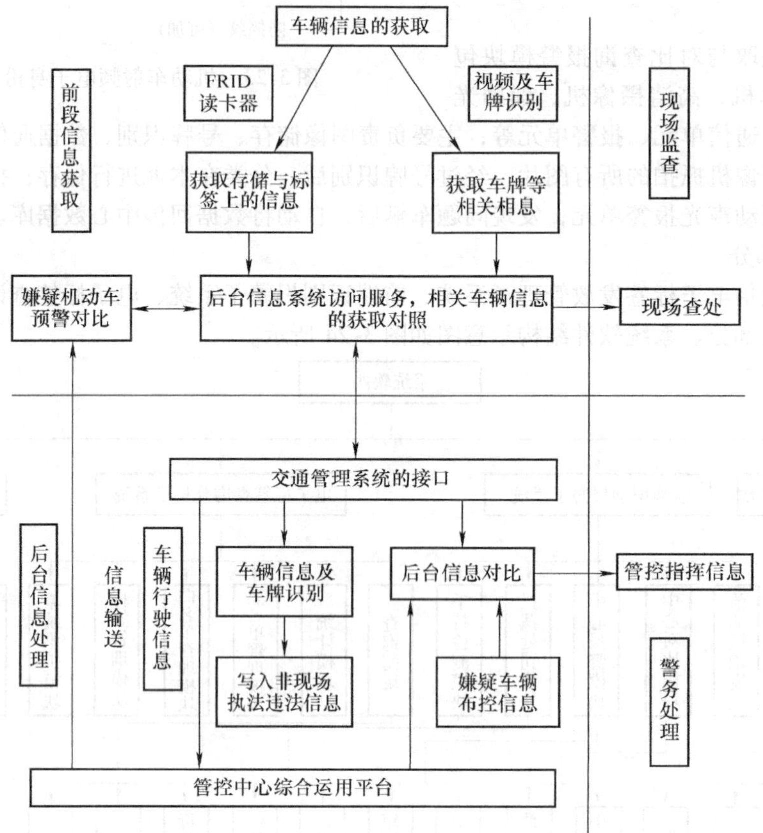

图 3-25　RFID 技术在车牌车辆管理中的应用流程示意图

（1）方式 1，通过手持式读卡器获取车辆信息

手持式读卡器主要应用于停车场车辆，如图 3-26 所示。使用手持式读卡器读取标签信息，与车牌信息进行比对，若信息显示不一致，可进行报警和进一步处理；若车牌信息比对一致，则对数据库中的其他信息进行进一步的比对查询，包括是否黑名单、是否交费异常等，并对违规信息进行记录及执行处罚。

（2）方式 2，通过固定式读卡器获取车辆信息

集成了固定式读卡器的机动车身份检测系统由抓拍主机、摄像机、补光灯、一体化固定式读卡器和红外触发器组成，工作原理如图 3-27 所示。

当机动车驶入检测区域，红外触发器向卡口检查站的抓拍主机发出信号，抓拍主机立即向摄像机发出抓拍命令，抓拍到车牌照信息反馈给主机；同时主机向一体化固定式读卡器发出扫描命令，读取出标签信息，也反馈给主机；之后将抓拍信息与标签信息进行比对，若不一致，则立即进行调查和处置。另外，还可以进一步通过网络检查其标签的合法性及机动车状态（是否黑名

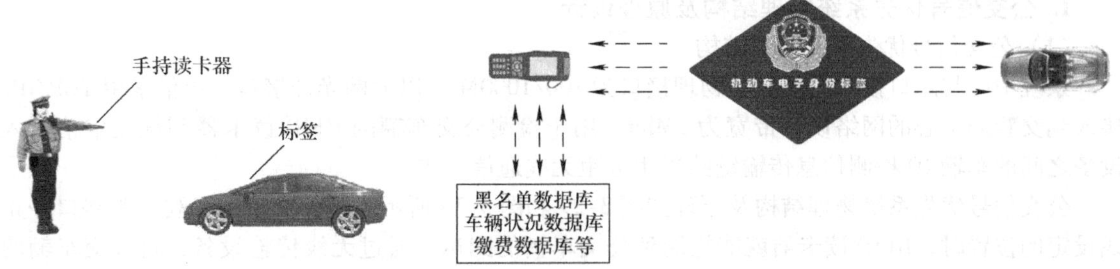

图3-26　手持式读卡器工作示意图

单车辆等）等。

3.4.4　RFID在公交优先系统中的应用

目前，北京市已将RFID技术成功应用于公交优先系统中，这为缓解道路交通压力、提高路网通行能力提供了巨大帮助。经过公交信号优先一期与二期、三期工程的建设，北京实现公交优先总里程为129km，完成300个灯控路口的信号优先控制。北京市公交优先道路规划、实施情况如图3-28所示。

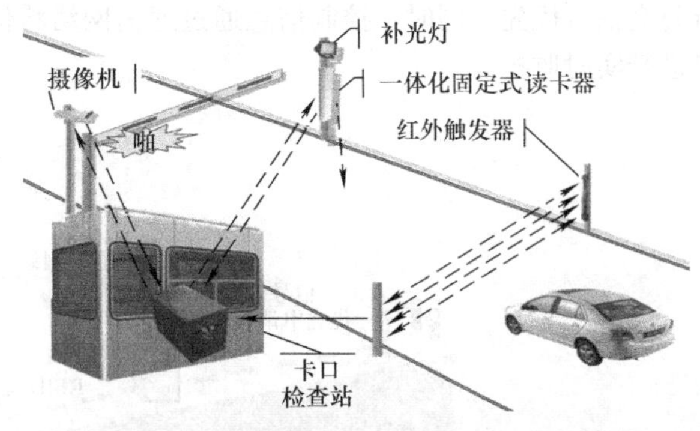

图3-27　集成了固定式读卡器的机动车身份检测系统工作原理

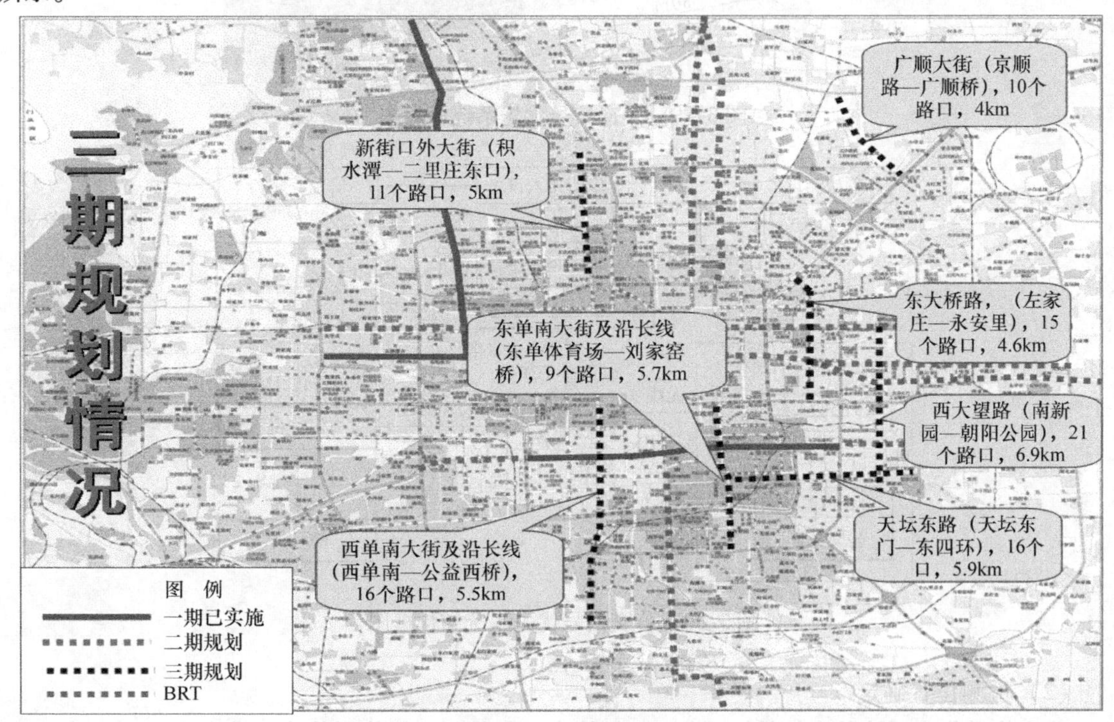

图3-28　北京市公交优先道路规划、实施情况

1. 公交信号优先系统物理结构及原理设计

(1) 公交信号优先系统物理结构

系统中心与路口接入通信设备物理接口为100/1000Mbit以太网光纤接口，通信采用TCP/IP。接入到交管局中心的网络设备带宽为2Mbit。用于检测公交车辆的RFID读卡器到优先申请接入设备之间的车辆ID检测信息传输链路采用近距无线通信方式。

公交信号优先系统物理结构及原理如图3-29和图3-30所示。当公交车辆行驶至距路口停止线设定的位置时，RFID读卡器就能检测到公交车辆的到达；通过无线传输设备，将公交车辆的特征信息传输到优先申请接入设备中；优先申请接入设备作初始判断后，将优先请求信号传递给信号控制器；信号控制器按照事先设定好的控制策略，通过系统软件或本地预案，控制信号灯进行公交信号优先。同时，控制信息通过通信网络将优先信息传递给控制中心，便于控制中心对路口进行实时监控。

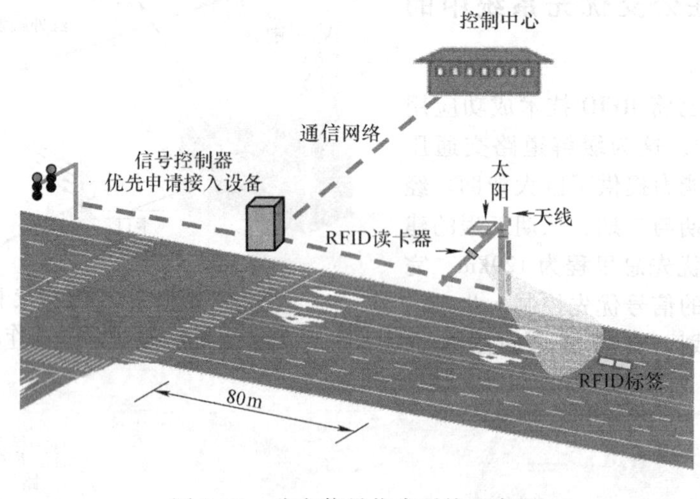

图3-29 公交信号优先系统示意图

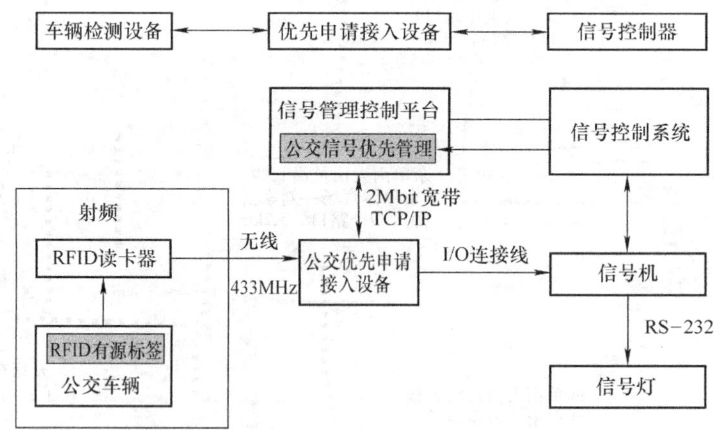

图3-30 公交信号优先系统结构框图

(2) 检测位置确定

公交信号优先系统的车辆检测采用RFID技术，在需要进行信号优先的公交车辆上安装RFID有源标签，在距离路口80～100m处的导向车道指示牌上（或者是路段合适距离的龙门架、信号灯灯杆上）安装射频检测设备，在公交车辆行驶至距离路口停止线约150m处时，射频检测设备就能够检测到公交车辆的到达，并通过无线传输设备上传信息，进行公交信号优先控制。检测设备安装位置如图3-31所示。

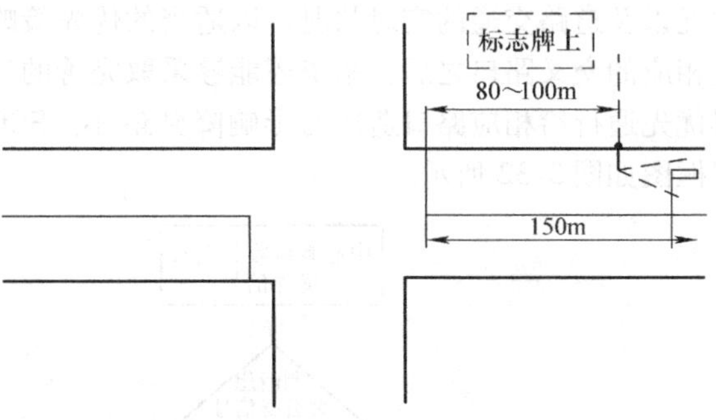

图3-31　公交信号优先系统检测设备安装位置示意图

假定公交车从驶离公交车站至路口停止线的行驶平均车速为30km/h（约为8.3m/s），检测位置距离停止线的距离为150m，则从检测到公交车至公交车行驶到路口停止线时间大约为18s，需在这一时间段内完成公交信号优先决策及控制。

（3）公交信号优先系统设计原理

① 路口信号灯为绿灯时，判断公交车能否顺利通过该路口，即判断绿灯剩余时间是否大于公交车到达路口停止线时间。如公交车可以顺利通过，则执行路口信号原有配时。如果公交车不能顺利到达，则需要延长一个最小绿灯时间。此时，重新判断公交车是否能够在延长的一个最小绿灯时间内顺利到达，如果能够顺利到达，则延长绿灯时间；如果不能顺利到达，则选择在相交道路冲突相位最小绿灯时间执行结束后，提前启动公交车辆的绿灯相位。

② 路口信号灯为红灯时，则需要判断相交道路的绿灯，是否已过最小绿灯时间。如果已过最小绿灯时间，将根据上个周期绿信比状态，提前为公交车行驶方向变为绿灯相位。如相交道路信号灯未过最小绿灯时间，则等相交道路信号灯运行完最小绿灯时间后，再将公交车行驶方向信号灯变为绿灯。

③ 根据系统运行预案，在可以执行信号控制绿波带的路段和时间段内，以公交车辆优先信息为绿波设计（周期时间和相位差）主体，以实现公交车辆的信号绿波带。

（4）公交信号优先系统的工作流程

RFID有源标签设置在公交车辆上，RFID读卡器设置在路口。当公交车辆接近路口时，有源标签射频装置向路边的RFID读卡器发送公交车辆相关信息，包括：公交车辆的RFID编号、出行线路、优先级别、出行方向、时间等。RFID读卡器经过识别、校验后将该信息传送给路口的信号优先申请接入设备。经过申请接入设备处理后，一方面通过2Mbit宽带传输至信号管理平台的公交信号优先模块，由平台进行统计分析工作与数据发布；另一方面，通过I/O接口将相关的信号优先申请传输至路口的信号控制器，再由信号控制器控制路口信号灯执行相应的公交信号优先动作。

2. 优先信号控制的模式

公交信号优先系统的优先信号控制模式是指优先信号产生的机制，交通信号控制系统负责响应公交信号优先请求并执行相应的信号变换。这项功能可以由路口信号机直接执行；也可以先由位于控制中心的系统对优先请求进行采集和处理，然后驱动路口信号机来执行。目前具备的主要信号控制模式有以下几种。

（1）系统优化控制下的公交信号优先

中心计算机系统实现了区域优化控制，系统各种优化设备正常工作。系统接收公交信号优先申请信息，并根据自身的优化计算和优先程序的执行结果向信号机发送实时扩展或调用优先控制命令。

中心系统将基于公交车检测设备取得沿线公交车辆的实时位置信息，根据车辆在沿线的运行情况以及道路交通的实时状况，以适当的优先策略给予公交车辆优先通过权；同时在优先车辆通过相应的交叉路口之后，系统还能够采取完善的控制策略使得系统运行尽快恢复到正常水平，使得优先通行给相应路口造成的影响降到最小。SCOOT系统的系统优先控制下的公交信号优先流程框图如图3-32所示。

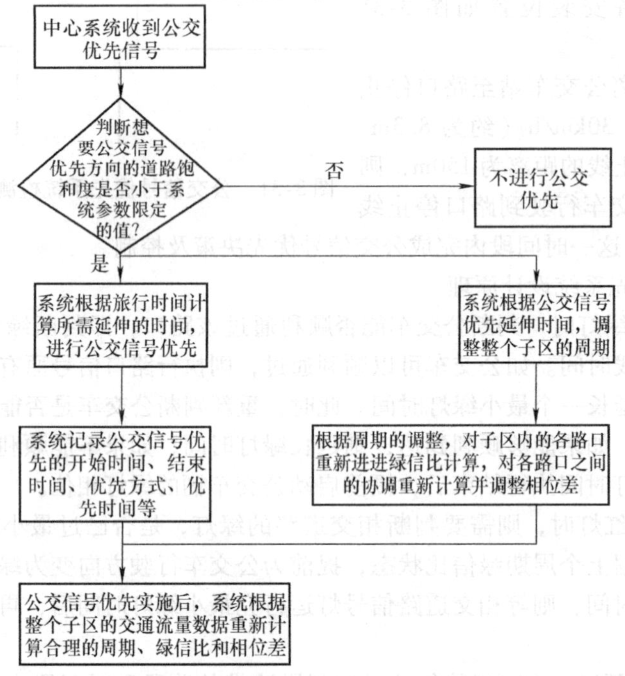

图3-32 SCOOT系统优化控制下的公交信号优先流程框图

（2）系统准许下的公交信号优先

路口信号机与现有系统相连，但在本地控制模式下运行。信号机接收公交信号优先申请信息，并实时请求系统准许后，根据自身的优先程序执行优先控制。

（3）系统监视下的公交信号优先

路口信号机与现有系统相连，但在本地控制模式下运行。信号机接收公交信号优先申请信息，并根据自身的优先程序执行优先控制。

（4）本地控制的公交信号优先

路口信号机不与系统相连，在接收到公交信号优先申请信息后，根据自身的优先程序执行优先控制。

（5）基于相位差协调的公交信号优先

对于不具备公交信号优先相关设备安装条件的路口，通过相位差协调方式实现公交信号优先。基于相位差协调的公交信号优先控制是以公交车的旅行时间和在公交车站停靠的时间作为相位差协调控制的参数的。对于不具备公交信号优先相关设备安装条件的路口，本路口信号机无法获取公交车辆的到达情况时，采用基于相位差协调的公交信号优先方式，利用上游路口设备检测到的公交车辆信息，实现本路口的公交信号优先控制。

3. 公交优先信号控制方法

通过中心系统或本地信号控制方案的设计，调整现有和新建信号系统以具备扩展优先及调用优先两种控制功能。信号优先控制方案中，除常规内容外还包含参数配置情况及优先恢复设计等详细设计内容。

对于四个方向都有公交信号优先申请的路口，将根据路口的公交流量情况、路口左右转车流量情况，设置不同的公交信号优先申请标准，哪个方向的公交车辆首先达到公交信号优先申请标准，哪个方向首先给予信号优先。

（1）扩展优先

即绿灯扩展，表示当路口信号为绿灯而又不足以让优先车辆本周期通过时，为使优先车辆不停车通过路口而延长本次绿灯。扩展优先还可包含优先恢复功能，使优先执行后给冲突方向交通流以适当补偿，并尽快回到正常周期。

当需要给予优先的公交车辆恰好是在绿灯相位到达时，可采用绿灯扩展来延长本方向的绿灯信号时间。由于绿灯信号时间的延长并不需要另外的灯色过渡显示时间，所以绿灯扩展的效率更高。

① 如果已经运行的绿灯时间加上优先车辆通过路口的时间，没有超出最大绿灯时间，则采取延长绿灯时间至优先车辆通过路口的措施。

② 如果已经运行的绿灯时间加上优先车辆通过路口的时间，超出最大绿灯时间，则采取下个周期绿灯相位提前的措施（后继一个周期内冲突相位均运行最小绿灯时间），从而减少优先车辆等待绿灯信号的时间，实现优先的目的。

（2）调用优先

即绿灯提前调用，表示当路口信号为红灯时，为使优先车辆尽快通过路口而提前结束路口当前的红灯状态，并使其转为绿灯状态。调用优先也可包含优先恢复功能。

当需要给予优先的公交车辆是在红灯相位到达时，可采用绿灯调用优先来提前结束正在运行的其他方向的绿灯相位而提前启动本方向的绿灯相位。

当优先车辆行驶方向为红灯时，需要判断相交道路绿灯是否已超出最小绿灯时间。

① 冲突相位已超出最小绿灯时间时，则采取优先车辆行驶方向提前变为绿灯的措施，以达到优先的目的。

② 冲突相位没有超出最小绿灯时间时，则采取等待冲突相位运行完最小绿灯时间后，优先车辆行驶方向提前转变为绿灯的措施，达到优先的目的。

（3）参数配置情况

由于每个路口的实际情况都不相同，如检测设备距离停止线的位置、各流向的流量、公交优先请求次数等条件都不相同，因此根据路口的实际情况来设计公交信号优先两种方法的使用规则与控制参数是必需的。

绿灯早启和绿灯延长策略相结合可使公交车辆所在的相位获得最大的绿灯显示时间。但是在信号协调控制模式下，两者不能同时运行在同一信号周期内。当一个路口多方向同时产生优先请求时，在一个周期内无法实现一个方向的绿灯延长和相交道路方向绿灯早启的功能，即无法同时满足各个方向的优先请求。因此当多方向同时产生优先请求时，优先方法的使用规则及控制参数如何配置也是非常重要的。因此，除了满足针对主干道上路口的公交信号优先外，还要对多方向有公交优先请求的控制策略进行研究。

（4）优先恢复设计

优先恢复设计不属于公交信号优先策略，但却是十分重要的。公交信号优先控制过程并不是在公交车辆得到优先通过后就宣告结束的。对优先车辆的行驶方向采取优先措施后，不但会影响相交道路车辆的正常行驶，还会影响整条道路的干线协调控制，因此绝大多数路口交通信号机都要进行信号恢复运行。如果采取优先措施后，相交道路拥堵状况严重，则通过对冲突相位绿灯时间进行补偿后再恢复正常的配时方案，可以缓解实施优先措施后对相交道路造成的影响；如果相交道路拥堵状况可以接受，则直接恢复正常的信号配时方案。信号恢复应当重点关注所采用的恢复方法是否会对当时的交通运行产生明显的影响。可能需要经历多个信号周期才能过渡恢复到原先的信号协调控制模式，这也是较少使用信号绝对优先的原因之一。为了降低公交信号优先给冲突方向交通带来的负面影响和维持主干道的信号协调，信号恢复必不可少。

由于不同型号的信号机及信号控制系统的控制方法不尽相同，以下是各类型的信号机和信号控制系统，在优先信号分配后，合理使用信号优先恢复及补偿的措施，这为干线协调控制创造了条件。

下面介绍一下相关控制情况：

1）SCOOT 系统

执行公交信号优先时，为了与同一子区的其他路口协调运行，原则上不改变信号周期，系统会通过调节绿信比来达到公交优先的目的。SCOOT 系统在公交车驶过后立刻采取一些补偿方法，系统会根据整个子区的延误时间重新计算并确定合理的相位差、绿信比和周期，返回主要交通状况的最佳相位差和阶段长度。

2）2070 信号机

当公交信号优先方向的绿灯快结束时有公交信号优先请求，将通过延长绿灯时间的方式来实现公交信号优先。该信号周期会同时延长，有连续请求时，将达到最大绿灯时间。在后续时间无公交信号优先请求时，信号机会在两个周期内调整回原有的周期和相位差协调状态。当公交信号优先方向为红灯时，在冲突相位运行完最小绿灯时间后，将压缩非公交信号优先方向的绿灯时间，尽快切换到公交信号优先方向；在后续时间无公交信号优先请求时，信号机无法进行冲突相位的补偿。在公交信号优先请求生效时，会根据优先相位扩展时间或冲突相位的缩短时间而改变信号机周期时间，对原有相位差协调效果会有一定影响。优先控制执行后，能迅速恢复路口的通行状态，即转入对向为起始绿灯的正常定周期控制，或转入正常不定周期控制，来尽量减少对原有相位差协调效果的影响。

3）海信 HSC－100 信号机

当公交信号优先方向信号灯绿灯快结束时，有公交信号优先请求，将通过延长绿灯时间的方式来实现公交信号优先。该信号周期会同时延长，有连续请求时，将达到最大绿灯时间。在后续时间无公交信号优先请求时，信号机恢复常态的信号周期。当公交信号优先方向信号灯为红灯时，在冲突相位运行完最小绿灯时间后，将压缩非公交信号优先方向的绿灯时间，尽快切换到公交信号优先方向；在后续时间无公交信号优先请求时，信号机无法进行冲突相位的补偿。

4. 公交优先信号控制应用效果

下面对北京市中关村大街实施的基于 RFID 技术的公交信号优先的前、后公交车旅行时间进行分析，以南四道口－新科口路段为例。

数据：调查从首体南路南口公交车站开始，到上地环岛南公交车站结束，调查方向为中关村大街由南向北的行驶方向，随车调查的公交线路为 645 路转 717 路（在国家图书馆站转车）。

实施公交信号优先前的旅行时间是 2008 年 6 月 4 日（周三），数据由北京布鲁盾公司组织调查获得。实施公交信号优先后的旅行时间，是 2008 年 12 月 17 日（周三），从上端读取的 717 路公交车的旅行时间数据。见表 3-4、早高峰优先前后旅行时间对比如图 3-33 所示晚高峰优先前后旅行时间对比如图 3-34 所示。

表 3-4　南四道口－新科口

编号	路段名称	7：00～8：00 旅行时间/s			17：00～18：00 旅行时间/s		
		优先前	优先后	后－前	优先前	优先后	后－前
1－2	南四道口—老铁道口	36	24	－12	34	21	－13
2－3	老铁道口—白石桥	130	139	9	132	146	14
3－4	白石桥—气象局	187	117	－70	186	134	－52
4－5	气象局—大慧寺	137	132	－5	151	164	13
5－6	大慧寺—魏公村	148	125	－23	147	139	－8
6－7	魏公村—四通桥	285	229	－56	298	232	－66
7－8	四通桥—大华西口	145	131	－14	134	127	－7
8－9	大华西口—海东口	140	129	－11	126	139	13
9－10	海东口—新科口	124	114	－10	137	148	11
合计		1332	1140	－192	1345	1250	－95

从表 3-4 可以看出，南四道口—新科口路段，早高峰（7：00～8：00）时，公交信号优先实施后的旅行时间为 1140s，优先前的旅行时间为 1332s，优先后的旅行时间共减少了 192s；晚高峰（17：00～18：00）时，公交优先实施后的旅行时间为 1250s，优先前的旅行时间为 1345s，优先后的旅行时间共减少了 95s。

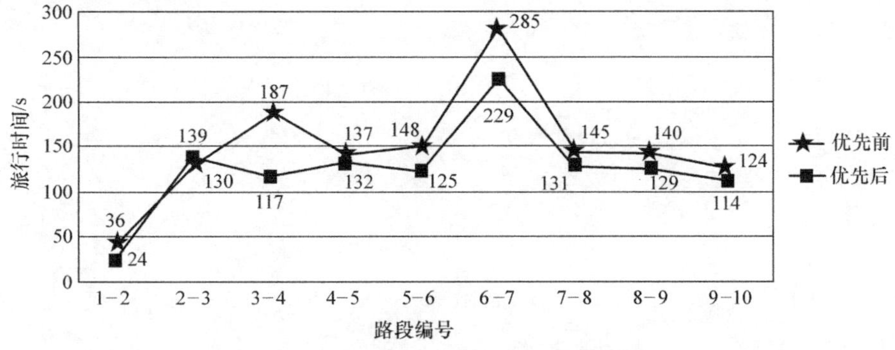

图 3-33　早高峰优先前后旅行时间对比

从图 3-33、图 3-34 所示可以看出，南四道口—新科口路段，除了个别路段优先后的旅行时间延长之外，多数路段的旅行时间，均随着公交信号优先措施的实施，有所下降。

中关村大街交叉口公交信号优先项目实施以后，不论是早高峰还是晚高峰，公交车辆的旅行时间都在一定程度上有所减少，早高峰的效果更明显一些。虽然在个别路段优先后的旅行时间有增加的现象，主要是由于每个路口、路段或公交车站都可能出现影响公交车正常通行的因素，而且实施公交信号优先前的数据样本数相对较少，存在偶然性因素，不可避免会出现上述问题。总体而言，单辆公交车由南向北通过中关村大街时，早高峰平均共可节省 259s，晚高峰平均共可节省 140s。如果按照 23 条公交线路来计算（中关村大街共有 57 条公交线路，其中有 23 条公交线路经过的路口数在 10 个以上，另外 34 条公交线路经过的路口数在 10 个以下），公交信号优先将使公交线路的旅行时间总共减少约 100min。如果按照早高峰公交车发车频率为 5min 一次来计算，1h 内每条公交线路有 12 辆车发出，早高峰 1h 内，所有公交车旅行时间将总共减少约 1200min，即约为 20h。通过公交信号优先措施的实施，在一定程度上减少了公交车辆的旅行时间，提高了其运行效率。

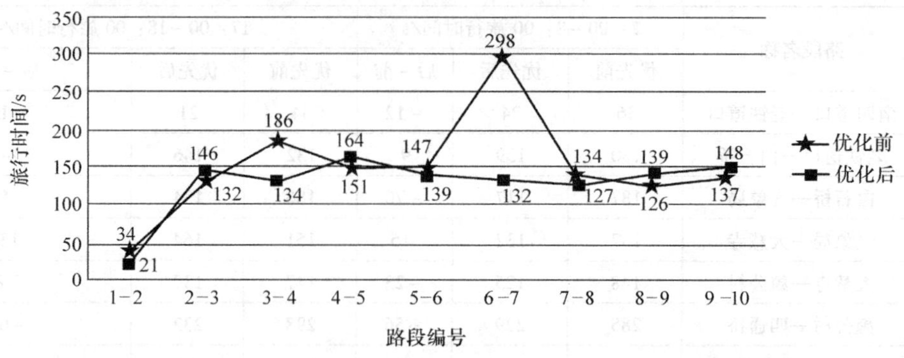

图 3-34 晚高峰优先前后旅行时间对比

第 4 章　基于波频的车辆检测技术

振动在弹性介质内的传播称为波动，简称波声波。波声波是频率为 20Hz ~ 20kHz、能被人耳听到的一种机械波；低于 20Hz 的，称为次声波；高于 20kHz 的，称为超声波。另外，频率为 0.3 ~ 300GHz 的电磁波称为微波，频率为 100 ~ 390GHz 的电磁波称为红外光波。

本章把利用波的特性来实现车辆检测的检测器归为波频车辆检测器，主要包括超声波车辆检测器、微波检测器、红外检测器等。

采用波频采集技术实现车辆检测主要有两种工作方式：一种是，检测器向检测区域发射具有一定波长能量的波束，当有机动车辆穿过检测区域时，该波束经车辆反射后被检测器接收，通过反射波和发射波的特性比对、解析可以间接获得某些交通参数，这种类型的设备主要有微波检测器、超声波检测器和主动红外检测器等；另一种是，检测器对通过检测区域的车辆本身所发射的具有一定波长能量的波束进行接收，经过分析处理后获得所需的交通参数，这种类型的设备主要有被动红外检测器、被动声学检测器等。这两种工作方式的差别主要在于检测所依据的波束的来源不同，前者是由检测器发射的，后者是由车辆发出的。

4.1　超声波车辆检测器

超声波检测（Ultrasonic Detection）是一种非接触式的检测方式，它不受光线的影响，在较恶劣的环境中具有较强的适应能力，具有成本低、体积小、优化升级方便灵活、可靠性高等优点，应用范围较广。超声波车辆检测器不仅可以实现对城市道路、高速公路的交通流量、车速的检测，还能提供车辆排队长度、行程时间等数据。

4.1.1　超声波车辆检测器的工作原理

利用超声波在超声场中的物理特性和各种效应而研制的装置有超声波换能器、检测器或传感器。

目前，大中城市道路交通拥挤现象比较突出，许多路段车间距往往较小，且有大量摩托车、非机动车混行其中，同时车辆在路口等红灯时的车间距非常小，许多检测产品都无法适应这种交通状况，检测准确度大幅降低，甚至无法检测到有效的信息，而超声波检测器可以解决以上问题。例如，视频检测器实际需要车间距为 3 ~ 4m 才能保证正常检测；而超声波交通流检测器只要求车间距达 30 ~ 50cm，就能保证检测准确度。因此，超声波交通流检测器能为车辆排队长度、行程时间的计算、交叉口路口信号控制提供准确的数据，但是超声波检测器容易受环境的影响，当风速 6 级以上时，反射波产生漂移而无法正常检测，且易受行人与非机动车干扰，造成误检。

超声波按其工作原理可分为压电式、磁滞伸缩式、电磁式等，而以压电式最为常用。压电式超声波检测器常用的材料是压电晶体和压电陶瓷，这种检测器统称为压电式超声波探头。它是利用压电材料的压电效应来工作的。逆压电效应将高频电振动转换成高频机械振动，从而产生超声波，可作为发射探头；而利用正电压效应，将超声振动波转换成电信号，可用做接收探头。

1. 超声波车辆检测器的分类

超声波车辆检测器主要有脉冲型、谐振型和连续波型三种类型。

（1）脉冲型超声波车辆检测器

悬挂在车道的上方，向车道下方发射超声波脉冲，并且接收回波。当有车辆从下方通过时，由于从车顶反射回波比从路面反射回波经历的路程短，基于这一原理从而检测车辆的通过性或存在性。

（2）谐振型超声波车辆检测器

在车道两边分别安装相向对立的发射器和接收器，从发射器发射谐振型超声波，此超声波横越车道被车道对面的接收器接收，当车辆通过时就截断了波束，实现车辆的存在性检测。

（3）连续波型超声波车辆检测器

发射一个连续的超声波波束，当射向驶近的车辆时，由于多普勒效应引起反射频率的变化，可以检测到车速等信息。

2. 超声波车辆检测器的工作原理及特点

大多数超声波检测器是通过发射脉冲波实现检测的，它可提供车辆的存在性检测、交通流量及道路占有率等信息。超声波车辆检测器的检测区域的大小由超声波发射器的波幅决定。

（1）超声波检测器的组成

超声波车辆检测器的结构如图4-1所示，主要包括超声波探头、主机和通信三个部分。

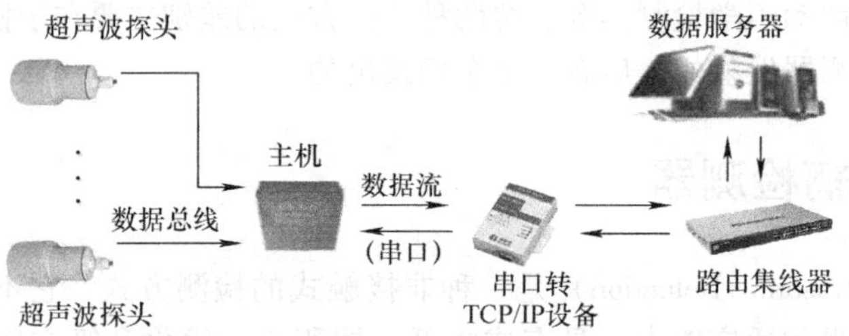

图4-1 超声波车辆检测器系统结构

安装在路段上方的超声波探头将感应到的道路交通流数据以总线方式传送到安装点上检测器主机。检测器主机经过数据分析、处理后，得出每条车道分车型的流量、车速，以及车道占有时间、堵车时间等数据。这些数据可通过RS－232或RS－485接口实时回传到数据服务器上；同时检测器会按用户确定的时间周期将数据存储于主机内的闪速存储器（Flash）芯片上，供日后调用。

图4-2所示为一种超声波检测器实物及硬件结构设计框图。

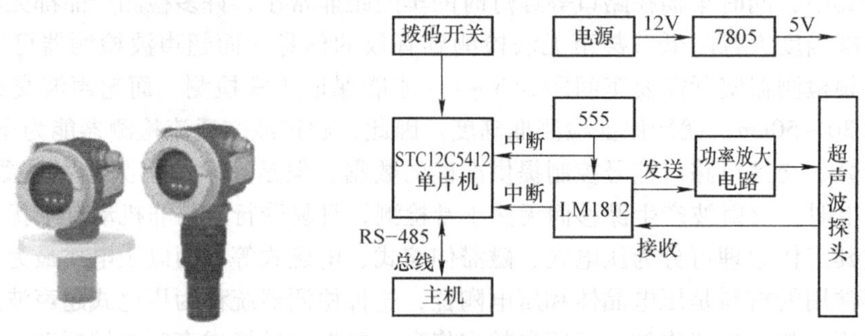

图4-2 超声波检测器实物及硬件结构设计框图

在硬件结构设计框图中，超声波的发送和接收采用LM1812超声波专用集成电路来实现。

LM1812 是一种性能优良的，既能发射又能接收超声波的超声波收发器集成电路。555 定时电路产生的调制波输入至 LM1812，LM1812 就会产生所需频率的调制超声波脉冲，该脉冲信号经功率放大后由超声波探头发射出去。当探头接收到回波后，经 LM1812 滤波、放大处理传送到单片机，在单片机由中断服务程序计算出超声波由发射到接收的时间差，并推算出其他相关交通信息参数。具体原理如下：

通过超声波探头发射并接收反射回来的超声回波，由于超声波探头与地面的距离是一定的，所以探头发出超声波并接收反射波的时间也是固定的。当有车辆通过时，鉴于车辆本身的高度，使探头接收到反射波的时间缩短，从而检测到有车辆通过或车辆存在。超声波车辆检测工作示意图如图 4-3 所示。

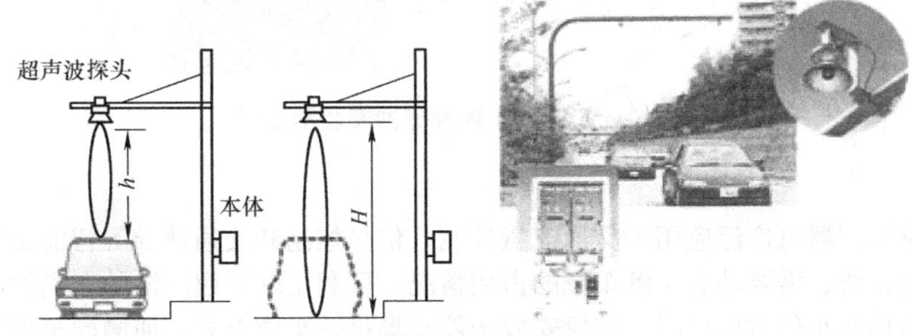

图 4-3 超声波车辆检测工作示意图

若超声波探头距地面高度为 H，车辆高度为 $H-h$，声速为 v，发自探头超声波脉冲的反射波从路面和车辆返回的时间分别为 t 和 t'，则

$$t = 2H/v \tag{4.1}$$

$$t' = 2(H-h)/v \tag{4.2}$$

反射波所用的时间与反射距离存在函数关系。根据这个特点，超声波车辆检测器既可以检测车辆的存在和通过，同时也可以根据预置的参数，可按车型分别计数，进一步得到车型（大型车、小型车）、交通流量、占有率等参数。

（2）超声波车辆检测器的特点

1）优点

① 价格低、体积小、可移动、使用寿命较长，易于安装与维护；

② 方向性好；

③ 不受车辆遮挡影响，对密集车流适应性好；

④ 能通过检测车辆高度区分车型，与人工调查分型方式相近，因此得出的分型结果最接近人工调查；

⑤ 对雨、雾、雪的穿透能力较强，可在恶劣气候条件下工作。

2）缺点

① 仪器响应时间长、误差大，波束发散角大、分辨率低、衰减快，有效测量距离小；

② 性能受温度和气流等环境的影响较大。

3）适用性

主要用于车速测量、停车场车位检测，也可用于交通信号机中替代环形线圈检测器作为车辆检测器。

4.1.2 超声波车辆检测器的应用

1. 安装

超声波车辆检测器一般垂直安装在车道上方，每个探头检测一个车道。可利用立交桥和过街天桥、导向牌龙门架及路灯的灯杆安装，可以大大降低安装费用，如图 4-4 所示。

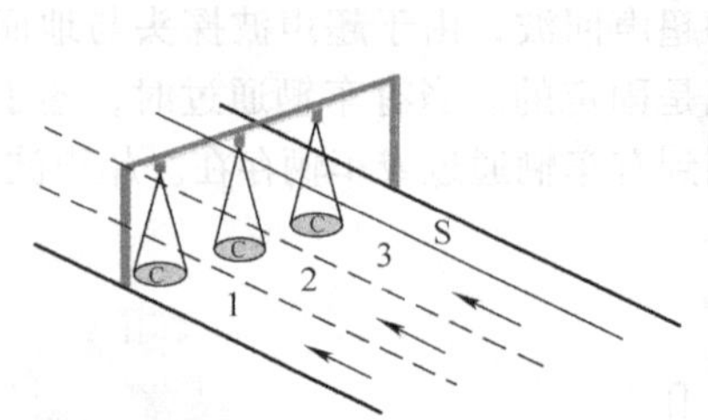

图 4-4 超声波车辆检测器安装示意图

2. 应用

超声波车辆检测器可广泛应用于交通流量检测、信号控制和交通诱导等智能交通领域。例如停车场车位监测系统，需要动态了解车位的占用情况，可利用基于超声波的车辆检测器的超声波测距工作原理来检测车位占用情况；装置安放于停车场每一车位上方，侦测此车位是否有车辆停放。配合智能型停车场管制软件系统，更可达到准确到车位的停车诱导的功能。深圳第一代交通信号系统采用了超声波车辆检测器来替代环形线圈车辆检测器。1989 年深圳引进了日本京三信号控制系统，信号机安装在罗湖与福田两区的主要路口，初期安装了 52 个信号控制路口，安装使用了 174 个超声波车辆检测器。检测器安装在主要控制路口，所起到的作用与环形线圈车辆检测器相同，主要采集交通流量与占有率，所采集交通流数据供信号控制系统决策。但是这种检测方式容易受行人与非机动车干扰，考虑到对城市景观的影响，在后期的升级改造中逐渐被其他检测器所替换。

目前，在城市快速路出入口控制中也大量采用了超声波车辆检测器。目前，在北京四环路上，超过 50 个检测断面处安装了 CJK－04 型超声波车辆检测器，用于快速路的出入口控制。该类型超声波车辆检测器对交通流量和平均车速的检测准确度较高，能识别客货车等 7 种车型，并可根据用户的需求再细分车型。并且，其检测不受光线、气候的影响，不受车流状况影响；在各种气候条件下及车流拥堵时，均能保持较高的检测准确度；一般情况下，长期使用无需再做调整，均能保持原有的检测准确度。

CJK－04 型超声波交通流检测器的标准配置是同时检测 8 条车道，如有需要，能扩充连接 16 个探头，实现同时检测 16 条车道。该产品先后在北京、上海、武汉、广州等城市应用，主要提供的检测参数有如下几项。

1）交通流量

探头垂直安装在车道上方，如图 4-4 所示，每个探头检测一个车道。它通过测量发射和接收超声波的时间差计算出超声波发射和接收所走过的距离，来确定有无车辆并实现交通流量统计。

2）车型

通过比对超声波发射波和接收波，可以获得车辆的纵向高度变化曲线及高度变化曲线，以此推出车辆的外形轮廓线，将此外形轮廓线与超声波交通流检测器数据库中不同车型外形轮廓线进行比较，可以获得基本的车辆车型。

3）车速

根据车辆先后通过悬挂于同一车道上方的两个超声波检测探头的时间差及两探头的距离（一般为2m），可以计算出车辆的瞬时车速。在保证探头安装角度、安装距离的准确的情况下，可以获得较为准确的地点平均车速。

图4-5所示为岳各庄桥北内环方向日交通流量图速度。检测数据来自安装在北京岳各庄桥北第二人行天桥上的CJK－04型超声波检测器，检测到的内环方向2006年8月14日的日车道流量、车速（数据由北京市交管局交通指挥中心提供）。

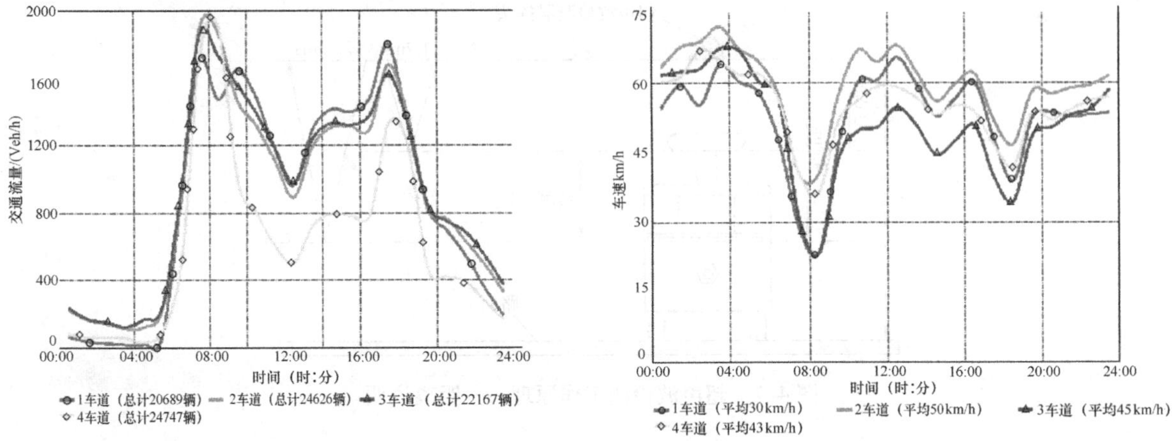

图4-5 岳各庄桥北内环方向日交通流量、车速

4）占有率

探头下方有车辆通过的时间与周期时长之比即为该断面的时间占有率。

5）拥堵时间

当一辆车通过检测断面的时间超过一定时长（如3s，此参数可根据应用需求设置），则认为该断面堵车，如连续几辆车经过该断面均出现堵车现象，则实时发出堵车信号；同时超声波交通流检测器记录堵车起始时间，累计堵车时长。

大连实施的快速轨道交通信号优先控制系统也采用了超声波检测器。在1996年底大连建成了以SCOOT信号控制系统为核心的交通指挥控制中心，快速轨道交通信号优先控制系统就是以原有交通控制系统为基础，结合先进的交通检测技术、公交信号优先技术、交通控制技术于一体而开发的。系统实现优先控制方案，需要合理设计和考虑影响电车运行的各种参数，包括：信号灯绿灯开放时间、阶段变换时间、站点停车时间、车辆间隔时间以及车辆折返点和车站等。系统在解放广场以南的路口全部采取绝对优先的工作方式，在每个电车行进方向分别设入口请求检测器和出口取消请求检测器，可以做到电车运行在此路段时“一路绿灯”，并且浪费时间最少。快速轨道交通信号优先控制系统构成示意图，如图4-6所示。

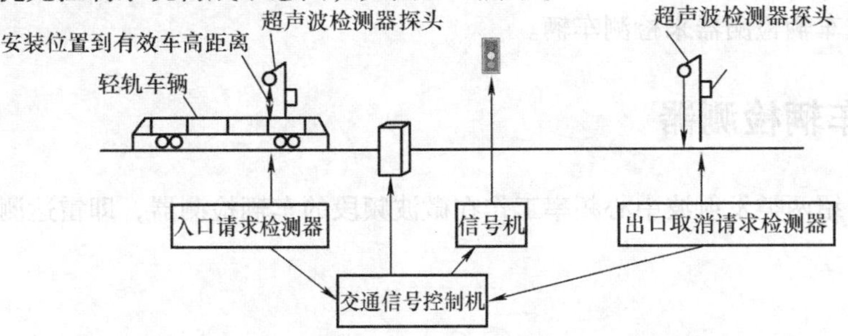

图4-6 快速轨道交通信号优先控制系统构成示意图

其中的检测部分采用了日本交通系统电气株式会社生产的超声波车辆检测器，它可以检测设定范围内是否有车辆，并输出相应信号到控制设备。该超声波车辆检测器周期性地发射53kHz的超声波，发射脉宽为2.5ms，额定的探测距离为1.5～6.5m，使用此设备检测电车时探头安装高度为6.3m，如图4-7所示，设定检测范围为距探头2～4m。检测过程中，如果在一个检测周期（$T=200$ms）中的11.7～23.5ms之间收到反射波，表明此刻有车辆通过，输出信号有效，否则无效，如图4-8所示。

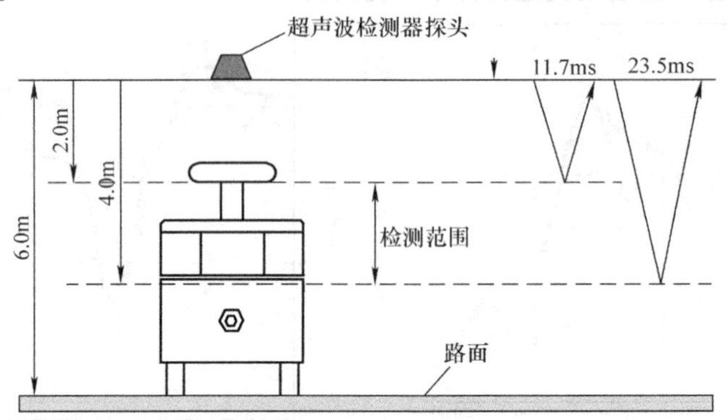

图4-7　超声波检测工作原理——距离说明

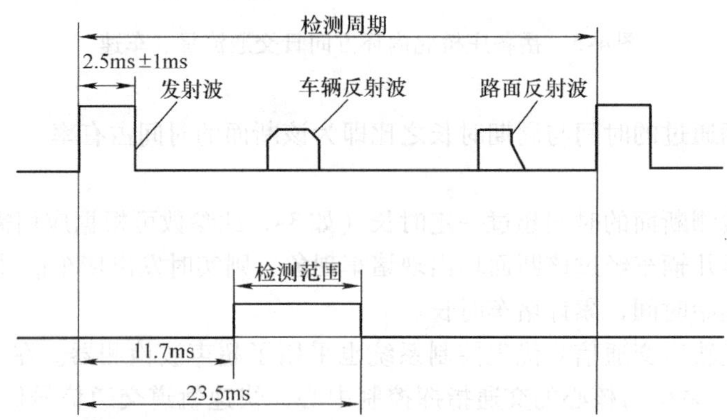

图4-8　超声波检测工作原理——时间周期说明

在该系统中采用的超声波检测器检测电车，无需任何车载设备，实现了电车同其他车辆的辨别。经过大量的试验和试运行结果表明，该检测方式检测准确度满足要求、误码率低、运行可靠、经济实用。

在日本由于考虑路面状况和维修方便，基本上采用在路面上设置传感器的方式，以非接触的方式通过超声波车辆检测器来检测车辆。

4.2　微波车辆检测器

本节重点介绍两类发射波中心频率工作在微波频段的车辆检测器，即雷达测速仪和远程微波交通检测器。

4.2.1　雷达测速仪

雷达是指一种无线电检测和测距（Radio Detection And Ranging，RADAR）的电子设备，其基本原理是雷达设备的发射机通过天线把电磁波能量射向空间的某一方向，处在此方向上的物体反射遇到的电磁波，雷达天线接收此反射波，根据发射和接收的反射波提取有关该物体的某些信息（如目标物体至雷达的距离、距离变化率或径向速度、方位、高度等）。

雷达系统自始至终都是首先服务于军事应用的，20 世纪初雷达的概念开始兴起，几十年间经历了模拟雷达、数字雷达、数字－相控阵雷达等多个主要的技术发展阶段，其产品种类繁多，分类方法复杂。1989 年加拿大人 Dan Manor 第一次将雷达技术应用于智能交通领域。

根据雷达波探头发出的雷达波的反射波的强弱，可以检测出车辆是否存在。还可以利用多普勒效应检测车辆的车速，而且根据车辆的经过时间和速度可以计算出车辆的长度，从而可以判别车辆的车型。雷达波车辆检测器和图 4-9 所示。

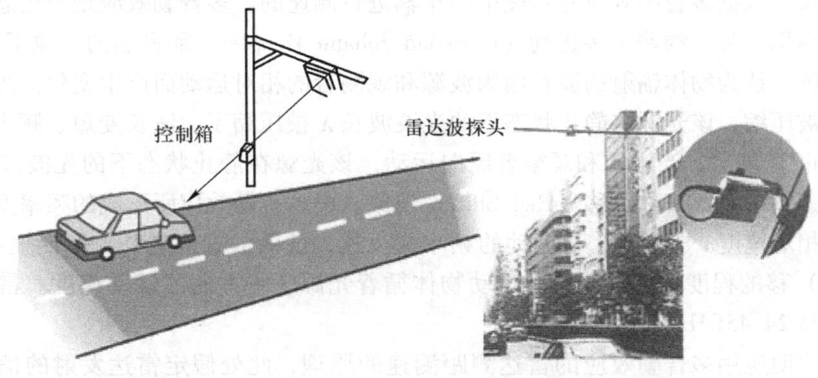

图 4-9　雷达波车辆检测器

在使用雷达波车辆检测器时，要受到雷达波的频率以及雷达波强度、能引起电波干扰的有害电波等电波法的限制。发射信号的频率大约是 13.4GHz，车速检测范围为 4～120km/h。车的种类可根据车的长度来判定，车的长度在 9m 以上的判定为大型车。检测特性基本上和超声波车辆检测器相同。因为可以实时测得每辆车的车速，可以应用到高速行驶的车辆警告系统以及交通信号灯的绿灯→黄灯的切换时间的传感控制系统中。

目前在智能交通领域，应用最为广泛的是交通雷达测速仪，主要应用于道路交通巡逻、车速检测等方面，特别是在交通执法方面起着重要的作用。雷达测速仪是利用多普勒原理测量移动物体速度的。当今国际上使用的雷达测速仪的发射频率都遵守国际航空通信法令的规范，主要分为以下几个波段［美国（联邦通信委员会（Federal Communications Commission，FCC）所规定的警用频道］：

S 波段，2.445GHz；

X 波段，10.525GHz；

K 波段，24.150GHz；

Ka 波段，33.40～36.00GHz。

我国目前生产的雷达测速仪主要采用 X 波段和 K 波段。

1. 雷达测速仪的基本组成

由发射系统、接收系统和数字处理系统等几部分组成，其结构框图如图 4-10 所示。

微波振荡器是整个系统的核心，采用的是体效应二极管。体效应二极管作为激励源，通电后

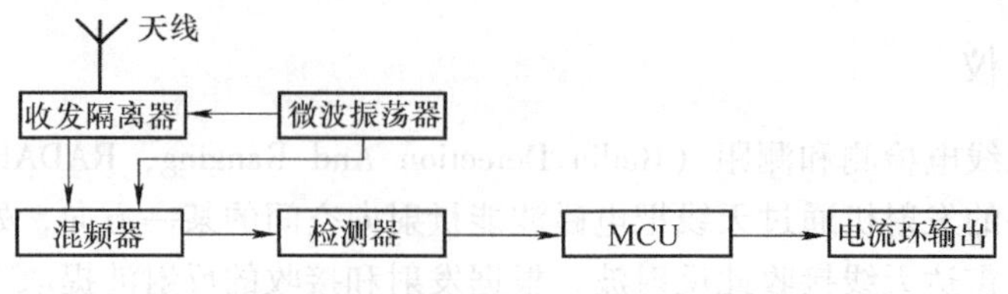

图4-10 雷达测速仪的结构框图

在谐振腔中激励起电磁波。收发隔离器是一个3端口微波网络，其中一个端口接微波振荡器，接入发射信号；一个端口接混频器；另一个端口接天线。微波振荡器的发射信号能量大部分通过天线辐射出去，一小部分能量通过环形器耦合到混频器，作为本振信号与天线接收到的回波信号进行混频，由检波器检出频移，获得目标的运动速度。

2. 雷达测速仪的工作原理

雷达测速仪是根据多普勒效应对行驶中的车辆进行测速的。多普勒效应是为纪念奥地利物理学家及数学家克里斯琴·约翰·多普勒（Christian Johann Doppler）而命名的，他于1843年首先提出了这一理论，认为物体辐射的波长因为波源和观测者的相对运动而产生变化。光源和观察者相向运动，波被压缩，该光源在静止状态下的光波波长 λ 被压缩了，波长变短、频率变高，又称蓝移（Blue Shift）现象；当光源和观察者反向运动，该光源在静止状态下的光波波长 λ 被拉长了，波长变长、频率变低又称红移（Red Shift）现象。由多普勒效应所形成的频率变化叫做多普勒频移，它与相对速度 v 成正比，与振动的频率成反比，波源的速度越高，所产生的效应越大。根据波红（蓝）移的程度，可以计算出运动物体循着光源观测方向的运动速度。雷达检测器的工作频率通常是24.45GHz或10.525GHz。

下面简要说明应用多普勒效应的雷达测距测速的原理，此处假定雷达发射的信号为连续波信号。

雷达发射信号可表示为

$$s(t) = A\cos(\omega_0 t + \varphi) \tag{4.3}$$

式中，ω_0 为发射波角频率；φ 为初相位；A 为振幅。

在雷达站接收到由目标反射的回波信号 $s_r(t)$ 为

$$s_r(t) = ks(t - t_r) = kA\cos[\omega_0(t - t_r) + \varphi] \tag{4.4}$$

式中，t_r 为回波滞后于发射信号的时间，$t_r = 2R/c$，其中，R 为目标和雷达站间的距离；c 为电磁波传播速度，在自由空间传播时它等于光速；k 为回波衰减系数。

如果目标固定不动，则距离 R 为常数。回波与发射信号之间有固定相位差 $\omega_0 t_r = 2\pi f_0 \times 2R/c = (2\pi/\lambda)2R$，它是电磁波往返于雷达与目标之间所产生的相位滞后。

以下讨论中 v_r 为运动物体的速度，当物体向着雷达所在位置 R_0 运动时，则目标与雷达回波接收点的距离 $R(t) = R_0 - v_r t$，λ 为雷达工作的波长。

（1）固定目标

① 回波滞后于发射信号的时间 $t_r = 2R_0/c$，为固定值。

② 回波信号瞬时相位 $\varphi_r = \omega_0(t - t_r) + \varphi = \omega_0(t - 2R_0/c) + \varphi$，为固定值。

③ 回波信号频率 $f_r = 1\mathrm{d}\varphi_r/(2\pi \mathrm{d}t) = f_0$，等于发射信号频率。

④ 回波信号与发射信号的相位差 $\Delta\varphi = \varphi_r - \varphi_t = -\omega_0 t_r = -2R_0/c$ 为固定值。

（2）运动目标

① 回波滞后于发射信号的时间为

$$t_r = \frac{2R(t)}{c} = \frac{2}{c}(R_0 - v_r t) \tag{4.5}$$

② 回波信号瞬时相位随时间改变，即

$$\varphi_r = \omega_0(t - t_r) + \varphi = \omega_0\left(t - \frac{2R(t)}{c}\right) + \varphi = \omega_0\left[t - \frac{2(R_0 - v_r t)}{c}\right] + \varphi \tag{4.6}$$

③ 回波信号频率不等于发射信号频率，有

$$f_r = \frac{1}{2\pi}\frac{d\varphi_r}{dt} = \frac{\omega_0}{2\pi}\left(1 + \frac{2v_r}{c}\right) = f_0 + f_0\frac{2v_r}{c} = f_0 + \frac{2v_r}{\lambda} \tag{4.7}$$

④ 回波信号与发射信号的相位差随时间改变，有

$$\Delta\varphi = -\omega_0 t_r = -\omega_0\frac{2(R_0 - v_r t)}{c} = -\omega_0\frac{2R_0}{c} + \omega_0\frac{2v_r}{c}t = 2\pi\frac{2v_r}{\lambda}t - \omega_0\frac{2R_0}{c} \tag{4.8}$$

（3）多普勒信息的提取

通过上面分析可知，多普勒频移f_d正比于径向速度v_r，而反比于雷达工作的波长λ，即

$$f_d = f_r - f = \frac{2v_r}{\lambda} = \frac{2f_0}{c}v_r \tag{4.9}$$

或表达为

$$\frac{f_d}{f_0} = \frac{2v_r}{c}$$

多普勒频移的相对值正比于目标速度与光速之比，f_d的值可取正值或负值，取决于目标的运动方向。不同车速所对应的频移和相位差信息不同。在采样时，可以以恒定的频率进行采样，这样即可得到正比于车速的多普勒频移，从而可以得到车辆的速度。

常用的雷达信号为窄带信号（带宽远小于中心频率），其工作原理与连续波情况一样，可以参阅相关资料。

3. 雷达测速仪的特点

雷达测速仪的原理是应用多普勒效应，具有以下特点：

① 雷达波束比激光光束的照射面大，更易于捕捉目标，无须准确瞄准。

② 雷达测速仪可安装在巡逻车上，能够在运动中实现车速检测，是“移动电子警察”非常重要的组成部分。

③ 雷达固定测速误差和运动时测速误差均为 ±1km/h，完全可以满足对交通违章查出的要求。

④ 雷达测速仪发射波束的张角是一个很重要的技术指标，张角越大，测速准确率越易受到影响。

⑤ 雷达测速仪在恶劣气候下有出色的性能，可以直接检测速度，但是它不能检测静止或低速行驶的车辆，不能进行车辆排队长度这一重要信息的采集。

⑥ 雷达测速仪如果天线放置不当，当地势为非平原状态时，容易造成误检。

⑦ 如果目标旁边有反射能力更强的物体存在，雷达测速仪则检测到的是反射能力强的物体。

⑧ 当有两车并行时，雷达测速仪无法分辨出哪一辆车是超速车辆。

⑨ 无线电波会对雷达测速仪产生干扰，使测量结果失真。

⑩ 雷达感应器可以侦察到雷达测速仪的存在。

4. 雷达测速仪的应用

雷达测速仪的测量方式在车型单一、车流稳定、车速分布均匀的道路上准确度较高，可以直

接检测速度。但是在车流拥堵以及大型车较多、车型分布不均匀的路段，由于遮挡，测量准确度会受到比较大的影响。

雷达测速仪常用于车辆超速违章监测。手持式雷达测速仪是交警现场执法检查采用的设备之一，根据雷达发射波和接收回波信号的频移值超过交通管理条例中对车辆最高速度所对应的最大频移 v_m 时，将判定为违法超速，如图 4-11 所示。

图 4-11　手持式雷达测速仪监测超速车辆

当监测雷达发射频率为 f_0 的微波被以速度 v 向其运动的车辆所接收后，形成的多普勒频差为

$$\delta f = f - f_0 = 2f(c-v) - f_0 = 2vf_0/c \tag{4.10}$$

根据交通管理条例，对车辆最高速率限制为 v_m，那么构成超速违法的最大频差为 δf_m，即

$$\delta f_m = 2f_0(v_m/c) \tag{4.11}$$

当雷达测速仪放置位置与车辆行进的路径存在一定的角度 θ 时，超速违法的最大频差 δf_m 应为

$$\delta f_m = f - f_0 = 2f_0(v_m\cos\theta)/c \tag{4.12}$$

实际上，当雷达测速仪放置位置与车辆行进的路径存在一定的角度 θ 时，雷达测速仪检测到的速度比实际值略低，检测到的速度为车辆的实际速度在 X 方向上的投影。而所减低的速度将正比于偏斜角度的余弦值，即偏斜的角度越大，检测到的速度将比实际速度低得越多。例如，雷达测速仪放置位置与车辆路径呈 20°的夹角，当车辆实际速度为 105km/h，但被检测到的时速为 [105 × cos (20°)] km/s = 98.7km/s，在一个限速为 100km/h 的路段，上述应是超速的情况，但由于雷达测速仪上检测到的速度存在误差而未检出超速违章。

在定点违章超速道路监测中，雷达测速仪常和摄像机一起构成超速违法监测抓拍系统，系统安装示意图如图 4-12 所示。当雷达捕获到道路车辆超速信号后，马上启动数码相机拍摄或启动摄像机进行图像捕获，从而得到违章车辆的号牌图像。

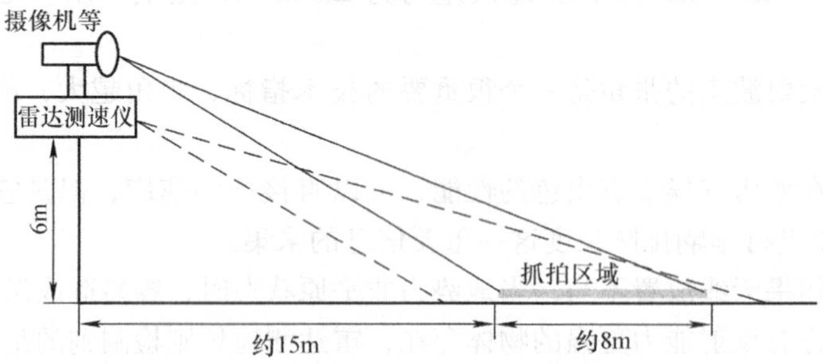

图 4-12　超速违法监测抓拍系统安装示意图

雷达测速仪响应时间、照射区域与测速抓拍系统的配合关系对监测系统尤为重要。摄像机视角示意图如图 4-13 所示。与道路成一定夹角架设的摄像机拍摄范围是有限的，阴影区域代表了摄像机的可视区域。从图中可以看到，靠近摄像机的车道可视区域小一些，而远离摄像机的车道

可视区域要大一些（不考虑景深，如果考虑要拍清号牌，这个区域将更小），这就给雷达所能检测到的车速的实时性提出了要求。如果雷达测速仪提供的超速抓拍信号太晚，摄像机就会因此拍不到或拍不全超速车辆。

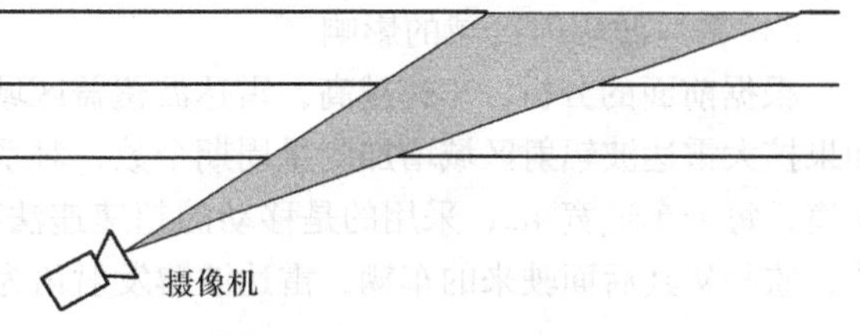

图 4-13　摄像机视角示意图

从系统的角度来说，雷达测速仪的响应时间越短越好。从雷达原理上来说，它必须有采样和计算分析这两大过程。各种雷达测速仪由于设计不同，在响应时间这一指标上有所差异，下面将分析响应时间对系统产生的影响。

如图 4-13 所示，当雷达测速仪与道路成一夹角架设时，其发射的雷达波为有一定夹角的连续波束。每一种雷达测速仪其发射角度是固定的，一般为6°、12°等。

雷达测速仪的测量周期由采样和计算分析两个阶段组成，如图 4-14 所示。每种雷达测速仪的测量周期是不同的，一般是 0.2～1s。雷达波瓣覆盖区域内测量周期的多少直接影响着测量准确度。由于波束的夹角是固定的，所以波束范围内的测量周期个数取决于目标车速，车速越高测量周期个数就越少；车速越低测量周期个数就越多。如图 4-14 所示，假设在波瓣宽度内有两个测量周期 T_1、T_2，白色部分为采样阶段，黑色部分为计算分析阶段。需要注意的是，采样阶段与道路位置的相对关系不是固定的，是随机的。车辆只有在采样位置才能被发现，而雷达只能在响应周期结束时才能报告其计算分析结果。

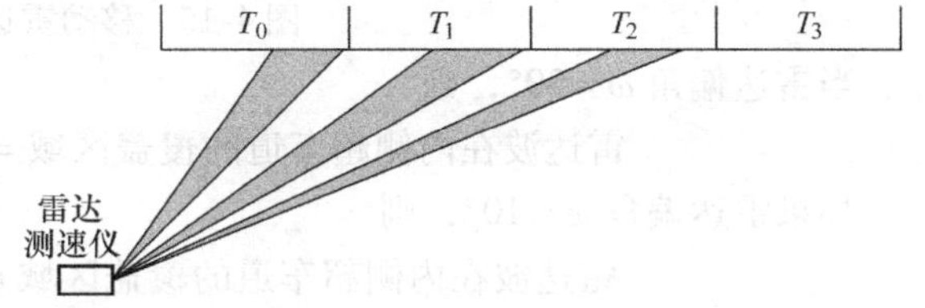

图 4-14　雷达测速仪波束宽度内采样周期示意图

如果车辆进入监测区域时，恰好雷达测速仪正处于计算分析阶段，如 T_0 的黑色区，则在 T_0 周期结束时是不会发现有车辆存在的。只有到了 T_1 周期的采样阶段，雷达测速仪才能发现车辆，并在 T_1 周期结束时报告车辆的车速。由于车辆的车速不同，波瓣宽度内能容纳的周期个数也不同，测试周期周而复始地循环，波瓣宽度内不可能正好容纳整数个周期数，所以车辆被发现的位置是变化的。因此，车辆进入雷达波覆盖区域第一次被发现的位置不是固定的，存在一个随机区域，即有

$$随机区域的大小 = 雷达测量周期 \times 车速$$

假设雷达测速仪的测量周期为 1s，车速为 150km/h，随机区域沿车辆行进方向长度为 41.6m，雷达测速仪第一次能检测到车速的位置在整个 41.6m 范围内随机出现。如果响应周期为 0.2s，车速同样也为 150km/s，随机区域则为 8.3m。

同样，车速在 60km/s，雷达测速仪的测量周期分别为 1s、0.2s 时，对应的随机区域分别为 16.7m 和 3.3m。

由于随机区域的存在，给准确地抓拍车辆图像带来了困难，一般采用多张图片连续拍摄的方法，但可能存在以下问题：

1）漏拍

雷达响应时间长会造成系统响应时间过长，会引起许多车辆漏拍。例如，如雷达响应时间为 1s，则系统抓拍需要 1.5s，系统完成一次抓拍全过程至少需要 2.5s，当两辆同时超速而且间距较近（当时车速 ×2s 左右的距离）同时经过时，系统可能对第一辆车进行了抓拍，但因响应时间的关系而漏掉对第二辆车的抓拍。

2）雷达波辐射区域的影响

根据前面的分析，车速越高，雷达波覆盖区域内能容纳的测量周期个数越少，如图 4-15 所示，如果扩大雷达波辐射区域增加测量周期个数，对系统将带来怎样的结果呢？假设所检测的路段为三车道，每个车道宽 4m，采用的是移动的超速违法移动监测系统车，检测车位于最外侧边道的中央线，监测从其后面驶来的车辆，雷达波瓣发射角为 12°，雷达中心沿车道中心左偏 20°。

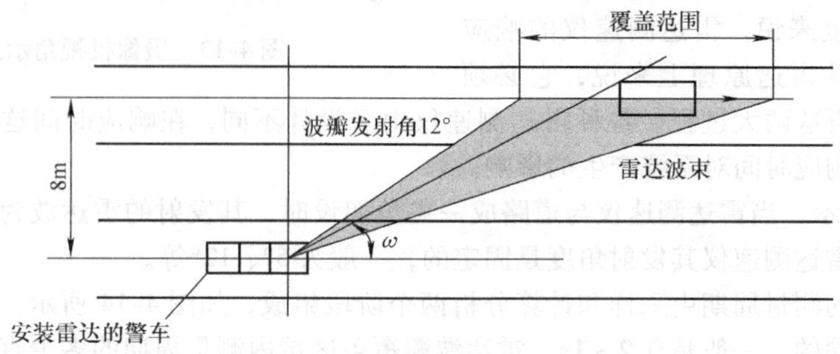

图 4-15 移动雷达测速示意图

当雷达偏角 $\omega=20°$，则

$$\text{雷达波在内侧超车道的覆盖区域}=8\text{m}\times(\text{ctg}14°-\text{ctg}26°)=16\text{m}$$

如果雷达偏角 $\omega=10°$，则

$$\text{雷达波在内侧超车道的覆盖区域}=8\text{m}\times(\text{ctg}4°-\text{ctg}16°)=88\text{m}$$

如果雷达偏角 $\omega=15°$，则

$$\text{雷达波在内侧超车道的覆盖区域}=8\text{m}\times(\text{ctg}9°-\text{ctg}21°)=29.6\text{m}$$

如果雷达偏角 $\omega=30°$，则

$$\text{雷达波在内侧超车道覆盖区域}=8\text{m}\times(\text{ctg}24°-\text{ctg}36°)=7\text{m}$$

从中可以看到，偏角越小，覆盖范围越大，但是如果偏角过小（如 10°），大部分正常间隔行驶的车辆将都会在雷达波的覆盖范围以内，从而无法区分哪一辆是超速车，所以缺乏实用性，雷达的偏角一般都在 15°以上。

以雷达偏角 15°为例，并假设雷达响应时间为 1s，当车速分别为 100km/h、120km/h、150km/h、200km/h 时，对应的随机范围分别为 28m、33m、41m 和 55.5m。对比上述数据，可以看到，车速为 120km/h 以上，由于随机距离大于雷达波覆盖范围，就会有一部分高速车辆雷达检测不到，车速越高，不被检测到的概率越大。

3）减小偏角形成的错拍

雷达和摄像机同时减小偏角，这样可以缓解一些图片密度和车速之间的矛盾。但是，如图 4-16 所示，两个车道上有两辆车在行驶，假设超车道上有车超速，行车道上的车以正常车速行驶，在白色位置雷达采样发现有车超速，由于需要 1s 才能报告结果（90km/h 的车速能行驶 25m，120km/h 的车速能行驶 33m，正常车速 60km/h 能行驶 16.7m,），超速车速较大的话，就会跑出摄像机拍摄区域，而此时正常车速行驶的车辆正好进入拍摄区域，系统会将正常车速行驶的车辆拍摄下来，形成错拍，引起纠纷。

4）增大偏角，车辆将跑出雷达波束范围

雷达和摄像机如果同时增大偏角时，上述雷达波的覆盖区域将变小。上例是三车道的情况，每车道为 4m 宽，当雷达的偏角为 15°，覆盖区域为 30m；偏角为 20°，覆盖区域为 16m；偏角为 30°，覆盖区域为 7m。而参照 1s 不同车速行驶的路程表，即使偏角为 15°，只要车速在 90km/h 以上，在雷达波覆盖区域内只能容纳 1 次采样周期，甚至只有零点几个周期。如果正好处在采样

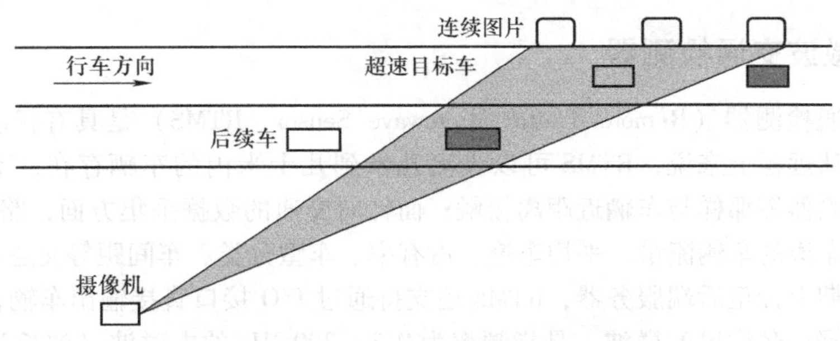

图4-16　减小偏角形成错拍示意图

注：白色为雷达采样时的位置，黑色为拍摄时的位置

阶段车辆进入波束范围，雷达能发现目标；如果在计算分析阶段进入，车辆将跑出雷达波束范围且雷达无法发现，这种情况将会随着角度的增大而明显增多。

在上述情况下，雷达即使发现了目标，如果摄像机的偏角较大，1s以后车辆将跑出拍摄区域，这时如果有别的车辆进入拍摄区域，将会引起错拍。如果摄像机的偏角较小的话，雷达报告车速时可能超速车辆还未进入拍摄区域，这时系统进行抓拍，会把前面正常行驶的车辆拍摄下来，造成超速和正常行驶的车辆同时拍摄下来，无法分辨。

如果把响应时间降低为0.2s或者更小，就会大大降低随机区域，从而从根本上克服或减少两者之间的矛盾，大大提高成功率和准确率，使执法工作更准确、更有效。

综上所述，雷达的响应时间和雷达辐射区域是一个客观存在的因素，它直接影响着自动抓拍捕获率。从系统的角度来说，雷达响应时间越短越好，雷达辐射区域越小越好。同时，响应时间和辐射区域又是相互关联的，即辐射区域越小，车辆在辐射区域滞留的时间越短，要求雷达的响应时间越快。

目前的大部分雷达的测量周期已大大缩短，如国产CS R－28雷达测速仪静态测量时响应时间小于0.2s，动态测量时响应时间也小于0.2s；通过对作用距离有效的控制，使得在雷达波瓣角度不变的情况下，辅助以其他技术，有效地控制漏拍、错拍现象，能够满足测速抓拍系统的要求。

其他典型应用产品如美国斯德克（STALKER）公司BASIC型雷达测速仪，微波频率为24.15GHz；测试准确度高，静态测速范围为8～322km/h、准确度为±1km/h，测程为1000m；并具有响应时间短、重量轻、防水滴溅落，抗2m跌落、适合野外应用等优点，是交通警察随身携带的理想测速工具。

为满足用户取证的需要，此款雷达测速仪允许进行二次开发，利用雷达测速仪自身携带的串口输出功能定制一台打印机，在打印机上可设置限速值，当雷达测速仪测量的数据传入打印机，打印机将自动判断被测车辆是否超速，如发现其超过限速值将自动打印。打印内容包括：时间、限速值、超速值，同时预留驾驶证号、车牌、违章司机、值勤民警、违章地点等项供交警填写。

作为其高端的产品，美国STALKER公司ATS型（STATS）雷达测速仪，其工作频率为34.7GHz（Ka波段），测量距离对于卡车可以达到3000m、轿车为1800m；目标速度获取时间为0.01s（整数输出）或0.04s（一位小数输出）；测速范围为1.6～480km/h，准确度为±0.1mile/h，最大的特点是拥有了加速测试系统。ATS雷达测速仪以准确的间隔测量目标的速度，然后将这些速度数据传输给计算机，其自带软件系统储存这些速度记录，分析时间信息，然后计算距离和每一数据的加速度。目前，它已成为交通工具生产厂商用于加速度和制动系统测试的主要设备之一。

4.2.2 远程微波交通检测器

远程微波交通检测器（Remote Traffic Microwave Sensor，RTMS）是具有智能的、大范围的存在型检测器。从远程上来说，RTMS 可以检测几米到几十米内的车辆存在，不需要像环形线圈、地磁车辆检测器等那样与车辆近距离接触；而针对交通的数据采集方面，路侧安装的 RTMS 可检测断面上 8 车道的车辆流量、平均车速、占有率、车型分类、车间距等交通参数，所检测数据能通过串口周期上传至后端服务器，RTMS 还支持通过 I/O 接口直接输出车辆存在信号，给信号机提供原始数据；名称里的微波，是指频率为 0.3 ~ 300GHz 的电磁波（波长为 1 ~ 1000mm），是无线电波中一个有限频带的简称，通常也称“超高频电磁波”。

RTMS 不仅可在绝大多数场合下取代传统的环形线圈检测器，而且又以其特有的智能性适应将来智能交通系统应用的需要，是一种极具推广价值和应用前景的检测器。

1. RTMS 的工作原理

RTMS 实际是一个在微波范围内工作的雷达，通过发射和接收反射雷达波来检测车辆。其工作频率很高，一般在 10GHz 以上，适用于运动车辆的实时检测。

RTMS 一般要由三部分组成：

① RTMS 雷达波发射接收设备及其控制器；

② RTMS 专用无线电调制解调（RF - modem）发射设备，该设备与 RTMS 同高度安装，可定期将 RTMS 采集的数据通过无线电波传送回本地控制器或直接送往交通控制中心，使得 RTMS 可以工作在无线方式下；

③ RTMS 及 RF - modem 的专用电源。

RTMS 是工作在微波波段的小范围雷达检测器，它不同于一般微波测速检测器。一般的微波测速检测器利用多普勒效应原理（运动引起频率变化）探测物体的存在，因而只能探测到运动的物体，RTMS 应用的是一种连续调频波雷达。RTMS 以低功率微波信号在扇形区域内发射调频连续波（Frequency Modulated Continuous Wave，FMCW），典型的微波束以倾角为 40° ~ 45°、方位角为 15°向道路投影，形成一个可以分为 32 个层面、长达 60m 的椭圆形波束，微波束层面间距为 2m，可以在小范围内进行微调，如图 4-17 所示。不同型号的 RTMS 产品的以上参数有所不同。当车辆经过检测区域时，会将信号反射回 RTMS，RTMS 由此检测车流量、占用率、车速和分类等信息。RTMS 是一个真实再现式的多车道微波感应检测器，准确度高、性能稳定、功能强大，可对 60m（约 200ft[⊖]）范围内的检测区域或车道内的车辆分别检测。

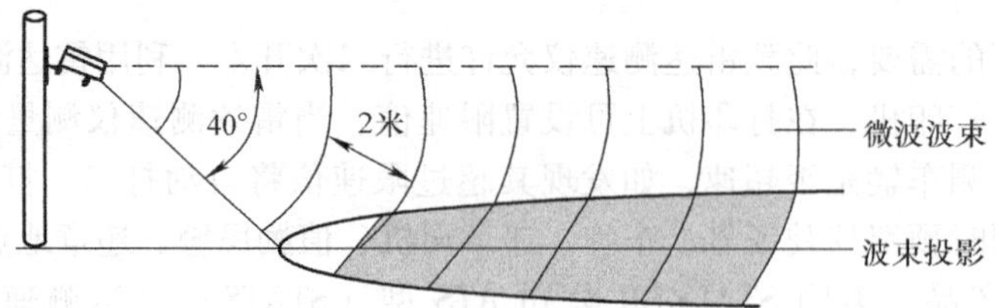

图 4-17 RIMS 微波束及其投影

RTMS 采用线性调频连续波，调频信号采用三角波，通过发射调频连续波在检测路面上投影一个微波带，所采用的频率为 10.525GHz 或 24.20GHz，带宽为 45MHz。每当车辆通过这个微波投影区时，都会向 RTMS 反射一个微波信号，RTMS 发射的调频连续波频率和接收的目标反射波

⊖ fl：英尺，1fl = 0.308m。

的频率是不同的，其差值与 RTMS 到目标的距离成比例。检测器侦测到这个差值来计算它与目标的距离，并进一步解析获得车辆其他信息。

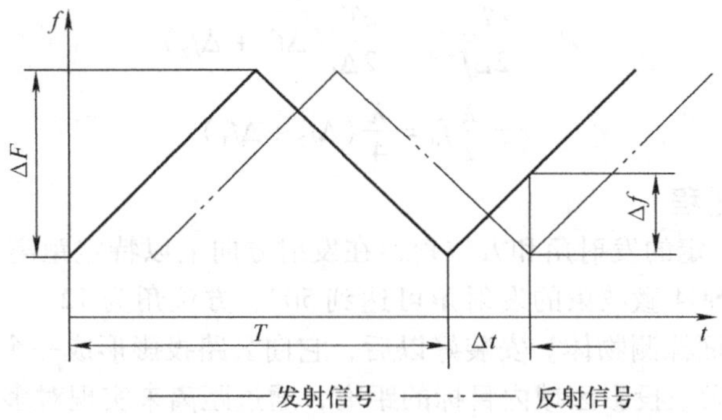

图 4-18　三角波频率扫描发射信号

雷达发射信号采用三角波调制信号，如 4-18 所示，ΔF 为调频带宽，Δf 为 Δt 时间内雷达发射的电磁波频率的改变值。

雷达接收到的物体反射信号与发射信号存在 $\Delta t=2R/c$ 的时间延迟，如图 4-19 所示。其中，R 为 RTMS 与运动物体的相对距离；c 为真空中的光速；T_m 为调制三角波的半周期；Δf 为 Δt 时间内雷达发射的电磁波频率的改变值；虚线表示的是物体静态时雷达对应的接收频率；f_b 为拍频，等同于对静态物体所发射的和接收的微波的频率之差，有：

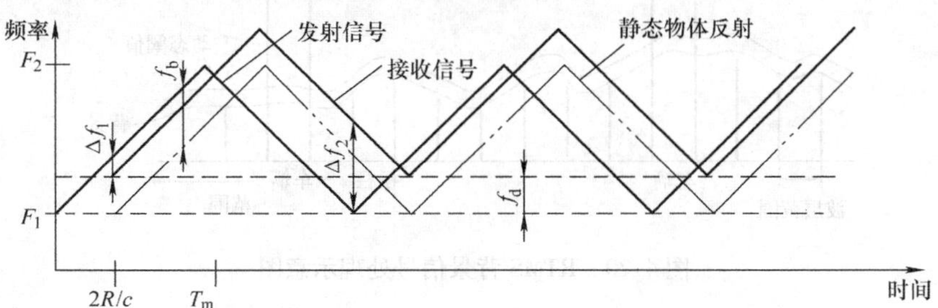

图 4-19　连续波频率调制发射及接收信号

$$f_b=\frac{2R}{c}\frac{\Delta f}{T_m} \tag{4.13}$$

当观察者以 v 的相对速度向波源移动时，波源的波长 λ，则接收到的波会产生频移，即多普勒频移。根据式（4.9），多普勒频移可以表示为

$$f_d=2\frac{v}{\lambda}$$

运动物体发射和接收频率之差可以表示为

$$\Delta f_1=f_b-f_d$$

$$\Delta f_2=f_b+f_d$$

Δf_1 和 Δf_2 分别为发射波和接收波的中频信号，在实际应用中，可通过检测电路将获取的参数，进而通过运算可得

$$f_b=\frac{\Delta f_1+\Delta f_2}{2}$$

$$f_{\mathrm{d}}=\frac{\Delta f_2-\Delta f_1}{2}$$

则
$$R=\frac{cT_{\mathrm{m}}}{2\Delta f}f_{\mathrm{b}}=\frac{cT_{\mathrm{m}}}{2\Delta f}(\Delta f_1+\Delta f_2) \tag{4.14}$$

$$v=\frac{\lambda}{2}f_{\mathrm{d}}=\frac{\lambda}{4}(\Delta f_2+\Delta f_1) \tag{4.15}$$

2. RTMS 的工作过程

RTMS 的微波束以一定的发射角和方位角，在发射方向上以特定距离为一层面分层面探测物体。例如，近期的 RTMSG4 微波束的发射角可达到 50°、方位角为 12°，在微波束的发射方向上以 0.38m 为一层面分层面探测物体。安装好以后，它向公路投影形成一个可以分为 254 个层面的椭圆形波束，可以测量微波投影区域内目标的距离，通过距离来实现对多个车道静止或行驶车辆的检测。系统不但可以自动识别并划分层面来定义检测区域，而且用户可以手动调整微层面，使得检测区域和车道或行车线路密切契合，同时有效屏蔽中央隔离带、防眩光板、交通设施带来的影响。具体工作过程如下：

① RTMS 在开机后自动进行背景学习，接收天线检测到路面的回波信号后，会根据回波信号的强弱自动生成背景阈值，“背景获取”可在 30s 内实现。

RTMS 收到各种表面（如人行道、栅栏、车辆以及树木等）的连续不断的反射波，如图 4-20 所示。

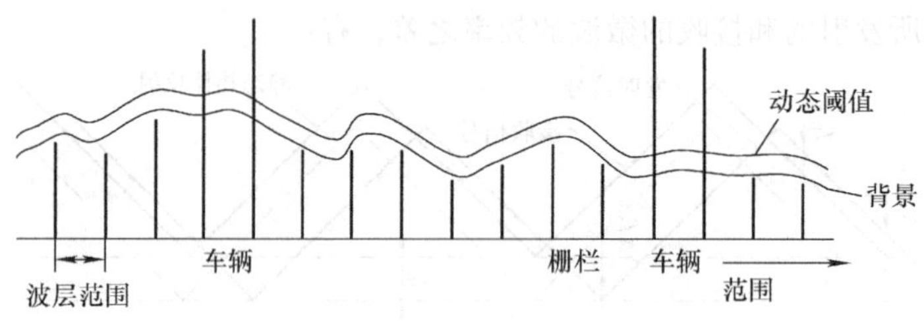

图 4-20　RTMS 背景信号处理示意图

RTMS 能自动调整背景阈值，当有停靠车辆或其他物体不动时，则会产生一个更高的背景阈值，则背景阈值通过自学习可以更新，新的背景阈值在 30s 内形成。例如，来自停止车辆的回波信号在 30min 后成为背景，检测将终止，与车道对应的输出开关将断开。相反地，当车辆离开时，背景阈值会很快降至初始状态，新的背景阈值在 30s 内形成。

背景信号处理就是分辨多个检测层面上的背景和车辆，通过设定合适的背景阈值，如果反射信号的阈值高于其范围段的背景阈值，则表明有车辆存在。

② 当有车辆经过检测断面时，由于车辆近侧回波信号强度高于背景阈值，则判断该车辆所在车道有目标存在。

接收到的回波信号的强弱取决于车辆的反射面，最强的回波信号来自车辆的垂直表面的反射，水平表面（如车顶）将散射微波，回波信号较弱。实际接收信号是多重反射信号的总和，有时来自各处的信号可能不是同一相位而导致信号会低于阈值，此时短暂的低电平信号称为零信号。为避免由零信号产生的误判，RTMS 在信号处理时引入一个参数——扩展延迟时间（Extend Delay Time，EDT），持续时间短于 EDT 的零信号被忽略。

阈值和 EDT 是两个参数，当操作模式选定后，其默认值也就设置了。通过参数设置可以优化检测器的运行。

③ 目标车辆驶离检测区域，车辆检测器接收的回波信号恢复到背景阈值下，等待下一次检测，同时将检测到的信息记录到检测器内部的缓存中。

RTMS 以一个较高的频率重复上述的工作过程：例如美国 ISS 公司（原加拿大 EIS 公司，现被美国 ISS 公司并购）的 X3 检测器在高速公路/快速路应用中采样频率是 5 次/s，在城市路口应用中的采样频率是 1 次/s；而其第四代产品采用阵列雷达天线技术的 RTMS G4 的采样频率则高达 800 次/s。

3. RTMS 的特性

（1）优势

① 全天候工作。RTMS 是一种实时的雷达设备，不受环境变化的影响，抗干扰能力强，能穿透雨滴、浓雾和大雪，安装立柱的弯曲和振动也不会影响检测准确度，真正实现全天候的工作。

② 多道性。微波频率决定了其具有多个检测区域的明显优势，既可检测静止的车辆，还可以侧向方式检测多车道信息。一般 RTMS 能够探测到 8 条车道（RTMS G4 可以探测到 12 条车道）上的车辆的类型、道路占有率、车流量和平均车速等交通信息。

③ 衍射。光在传播路径中，遇到障碍物或小孔（窄缝）后通过散射继续传播的现象称为光的衍射。微波具有衍射特性，一般来说，空隙越小、波长越长，衍射现象越显著。微波车辆检测器的波长在 1 ~ 2cm，由于货车的体积比较大，当微波的波束在经过货车的边沿时，会产生衍射现象，如图 4-21 所示。凭借高灵敏度接收天线，RTMS 能够接收到二次衍射之后的被遮挡的车辆的反射波。为了降低完全遮挡情况的发生，对 RTMS 的安装高度有一定的要求，如高于地面 5m（约为 17ft）。由于被遮挡的车辆的反射微弱，RTMS 并不能探测到所有被遮挡的车辆，通常遮挡率小于 60% 的车辆都能被探测到。因此，RTMS 微波车辆检测器安装在路侧进行交通数据采集时，能够解决一部分大车遮挡问题，这是 RTMS 微波车辆检测器的独特优势。

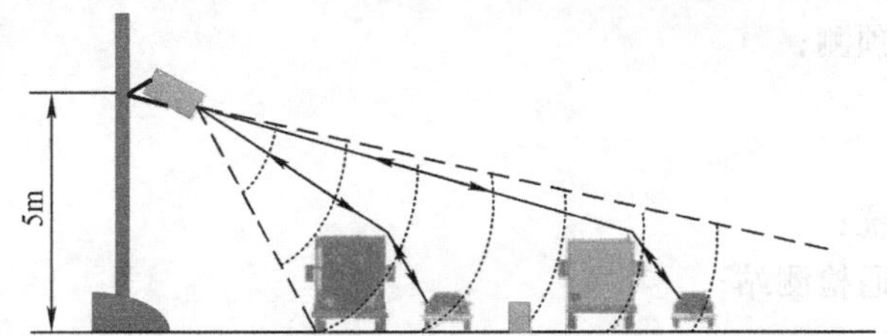

图 4-21　RTMS 衍射探测被遮挡车辆示意图

④ 流量准确度较高。

⑤ 安装简易方便，不破坏路面，维修时不需封闭车道。

（2）存在的问题

① 交通流量小、速度差距大的情况下，测速准确度差。

② 安装要求高，检测准确度受周围地形条件的影响，需安装在路侧没有丘陵或其他障碍物的平坦路段。

③ 道路中具有铁制的分割带时，检测准确度下降。

（3）适用性

适合于交通流量大、车辆行驶速度均匀的道路。目前主要应用于高速公路、城市快速路、普通公路交通流量调查站和桥梁的交通参数采集；提供车流量、车速、车道占有率和车型等实时信息；信息可用隔离接触器连接到现行的控制器或通过串行通信线路连接到其他系统，为交通控制管理、交通信息发布等提供数据支持。

4. 典型的 RTMS 产品

典型的RTMS产品主要有俄罗斯奥利维亚公司的SPECTR微波交通检测器、美国SmartSensor公司的125微波车辆检测器、美国Wavestronicx公司以及我国北京中交国通、华通至远等公司研发的此类产品。美国ISS（Image Sensing System）公司的RTMS X3，及2008年推出的RTMS G4是目前全球仅有的带摄像头的数字阵列式雷达微波车辆检测器（见图4-22），已经成为微波车辆检测器的一个标杆，它们把视频和微波检测融于一体，以更先进的检测技术、更大的检测范围、更高的检测准确度给ITS注入了新的活力。

美国ISS公司制造的RTMS X3微波车辆检测器，自20世纪90年代初已经历了四代产品的演进，可用于检测车辆的车速、车流量、道路占有率、车辆分类等交通数据，实时再现道路的交通情况，是一种准确度高、性能稳定和功能强大的车辆检测器，在为超过60个国家ITS服务。

图4-22 RTMS G4及RTMS X3外形

(1) RTMS X3应用范围

RTMS X3广泛适用于高速公路、城市道路、桥梁、隧道等各种道路的交通检测需要，实现智能化交通管理，主要功能如下：

交叉口之间路段交通检测；

高速路交通管理和事件检测；

旅行者信息和行程预测；

匝道交通检测；

车辆排队检测；

工作区安全保护系统；

固定式或移动式交通检测站；

超速执法；

替代环形线圈检测器（单或双环形线圈模拟）。

(2) RTMS X3 技术规范

1）微波信号和覆盖区域（见表4-1）

表4-1 RTMS X3 参数

参数	X型	K型
中心频率/GHz	10.525	24.20
微波频率宽度/MHz	45	45
输出功率/mW	10	10
微波发射方位角度/(°)	15	12
微波发射垂直角度/(°)	45	40
覆盖范围/m	3~60	3~45
可检测车道数	8	8

2）检测准确度和范围（见表 4-2）

表 4-2　RTMS X3 检测项目

检测项目	错误率	范围
单车道的实时检测	2%	—
单车道的车道占有率（侧向模式）	5%	0 ~ 100%
单车道的车流量（侧向模式）	5%	0 ~ 255
单车道的长车流量（侧向模式）	10%	0 ~ 255
单车道的平均车速（侧向模式）	10%	0 ~ 250km/h
流量和车道占有率（正向模式）	2%	
平均车速（正向模式）	2%	0 ~ 250km/h
车辆长度（正向模式 - 5.0 或更高的版本）	10%	0 ~ 25m
每车道平均车速（X3 型正向安装）	2%	0 ~ 250km/h
每车道单车车速（X3 型正向安装）	2%	0 ~ 250km/h
车辆范围分辨力	2m	
检测时间分辨力	10ms	

（3）RTMS X3 工作模式

RTMS 根据不同应用提供部分参数优化了的工作模式，主要有：

① 高速公路的侧向模式。检测器侧向安装，检测多达 8 个车道的数据，可用于高速公路车流量检测。RTMS 固化软件 5. x 版提供了两种车长分类，内部固化软件 6. 1 以上版本将提供更多的分类。本模式设置默认值为 EDT = 0. 2s，阈值 = NORMAL（正常值）。

② 十字路口模式。侧向安装的检测器只用来检测多车道停车线处的车辆，不提供交通统计数据。本模式设置的默认值为 EDT = 1s，阈值 = LOW。

③ 路段检测模式。该模式类似高速公路的侧向安装模式，此模式用于中等拥挤城市道路的检测。设置的默认值为 EDT = 1s（对于固化软件 5. x 版本）或 EDT = 0. 3s（对于固化软件 6. 1 版本），阈值 = MEDIUM（中等值）。

④ 高速公路的正向模式。用于高速公路高准确度的速度检测和超速检测。三个连续的探测区形成速度陷阱，以保证准确测量。固化软件 5. x 以上版本，对于车速超过 15km/h，采用了准确的多普勒测速技术。检测器可检测到每一辆车的车速和长度数据，并保存对应于 7 个不同车速和长度相对应的交通流量数据。设置的默认值 EDT = 0. 2s，阈值 = NORMAL。

⑤ 正向安装报警模式。该模式类似公路的正向安装模式，由 RTMS 固化软件 5. ×或更高版本提供。当有车辆超过检测器设置的车速限制值和长度限制值时，第 8 对开关量将实时闭合（保持 20ms）。该模式应用于超速违章检测。设置的默认值 EDT = 0. 2s，阈值 = NORMAL。

（4）RTMS X3 的数据输出

车辆检测结果有两种独立的输出方式：

① 车道开关量。与 8 对模拟开关对应的车道有车辆出现时，对应车道的模拟开关闭合。开关可与交通控制器相连，用于车辆检测（路口应用方式）或交通流量检测。一对附加的开关量可用于故障保护操作、EDT 修正或速度陷阱触发等。

② 串行接口。RTMS X3 内部固化软件可实现车流量检测、车道占有率、平均车速和由用户定义的车长分类。在统计周期结束时，对应各车道的累计数据可通过串行接口输出。

数据输出选项：RTMS X3 型产品有一个可选的内部数字传播谱（Digital Spread Spectrum, DSS）无线调制解调器，可以传输统计周期的数据或对应的车道开关量信息。此外，它还可以选配 RS-485 界面或以太网传输接口。

（5）RTMS X3 的安装

RTMS X3 有正向和侧向两种安装方式，对安装点的选择要考虑后退距离和高度要求。

1）侧向安装

为使微波束的投影覆盖所有的车道，RTMS X3 检测器的安装必须保证有一定的后退距离，见表 4-3。RTMS 的安装杆与要检测的最近的车道线之间的水平距离称作后退距离，是 RTMS 安装的一个重要限制性参数。通常后退距离越远，则可以检测到的车道越多。

表 4-3 检测车道数与后退距离的设置参考表

车道数	要求最小的后退距离			
	X2 型		X3 型	
	ft	m	ft	m
1～3	10～13	3～4	8	2.5
4	15	4.5	10	3
6	20	6	12	3.5
8	25	7.5	13	4
8+中间隔离带	>30	>9	15	4.5

安装高度距离路面并不是固定的 5m，如果后退距离等于或大于 6m（约为 20ft），安装高度可根据后退距离每增加 5ft 则高度增加 2ft 来估算。注意，高于规定的安装高度并不能增加检测准确性或提高检测能力，而较低的安装高度可能发生车辆遮挡。在设备安装后，为了较好地覆盖全部检测车道，需进行瞄准调整，按照以下要点进行（见图 4-23）：

① 从设备的后面看，以其侧面作为视轴的方向。

② 调节 RTMS，使之与车道垂直。

③ 若是 1～4 车道，则瞄准检测车道的中心。

④ 若是 5～8 车道，则瞄准检测车道的近点 1/3 处。

⑤ 保持 RTMS 两边水平，侧向安装设备。

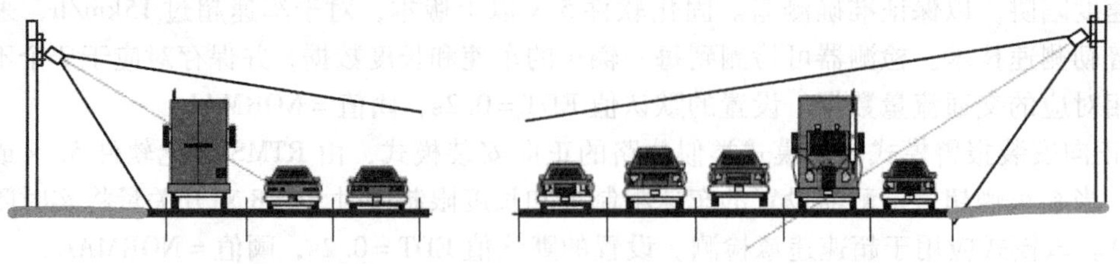

图 4-23 瞄准调整——瞄准中间（3 车道）或 1/3 处（5 车道）

侧向安装时的注意事项：

当 RTMS 侧向安装在大型建筑物（如过街天桥、龙门架等）附近时，要尽量保持检测器微波束区域无干扰，以保证多车道探测的准确度，如图 4-24 所示。

① 一般，不要直接安装在过街天桥（天桥与道路垂直）上，应另用一杆安装在离开过街天桥至少 7m（约为 23ft）的位置；

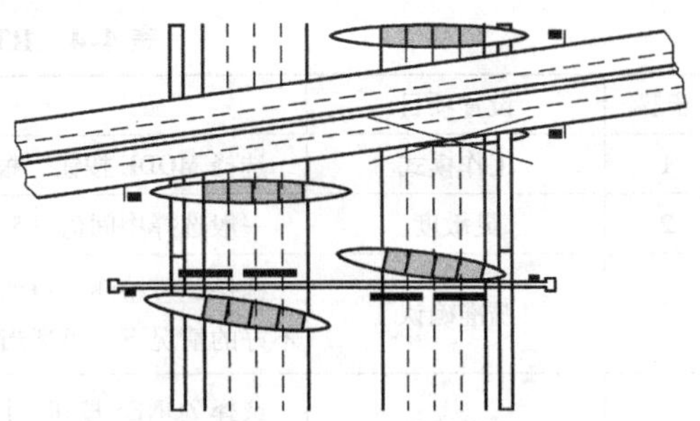

图4-24 侧向安装于大型建筑物附近时的情况

② 当安装在有角度的天桥（指天桥与道路不垂直，有夹角）上时，应利用提前角或采用延伸措施。

③ 安装在龙门架无障碍的一侧时，应远离人行道，并形成一个角度（不可大于15°），一般建议采用延伸臂。

2）正向安装

在高速公路的检测应用中，检测器可安装在远离障碍物的天桥或龙门架上，如图4-25所示。检测器的瞄准方向可以是对着车辆驶来方向或驶出方向，对着车辆驶出方向效果更佳。

① 检测器安装在道路正上方时，要求的高度是5m，不要超过7m。

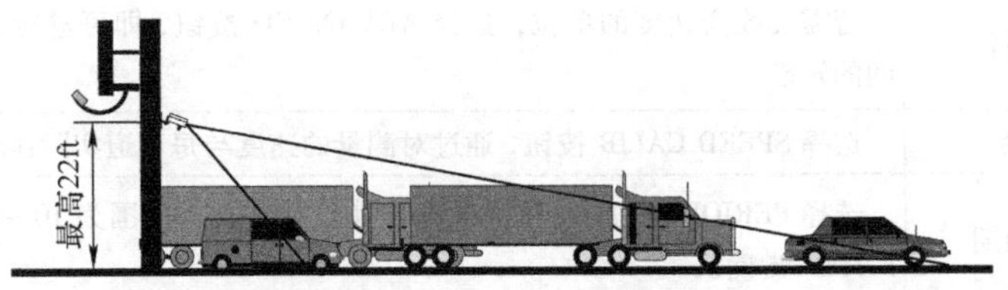

图4-25 RTMS 正向安装示意图

② 微波的发射方向与检测车道平行。

③ 保持检测器两边水平。

从设备后面看，视轴的指向位置应离检测器约为10m（约为30ft），保证充分长度和合适宽度的投影对应于单一的车道。

错误的瞄准会带来较低的准确度，如图4-26所示。瞄准的调节可在设置时进行核对。

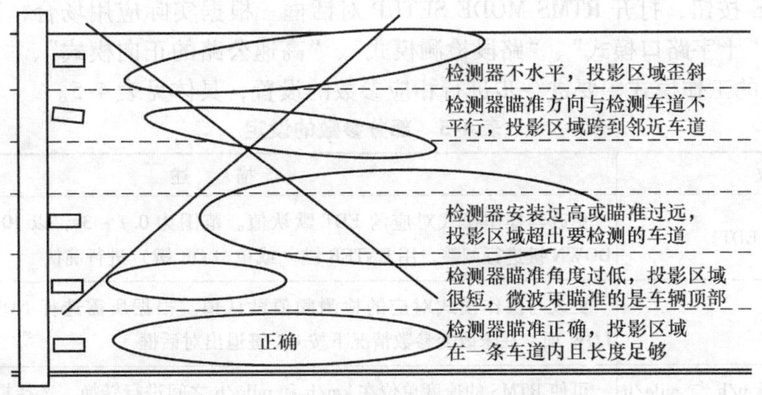

图4-26 正向安装时瞄准正确和不正确的情况

（6）RTMS X3 主要参数的设置

设置过程须按表4-4所示的步骤进行，表中步骤1～5（除瞄准确认外）可以通过自动设置来完成。（设置文件提供“WIZARD”功能，可以自动完成车道设置和微调的设定，但不包括校验和高级参数设置）。

表 4-4　RTMS X3 参数的设置

步骤	设置项目	步　骤
1	工作模式	选择 MODE 按钮，根据应用需要，从模式菜单中选择所需要的模式
2	灵敏度	一般选择中间值（5～7）
3	瞄准确认	确保经过检测车道的车辆都能被检测到（屏幕上出现表示相应车辆的闪烁块）。效果不好的情况下，可适当调高检测器的灵敏度，使得每一个小型车辆都能检测到
4	车道设置	选择 ZONES 按钮，设置车道数、检测区域的位置和大小。RTMS 在正向安装和侧向安装方式下，车道设置是不同的
5	微调，减小"溢出"	选择 FINE TUNE 按钮，通过调整微调可以消除"溢出"（指当一辆车经过时，相邻车道也出现闪烁块）
6	检测准确度校验	选择 PERIOD 按钮，设置为 30s。选择 VERIFY 键，通过与人工计数相比较进行每一检测车道检测准确度的校验
7	选择速度单位	若需要改变速度的单位，选择 ADVANCED 按钮，即可进行 km/h 与 mile[①]/h（mph）间的转换
8	速度校验	选择 SPEED CALIB 按钮，通过对测量的速度与每车道实际速度的比较进行校验
9	设置统计周期	选择 PERIOD 按钮，设置所需要的信息周期值（范围为 10～600s），用 UP/DOWN 和 ENTER 键确认
10	设置数据输出模式	选择 DATA 按钮来设置所需的数据模式，是选择 NORMAL 或是其他取决于实际采用的通信方式的要求
11	设置 ID 码	选择 ID NUMBER 按钮，设置当前检测器的标识码，用 UP/DOWN 和 ENTER 键确认
12	退出	设置结束选择 EXIT 按钮，退出系统

① mile：英里，1mile = 1.609km。

1）RTMS 工作模式设置

选择 MODE 按钮，打开 RTMS MODE SETUP 对话框。根据实际应用场合，选择"高速公路的侧向模式"、"十字路口模式"、"路段检测模式"、"高速公路的正向模式"、"正向安装报警模式"。根据选定的工作模式，要进一步进行相应参数的设置，具体见表 4-5。

表 4-5　部分参数的设定

参数	描　述
扩展延迟时间（EDT）	更改与操作模式对应的 EDT 默认值。范围为 0.1～3s，以 10ms 为单位，用 UP/DOWN 键进行调整，用 ENTER 键（或单击 OK 键）进行确认
检测阈值	更改与操作模式对应的检测阈值默认值。根据所需选择 NORMAL、MEDIUM 或 LOW 项，在未改变参数情况下按 OK 键退出对话框
速度单位切换 km/h 与 mile/h（mph）	可使 RTMS 的速度单位在 km/h 和 mile/h 之间进行转换。选择拟采用的速度单位将自动关闭对话框，未改变参数情况下，单击 OK 键退出
长车流量/车头距	用于侧向安装模式时，可以选择统计长车流量或车头距。根据所需选择 LONG VEHICLES 或 HEADWAY 项，在未改变参数情况下，单击 OK 键退出对话框。如果检测器设置成车头距模式或是统计周期超过 310s 时，将不报告长车流量
速度和车长分段设置	在弹出的正向安装模式对话框中设定 7 个速度及车长分段统计

（续）

参数	描　述
电源管理设置	此功能需向厂商特别定制，用以设置期望的数值。需设置的2个参数：①检测器工作信息周期数量（0~254），最后一个周期结束1s后，检测器进入等待状态；②检测器等待状态，即供电等待分钟数（0~254）。如工作信息周期数设置为255或等待分钟数设置为0，即为关闭电源管理模式
车型分类（适用于固化软件6.1版本或以上）	用于中型车、长车和超长车的分类统计。单击打开显示附加参数的窗口，用LEFT/RIGHT项选择亮度部分，以0.1为单位，用UP/DOWN键进行调节 注意，当通过检测车道的车辆低于分类的极限值时，车辆才会计入该类车。例如，长车参数是3.5，超长车是5.0，只有当车长位于两者之间时才统计为长车

在工作模式中选择正向安装模式或正向报警模式时，检测器还要设置以下一些附加参数：

① 高度及偏移。当选择速度校正按钮后，程序会自动打开一个带有高度及偏移参数的速度修正窗口，这些参数将用来修正微波束的角度造成的速度误差。高度，检测器安装在路面上方5m处。偏移，检测器与探测车道中心线间的距离。设置方法，用LEFT/RIGHT项对参数进行选择，用UP/DOWN键来改变参数值，参数值设置好后，按ENTER键或单击OK键退出。

② 速度超限及长度超限的设置。选择正向报警模式后，自动打开ALARM LIMITS对话框进行相应参数设定，设置方法同上。

③ 速度和车长分段值的设置。用户可自定义7个速度和7个车长分段值，根据被检测车辆的速度和长度，计入相应分段值的统计中，检测器未能测出的车辆将计入第8段。设置方法同上。

2）灵敏度设置与瞄准确认

选择SENSITIVITY按钮进行灵敏度设置，可以通过UP/DOWN键进行修改。灵敏度的范围为1~15，一般建议将检测器灵敏度设为中间值7。当检测器漏检一些小型车辆时，需要增加灵敏度，当显示“WARNING：SENSITIVITY TOO HIGH”时，则需要减小灵敏度。

注意，不能用增加灵敏度来补偿瞄准的不足。当检测器漏检一些小型车辆时，需要调节瞄准，灵敏度被修改后，检测器需要重新获取背景信号，并建立新的阈值。

3）车道设置

① 侧向安装方式车道设置。可以通过ZONE SETUP命令来设定检测车道。首先设定所要检测的车道数，然后按车道分别设定其宽度和位置。屏幕上用矩形框表示探测车道。按下相应的数字键选择要设置的车道数。设置区域时须将矩形框移到表示车辆的闪烁块上，用上下键调节车道的宽度，用左右键可使被选择的车道靠近或远离检测器。

注意，车道设置是交互式的进程，需要实时地靠眼睛观察、修正车道位置。当有部分车辆被障碍物挡住时，则需提高安装高度。只有使用闭路电视（Closed Circuit Television，CCTV）摄像机能够获取现场视频图像时，才可进行远程设置。

在高速公路侧向安装模式下，需要为每条车道设置独立的探测区，以避免将并排行驶的车辆记为一辆车。车道设置不需要特定的顺序，通常每条车道都对应一个微波层面，有时一条车道需要对应两个微波层面。如果车辆通过这样的车道，则会有两个目标闪烁块出现在检测区域内，RTMS计数一次。

在十字路口工作模式下，若干微波层面对应若干车道，当有车辆在此区域内任何地方出现时，屏幕上都会显示（或开关闭合）。

假如有一辆车从某条车道经过，距离检测器较近的相邻车道也出现了闪烁块，则需要增大微调值，以消除误判。相反地，如果距离检测器较远的相邻车道出现了闪烁块，则需要减小微调值，以消除误判。

② 正向安装方式车道设置。可采用 WIZARD 功能进行正向安装模式的车道自动设置，启动自动车道设置对话窗口只需输入高度和偏移值，然后 WIZARD 功能将根据交通流量来自动确定 3 个连续检测区域的最佳位置。

如果由于检测器瞄准不正确等原因，程序不能获得最佳位置，程序将提示“警告：检测区域交通流量差异过大”；如果由于检测器瞄准原因，检测区域内有遮挡，程序将提示“警告：检测区域有遮挡或强反射物体”；如果交通流量过小，程序也会出现提示“警告：检测区域流量不够”。

4）微调

微调的作用是减小“溢出”现象。溢出是指当一辆车出现时，两相邻探测区域内均出现闪烁块（同时检测到车辆）。造成溢出的原因可能是车辆跨线行驶或设定的检测区域与实际车道吻合不好所致，这将引起我们所不希望的多计数。

溢出使得近处的检测区域多计数，可以通过微调减小“溢出”现象。如图 4-27 所示，在 FT = 0 时，溢出使得相邻车道多计数；适当调整 FT = −5 或 FT = +5，使得设定的微波束的投影层面与检测区域、道路较好地吻合，减小“溢出”现象。

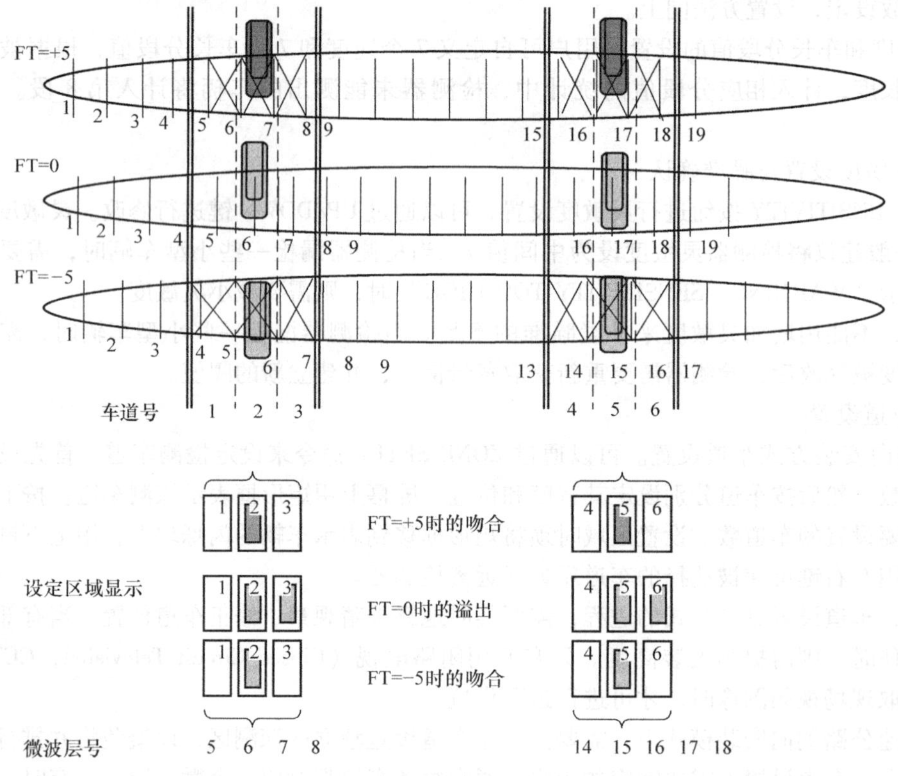

图 4-27 微调对检测区域的影响

通过微调也可以减少道路中间隔离护栏对相邻近处车道的影响，有经验的用户一般将护栏设置成一个单独的区域。

微调将引起全部检测区域的变化（每一格的变化约为2%，全部可达±10%），对远方车道的影响比对近处车道的影响大。当微调后还可能造成检测区域与车道较大偏离，可能需要重新调整车道位置。

此外，由于微调的改变引起检测背景的变化，检测器需要约30s后才能稳定。

可以选择自动或者手动方式来设置微调，自动方式通过AUTO按钮来实现。在自动设置结束后会出现一个对话框，可以按OK键结束设置或选择采用手工设置。对于手工设置，微调的初始值为0，通过观察实际各车道的监测效果和溢出的情况通过键盘上的UP/DOWN键来调整微调值。需要正确判断微调值的改变方向，进行逐格改变并观察效果。调试结束后，按OK键，保存设置并退出。

5）检测准确度校验

校验RTMS检测器设置的准确性，一般需要通过对每一个检测车道人工计数和检测器检测数据进行比较。十字路口模式要对比人工观察所用的时间和检测器所用的时间是否一致。

对于高速公路的安装模式（正向或侧向），建议采用手持式计数器验证同一时间间隔内人工计数与检测器计数的差异。

手动校验过程如下：选择PERIOD项，将信息周期设置为30s；然后选择VERIFY选项，此时需清除原有的数据，选择“CLEAR TOTAL COUNTERS ON NEXT MESSAGE ARRIVAL”项，检测器将经过RTMS微波束的车辆分车道统计。当车流量不足50辆时，可以连续统计几个周期，按下空格键单击STOP COUNTING按键，结束检测器统计数据。然后，在相应的检测区域内输入同一时间段内的人工统计数据，则会自动计算出绝对误差和相对误差。如果相对误差超过5%，则需重新设置，再进行重复校验。在正向安装模式中，仅将第一车道内的数据与人工计数进行比较校验。

6）速度校验

速度校验允许用户调整平均车速系数（在COEFFICIENTS处调整），不同工作模式下有不同的调整方法。可以通过自动或手动方式进行速度校验。

自动速度校验：适用于交通流量比较大、道路通畅情况下的速度校准。可预设每车道的参考车速，用来评估或测量，并设置速度校准循环周期，规定为5min。

手动速度校验：适用于交通流量比较小、长车较多的情况，平均速度系数通过对速度的直接计算得到。

下面根据安装方式的不同，分别说明速度校验的方法。

① 侧向安装速度校验。侧向安装模式，速度由RTMS根据车辆通过探测区的时间计算来确定（不包括卡车）。每个探测区都设有“速度系数”，系数表示探测区的长度和小车的平均车长之和，为获得较为准确的速度，根据实际情况选择一个合适的速度系数参考值。因为RTMS会舍弃一些速度值，所以在低流量时不能得到车辆的准确速度。

侧向安装自动速度校验：选择SPEED CALIB按钮，打开对话框定义每条车道参考车速，使用LEFT/RIGHT键选定需要的车道，输入检验周期数，设定完成后按退出按钮，退出；使用UP/DOWN键或直接输入对应车道的预期参考速度。预期速度是对被检测车道平均速度的估计，不存在的车道输入X；单击校验周期数（NUMBER OF CALIBRATION），用UP键来设定5的倍数值，然后将提示正在校验，并闪烁。每完成一个周期，速度常数就会根据参考和实际测量情况进行自动调整，校验周期数值也将递减，全部校验完成后，校验周期数递减至零时单击QUIT键退出。

侧向安装模式手动速度校验：选择SPEED CALIB按钮，并按空格键，打开对话框显示每条车道车速修正常数；比较每条车道平均车速测量值和实际测量值；使用 LEFT/RIGHT 键变换车道，用 UP/DOWN 键或直接输入更改速度修正常数值（150～640），如果检测器测得的数据比实际估计的值低 10%，则需要将该车道速度修正常数增大 10%；选择加载车速修正常数或单击 L，然后回车，程序即加载所有的车速修正常数。观察调整后的速度测量值，直至合适为止，单击 QUIT 键退出。

② 正向安装速度校正。检测器正向安装时，将采用多普勒雷达测出的单车速度对平均车速进行校正，以确保低速（低于 15km/h）时的测速准确度。

在选择自动速度校正方式时，建议周期数选为 10（每个周期为 30s）。多普勒雷达测速值与平均车速测量值相差的百分数将在每一个周期结束后显示出来。当该百分数值小于 5% 时，即可中断校正进程，单击 OK 键退出。

7）数据传输模式

单击设置程序中 RTMS DATA SETUP 对话框，程序将列出可供选择的数据传输模式，见表 4-6。

表 4-6 数据传输模式配置

参数	描 述
NORMAL	检测器与便携式计算机进行双向通信，传输的数据包括每 100ms 刷新的目标车辆闪烁块，正向安装情况下的车速及完整的交通统计数据
STAT	用于尽量减少数据传输量的非轮询方式，计算机在右下角的灯只有传输数据时亮一下。车道和车辆闪烁块将不显示
POLLED	每一个统计周期结束后检测器将统计的交通数据保存在缓冲区内，只有当接收到 ID 号匹配的轮询指令后，才向外传输数据
EUSC	向系统传输提供事件信息。该模式下不显车道和闪烁块
SPIDER	此模式与 DSS 无线调制解调器相连，事件的探测信息以 0.5s 的间隔传到蜂窝网络控制器。该模式下不显示车道和闪烁块

8）用户定制统计数据格式

单击 MESSAGE COMPOSITION 按钮，程序将弹出 RTMS STATISTICAL MESSAGE SETUP 对话框窗口，用户可根据需要选择数据项。

固化软件 6.1 版本提供了交通检测数据和实时时钟选项：

① 交通流量。在某个信息周期内通过探测区的车辆总数。

② 中型车流量。

③ 长车流量。

④ 超长车流量。

⑤ 速度。

⑥ 占有率。在某个信息周期内所探测车道的占有率，一般系统四舍五入为整数。占有率有高分辨率和模拟 6ft 电感线圈占有率输出两种形式。

选择高分辨率占有率：采用改进的数据协议，可以提供分辨率为 0.1% 的占有率测量值。如果不选择，检测分辨率将保持 1%，并可以使用老版本（如 X2 型）的数据协议。

模拟 6ft 电感线圈输出：正确的车道占有率检测，可以仿真 6ft 电感线圈数据。如果不选择，则车道占有率测量与 RTMS X2 型兼容。

⑦ 时标。以 10ms 间隔为基础，给输出数据加上 4B 的时间标志，时间从检测器上电工作开始起算。

⑧ 实时时钟。选择在实时传输的数据上附加上检测器内部时间和日期标志。

注意，如果数据包不包含时间标志，接收的程序（如设置程序）会加上时间标志，但与实际时间有差别，一般是在一个周期内。如果是以接收计算机时钟为准，那么接收计算机时间校对准确就很重要。

统计数据在屏幕上显示每一周期内每条车道的数据，同时还显示出安装模式（侧向或正向）等。

除流量和占有率两个参数在不同的安装方式下定义相同，其余的参数在不同的安装方式下有不同的定义。

- 侧向安装数据定义

速度：在某个信息周期内通过探测区车辆的平均速度，不包括对长车速度的测量。在以下情况下，测量速度显示为“?”：

信息周期内没有车辆经过。

信息周期内所有车辆被视为卡车。

高拥堵状态和只检测占有率时。

长车流量：早期固化的软件版本将长车定义为平均车长的3倍，在6.1或更高版本的固化软件中，则由用户自己定义。当统计周期大于300s时，长车流量计数被用来处理总流量的溢出，实际总的车流量等于流量值加上256乘以长车流量值。

- 正向安装数据定义

车流量、占有率：车流量和占有率数据是指经过3个检测区域的车辆的，第一个车道检测区域是有效数据。

速度分段流量：在附加的正向参数设置中，用户定义每个车速分段的车流量，将无法测出速度的流量统计值放在第8分段显示。

车长分段流量：在附加的正向参数设置中，用户定义每个车长分段的车流量，将无法测出车长的流量值放在第8分段显示。

平均车速：正向安装模式下所有车辆的平均速度。

方向：行车方向（与速度分段的次序有关）。

单车车速/车长：每辆车连续通过3个检测区域，程序若选中PER VEHICLE SPEED，则显示当前车辆数据。

报警模式下只显示超速车辆数据。

以上仅说明了RTMS X3检测器的工作模式、校正及输出数据的设置，还有关于通信方面的其他设置在此不做介绍。

5. RTMS的应用

RTMS适用于多车道道路交通流量检测和实时监控，在主要交叉口可取代停车线感应线圈、出口匝道交通控制检测器及道路交叉口的独立传感器，并可取代作为交叉口多车道进口道监视的感应线圈、车速测量装置等。自1991年起，RTMS在北美、欧洲及亚洲开始广泛应用，已成为城市和高速公路的“眼睛”。到2007年，已建的北京快速路交通流信息实时检测系统实时检测339个检测断面，其中的283个检测断面采用了RTMS。

【应用1】 道路交通信号控制系统中RTMS可以替代传统感应线圈车辆检测器，RTMS的工程安装方案简易，它无疑是感应线圈检测器的一个最佳替代产品，并且一台RTMS可以同时监控8个车道，就相当于替代了传统的16个感应线圈检测器。经实践证明，它可以有效地替代SCOOT控制系统中的感应线圈检测器。加拿大安大略省交通部用一个冬季对比测试了RTMS和感应线圈检测器，同时也对比测试了基于RTMS的系统和基于感应线圈检测器的系统，所有的研究结果表明，RTMS 的数据准确度及运行的稳定性与感应线圈检测器相近或好于感应线圈检测器。

【应用2】 RTMS 永久计数站，现代交通计数站需要一些附加的检测数据，如速度和车辆分类统计数据。位于道路上的一些永久性计数站的安装位置没有严格的要求（可用龙门架安装），移动式计数站则需要快捷、安全、方便地进行安装，并采用电池或太阳能发电供电。利用 RTMS 可以方便地构成一个永久性或移动式计数站，每个计数站包括一台 RTMS 和一个交通存储器，就可以自动收集多达28 天的交通数据，RTMS 也就能分别检测多达8 车道的数据，数据也就可以周期性（以 5min 为一个周期）地采集和存放在存储器中。

【应用3】 RTMS/FTMS Freeway Traffic Management System，高速公路交通管理系统）移动事故检测系统。交通检测器最难应用在事故检测系统中，建立这样的系统需要建立许多同等间隔（通常是 1/4mile）的检测站。每个检测站将每条车道的可靠交通数据（流量和占有率是必需的，速度是可选的）每隔 20s 或 30s 传送到中心的处理机进行实时处理。当发生事故时，会造成道路拥堵，在这种情况下，一些依靠物体运动来检测车辆的检测器则不能采用了。对于数据而言，所有经过证实的事故检测算法主要依赖于占有率这个参数，这就需要检测车辆的整个车体，并要求路面上的检测区域保持稳定，昼夜交替和拥堵情况均不会对其造成影响。不符合这些要求的检测器会使事故检测的准确率低、错误率高或响应时间长等情况出现。RTMS/FTMS 可以构成一个完整的高速公路交通管理系统，它能够对不中断交通、快速、简便安装的上百台 RTMS 的实时数据进行分析，可采用多种通信解决方案，采用专门的算法实现事故检测，并可以区分事故引发的拥堵和重复发生的拥堵。

【应用4】 RTMS/ATIS（Advanced Transportation Information System，先进交通信息服务）在 ATIS 中要求检测站之间的距离在高速公路以 1mile 为间隔、在城市以街区距离为间隔，所有传送至中心的实时数据以 2 ~ 5min 为周期。

如在一个较大的地理区域内安装和维护大量的检测站，需要具有简单接口的低成本广域通信网络、多车道完整和准确的真实的再现数据。由于复杂度低、易于安装、真实再现、全天候准确工作和低成本，使 RTMS 成为 ATIS 的理想选择。在高速公路、城市快速路、联络线上，RTMS 都能提供整个路面双向每条车道的准确交通信息检测结果。通信系统能够完成数百台检测定时数据报告、轮询式数据报告和选择性数据报告向中心转送。

早期美国休斯顿宇航公司代表美国联邦公路局，在 1992 ~ 1994 年对采用 12 种技术的 20 种交通检测器做了全面的测试。通过在各种天气和交通、各种路面情况下进行测试，形成了各种检测技术的对比报告，RTMS 的真实再现使微波雷达技术得到了最高推荐，它适合应用于众多的交通管理系统中。

随着 RTMS 功能的逐渐完善与丰富，在道路信息检测中将会得到越来越广泛的应用。

4.3 红外车辆检测器

4.3.1 红外车辆检测器概述

红外线是一种电磁波，具有与无线电波及可见光一样的本质，波长在 0.76 ~ 100μm 之间，根据使用者的要求不同，红外线的划分范围也不同。

根据红外辐射在地球大气层中的传输特性的不同，可划分如下：

近红外，波长范围为 0.75 ~ 3μm；

中红外，波长范围为 3 ~ 6μm；

远红外，波长范围为 6 ~ 15μm；

极远红外，波长范围为 15 ~ 1000μm。

根据红外光谱划分如下：

近红外，波长范围为 1 ~ 3μm；

中红外，波长范围为 3 ~ 40μm；

远红外，波长范围为 40 ~ 1000μm；

红外线辐射是自然界存在的一种最为广泛的电磁波辐射。任何物体在常规环境下都会产生自身的分子和原子的无规则运动，并不停地辐射出热红外能量，分子和原子的运动越剧烈，辐射的能量越大；反之，辐射的能量越小。一切温度在热力学零度（ - 273.15℃）以上的物体，都会因自身的分子运动而不停地向周围空间辐射出红外线，物体的红外辐射能量的大小与它的表面温度有着十分密切的关系。

红外检测器（ Infrared Detector ）是能将红外辐射能量转换成电能的光敏器件，是利用红外辐射与物质相互作用所呈现的物理效应来进行检测的。它一般由光学系统、探测器、信号调理电路及指示单元组成。红外探测器是红外检测器的核心。

红外探测器种类很多，按探测机理的不同分为热探测器和光子探测器两大类。

1）热探测器

热探测器的工作机理：利用红外辐射的热效应，探测器的敏感元件吸收辐射能量后引起温度的升高，利用入射的辐射能引起材料温升，然后测定温度变化来确定入射能的大小。

热探测器的主要优点是，响应波段宽、常温下工作、使用简单，但热探感器响应时间较长、灵敏度较低。

热敏传感器主要类型有热敏电阻型、热电偶型、高莱气动型、热释电型。

2）光子探测器

光子探测器的工作机理：利用入射光辐射的光子流与探测器材料中的电子相互作用，从而改变电子的能量状态。若入射的光子能量足够大，致使材料的电子逸出表面，向外发射电子，这种现象称为光子效应。利用光子效应制成的红外探测器，统称光子探测器。根据所产生的不同的电学现象，可制成各种不同的光子探测器。电子逸出需要较大的光子能量，只适宜在近红外辐射或可见光范围内使用。

光子探测器的主要特点是灵敏度高、响应速度快、具有较高的响应频率，但一般需要在低温下工作，探测的波段较窄。

光子探测器有内光和外光探测器两种。后者又分为光电导、光生伏特和光磁电探测器三种。

通过红外辐射，探测器将物体辐射的功率信号转换成电信号后（对物体自身辐射的红外能量的测量），就能准确地测定它的表面温度，或者通过成像装置的输出信号就可以完全一一对应地模拟扫描物体表面温度的空间分布，经过处理得到与物体表面热分布相应的热像图。运用这一方法，便能实现对目标进行远距离热状态图像成像和测温，并进行分析判断，这就是红外辐射检测的基本原理。

按照检测器是否发射红外线，红外检测器分为主动式和被动式两大类。

1）主动式红外激光检测器

主动式红外激光检测器具有两套光学系统：发射光学系统和接收光学系统。发射光学系统将由脉冲激光二极管发射的红外线以一定角度分成两束。接收光学系统有较大的接收区域，能更好地接收由被测目标散射的红外线。

2）被动式红外检测器

被动式红外检测器本身不发射红外线，而是接收来自被测目标的红外线。被动式红外检测器在其光学系统的焦面上安装有一个或多个红外光敏探测单元，由它们采集来自外部的红外线能量。被动式红外检测器可采集探测区域内温度高于热力学零度（-273.15℃）的物体以任意频率发射的红外线。被动式红外检测器理论上可设计接收各种频率的能量，但考虑应用范围和造价因素，被动式红外检测器接收的波长要限定在一定的范围之内。

红外检测技术的优点是非接触遥控测量，在各个领域有着广泛的应用，按功能的不同，分为以下几类：

① 红外辐射计，用于辐射和光谱辐射测量。

② 搜索和跟踪系统，用于搜索和跟踪红外目标，确定其空间位置，并对其运动进行跟踪。

③ 热成像系统，能形成整个目标的红外辐射分布图像。

④ 红外测距系统，实现物体间距离的测量。

⑤ 通信系统，一种基于红外线的无线通信系统。

4.3.2　红外车辆检测器的性能与应用

1. 近红外车辆检测器

近红外车辆检测器由近红外收发器和控制器组成，利用近红外线在路面和车辆之间进行双向通信和对行驶车辆进行检测。

车辆被近红外线照射到时，安装在路侧支柱上的控制器将反射信号和双向通信数据传送到中央控制装置，如图4-28所示。车辆的检测是根据检测范围内所反射的近红外线的强度水平的不同来判定的。

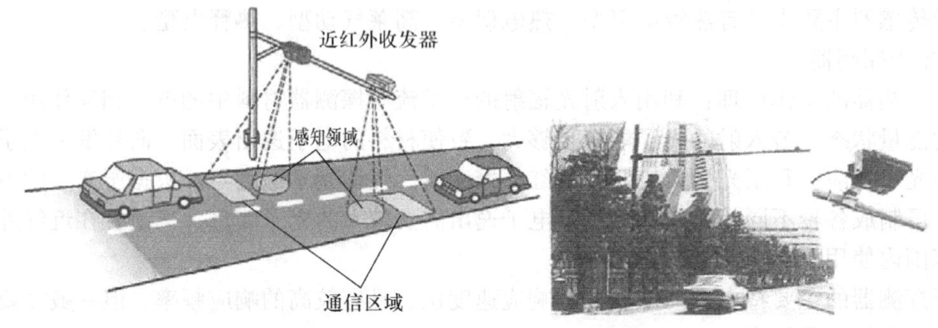

图4-28　近红外车辆检测器

近红外收发器发光单元的选取要考虑使用寿命问题，采用波长为850nm或950nm的近红外发光二极管（LED），价廉并且能够达到1Mbit/s的高速率通信。

近红外车辆检测器的特性如下：

① 通信指向性非常强，即使在狭窄的道路上也不会产生相互干扰。

② 可以进行高速数据通信。

③ 对以0～120km/h车速行驶的车辆也可以进行检测。

④ 体积较小，安装容易。

⑤ 将安装在一般道路上的近红外收发器与安装在高速公路上的雷达波收发器进行比较的话，前者不需要电波使用许可的申请。

近红外车辆检测器的主要性能指标见表4-7。

表4-7 近红外线车辆检测器的主要性能指标

项目		主要性能指标
车辆检测功能	对象车辆	轻型车辆以上
	检测车辆车速	0~120km/h
	检测范围	1.2m×1.2m
双方向通信功能	调波方式	调谐脉冲振幅
	符号化形式	曼彻斯特编码
	车速范围	0~70km/h
	近红外线波长（提高环）	（850±50）nm或者（950±50）nm
	传输速率	1024kbit/s
	通信区域（降低环）	3.5m×3.7m（路面以上1m）
	辐照度（降低环）	3.0μW/cm² 以上
	辐照度（提高环）	2.0μW/cm² 以上
	检测灵敏度（降低环）	0.75μW/cm² 以上
	检测灵敏度（提高环）	0.5150μW/cm² 以上

2. 远红外车辆检测器的工作原理

（1）被动式远红外车辆检测器

被动式远红外车辆检测器检测的是波长在8~14μm范围内的远红外辐射源，这些辐射是人眼所不能够看见的。通常，一个物体远红外辐射强度取决于该物体本身的大小、温度和表面的结构，与其颜色及周围光线的强度无关。

被动式远红外车辆检测器监测在一定速度范围内的车辆、路面及其他物体自身散发的红外线和它们反射的来自太阳的红外线。当车辆进入被动式远红外检测器的检测区域时，检测器检测到的红外线能量发生变化，其符合辐射传播定律。设车辆和路面（由路面发射的波长在检测器的可测波长范围内的红外线）的红外线发射频率分别为ε_V和ε_R，车辆和路面的表面温度（单位为K）分别为T_V和T_R。在认为检测器自身发射的红外线能量忽略不计的情况下，车辆温度可由下式近似确定：

$$T_{VB}(\theta,\phi) = \varepsilon_V T_V + (1-\varepsilon_V)T_{SKY} \tag{4.16}$$

式中，T_{SKY}为大气温度（大气吸收太阳光、宇宙射线而使大气具有的温度）；θ为检测器检测角度的最小值（如竖直向下时达到的角度）；ϕ为路面坐标系中的角度；$\varepsilon_V T_V$为车辆散发的红外能量；$(1-\varepsilon_V)\ T_{SKY}$为车辆反射的大气红外能量。

同样地，路面温度也可由下式近似确定：

$$T_{BR}(\theta,\phi) = \varepsilon_R T_R + (1-\varepsilon_R)T_{SKY} \tag{4.17}$$

式中，$\varepsilon_R T_R$为路面散发的红外能量；$(1-\varepsilon_R)\ T_{SKY}$为路面反射的大气红外能量。

当无车辆经过时，被动式远红外车辆检测器检测到的红外能量主要源自路面返回的；当车辆驶入检测区域，由于汽车的发动机上的热辐射明显地与路面的热辐射不同，从而可以判定车辆的存在或通过。同时，这种被动式远红外车辆检测器可以检测被测目标的温度与当前背景的热力学温度之间的差异，从而区分车辆及行人。

在交通监管应用中，这种检测器的典型使用距离大约是6m，在这个距离内，大气不会造成检测器的性能明显下降。被动式远红外车辆检测器能对与背景对应温度相差不到1℃的辐射变化做出响应。

（2）主动式远红外车辆检测器

主动式远红外车辆检测器的基本原理类似微波检测。检测器自身配有指向测量车道的红外光源，其核心部件激光二极管在红外线波长范围（即波长在880nm）附近工作。当驶近的车辆接近主动式远红外车辆检测器时，就会将红外线反射回主动式远红外检测器，通过红外线发射或反射，来提供公路车流中不同车辆的各种参数，如车流量值、车道的占有率、车辆的车速、车辆分类等。

3. 远红外车辆检测器的特点

远红外车辆检测器检测的远红外线波长比可见光或近红外线的波长要长，因此具有更强的穿透雨、雾或雪的能力。而且被动式远红外检测器所检测是目标车辆等自发的红外辐射，不会对周围环境等造成辐射污染。被动式远红外检测器通过检测被检测目标的温度与当前背景的热力学温度之间的差异，还可区分车辆及行人。

远红外车辆检测器不受光线条件或物体颜色的影响，且当多个检测器同时工作时，相互间没有影响，概括起来其优势主要体现在：

① 安装简便，无需布线，无需破坏路面，无电源，使用寿命长；远红外车辆检测器价格相对便宜；安装一般采用悬挂式或路侧安装，可安装在电杆臂上、龙门架上或信号灯顶端，且安装简单，不需要昂贵的市政施工，同时对于路面和路基的类型和状况的影响可以忽略。

② 能获得汽车通过时的多角度数据，以及交叉口不同方向同一车辆同一时间不同的交通信息。

③ 快速响应，抗干扰性强，可输出丰富的车辆数据信息，能可靠检测各种特殊车辆，可以准确实现车辆的分离。

④ 不受光线条件的影响，能在完全黑暗的情况下工作。

它存在的不足如下：

① 受周围环境影响太大，如大气的温度和湿度；

② 近红外穿透灰尘、云雾、雨滴和雪花的能力很弱，远红外的穿透能力相对较强。

4. 红外车辆检测器产品

德国西门子（SIEMENS）公司的 Traffic Eye™红外检测器是一种基于红外检测原理并可通过GSM 无线传输的先进的交通数据采集设备，可以获得直观、准确、实时的交通数据及参数，并且测量准确、扩展性强，是一种较为理想、高效的交通检测器。其构成的交通检测系统如图4-29所示。其中两款典型产品是 IR254 红外车辆检测器（检测距离为 10m）、IR255 红外车辆检测器（检测距离为 20m）。

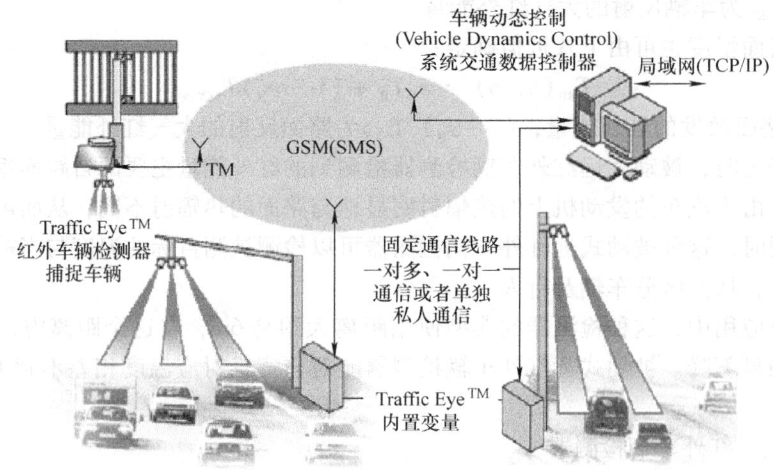

图 4-29 德国西门子 Traffic Eye™交通检测系统构成示意图

1）性能特点

① 被动式红外检测器。可配备太阳电池，耗能低。

② 太阳电池供电和无线传输部分不依赖电缆，安装简单、快速，搬移方便。

③ 采用模块化设计，也可安装在已有的交通设施机箱中。

④ 交通数据控制中心使用标准格式数据对检测信息进行分析、显示和传输。

⑤ 最多可以同时检测6车道。

⑥ 采集交通流量、占有率、车速信息。

⑦ 车辆分类是基于车长分类的。

⑧ 车速检测为0～250km/h，包括静止车辆。

2）检测器

检测器与处理器相连，检测器安装在车道上方，每个检测器检测1条车道，相邻车道的检测器可以安装在同一个支架上。每个处理器最多可以连接6个检测器。

3）处理器

处理器包括计算中心和供电单元，接收的数据经过解析、计算，可以获得以下车辆信息：

① 分类车辆数量，误差<3%，平均误差<10%。

② 平均车速、最大车速、行驶车速。

③ 时间占有率。

④ 车辆长度。

供电处理器分为两种：内置式（电源线供电，无线数据传输）、独立式（太阳电池，无线数据传输（用于立交桥上安装）），处理器采用无线传输方式（GSM网），上传至控制中心，控制中心存储检测数据，并通过通信协议（TCP/IP），与交通控制管理系统相连。

5. 红外车辆检测器的应用

红外车辆检测器可用于采集交通流中不同车辆的各种参数——交通流量、车道占有率、车速、车长和排队长度及车型。短距红外车辆检测器可安装在停车线处，是替代感应线圈检测器的理想选择，还可应用在公路收费系统、电子不停车收费（Electronic Toll Collection，ETC）系统、自动车辆分类系统、公路计重收费系统、固定式超限检测站等，非常适合不破坏地面的安装和应用。

高速公路监控系统是在城市街道交通管制系统的基础上发展起来的。近年来随着计算机技术、自动化技术和光纤通信技术的发展，我国高速公路监控系统的技术结构也随之变化，车辆检测器尤为突出。被动式红外车辆检测器因价格低廉、技术性能稳定，在高速公路监控系统中得到了广泛的应用。

例如，在唐港高速公路监控系统中，就采用了红外车辆检测器。唐港高速公路起自唐山东立交（与唐津高速公路相连），在乐亭雷家铺与沿海公路相连进入京唐港区，全长80.2km。该公路为全封闭全立交双向6车道高等级汽车专用高速公路。监控收费系统作为机电工程不可或缺的一部分。在监控过程中，对通行车辆图像的抓拍极为重要，如何使车辆图像抓拍达到准确，怎样如实地反映车辆信息，成为监控系统的关键。

当车辆驶入收费区域进入车道遮挡住检测器发出的红外线时，红外车辆检测器发信号给收费亭内的工控机，车道监视器实时抓拍，图像记录在工控机中。与以往单独使用感应线圈车辆检测器配合车道摄像机实时抓拍的方式相比，红外车辆检测器使图像抓拍的位置更准确，误差小于1cm，而且响应时间更短。

交通信息采集由单一检测器向检测器组合应用发展，已成为交通流检测发展的一种趋势。目前，被动式红外检测技术和超声波检测技术联合使用，可以实现更高水平的交通监测，车辆存在和排队检测准确度更高，车辆计数及对高度、距离的识别更准确。

澳大利亚艾克利斯的ASIM系列交通侦测系统，是将微波、超声波、红外线三种不同的物理探测方法结合在一起进行交通数据的采集，可同时检测一个或多个监测区域，提高了准确度和可靠性。通过检测器内置的数字信号处理器（DSP）可将所有检测器通路中的信号联合起来，可准确提供所有车辆在探测区域内的运动信息。用户可根据需要选择下列功能对车辆进行检测。这种检测取决于安装地点和特定的目的，如车辆的分类 、统计所有类型的车辆、检测通过车辆的个体车速、检测出现车辆和排队情况、检测占有率和时间间隙等。这样的检测装置可用于多种交通数据的采集和交通控制，包括对交互式交通航道的检测。

4.4 其他车辆检测器

1. 便携式激光检测设备

激光车辆检测器主要用于流量、车速、车辆高度和宽度的检测，常用的主要是手持式激光测速仪。测量单车车速时，它的测量瞄准性比较好。

工作原理：激光测速仪采用的是激光测距的原理。激光（一种电磁波，速度约为300000km/s）测距是通过对被测物体发射激光光束，并接收该激光光束的反射波，记录该时间差，来确定被测物体与测试点的距离。激光测速是对被测物体进行两次有特定时间间隔的激光测距，取得在该时段内被测物体的移动距离，从而得到该被测物体的移动速度。

激光测速仪的特点：

① 由于该激光光束基本为射线，故其测速距离相对于雷达测速有效距离更远，可测1km外。

② 测速准确度高，误差 <1km/h；

③ 应用时激光光束必须要瞄准与激光光束垂直的平面的反射点，但由于被测车辆距离太远且处于移动状态，或者车体平面不大，而导致执勤警员的工作强度很大、很易疲劳。目前，美国激光技术公司已经生产出带连续自动测速功能的激光测速仪，专门用于解决这一问题。东莞市交警支队东城大队使用这种改进后的测速仪抓拍超速车辆，已经取得了明显的成效。

④ 激光测速仪不具备在运动中使用的优势，只能在静止状态下应用，所以一般交警都把仪器放在巡逻车上，停车静止使用。

根据不同的工作原理和应用场合，发射机或接收机可以安装在公路旁的立柱上，或者公路正上方的信号灯柱、高架横梁、过街天桥上。

目前，大部分国家采用的激光测速仪使用的是一类安全激光，对人眼睛安全，激光测速仪的取证能力远远大于雷达测速仪，因而受到世界各国广泛的认可和推广，如美国、加拿大、英国、德国、澳洲、瑞典、瑞士、荷兰和中国的广东、台湾、香港、澳门等地区。

2. 被动式声波车辆检测器

被动式声波车辆检测器是目前市场上一种最新的检测设备。它利用车辆在路上行驶时产生的噪声来检测车辆的存在，并计算车速、车长、占有率等数据，采用侧向安装方式能同时检测多条车道。

美国SmarTek Systems公司生产的SAS-1被动式交通声波车辆检测器，是一种新型的可同时检测5条车道交通流数据的检测器。它通过检测机动车辆行驶时产生并传播的声音信号，来检测车辆的存在，从而获得各种交通流数据。SAS-1是一个非接触的被动式声波（只听）检测器，可以很方便地固定在原有的路侧灯杆、过街天桥或龙门架上，完全不干扰交通和正在行驶的车辆。SAS－1 设计结构紧凑轻巧，能够非常容易地快速安装在已有的道路设施上，通常的路侧安装不需要封闭道路；其可靠性设计能够适应各种恶劣的道路环境，并减少甚至消除任何周期性的设备维护工作。如图 4-30 所示。

图 4-30　SAS－1 被动式声波车辆检测器

SAS－1 利用先进的声波信号空间角度处理技术，使其能够适应各种干扰环境，并提供高解析度的多车道交通流的检测。这种先进的处理技术消除了来自车道以外噪声的干扰，从而减少了对车辆的误检测。SAS－1 的"声波映像"贯穿整条道路的交通流，从而使用户可以远程非常灵活而准确地定位每个电子检测区域和检测区域的尺寸，无需现场其他辅助方式进行设置。电子检测区域设置及修改设置（如果车道结构发生变化时）都是通过远程管理软件完成的。易于操作的 SAS－1 监控设置软件可实时显示每一辆车经过检测器的实际位置。

SAS－1 的应用领域如下：

① 高速公路交通数据检测。

② 城市道路交通流检测及交通诱导。

③ 自适应交叉路口信号灯控制。

④ 出入口匝道逆行警报。

SAS－1 的特点与优势如下：

① 可同时检测 5 条车道的车流量、车速、车型、车道占用率等。

② 先进的声波信号空间角度处理技术，提供高准确度交通数据。

③ 实时声波映像减少了现场维护及再设置工作。

④ 远程电子检测区域设置，使设置工作更简单。

⑤ 低功耗，无线连接方式降低了安装和使用成本。

⑥ 侧装方式，易于安装无需封闭车道。

⑦ 可设置地址来支持网络连接。

⑧ 被动式，无辐射，更环保。

本章主要介绍了基于波频的车辆检测器的原理及应用，主要包括被动声波检测器、超声波检测器、雷达测速仪、远程微波交通检测器、红外车辆检测器、激光测速仪等，这些波频车辆检测器的主要特点概括见表 4-8。

表 4-8　波频车辆检测器的主要特点

技术	优　点	缺　点
微波雷达	一般情况下在恶劣天气下能正常使用 能直接测量出车速 能应用在多车道路段	无线传输带宽和传输波形不能方便使用 多普勒检测器不能检测静止车辆
红外	可精确测量车辆的位置、车速及车辆类型 能够通过多区域测量车速 能应用在多车道路段	易受烟雾、雨雪等天气因素影响 在下雨或下雾天气条件下检测器的灵敏度会受到影响

（续）

技术	优　点	缺　点
超声波	能应用在多车道路段	温度变化很大的情况下会影响测量效果 车速较高情况下，大周期方波会减少其对车道占用率的检测能力
声音	非侵入式测量方法 对于车速陡然增加有很高的灵敏度 能应用在多车道路段	低温情况下影响检测数据的准确程度 特定模型不适用于车速较慢的场合

第 5 章　基于视频的车辆检测技术

基于视频的车辆检测技术能够通过非物理手段检测到是否通过车辆，是一种利用视频图像进行车辆检测的交通检测技术。视频车辆检测，是采用摄像机作为检测装置，通过检测车辆进入监测区时视频图像某些特征的变化，从而得知车辆的存在，并以此来检测交通流参数获取车辆的特征信息。它涉及计算机图像处理、模式识别、信号处理和信号融合等多个学科。视频检测技术对于图像识别实时性要求较高，复杂背景下车辆检测和识别的准确率还不如地磁等物理检测技术。不过，相对于其他车辆检测技术而言，该检测技术具有无可比拟的优势，主要有以下四点：

① 安装简便，无需破坏路面，易于移动、调整检测器位置，维护费用低、升级容易，原有的监控设备多数情况下还可以最大化地利用。

② 直观可靠，便于管理人员干预，检测范围广，获取信息丰富。

③ 可提供现场录像，重现交通场景，为研究交通行为、改进交通管理方法和处理交通事故提供了大量的信息。

④ 对周围环境没有影响，不会造成污染，相同检测器之间也不会发生干扰。

当前，随着计算机软硬件技术和计算机视觉、数据图像处理技术、人工智能技术的发展，以前困扰人们的一些视频检测应用难题逐步被攻克，视频检测的计算速度、检测准确度及模型泛化能力也逐步提高。目前这一检测技术在智能交通领域中已得到了广泛的应用，正逐渐成为车辆检测领域的主流技术。

5.1　视频车辆检测技术的发展概况

纵观视频车辆检测技术的发展历史，其硬件平台先后经历了两个阶段。初始阶段采用的是基于个人计算机（PC）/工控机平台的检测系统，主要是基于 x86 系列 CPU 外加存储、扩展板卡、通信控制电路模块而构成的，检测算法在通用处理器上运行。其主要优点是软硬件扩展性好、器件支持厂商多；缺点是功耗高，一般在 100W 左右，体积大不利于安装，在高温、强灰尘环境下稳定性差。现阶段主要采用的是基于数字信号处理器（Digital Signal Processor，DSP）嵌入式平台的检测系统。其主要优点是功耗低，一般小于 10W，集成度高，体积小，可在极度恶劣条件下工作，而且成本低、易维护；缺点是硬件扩展性差，器件支持厂商少，且开发复杂。目前，采用 DSP 嵌入式平台的视频检测系统已进入实用阶段，国内有不少公司推出了嵌入式交通信息检测系统，并已经大范围推广使用。

根据检测算法的原理来区分，视频车辆检测技术大致可分为两大类：基于虚拟传感器（虚拟点、虚拟线、虚拟线圈）的非模型车辆检测技术和基于模型跟踪的车辆检测技术。

1）非模型车辆检测技术

1982 年，日本人 Takaba sakauchi 等在研究视频交通图像的过程中，提出以虚拟点为处理单元的交通参数提取方法。这是早期的非模型车辆检测思想，为车辆的视频检测奠定了基础。非模型车辆检测技术仅能检测指定区域内移动的像素群，不能够理解像素群的具体含义，无法识别出检测目标的属性。通常的方法是在视频图像中的车道上设置一些虚拟传感器（虚拟点、虚拟线或虚拟线圈），当车辆经过时，引起图像中虚拟传感器区域灰度值变化，通过处理该变化信号可以提取所需信息。为提高检测的可靠性和稳定性，学者们提出了用虚拟线替代虚拟点来测量车辆信息，该方法通过检测虚拟线上的像素强度变化来检测过往车辆；同时通过在道路垂直方向设置多条平行的检测线来检测车辆的通过速度。在此基础上，利用虚拟检测线组，实现多车道车辆的检测和提取。之后，学者们又进一步提出了基于虚拟线圈的检测技术，以及基于彩色虚拟检测线的检测方法。

2）基于模型跟踪的车辆检测技术

该类检测技术同非模型车辆检测技术相比，具有如下优势：能够实现非模型车辆检测系统大部分功能，同时可以提取诸如车辆形状、属性等信息，不仅提高检测准确度，还可以实现车辆的运动轨迹跟踪，分析车辆以及驾驶者的行为。其基本原理是事先建立车辆的特征模板（手动或者自动），利用匹配或者机器学习方法在图像中搜索与特征模板类似的区域，进而提取出目标区域。

国外的视频车辆检测技术研究起步较早，经过多年的发展，已经取得了较好的成果。1972年日本首先研制成功用图像处理来实时测量交通参数的设备。1975年美国加州 Jet Propulsion 实验室在美国联邦公路管理局的资助下开始尝试使用视频技术来检测车辆的运行，并取得了初步的进展。之后，世界各发达国家都相继开展这方面的研究。由于受到当时的软、硬件技术条件限制，视频车辆检测技术的应用并不广泛，进展也比较缓慢。最近十几年来，随着计算机处理速度的迅速提高，图像处理技术的发展，视频车辆检测技术研究越来越活跃，一些视频车辆检测系统也应运而生，并已成功应用于智能交通领域。其中，比较有代表性的有，美国明尼苏达大学研制开发并逐渐发展壮大的 AutoScope 视频车辆检测系统；日本东京大学生产技术研究所开发的交通监控系统；新加坡从1998年开始实施了高速公路监控及信息诱导系统（Expressway Monitoring & Advisory System，EMAS）。EMAS 已经覆盖了新加坡多条高速公路，EMAS 中的车辆检测系统就基于视频检测和图像处理技术，主要完成交通数据采集和交通事故检测等功能。进入 21 世纪，在学校、企业和交通管理部门的共同努力下，视频车辆检测技术日趋成熟，并逐渐取代传统的感应线圈、雷达等车辆检测技术，成为实际交通管理工作中获取交通信息的重要来源与手段。

我国在视频车辆检测方面的研究起步虽然比较晚，但发展很快。目前很多大学、研究机构和企业都已经开发出完全具有我国自主知识产权的产品，并在我国很多地区得到了应用。这些系统都实现了车辆检测和跟踪的功能，但是相对国外厂商，国内厂商在视频车辆监控技术的基础研究方面还比较薄弱，尤其是视频车辆检测技术的基础方面——图象处理和模式识别技术——的研究比较滞后。

视频车辆检测技术具有非接触、可一次检测多参数和检测范围大的特点，使用灵活。该项检测技术目前的研究主要集中在：ⓐ高效的背景更新技术；ⓑ多运动目标的检测技术；ⓒ高效的目标跟踪技术；ⓓ稳定的目标特征检测及匹配技术；ⓔ运动行为分析等方面。从长远来看，视频车辆检测技术的发展趋势有如下 3 点：

1）智能化

智能化是视频车辆检测技术的重要发展趋势，视频车辆检测技术经过多年的发展，检测准确度、深度、范围等指标都有很大的提高，但系统的智能化程度还十分有限，智能化的分析、决策能力相对较弱。因此，不断提高系统的智能化程度是该技术后续研究的重要内容。

2）视觉检测立体化

立体视觉是计算机被动测距方法中最重要的距离感知技术之一。该技术直接模拟人类视觉处理景物的方式，从两个或多个视点观察同一目标，以获取在不同视角下的感知图像，可以灵活测量目标的立体信息，获得图像的深度信息。该方法可以克服单一视角下由于遮挡或深度影响而容易产生的歧义，能够有效解决遮挡问题，扩大车辆检测的有效范围。

3）低成本、集成化

目前的视频车辆检测系统结构还比较复杂、价格优势不明显，这给视频车辆检测技术的广泛普及带来了一定的困难。所以各研究生产单位还要降低成本、提高性能、优化产品结构，以增强视频车辆检测技术的市场竞争力。这也是视频车辆检测技术的发展方向之一。

5.2　视频车辆检测系统组成

视频车辆检测系统一般包括系统初始化模块、图像采集模块、图像预处理模块、目标检测与跟踪模块、交通流参数检测模块（见图5-1）。下面简单介绍一下各主要功能模块。

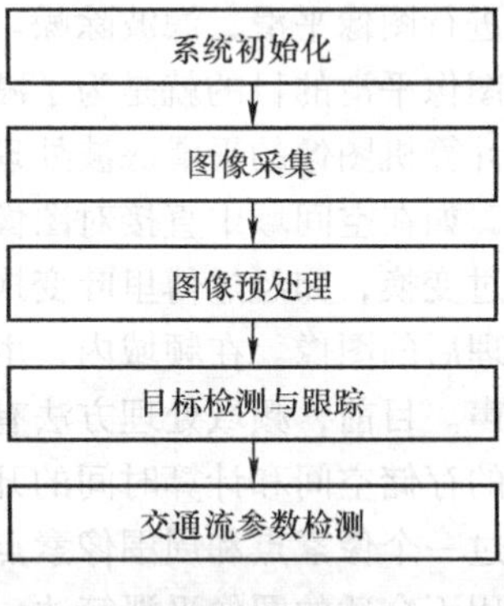

系统初始化 → 图像采集 → 图像预处理 → 目标检测与跟踪 → 交通流参数检测

图 5-1　视频车辆检测系统基本框架

1. 系统初始化模块

在该模块中，设定系统初始值，包括设定图像输入参数（采集图像的分辨率、亮度、对比度，图像采集卡视频端口的制式，每秒采集的帧数等）、检测区域的大小和个数、检测线之间的距离、各种车辆类型的特征量、图像二值化的阈值、建立识别的匹配模板等。

2. 图像采集模块

图像采集模块是视频检测系统的重要组成部分，目前图像采集常用的两种图像传感器为电荷耦合器件（CCD）与CMOS 图像传感器。CCD 图像传感器技术成熟、图像噪声小，但制作工艺复杂，与标准工艺不兼容，且需要较高电压供电，芯片功耗大。另外，CCD 图像传感器一般输出带制式［PAL 制（逐行倒相制）或 NTSC 制（美国国家电视制式委员会制）］的模拟信号，需要经过视频解码器得到数字信号才能传入微处理器中。而 CMOS 图像传感器采用 CMOS 工艺，直接输出数字信号，可以直接与微处理器进行连接，因而集成度高、功耗低、使用方便，且具有价格上的优势。不同的CMOS 图像传感器有不同的性能，主要表现在图像分辨率大小不同、帧速率不同、曝光方式不同等。CMOS 图像传感器可直接通过 I^{2}C 总线来设置图像分辨率大小及曝光、增益等参数，而 CCD 图像传感器则需要对视频解码器进行设置来控制图像的曝光、增益等参数信息。

3. 图像预处理模块

成像系统获取的图像由于受到种种条件限制和随机干扰，往往不能满足图像检测和识别的需求，必须在早期对原始图像进行图像预处理。

根据三基色原理，世界上任何色彩都可以由红、绿、蓝三色按不同比例的混合来表示，如果红、绿、蓝三个信号分别由一个字节来表示，则该图像颜色位数就可达到二十四位，简称为真彩。也就是说，在二十四位真彩的数字图像中，每个像素点由三个字节来表示，因而根据数字图像水平和垂直方向像素点数（即图像分辨率）就可以计算出一幅图像的实际位图大小。其实，通过图像采集卡采集的车辆图像通常都以位图的格式存放在系统内存中。虽然此时的车辆图像没有被人为损伤过，但在实际道路上行驶的车辆常会因为各种各样的原因使得所拍摄的车辆图像效果不理想。例如，对于车牌识别系统，表现为外界光线对车牌的不均匀反射，极强阳光形成的车牌处阴影，摄像机快门值设置过大而引起的车辆图像拖影，摄像头聚焦或后背焦没有调整到位而形成的车辆图像不清晰，由视频传输线引起的图像质量下降，所拍摄图像中存在噪声干扰，所安装的车牌不规范或车辆行驶变形等。这些都给车牌的模糊识别增加了难度，在现有的技术条件下任何优秀、先进的车牌识别软件也是无法达到百分之百的车牌识别准确率的，必须在早期对原始图像进行图像预处理。可以对车辆图像根据不同应用特点进行识别前的预处理，尽最大可能提高图像中所需特征识别的准确率，预处理包括滤波去噪、倾斜校正、图像增强等。

(1) 滤波去噪

由于成像系统的原因，实际获得的图像一般都会受到某种干扰而含有噪声。引起噪声的原因很多，常见的噪声包括：敏感元器件的内部噪声，感光材料的颗粒噪声、热噪声，电气机械运动产生的抖动噪声，传输信道的干扰噪声、量化噪声等。噪声产生的原因决定了噪声的分布特性以及它与图像信号之间的关系，通常噪声可以分成加性噪声、乘性噪声、量化噪声等。这些噪声恶化了图像质量，使图像模糊，甚至淹没特征，给后续分析带来困难。因此，首先需要对采集到的图像进行图像平滑、滤波除噪。

图像平滑的目的就是为了减少图像中的噪声，改善图像质量，以有利于抽取对象特征进行分析。计算机图像的平滑滤波处理主要采用两大类方法：一类是在空间域内采用邻域平均法来减少噪声，如在空间域中直接对图像像素灰度值进行运算后取代；另一类是频域处理方法，把空间图像经过变换，如经过傅里叶变换，使之在频域内进行各种处理，然后再变回到图像的空间域，形成处理后的图像。在频域内，由于噪声频谱多在高频段，因此采用各种形式的低通滤波方法来减少噪声。目前，频域处理方法有傅里叶正变换和逆变换，各种小波变换和小波逆变换。这些方法使用的存储空间和计算时间的开销很大，不适于智能车辆检测这样的实时系统。实际常用的方法是通过一个像素点和周围像素点的平均运算来去除突然变化的像素点，从而滤掉一定的噪声。如果采用不合适的图像平滑算法，则会造成图像模糊后果。

经典的平滑技术是对噪声图像使用局部算子，当对某一个像素进行平滑处理时，仅对它的局部小邻域内的一些像素进行处理。其优点是计算效率高，而且可以对多个像素并行处理。在视频车辆检测系统中，主要采用中值滤波算法降低噪声。中值滤波也是一种局部平滑技术，它是一种非线性滤波。由于它在实际运算过程中并不需要图像的统计特性，所以使用比较方便。在一定条件下，中值滤波可以克服线性滤波器所带来的图像细节模糊，而且对滤波脉冲干扰及颗粒噪声最为有效。但是对一些细节多，特别是点、线、尖顶细节多的图像不宜采用中值滤波的方法。

(2) 倾斜校正

倾斜校正主要用于提取车牌信息的图像预处理系统。在道路实际行驶的车辆中，图像中的车牌往往存在不水平情况，如摄像机安装位置不在车道的正中央、挂放的车牌不水平或车辆突然变道行驶等，这些都会使采集的车牌图像需要进行车牌倾斜校正。由于车牌的上下沿是两条明显的平行线，所以一般采用 Hough 变换，检测出这两条直线的倾斜角，或者利用特征投影法来检测车牌的倾斜角，然后对车牌图像进行水平校正。

(3) 图像增强

图像增强主要有两个目的：一是改善图像的视觉效果，提高图像成分的清晰度；二是让图像变得更有利于微处理器进行处理。

数字图像是一个二维的空间像素阵列，阵列中的数值就是该位置像素的颜色灰度值。灰度修正是图像增强行之有效的方法之一，通常采用直方图修正法使图像具有期望的灰度分布。其中，水平方向为像素灰度值，垂直方向为该像素值出现的数量。根据灰色图像直方图调整图像像素值的分布范围，确保图像亮度值均匀和平滑；同时如果直方图中存在多个峰值，则按直方图峰值计算出限定阈值，然后进行分段图像处理，由此分离出背景和噪声。当然，这种车辆图像预处理过程需要有一定的运算时间。例如，对于实时车牌识别系统来说，图像预处理的时间不可能太长，否则会加重内存负担，并可能丢失其他车辆图像数据。

灰度变换是一种最简单有效的对比度增强方法，它是将原图像的灰度 $f(x, y)$ 经过一个变换函数 $g = T[f]$ 转换成一个新的灰度 $g(x, y)$，即

$$g(x, y) = T[f(x, y)] \tag{5.1}$$

灰度变换可使图像灰度动态范围加大、图像对比度得到扩张、图像清晰、特征更加明显，是图像增强的重要手段。

直方图均衡化算法是另一种常用的对比度增强方法，直方图反映了图像灰度分布的统计特征。如通过灰度变换改变图像的对比度进行图像增强，那么图像的直方图也要发生变化，但是灰度变换增强技术只着眼于改变全部或局部的对比度，而不考虑图像的直方图如何变化。直方图修正增强技术是以直方图作为变换的依据，使变换后的图像直方图成为期望的形状。直方图均衡化也叫直方图均匀化，就是把给定图像的直方图分布改变成均匀分布的直方图，它是一种常用的灰度增强算法。需指出的是，由于数字图像的灰度离散化，均衡化图像的直方图是近似均匀分布的。直方图均衡化后的图像灰度动态范围扩大了，量化层间隔增大了，灰度的级数分布减少了，因而有可能出现伪轮廓。直方图均衡化方法使图像增强的实质在于：

① 对于两个占有较多像素的灰度，变换后灰度之间的差距增大。一般来讲，背景和目标占有较多的像素，这种技术实际上加大了背景和目标的对比度。

② 对于占有较少像素的灰度，变换后需要合并。一般地讲，目标与背景的过渡处像素较少，由于归并，该处或者变为背景点或者变为目标点，从而使边界变得陡峭。经过如上预处理的图像，可视化效果得到改善，有利于进行图像分割。

4. 目标检测与跟踪模块

目标检测与跟踪模块是视频车辆检测系统的核心模块，目标检测与跟踪算法是视频车辆检测技术的基础。该模块的功能是使用先进的智能视频分析算法，发现并标记每帧视频图像中的目标物体，进而获取其运动轨迹。在智能视频检测系统中，对目标的检测和跟踪是提高系统智能性的关键技术。系统在检测和跟踪到目标物体后，可以对物体进行特征提取以及识别物体的种类、大小、运动方向，以及其他所必要的特征信息。

目标检测与跟踪技术综合了图像处理、模式识别、概率统计等多种理论与方法，仍处于不断发展之中，新成果也不断涌现。但是考虑到实时性和成本控制的要求，在实际系统中大多采用经过实践检验的成熟算法，不一定追求更新或者更复杂的算法。目标检测与跟踪技术发展了几十年，诞生了许多优秀的方法，在实践中取得了非凡的成绩。作为视频车辆检测技术的核心，目标检测与跟踪方法是本章的重点，下一节中将全面、系统地进行阐述。

5. 交通流参数检测模块

交通流参数检测是车辆检测最重要的目的之一。前面提到过，道路上的人流和车流形成了交通流，交通流定性和定量的特征，称为交通流特征。在此，仅对道路的交通流宏观参数进行检测和统计，从而获得交通流特征数据，为道路运行状况及运行条件的判断提供依据。交通流的三个最重要的宏观参数是交通流量、速度和密度。交通流量可以度量车流的数量和对交通设施的需求情况，速度和密度反映了交通流从路上获得的服务质量。可以通过检测与跟踪车辆进行车辆数目的统计和车速计算，进而求得交通流量、车速和密度。

最简单的车辆计数方法就是设定一个检测区域，当车辆第一次进入检测区域内部时，则计数器加 1，计数的同时对已经进入检测区域内的车辆进行跟踪直至驶出检测区域。这样每有一个目标驶过检测区间，车辆计数器自动加 1，就可以求出交通流量。统计一段时间的交通流量，可以算出车流量。

最常用的车速算法是通过设置两条相邻的检测线，并设定检测线之间的距离为实际距离

(如10m)。这样只需计算车头分别到达两相邻的检测线之间的时间差便可以计算出车速。有了行驶车速后，就可以计算平均车速。平均车速有时间平均车速 v_t 和区间平均车速 v_s 两类。

对于时间平均车速，利用下式进行转换：

$$v_t = \frac{1}{n}\sum_{i=1}^{n} v_i \tag{5.2}$$

式中，v_t 为时间平均车速；v_i 为地点车速，即检测出的车速；n 为交通流量。

区间平均车速可以依据下式进行计算：

$$v_s = v_t - \frac{\sigma_t^2}{v_t} \tag{5.3}$$

式中，v_s 为路段平均车速，即区间车平均速；v_t 为时间平均车速；σ_t 为地点速度均方差。

其中均方差值依据下式计算：

$$\sigma_t = \sqrt{\frac{1}{n}\sum_{t=1}^{n}(v_t - \overline{v_t})^2} \tag{5.4}$$

式中，$\overline{v_t}$ 为检测车速均值。

对于交通密度通常用占有率来表示，占有率分为时间占有率 o_t 和区间占有率 o_s。对于时间占有率可依据下式计算：

$$o_t = \frac{\sum_{i=1}^{n} T_i}{T} \times 100\% \tag{5.5}$$

式中，o_t 为时间占有率；T_i 为目标车辆通过时间（可直接从检测过程获得）；T 为观测时间（由用户自行设定）。

区间占有率可依据下式计算：

$$o_s = \frac{\sum_{i=1}^{n} L_i}{\Delta x} \times 100\% \tag{5.6}$$

式中，o_s 为区间占有率；L_i 为第 i 辆车长（可直接从检测过程获得）；Δx 为检测区域的长度。

有了上述三组交通流基本参数，就可以依此构建交通流模型而获得对道路运行状况和道路运行条件的判断。此外，很多时候还需要对车辆类型进行辨识，以便于制定不同的交通控制策略、优化道路运行状况。类型识别用于辨识车辆的类型。具体算法是，首先从检测到的目标图像中选择目标特征（或特征向量），再使用判别函数进行判别分类，从而得到分类结果。过去一直认为对交通控制、管理有意义的只是车辆的大小，而不必准确到车辆的实际型号，所以实际使用中，一般根据车辆的长度分为大、中、小就足够了。但是现在的交通控制、管理功能日趋复杂和多样化，对于车辆类型信息的要求也更加准确了，如需要辨识出车辆的品牌、颜色等。

5.3 目标检测与跟踪方法及原理

目标检测与跟踪是视频车辆检测技术的核心内容，也是计算机视觉领域的一个重要的研究课题。其目的是实时检测视频序列中出现的目标物体，提取指定目标，获得目标参数，确定目标位置，对目标进行匹配和跟踪，进而获得目标的运动轨迹，为下一步对目标的识别及行为的理解等提供必要的信息。

5.3.1　目标检测

目标检测是利用计算机视觉、数字图像处理、模式识别等技术，通过对视频序列图像进行处理，将感兴趣的目标物体区域从背景区域中提取出来，得到目标的位置、大小等数据，并为后续目标跟踪、目标识别与分析提供支持。目标检测根据是否建立目标模型可以分为基于非模型的目标检测方法和基于模型的目标检测方法。

1. 基于非模型的目标检测方法

基于非模型的目标检测方法主要有帧间差分法、光流场法、背景差分法等，各种方法具有各自的优缺点和适用范围。

（1）帧间差分法

帧间差分法是一种通过对视频图像序列中相邻两帧或多帧作差分运算来获得运动目标轮廓的方法，它可以很好地适用于存在多个运动目标和摄像机移动的情况。当检测场景中出现新的物体运动时，帧与帧之间会出现较为明显的差别，两帧相减，得到两帧图像亮度差的绝对值，判断它是否大于阈值来分析视频或图像序列的运动特性，确定图像序列中有无物体运动。概略来说，帧间差分法的基本思想是，在图像序列中的对象如果在不同帧中位置发生变化，那么在对应的不同帧的该位置上的灰度也会发生变化。而对象没有发生变化的位置，其灰度值不会发生变化，通过阈值化可得到目标对象。图像序列逐帧差分，相当于对图像序列进行了时域下的高通滤波。其优点是算法实现简单、程序设计复杂度低、对光线等场景变化不太敏感、能够适应各种动态环境、稳定性较好；缺点是不能提取出对象的完整区域，只能提取出边界，同时取决于选择的帧间时间间隔。对快速运动的物体，需要选择较小的时间间隔，如果选择不合适，当物体在前后两帧中没有重叠时，会被检测为两个分开的物体；而对慢速运动的物体，应该选择较大的时间间隔，如果时间间隔选择不适当，当物体在前后两帧中几乎完全重叠时，则检测不到物体。常用的方法有两种：

1）相邻帧间差分法

相邻帧间差分就是对相邻的帧进行差分，设 n 时刻当前帧图像为 f_n，$n-1$ 时刻的前一帧图像为 f_{n-1}，对当前帧图像与前一帧图像进行差分运算：

$$d_{(n-1,n)}(x,y) = |f_n(x,y) - f_{n-1}(x,y)| \tag{5.7}$$

式中，$f_n(x,y)$ 与 $f_{n-1}(x,y)$ 分别为当前帧和前一帧图像坐标为 (x,y) 处的灰度值；$d_{(n-1,n)}(x,y)$ 为差分后的绝对值，由 $d_{(n-1,n)}(x,y)$ 判断出运动目标区域：

$$b_{(n-1,n)}(x,y) = \begin{cases} 1, & d_{(n-1,n)} \geqslant T \\ 0, & d_{(n-1,n)} < T \end{cases} \tag{5.8}$$

式中，T 为判决阈值，若相邻两帧图像同一像素间灰度值相差大于 T，则二值图像 $b_{(n-1,n)}(x,y)$ 相应像素为 1，表示运动目标区域；否则为 0，表示背景区域。

2）多帧间差分法

以采用连续三帧图像差分的方法检测运动目标为例，其差分运算公式如下：

$$\begin{aligned} d_{(n-1,n)}(x,y) &= |f_n(x,y) - f_{n-1}(x,y)| \\ d_{(n,n+1)}(x,y) &= |f_{n+1}(x,y) - f_n(x,y)| \end{aligned} \tag{5.9}$$

式中，$f_{n-1}(x,y)$、$f_n(x,y)$ 和 $f_{n+1}(x,y)$ 为连续的三个视频帧。对 $d_{(n-1,n)}(x,y)$，$d_{(n,n+1)}(x,y)$ 进行阈值二值化：

$$b_{(n-1,n)}(x,y) = \begin{cases} 1, & d_{(n-1,n)} \geqslant T_1 \\ 0, & d_{(n-1,n)} < T_1 \end{cases}$$

$$b_{(n,n+1)}(x,y) = \begin{cases} 1, & d_{(n,n+1)} \geqslant T_2 \\ 0, & d_{(n,n+1)} < T_2 \end{cases} \tag{5.10}$$

通过阈值 T_1 和 T_2 可以获得二值化图像 $b_{(n-1,n)}(x,y)$ 和 $b_{(n,n+1)}(x,y)$ 。通过对此两帧二值图像对应点进行逻辑与，如式（5.11）所示，可以得到中间帧二值图像 $M_n(x,y)$ 。其相应像素为1，则表示运动目标区域：否则为0，表示背景区域。

$$M_n(x,y) = b_{(n-1,n)} \wedge b_{(n,n+1)} \tag{5.11}$$

帧间差分法的优点在于算法的复杂度低、容易实现。但是，该方法也存在着一些缺点。由于对前后帧做直接差分，所得到的帧间差图像经常含有大量噪声、中空及分裂部分。因此，为了保证检测的准确度，往往需要使用一些较帧间差分法更为复杂的算法进行差分的后处理。以车辆检测为例，常用的后处理算法包括填充算法，对帧间差分图像做去中空和连接的处理；采用尺寸滤波器，滤掉小于某一尺寸的连通部分，因为运动车辆的连通分量不可能这么小，留下大于某一尺度的部分，作为运动目标。在帧间差分法中，阈值的选取是检测准确率的决定因素。近年来，一些研究提出采用自适应最佳二值化方法，自适应选取二值化阈值，用以分割运动目标与背景图像，克服使用固定阈值所带来的通用性差的缺点。

图 5-2 所示为北京理工大学的崔星等人采用相邻帧间差分法进行了车辆检测的图例。输入视频采用的帧率为 15 帧/s（即 fps），通过相邻两帧图像做差分运算。由于相邻两帧时间间隔非常小，完全可以排除由光照引起的图像动态变化，通过调整合适的阈值，可获得较好的车辆形态。

a) 视频第34帧

b) 视频第35帧

c) 差分结果

图 5-2 帧间差分法检测结果

由于受到随机噪声、阈值选取及其他一些干扰，造成每辆汽车的车身部位都存在许多黑色空洞，一旦空洞区域彼此连通，则割裂了车身的白色区域，从而将导致一部车辆被误判为多部车辆。为了提高车辆的识别准确性，可以对取得的差分结果进行数学形态学膨胀和腐蚀处理。经过数学形态学处理的差分图像如图 5-3 所示。

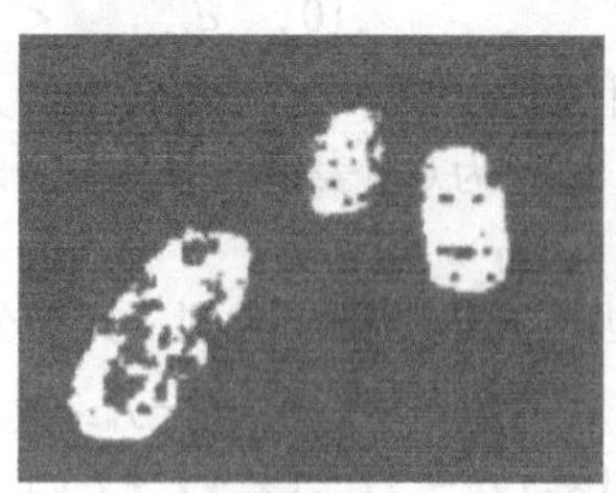

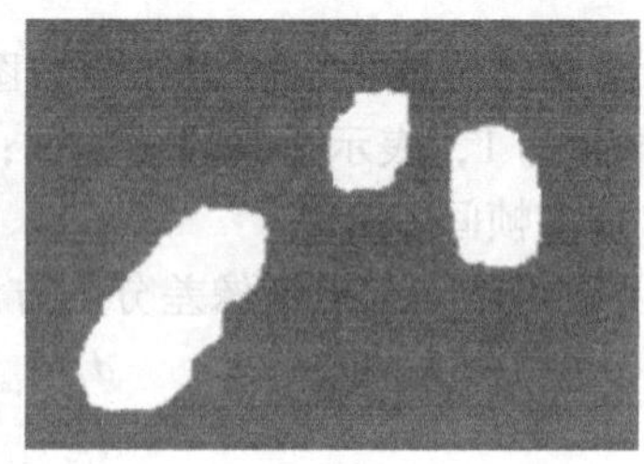

图 5-3 经数学形态学处理的差分图像

经过处理的差分图像，在形态上表现为黑色背景上存在若干孤立的白色区域，这些白色区域就是检测出的车辆，再经过连通区域标记求出物体的数目，进而计算出中心位置和外形轮廓尺寸。图5-4所示为实际检测的效果，图像左上角的数字表示识别出的当前帧内的车辆数目。

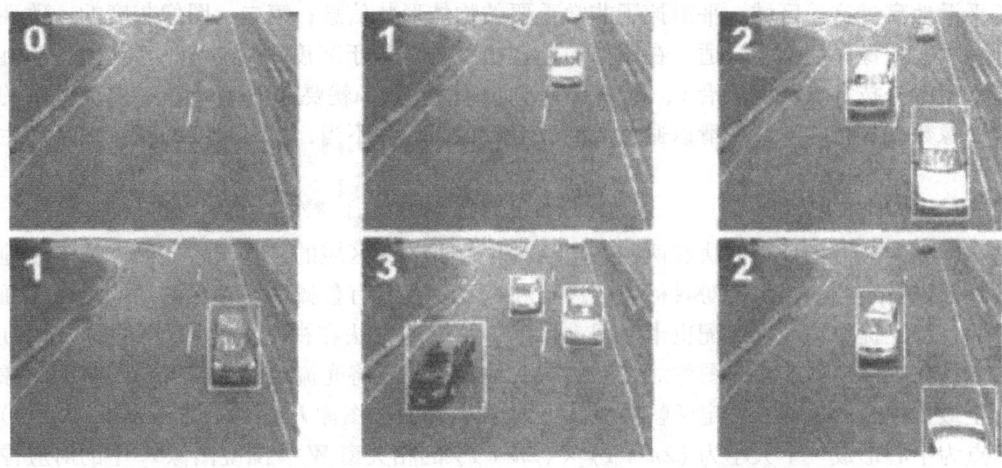

图5-4 基于帧差分运算及处理后获得道路视频车辆检测结果

（2）光流场法

光流场是指空间运动物体被观测面上的像素点运动产生的瞬时速度场。其中二维速度场是三维速度向量在成像平面上的投影。它包含了物体三维表面结构和动态行为的重要信息。

光流场法检测运动目标的基本原理：给图像中的每一个像素点赋予一个速度向量，这就形成了一个图像运动场，在运动的一个特定时刻，图像上的点与三维物体上的点一一对应，这种对应关系可由投影关系得到。根据各个像素点的速度向量特征，可以对图像进行动态分析。如果图像中没有运动目标，则光流向量在整个图像区域是连续变化的。当图像中有运动目标时，则目标和图像背景存在相对运动，运动目标所形成的速度向量必然和邻域背景速度向量不同，从而检测出运动目标及位置。

光流场法的优点在于光流不仅携带了运动目标的运动信息，而且还携带了有关景物三维结构的丰富信息，能够在不知道场景的任何信息的情况下，检测出运动对象。但是，采用光流场法进行运动目标检测的问题在于光流场法的算法往往复杂度很高、算法实现的实时性较差。人们基于不同的理论基础提出了各种光流场算法，算法性能各有不同，按照理论基础与数学方法的区别把它们分成四种：基于梯度的方法、基于匹配的方法、基于能量的方法、基于相位的方法。

1）基于梯度的方法

基于梯度的方法又称为时空梯度法，也称为微分法。它是利用图像序列灰度的时空微分来计算图像上的每个像素的光流。下面介绍一下具体算法。

设 $\boldsymbol{I}(x, y, t)$ 为 t 时刻图像点 (x, y) 的灰度；u，v 分别为该点光流向量沿 x 和 y 方向的两个分量，且有 $u = \mathrm{d}x/\mathrm{d}t$，$v = \mathrm{d}y/\mathrm{d}t$。根据图像灰度保持（一致性）假设 $\mathrm{d}\boldsymbol{I}(x, y, t)/\mathrm{d}t = 0$，可以导出光流向量的梯度约束方程为

$$\boldsymbol{I}_x u + \boldsymbol{I}_y v + \boldsymbol{I}_t = 0 \tag{5.12}$$

或者写成向量形式

$$\nabla \boldsymbol{I} \cdot \boldsymbol{v} + \boldsymbol{I}_t = 0 \tag{5.13}$$

式中，$\boldsymbol{I}_x$，$\boldsymbol{I}_y$，$\boldsymbol{I}_t$ 分别为参考像素点的灰度值沿 x，y，t 三个方向的偏导数；$\nabla \boldsymbol{I} = (\boldsymbol{I}_x, \boldsymbol{I}_y)^{\mathrm{T}}$ 为图像灰度的空间梯度；$\boldsymbol{v} = (\boldsymbol{u}, \boldsymbol{v})^{\mathrm{T}}$ 即为光流向量。

上述算法的实现相对简单，计算复杂度也较低，而且能够得到准确的光流。但这种技术也存

在严重的缺陷：第一，在图像中有遮挡的区域，光流场是突变的，总体平滑的约束迫使所估计的光流场平滑地穿过这一区域，平滑掉了非常重要的物体形状信息；第二，图像灰度的一致性假设对于许多真实图像序列都不合适，在图像的遮挡边缘处，基于灰度一致性假设会造成较大误差；第三，采用微分技术求灰度值沿 x、y、t 三个方向的偏导数，就要求 $\boldsymbol{I}(x,y,t)$ 必须是可微的。因此需对图像数据进行时空预平滑以避免混叠效应，如果处理不当，将对最终的光流估计产生严重影响。

2）基于匹配的方法

基于匹配的光流场计算方法有两种，包括基于特征的和区域的。基于特征的方法不断地对目标主要特征进行定位和跟踪，对目标大的运动和亮度变化具有鲁棒性。存在的问题是光流通常很稀疏，而且特征提取和准确匹配也十分困难。基于区域的方法在视频编码中得到了广泛的应用，其实质上是在图像序列的顺序图像对之间实施一种对应，它将光流定义为使得不同时刻图像区域之间产生最佳拟合的位移。给定两帧顺序图像 $\boldsymbol{I}_1$ 和 $\boldsymbol{I}_2$，对于图像 $\boldsymbol{I}_1$ 中的一个像素点（x，y），以此像素点为中心形成一个大小为 $(2n+1)\times(2n+1)$ 的相关窗 $\boldsymbol{W}_c$。围绕图像 $\boldsymbol{I}_2$ 中的对应像素点 (x,y) 建立一个尺寸为 $(2N+1)\times(2N+1)$ 的搜索窗 $\boldsymbol{W}_s$。搜索范围可根据有关两图像间最大可能位移的先验知识来确定。于是可用下面的差方和（Sum of Square Differences，SSD）来计算搜索区域上的 $(2N+1)\times(2N+1)$ 误差分布：

$$\boldsymbol{\varepsilon}(u,v)=\sum_{i,j=-n}^{n}\left[\boldsymbol{I}_1(x+i,y+j)-\boldsymbol{I}_2(x+u+i,y+v+j)\right]^2 \quad -N\leqslant u,v\leqslant N \tag{5.14}$$

然后将此误差分布转换成指数形式的响应分布：

$$R(u,v)=\exp[-k\boldsymbol{\varepsilon}(u,v)] \quad -N\leqslant u,v\leqslant N \tag{5.15}$$

式中，k 为正则化参数。在整个误差范围内，指数响应函数在 0 与 1 之间连续变化。以上两种方法计算的光流通常都不是很稠密，另外，估计亚像素准确度的光流也有困难，计算量很大。

3）基于能量的方法

基于能量的方法简称能量法，该方法认为光流是基于速度调谐滤波器的输出能量的。由于速度调谐滤波器是在傅里叶域中设计的，因而这类技术也称为基于频率的方法。在基于能量的模型中，首先要对输入图像序列进行时空滤波处理，这是一种时间和空间整合。对于均匀的光流场，要获得正确的速度估计，这种时空整合是非常必要的。然而，这样做会降低光流估计的空间和时间分辨率。尤其是当时空整合区域包含几个运动成分（如运动边缘）时，估计准确度将会恶化。此外，基于能量的光流技术还存在高计算负载的问题。因为该类方法涉及大量的滤波器，这些滤波器是主要的计算消耗。然而，可以预期，随着相应硬件的发展，在不久的将来，滤波将不再是一个主要的限制因素，所有这些技术都可以在帧率速度下加以实现。

4）基于相位的方法

1990 年，加拿大多伦多大学计算机科学系的 Fleet 和 Jepson 在从本地相位信息方面研究分量图像速度的过程中，首次从概念上提出了相位信息用于光流计算的问题。因为速度是根据带通滤波器输出的相位特性确定的，所以称为相位方法。他们根据与带通速度调谐滤波器输出中的等相位轮廓相垂直的瞬时运动来定义分速度。带通滤波器按照尺度、速度和定向来分离输入信号。

基于相位的光流场技术的综合性能较好，速度估计比较准确，且具有较高的空间分辨率，对图像序列的适用范围也比较宽。但存在的问题是：第一，基于相位的模型虽然有一定的生物合理性，但其计算复杂性较高，不适合实时处理；第二，尽管相位技术用两帧图像就可计算光流，但要获得足够的估计准确度，就必须有一定的整合时间，这个延迟将会降低边缘处运动估计的时间分辨率；第三，基于相位的方法对输入图像序列中的时间混叠比较敏感。

昆明理工大学的胡觉晖等在《改进的光流法用于车辆识别与跟踪》一文中介绍了用光流场法进行车辆检测的方法：首先利用帧间差分获得运动区域，采用梯度阈值获取二值图像，实验图例如图5-5所示；然后提取运动区域目标特征点来计算光流向量，光流向量图像如图5-6所示。

a) 原始图像

b) 差分二值图像

图5-5 原始图像与差分二值图像

对于外部环境的干扰，如阴影、风动、树叶摆动等造成的干扰，通过对光流向量分段标注，设置感兴趣区域，并根据光流向量的大小和方向，设置一定的阈值，对于光流向量小于设定阈值长度和不在某一方向的不进行标注，可以得到较好的光流向量。

图5-6 光流向量图像

(3) 背景差分法

背景差分法是将图像中所得到的一帧作为背景图像（参考图像），用当前帧图像与背景图像做差分，如果能够选取干净的背景图像，就能够比较准确地分割出前景运动目标。

在基于背景差分法的目标检测中，背景图像的建模和模拟的准确程度，直接影响到检测的效果。不论任何目标检测算法，都要尽可能地满足任何图像场景的处理要求。但是由于场景的复杂性、不可预知性及各种环境干扰和噪声的存在，如光照的突然变化、实际背景图像中有些物体的波动、摄像机的抖动、运动物体进出场景对原场景的影响等，使背景的建模和模拟变得比较困难。

背景差分法实现起来较为简单，算法复杂度低，能够达到实时的要求。用理想方法获取背景图像，在实际应用中是不实际的。特别在交通监控系统中，视频图像都是露天环境中获取的，而露天环境下白昼光线变化、天气变化、道路场景变化、景物变化等都会造成背景的变化。因此，背景差分法的主要问题是背景的构建和更新，好的背景图像更新方法将大大提高背景差分法的效率，这是背景差分法的关键所在。背景建立和更新的方法很多，下面介绍几种常用的方法。

1) 基于单个高斯模型的背景构建

该方法假定连续视频帧中每个像素点均是独立的，并且其灰度值遵循高斯分布，随着新的视频帧到来，要更新每个像素点所遵循的相应高斯分布中的参数，其中均值和方差定义为

$$\mu_n(x,y) = (1-\alpha)\mu_{n-1}(x,y) + \alpha f_n(x,y) \tag{5.16}$$

$$\sigma_n^2(x,y) = (1-\alpha)\sigma_{n-1}^2(x,y) + \alpha[f_n(x,y) - \mu_n(x,y)]^2 \tag{5.17}$$

式中，$f_n(x,y)$ 为第 n 帧图像坐标 (x,y) 处像素灰度值；$\mu_n(x,y)$ 和 $\sigma_n^2(x,y)$ 为第 n 帧图像坐标 (x,y) 处像素灰度值的均值和方差；α 为参数更新率，$0<\alpha<1$，是一个经验值，决定背景更新的快慢。当 α 很小时，背景更新缓慢，反之更新较快。当 $|f_n(x,y)-u_n(x,y)|>k\sigma_n(x,y)$ 时，该像素为前景运动目标点，否则就属于背景。

2）基于混合高斯模型的背景构建

混合高斯模型使用多个（基本为3~5个）高斯模型来共同描述一个像素点的像素值分布，每个像素点的灰度值分布都由多个高斯分布根据权值混合表示。

通常选择第一幅图像每点的像素值作为该点对应混合高斯分布的均值，并给每个高斯模型赋予一个较大的方差和较小的权值。当新的图像到来时，要对各个像素点的混合高斯模型的参数进行更新，从每一点的多个高斯分布中选择一个或几个作为背景模型，其他均表示前景模型，如果当前值与背景模型匹配，则把该点判定为背景，否则判定为前景。当找到与当前值匹配的高斯模型之后，要根据当前值更新与之对应的高斯模型的参数，包括均值、方差和权值。有关混合高斯模型背景构建更详细的内容，可以参考本书5.3.2节“基于边缘高斯混合模型的运动车辆检测方法”。

3）基于卡尔曼（Kalman）滤波器的背景构建

使用卡尔曼滤波器来对背景进行不断的更新，一阶Kalman滤波器的背景更新公式为

$$B_{k+1}(p)=B_k(p)+g^*(I_k(p)-B_k(p)) \tag{5.18}$$

式中，g 为增益因子，有

$$g=\alpha_1(1-M_k(p))+\alpha_2M_k(p) \tag{5.19}$$

如果

$$\begin{aligned}|I_k(p)-B_k(p)|>s_k(p)\Rightarrow M_k(p)=1\\ |I_k(p)-B_k(p)|\leqslant s_k(p)\Rightarrow M_k(p)=0\end{aligned} \tag{5.20}$$

式中，$I(p)$ 为当前帧图像中 p 点像素值；$B(p)$ 为背景图像中 p 点的像素值，$M(p)$ 为运动目标的二值图像中的 p 点的像素值，如果 p 点属于运动目标，则像素值为1，否则为0；$s(p)$ 为像素点 p 的阈值，将运动目标分离出来；α_1、α_2 为权值系数，决定了序列背景图像的自适应性，α_2 必须足够小，才能从背景序列图像中有效地分割出运动目标，α_1 必须大于等于10 α_2，但如果 α_1 太大，越来越多的运动变化将存储于序列背景图象，将会丧失算法的去噪作用。式中的 $s_k(p)$ 可由自适应阈值选取方法得到。

4）基于核函数密度估计的背景模型构建

基于核函数密度估计的背景模型构建方法与以上的背景构建方法不同，该方法无需事先假定背景模型函数，也无需估计模型参数和对参数进行优化。它是目前比较常用的能处理复杂背景的基于核函数密度估计的背景模型构建方法，选用的核函数为高斯函数。假定 X_t，…，X_n 为一像素点的 N 个连续的采样值，在 t 时刻得到该点像素值为 X_t 的概率可用核函数的密度估计来计算，即

$$\begin{aligned}p(X_t)&=\frac{1}{N}\sum_{i=1}^{N}K_h(X_t-X_i)\\ K_h(X_t-X_i)&=\eta(X_t-X_i,\textstyle\sum_i)\end{aligned} \tag{5.21}$$

式中，K_h 是窗口宽度为 h 的核函数；N 是样本的个数；η 是高斯函数。

核估计首先需要得到待估计量的一个训练样本集，最简单的是直接将视频序列中的像素值作为样本。但是视频序列中可能包含运动目标，这样做势必会将属于运动目标的像素作为背景来计

算，就会产生误差。因此，可以将视频序列中相邻两帧的差分作为样本：

$$S_t(x,y)=\begin{cases}I_t(x,y) & |I_t(x,y)-I_{t-1}(x,y)|\leqslant T\\ S_{t-1}(x,y) & |I_t(x,y)-I_{t-1}(x,y)|>T\end{cases} \tag{5.22}$$

式中，S为背景样本；I为视频帧图像；T为阈值，如果两帧图像的差小于某一阈值则视为背景样本，否则不参与运算。假定取得M个背景样本，核函数为高斯函数的背景估计为

$$p(I_t(x,y))=\frac{1}{M}\sum_{j=1}^{M}\frac{1}{\sqrt{2\pi h^2}}e^{\frac{(I_t-S_i)^2}{2h^2}} \tag{5.23}$$

根据$p(I_t(x,y))$，利用下式来判断某一像素是否属于运动目标：

$$M_t(x,y)=\begin{cases}1 & p(I_t(x,y))<T_p\\ 0 & p(I_t(x,y))>T_p\end{cases} \tag{5.24}$$

$M_t(x,y)$为0，则说明该点p属于背景点，为1属于运动目标。为了使背景不断更新，背景样本需不断更新，背景样本的更新可使用队列先进先出的形式，并且不断使用核密度函数估计公式来不断更新背景。

2. 基于模型的视频车辆检测方法

基于模型的目标检测方法与前述基于非模型的目标检测方法相比，其优点在于能够获得对图像内容的理解。例如，针对车辆检测来说，可以得到车辆的形状、属性，还可以分析车辆和驾驶员的行为。对于非模型的方法而言，只是将处理得到的待检测图像中的运动块看作一组像素的集合，但缺点是有可能把误分割形成的像素集合也检测为一个对象。而基于模型的方法将这些像素看作是三维世界中物体在二维图像平面上的投影，经过与预先建立的模型在图像同一位置的投影相匹配，从而达到目标检测的目的。

建立合适的目标模型是应用这种方法去获得对图像内容理解的前提条件，以车辆检测为例，预先建立的模型通常包括摄像机模型和车辆模型。摄像机模型描述了摄像机与交通场景之间的空间几何特征，包括摄像头与水平面倾斜的角度、光心的空间位置、焦距等信息；车辆模型则描述了车辆的先验知识（车辆属性及特征）。车辆模型的建立可采用3D CAD（三维计算机辅助设计）模型、线框模型或者特征模型的方法。

基于摄像机模型和车辆模型的车辆检测方法的工作步骤大致如下：

① 求出感兴趣区域（Region of Interest，ROI）的中心(x,y)和运动方向A，利用摄像机模型将中心点反投影到真实三维世界坐标(x,y,z)。

② 将(x,y,z)和A作为车辆模型在真实世界的位置参数，再利用摄像机模型将车辆模型投影到图像平面上，产生投影结果，将投影结果与原ROI按一定的准则进行匹配。

③ 依次将所有的车辆模型投影到图像平面，找到匹配结果最好的模型，若匹配度大于一个阈值，基本就可以认为ROI对应匹配度最好的模型。

由于模型匹配的固定性，系统必须为每一类车辆都设定一个模板。这就存在一个问题，因为即使是属于同一类的车辆仍可能有不同的特征模型。同时模板方法通常都是假设车辆的亮度特征变化不大，但是实际情况中，环境光照、阴影和车辆重叠以及车身和车窗的光反射都可能造成同一类型车辆的特征差异很大。同时，建立摄像机模型时需要测量详细的摄像机与交通场景之间的空间几何特征，这使得这种方法在实际应用中存在很大的局限性。另外，模型法稳健性也不够高，当摄像机由于外力原因产生微小角度变化时，就可能造成检测失败，且对遮挡情况下的车辆也会发生误检。

为了解决这些问题，有人提出利用Adaboost、支持向量机（Support Vector Machine，SVM）、

神经网络等机器学习方法对多幅车辆位置已经手工标定的图像进行训练，将得到的车辆分类器作为车辆特征模型，然后利用滑动窗口技术搜索图像，使用训练好的分类器对每个滑动窗口进行识别，检测滑动窗口内是否存在车辆。基于学习模型的检测无需摄像机模型，可直接在图像中检测目标，这样不仅适用于运动目标的检测，而且能够检测到静止目标。并且，其鲁棒性好、不易受到干扰、检测位置准确，且与识别相结合，可以直接得到目标类型。它的缺点是检测速度慢，难以满足实时性要求，通常与其他方法共同使用。此外，利用可变模型分割和识别目标也是解决目标外形差异较大所带来问题的一种可行方法。

南京理工大学的胡钢在其《基于模型的车辆检测与跟踪》一文中提出了基于投影的曲线模型匹配方法，针对摄像机抖动下的目标进行鲁棒跟踪。文中利用投影的完整度、匹配点相对于模型的偏移量期望和方差的加权和作为相似性度量来进行跟踪。其采用的车辆模型如图 5-7 所示。图中模型的阴影部分表示模型的线宽。模型 1 对于大多数车辆都适用，矩形代表车辆的外形轮廓，矩形中的上面一条横线表示车窗的位置，下面的横线代表车辆尾部的保险杠。模型 2 适用于卡车和大客车。模型 3 是油罐车。

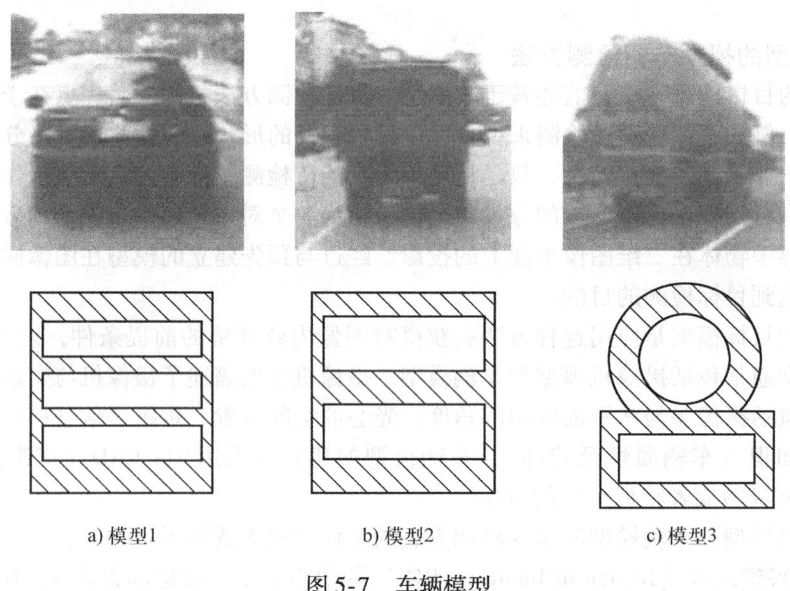

图 5-7　车辆模型

模型匹配是在利用 Sobel 算子得到的梯度边缘图像中进行的。搜索到 ROI 之后，在 ROI 内采用模型由大到小进行搜索匹配。首先确定模型的初始大小，按比例逐渐缩小模型进行搜索匹配，若模型匹配的相似度超过预先设定的阈值，则认为检测到车辆。实际匹配结果如图 5-8 所示。

5.3.2　基于边缘高斯混合模型的运动车辆检测方法

本节以基于边缘高斯模型的运动车辆检测方法为例，详细阐述基于非模型的车辆检测方法的主要思想，内容包括混合高斯背景建模的过程、边缘检测算法以及对车辆阴影的检测与处理。

自适应的混合高斯背景模型是由美国剑桥市麻省理工大学人工智能实验室的 Stauffer 等人在利用实时跟踪来研究活动的学习模式时提出的。它是一种半参数的多维概率密度函数估计的方法，使用 K 个高斯模型来表征图像中各个像素点的特征。通过对每个分布的参数（均值、方差和权重）的在线学习更新，能够很好地适应场景的缓慢变化，特别是在有微小重复运动的场合，如摇动的树叶、灌木丛、海面波涛等。与单高斯模型相比，高斯混合模型可以通过用一个新学习

图5-8 模型匹配结果

到的分布替代旧的高斯分布，所以能够很好地处理规律变化的动态背景。

自适应高斯混合模型在背景建模方面能较好地解决多模态背景问题，尤其适合室外光线和周围环境变化小而运动速度快的目标的检测。但是其模型收敛比较慢、不能适应光线的突变。特别是当光照条件突变时，传统的混合高斯建模方法所提取的目标，易把所有变化的背景像素点当成前景目标，从而造成前景目标混乱，无法提取到有效的运动目标。近年来，一些研究人员对高斯模型法提出了一些改进方法。例如，学者们提出了一种分层的高斯混合模型来解决光照条件的突变问题，或将贝叶斯分类器用于高斯混合模型来对背景进行建模等。

对于视频图像而言，当光线发生突变时，无论是变暗还是变亮，其表现为整体像素的亮度值都发生变化，然而光线的变化对于表征物体结构特性的边缘信息的影响却不明显。本小节介绍的车辆检测方法就是根据这一特点，结合了图像的边缘信息，采用基于边缘高斯混合模型来建立背景，可以较好地解决光线突变时的运动车辆检测问题。

5.3.2.1 高斯混合模型

寻找合适背景模型的目的是为了有效地提取场景中感兴趣的运动目标，背景不一定是没有运动存在的场景。例如，微风中树叶的摇摆，它会反复地覆盖某像素点然后又离开，此像素点的值会发生很大的变化。为了有效地提取感兴趣的运动目标，则应把诸如此类的运动目标看作背景。这时任何一个单峰分布都无法描述该像素点的背景，因为使用单峰分布就表示已经假定背景像素点在除了少量噪声以外是静止的，因此单模态的单高斯模型无法描述复杂的背景。考虑到背景像素值的分布是多峰的，可以用多个单模态的集合来描述复杂场景中像素点值的变化，高斯混合模型正是用多个单高斯函数来描述多模态的场景背景。

高斯混合模型（Gaussian Mixture Model，GMM）的建模方法：将获得的视频序列的像素点的观测值看作是一个时间序列 $\{X_1,\cdots,X_t\} = \{I(x_0,y_0,i):1 \leqslant i \leqslant t\}$ 。假设同帧图像中某个像素点的观测值与其他像素点的观测值相互独立，不同采样时刻该像素点的观测值也相互独立且具有相同的分布。该分布则由 K 个独立的高斯分量构成。定义当前像素点的概率密度函数为 K 个高斯模型的概率密度函数的加权之和 $P(X_t)$ ，即

$$\boldsymbol{P}(\boldsymbol{X}_t) = \sum_{i=1}^{K} \omega_{i,t} \boldsymbol{G}_i(\boldsymbol{X}_t, \boldsymbol{\mu}_{i,t}, \sum\nolimits_{i,t}) \tag{5.25}$$

式中

$$G_i(\boldsymbol{X}_t,\boldsymbol{\mu}_{i,t},\sum_{i,t}) = \frac{1}{(2\pi)^{\frac{n}{2}}\left|\sum_{i,t}\right|^{\frac{1}{2}}}\mathrm{e}^{-\frac{1}{2}(\boldsymbol{X}_t-\boldsymbol{\mu}_{i,t})^{\mathrm{T}}\sum^{-1}(\boldsymbol{X}_t-\boldsymbol{\mu}_{i,t})} \tag{5.26}$$

高斯混合模型的建立是基于像素级的，对于当前的某一像素点，K 为高斯混合模型中高斯分布的个数，一般取 3 ~5 个；G_i 为第 i 个高斯分布；$\boldsymbol{\mu}_{i,t}$ 、$\sum_{i,t}$ 分别为第 i 个高斯分布的均值向量、协方差矩阵；$\omega_{i,t}$ 为 t 时刻该像素点第 i 个高斯分布的概率密度函数的加权值。

如前所述，假设各个观测值彼此独立，则协方差矩阵转变为对角阵，有：

$$\sum_{i,t} = \sigma_i^2\boldsymbol{I} \tag{5.27}$$

式中，σ_i^2 为该像素点的第 i 个高斯模型的方差。

对于摄像机固定的监测场合，背景模型的建立是基于这样的考虑：由一定时间内出现的频率高且颜色（或灰度）更集中的像素点来构成背景。参阅 5.3.2.3 节参数更新方法中得知，对于出现频率高的像素点将会获得较大的权值；对于颜色（或灰度）集中的像素点将有较小的方差，因而拥有较大的 $\omega_i/\left|\sum_i\right|$ 比值的高斯模型能够最佳描述背景。所以对每个像素高斯混合模型的 K 个高斯分布按 $\omega_i/\left|\sum_i\right|$ 的比值由大到小排序，那么最有可能描述稳定背景过程的高斯分布将位于序列的顶部，而由前景或背景暂态扰动产生的分布将滑向序列的底部。将排序序列中前 B 个高斯分布作为像素背景模型：

$$B = \arg\left(\min_b\left(\sum_{i=1}^{b}\omega_{i,t} > T\right)\right) \tag{5.28}$$

式中，T 为预定的阈值（$0.5 \leqslant T \leqslant 1$），$T$ 代表背景出现的概率。

5.3.2.2 边缘检测方法

对于视频图像而言，光线的变化对于表征物体结构特性的边缘信息的影响并不明显，因此基于边缘信息的检测方法可以较好地克服光线突变的影响。

1. 边缘检测原理

在视频图像处理问题中，边缘作为图像的一项基本特征为处理视频图像提供了重要的特征参数。这是指图像中那些邻域灰度有强烈反差的像素的集合，是图像一个属性区域与另一个属性区域的交接处，是区域属性发生突变的地方，也是信息最丰富的地方。图像的边缘是由图像灰度函数的奇异点和突变点构成的，也就是图像灰度发生急剧变化的区域。图像灰度的变化情况可以用图像灰度函数的梯度来反映，因此图像的边缘提取算法可以由图像局部微分技术来得到。根据图像边缘的特征和梯度理论，众多学者在研究图像处理时提出了许多现在被认为是传统经典的边缘提取算子。

对于连续函数 $\boldsymbol{I}(i,j)$，它在点 (i,j) 的 i 方向、j 方向和 θ 方向的一阶方向导数为

$$\Delta\boldsymbol{I}_i(i,j) = \frac{\partial\boldsymbol{I}(i,j)}{\partial i} \tag{5.29}$$

$$\Delta\boldsymbol{I}_j(i,j) = \frac{\partial\boldsymbol{I}(i,j)}{\partial j} \tag{5.30}$$

$$\boldsymbol{I}_\theta(i,j) = \frac{\partial\boldsymbol{I}(i,j)}{\partial i}\cos\theta + \frac{\partial\boldsymbol{I}(i,j)}{\partial j}\sin\theta \tag{5.31}$$

在点 (i,j) 处的梯度为向量，定义为

$$\nabla\boldsymbol{I}(i,j) = [\boldsymbol{G}_x + \boldsymbol{G}_y]^{\mathrm{T}} = \left[\frac{\partial\boldsymbol{I}}{\partial i} + \frac{\partial\boldsymbol{I}}{\partial j}\right]^{\mathrm{T}} \tag{5.32}$$

梯度模值为

$$|\overrightarrow{\mathrm{grad}}| = \sqrt{\left(\frac{\partial \boldsymbol{I}}{\partial i}\right)^2 + \left(\frac{\partial \boldsymbol{I}}{\partial j}\right)^2} \text{ 或 } |\overrightarrow{\mathrm{grad}}| = \left|\frac{\partial \boldsymbol{I}}{\partial i}\right| + \left|\frac{\partial \boldsymbol{I}}{\partial j}\right| \tag{5.33}$$

梯度方向为垂直于边缘的方向：

$$\varphi = \arctan\left(\frac{\partial \boldsymbol{I}}{\partial j} / \frac{\partial \boldsymbol{I}}{\partial i}\right) \tag{5.34}$$

基于上述理论，涌现了许多经典的边缘检测算法，如差分边缘检测算法、Roberts 边缘检测算法、Sobel 边缘检测算法、Prewitt 边缘检测算法、Canny 边缘提取算法、Kirsch 边缘检测算法、零交叉边缘检测算法等。所有基于梯度的边缘检测算子的根本差别在于算子应用的方向，及在这些方向上逼近图像一维导数的方向以及将这些近似值合成为梯度幅值的方式不同。数字图像处理中常以图像一阶差分运算代替图像的一阶微分运算，即

$$\Delta \boldsymbol{I}_x(i,j) = \boldsymbol{I}(i,j) - \boldsymbol{I}(i-1,j) \tag{5.35}$$

$$\Delta \boldsymbol{I}_y(i,j) = \boldsymbol{I}(i,j) - \boldsymbol{I}(i,j-1) \tag{5.36}$$

2. 几种边缘检测算子

（1） Roberts 边缘检测算子

图像处理中最早的边缘检测算子之一，该算子对水平方向和垂直方向具有陡峭边缘的低噪图像处理效果较好，边缘定位较准确。但是，该算法对有一定倾角的斜边提取效果不理想，还存在较多漏检，伴随有一些伪边缘。

Roberts 边缘检测算子为

$$\boldsymbol{g}(i,j) = \left[\sqrt{\boldsymbol{f}(i,j)} - \sqrt{\boldsymbol{f}(i+1,j+1)}\right]^2 + \left[\sqrt{\boldsymbol{f}(i+1,j)} - \sqrt{\boldsymbol{f}(i,j+1)}\right]^2 \tag{5.37}$$

式中，$\boldsymbol{f}(x,y)$、$\boldsymbol{f}(x+1,y)$、$\boldsymbol{f}(x,y+1)$ 和 $\boldsymbol{f}(x+1,y+1)$ 分别为 4 邻域的坐标。Roberts 算子为 2×2 算子卷积模板，由 2 个卷积核构成，图像中的每一个点都用这 2 个核进行卷积，见表 5-1。

（2） Sobel 边缘检测算子

利用像素邻近区域的梯度值计算一个像素点的梯度，再选取合适的阈值来取舍。Sobel 边缘提取算法在空间上易于实现，能够提供较为准确的边缘方向信息；对噪声具有平滑作用，特别是采用大的邻域时，抗噪性能好。但 Sobel 算子提取出来的边缘定位准确度不高，存在较多的伪边缘，使用的邻域较大时，计算量大，边缘较粗。Sobel 微分算子是一种奇数大小（3×3）模板下的全方向微分算子。其表达式如下：

$$\begin{aligned}\boldsymbol{G}_x(i,j) = {} & \boldsymbol{f}[i-1,j+1] + 2\boldsymbol{f}[i,j+1] + \boldsymbol{f}[i+1,j+1] - \\ & \boldsymbol{f}[i-1,j-1] - 2\boldsymbol{f}[i,j-1] - \boldsymbol{f}[i+1,j-1]\end{aligned} \tag{5.38}$$

$$\begin{aligned}\boldsymbol{G}_y(i,j) = {} & \boldsymbol{f}[i+1,j-1] + 2\boldsymbol{f}[i+1,j] + \boldsymbol{f}[i+1,j+1] - \\ & \boldsymbol{f}[i-1,j-1] - 2\boldsymbol{f}[i-1,j] - \boldsymbol{f}[i-1,j+1]\end{aligned} \tag{5.39}$$

Sobel 算子的卷积模板见表 5-1。

（3） Prewitt 边缘检测算子

利用像素点上下、左右相邻点灰度差在边缘处达到极值来检测边缘。传统的 Prewitt 算子同 Sobel 算子相似，也取水平和垂直两个卷积核对图像中的每个像素点进行卷积，取最大值作为边缘输出。现在常用的 Prewitt 算子通过对图像上每个像素点八个方向相邻点的灰度加权差之和来提取边缘，能够提供较为准确的边缘定位；对噪声具有平滑作用，有一定的抗噪能力。但是，Prewitt 算子提取出来的边缘也存在一些漏检和伪边缘。其表达式如下：

$$\begin{aligned}\boldsymbol{G}_x(i,j) = {} & \boldsymbol{f}[i-1,j+1] + \boldsymbol{f}[i,j+1] + \boldsymbol{f}[i+1,j+1] - \\ & \boldsymbol{f}[i-1,j-1] - \boldsymbol{f}[i,j-1] - \boldsymbol{f}[i+1,j-1]\end{aligned} \tag{5.40}$$

$$\boldsymbol{G}_y(i,j) = \boldsymbol{f}[i+1,j-1] + \boldsymbol{f}[i+1,j] + \boldsymbol{f}[i+1,j+1] -$$

$$f[i-1,j-1]-f[i-1,j]-f[i-1,j+1] \tag{5.41}$$

Prewitt 算子的卷积模板见表 5-1。以上这些一阶检测算子主要为一阶微分算子，具有运算量小、操作简单等优点。但得到的边缘定位准确度不高。

表 5-1 几种边缘检测算子的卷积模板

算子名称	算子卷积模板
Roberts	$\begin{pmatrix}1 & 0\\0 & -1\end{pmatrix}$ $\begin{pmatrix}0 & 1\\-1 & 0\end{pmatrix}$
Sobel	$\begin{pmatrix}-1 & 0 & 1\\-2 & 0 & 2\\-1 & 0 & 1\end{pmatrix}$ $\begin{pmatrix}-1 & -2 & -1\\0 & 0 & 0\\1 & 2 & 1\end{pmatrix}$
Prewitt	$\begin{pmatrix}-1 & 0 & 1\\-1 & 0 & 1\\-1 & 0 & 1\end{pmatrix}$ $\begin{pmatrix}-1 & -1 & -1\\0 & 0 & 0\\1 & 1 & 1\end{pmatrix}$

（4）Canny 边缘检测算子

一阶微分的局部最大值对应着二阶微分的过零点，即图像边缘点一阶微分的峰值处为二阶微分的零交叉点，于是产生了最优算子（即二阶微分算子）法。在二阶微分算子中，Canny 边缘检测算子因信噪比大和检测准确度高的优点而得到广泛应用。

它是 John F. Canny 于 1986 年提出的一个多级边缘检测算法。Canny 边缘提取的基本思想是在图像中找出具有局部最大梯度幅值的像素点，对边缘提取的大部分工作集中在寻找能够用于实际图像的梯度数学逼近。由于实际的图像经过了摄像机光学系统和电路系统固有的低通滤波器的平滑，因此图像中的边缘并不十分陡立。同时，图像也容易受到摄像机噪声和场景中不希望的细节的干扰。这些因素决定了图像梯度逼近必须满足两个要求：逼近必须能够抑制噪声效应；逼近必须尽量准确地确定边缘的位置。但是，抑制噪声和边缘准确定位常常无法同时得到满足，边缘提取算法通过图像平滑算子去除了噪声，但却增加了边缘定位的不确定性；反之若提高边缘检测算子对边缘的敏感性，同时也就提高了对噪声的敏感性。Canny 认为，有一种线性算子可以在噪声干扰和准确定位之间提供最佳折中方案，即采用高斯函数的一阶导数。

在 Canny 边缘检测算法中用 $f(i,j)$ 表示图像中的某一像素点，使用可分离滤波方法求图像与高斯平滑滤波器的卷积，得到的结果是一个已平滑数据阵列 $S(i,j)=G(i,j;\sigma)*f(i,j)$。其中，$G(i,j;\sigma)$ 代表一个高斯滤波过程；σ 为高斯函数的标准差，它控制着平滑的程度。

使用 2×2 一阶有限差分近似计算沿两个方向的偏导数的阵列 $P(i,j)$ 与 $Q(i,j)$ 来描述平滑数据阵列 $S(i,j)$ 的梯度，即

$$P(i,j) \approx (S(i,j+1)-S(i,j)+S(i+1,j+1)-S(i+1,j))/2 \tag{5.42}$$

$$Q(i,j) \approx (S(i,j)-S(i+1,j)+S(i,j+1)-S(i+1,j+1))/2 \tag{5.43}$$

通过在这个 2×2 正方形内求有限差分的均值来求取该点沿两个方向的偏导数梯度。梯度幅值和方向角分别为

$$M(i,j)=\sqrt{P(i,j)^2+Q(i,j)^2} \tag{5.44}$$

$$\theta(i,j)=\arctan\left(\frac{Q(i,j)}{P(i,j)}\right) \tag{5.45}$$

式中，$M(i,j)$ 反映了图像点 (i,j) 处的边缘强度；$\theta(i,j)$ 是图像点 (i,j) 的法向向量，正交于

边缘方向。根据 Canny 的定义，中心边缘点为算子 $G(i,j;\sigma)$ 与图像 $f(i,j)$ 的卷积在边缘梯度方向上的最大值，这样就可以在每一个点的梯度方向上判断此点强度是否为其邻域的最大值，来确定该点是否为边缘点。

当一个像素满足以下三个条件时，则被认为是图像的边缘点：

① 该点的强度大于沿该点梯度方向的两个相邻像素点的边缘强度；

② 与该点梯度方向上相邻两点的方向差小于 45°；

③ 以该点为中心的 3×3 邻域中的边缘强度极大值小于某个阈值。

Canny 给出的这三个判据具有广泛的代表意义。

利用 Roberts 算子、Sobel 算子、Prewitt 算子、Canny 算子都能够检测出图像的边缘。但由于外界环境中的噪声影响，这几种边缘检测算子的边缘检测效果都多少受到噪声的干扰。Roberts 算子受噪声的影响最大；Sobel 算子、Prewitt 算子次之；Canny 算子具有信噪比大和检测准确度高的优点，提取的边缘效果较好。采用不同边缘检测算子进行边缘检测的仿真实验如图 5-9 所示。

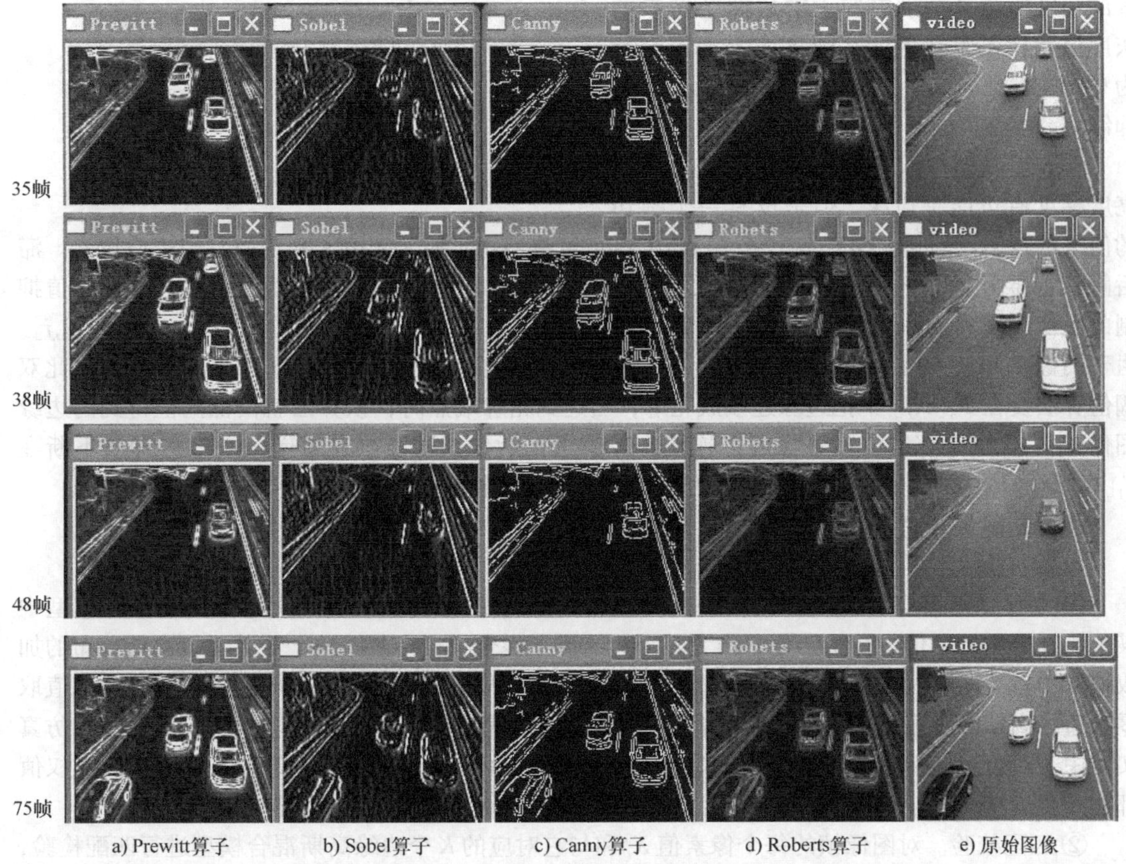

a) Prewitt算子　b) Sobel算子　c) Canny算子　d) Roberts算子　e) 原始图像

图 5-9　采用不同边缘检测算子进行边缘检测的仿真实验

5.3.2.3　模型的建立与参数更新

1. 算法描述

图 5-10 所示的算法中主要包括图像预处理、边缘高斯混合模型的建立、前景目标的提取、模型参数的更新四个部分。

(1) 图像预处理

主要包括图像的灰度化、提取边缘信息。本例中采用 Canny 算子提取边缘信息，其步骤如下：

$Step_1$：高斯滤波，用二维高斯滤波模板对图像进行滤波，以消除噪声。

$Step_2$：梯度计算，由导数算子计算出图像灰度沿两个方向的偏导数 $\boldsymbol{P}(i,j)$ 与 $\boldsymbol{Q}(i,j)$，并求出梯度的大小和方向。

$Step_3$：非极大值抑制，把边缘的梯度方向大致分为四种（水平方向、垂直方向、45°方向、135°方向），各个方向用不同的邻近像素进行比较，以决定局部极大值。若某个像素的灰度值与其梯度方向上前后两个像素的灰度值相比不是最大的，则将该像素的值置为0，即不是边缘，这个过程称为非极大值抑制。

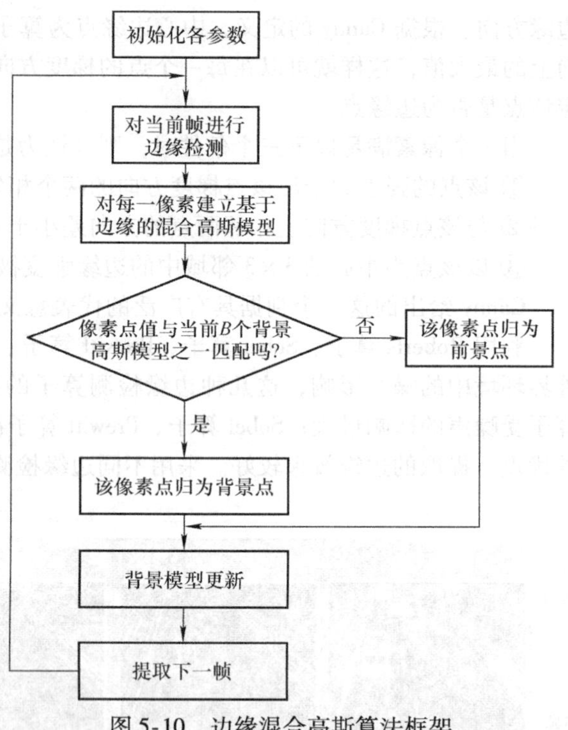

图 5-10　边缘混合高斯算法框架

$Step_4$：双阈值检测和边缘连接，较高的亮度梯度有可能是边缘，但是没有一个确切的值来限定多大的亮度梯度是边缘，所以 Canny 算法使用了滞后阈值来确定所有的边缘像素。滞后阈值需要两个阈值——高阈值 τ_2 和低阈值 τ_1，且 $2\tau_1 \approx \tau_2$。双阈值算法是对经过非极大值抑制的图像 $\boldsymbol{N}[i,j]$ 分别使用高、低两个阈值 τ_1 和 τ_2 分割得到两个阈值边缘图像 $\boldsymbol{T}_h[i,j]$ 和 $\boldsymbol{T}_l[i,j]$。由于图像 $\boldsymbol{T}_h[i,j]$ 是由高阈值得到的，因此它不包含假边缘，但却可能在轮廓上有间断。因此双阈值算法要在 $\boldsymbol{T}_h[i,j]$ 中把边缘连接成轮廓，当达到轮廓端点时，该算法就由低阈值得到的边缘图像 $\boldsymbol{T}_l[i,j]$ 的 8 邻域位置寻找可以连接到轮廓上的边缘，这样，利用递归跟踪的算法不断在 $\boldsymbol{T}_l[i,j]$ 中搜索边缘，直到 $\boldsymbol{T}_h[i,j]$ 中的所有间断连接起来为止。

(2) 边缘混合高斯模型的建立

包括初始化与模型建立，以及匹配校验。

① 初始化与模型建立。在本算法中，一般取第一帧图像的像素值来对边缘高斯混合模型中某个高斯分布的均值进行初始化，作为 K 个边缘高斯混合模型中的第一个，并对该高斯分布的加权值赋予较大值；对其余高斯模型赋予较小的加权值，权重相等，同时相应的高斯分布的均值取零；边缘高斯混合模型中所有高斯函数的方差取相等的较大初始化值。在本书 5.3.2.6 节的仿真实验中，对边缘高斯混合模型中第一个分布的加权值初始化为 1，对其他每个高斯分布的加权值都初始化为 0；对均值向量都初始化为 0；对协方差赋予一个较大的初始值 $\boldsymbol{V}_0$。

② 匹配校验。对图像帧的每个像素值 $\boldsymbol{X}_t$ 和与它对应的 K 个边缘高斯混合模型进行匹配检验，当像素值 $\boldsymbol{X}_t$ 与边缘高斯混合模型中第 i 个高斯分布 $\boldsymbol{G}_i$ 均值的距离小于其标准差的 2.5 倍时，则定义该高斯分布 $\boldsymbol{G}_i$ 与像素值 $\boldsymbol{X}_t$ 相匹配。

(3) 前景目标的提取

不满足与背景模型匹配的像素点判决为前景点，并取值为当前帧所对应的像素点的值。通过数学形态法进行膨胀、腐蚀等处理。

(4) 模型参数的更新

主要包括高斯模型的均值$\boldsymbol{\mu}_{i,t}$和协方差矩阵$\boldsymbol{\Sigma}_{i,t}$、加权值$\omega_{i,t}$的更新；学习因子$\alpha$的动态调整。

综合以上所述，基于边缘混合高斯建模的运动车辆检测算法流程概括为以下几个步骤：

Step_1：初始化混合高斯模型中各参数；

Step_2：读取视频帧，并对当前帧进行 Canny 边缘检测；

Step_3：对每一像素点建立基于边缘的混合高斯模型；

Step_4：匹配校验，判断像素点的值是否与混合高斯模型中的前B个高斯背景模型之一匹配；

Step_5：像素点分类，若在Step_4中匹配成功，则该像素点归为背景点，反之归为前景点；

Step_6：背景模型及参数实时更新，然后跳转至Step_3，直至扫描整幅视频图，提取前景目标；

Step_7：数学形态法滤波；

Step_8：阴影检测与去除；

Step_9：跳转至Step_2。

2. 模型参数的更新

主要对边缘高斯混合模型中表征模型特性的均值$\boldsymbol{\mu}_{i,t}$和协方差矩阵$\boldsymbol{\Sigma}_{i,t}$参数以及每个模型的加权值$\omega_{i,t}$及学习因子的动态更新。

匹配条件：当像素值$\boldsymbol{X}_t$与边缘高斯混合模型中第i个高斯分布$\boldsymbol{G}_i$均值的距离小于其标准差的 2.5 倍时，则定义该高斯分布$\boldsymbol{G}_i$与像素值$\boldsymbol{X}_t$相匹配。

根据当前像素$\boldsymbol{X}_t$与其相应的边缘高斯混合模型是否匹配分两种情况进行更新：

1）如果当前帧像素点的值$\boldsymbol{X}_t$与该像素边缘高斯混合模型中至少一个高斯分布相匹配，那么边缘高斯混合模型的参数按如下规则进行更新：

① 对于不匹配的高斯分布，它们的均值$\boldsymbol{\mu}_{i,t}$和协方差矩阵$\boldsymbol{\Sigma}_{i,t}$保持不变。

② 匹配的高斯分布$\boldsymbol{G}_i$的均值$\boldsymbol{\mu}_{i,t}$和协方差矩阵$\boldsymbol{\Sigma}_{i,t}$按下式更新：

$$\boldsymbol{\mu}_{i,t} = (1-\rho)\boldsymbol{\mu}_{i,t-1} + \rho\boldsymbol{X}_t \tag{5.46}$$

$$\boldsymbol{\Sigma}_{i,t} = (1-\rho)\boldsymbol{\Sigma}_{i,t-1} + \rho\,\text{diag}[(\boldsymbol{X}_t - \boldsymbol{\mu}_{i,t})^{\mathrm{T}}(\boldsymbol{X}_t - \boldsymbol{\mu}_{i,t})] \tag{5.47}$$

式中

$$\rho = \alpha G_i(\boldsymbol{X}_t | \boldsymbol{\mu}_{i,t-1}, \boldsymbol{\Sigma}_{i,t-1}) \tag{5.48}$$

α为参数估计的学习因子，学习因子反映了对当前像素值的重视程度。

2）如果当前帧像素点的值$\boldsymbol{X}_t$与该像素边缘高斯混合模型中任何一个高斯分布都不相匹配，那么将最不可能代表背景过程的高斯分布$\boldsymbol{G}_j$参数重新赋值。其中，$j = \min_i\{\omega_{i,t-1}\}, i = 1,\cdots,k$。即，将$K$个模型中$\omega_i / |\boldsymbol{\Sigma}_i|$最小的模型参数用以下参数替代：

$$\omega_{j,t} = \omega_0,\ \boldsymbol{\mu}_{j,t} = \boldsymbol{X}_t,\quad \boldsymbol{\Sigma}_{j,t} = \boldsymbol{V}_0 \tag{5.49}$$

式中，ω_0为一个预先给定的较小正值；$\boldsymbol{V}_0 = \sigma_0^2\boldsymbol{I}$；$\boldsymbol{I}$为单位阵。

$\omega_{i,t}$为当前K个高斯模型中每个模型的加权值，按下式对所有K个高斯分布在时刻t的权系数$\omega_{i,t}$进行更新：

$$\omega_{i,t} = (1-\alpha)\omega_{i,t-1} + \alpha(M_{i,t}) \tag{5.50}$$

若t时刻的像素值X_t与高斯分布G_i相匹配，则$M_{i,t} = 1$；否则$M_{i,t} = 0$，这意味着不匹配时其相应的加权值将衰减。

这种参数更新机制使得场景内新出现的静止目标有机会被吸收为背景的一部分，如果新出现的像素值是短暂的，则此像素值对应高斯分布的加权值会慢慢减弱，最后被另一个新出现的运动目标像素所代替。

3. 学习因子 α 的动态调整

α 为参数估计的学习因子，反映了对当前像素值的重视程度。该值越大，边缘高斯混合模型各过程参数变化的速度越快，背景的更新速度越快。如果 α 较小，适应环境变化的能力就低，需要足够长的时间才能适应环境的变化；如果 α 较大，适应环境变化能力强，但容易引入噪声，前景运动物体对背景模型的影响也较大。一般情况下，根据应用环境，α 值一般为经过反复实验选取的一个较佳的固定值。但这样就不能根据视频图像中光线变化的情况进行动态调整，这将不能很好地适应光线变化的复杂环境。

由于光照条件的变化可以通过帧差来快速反映，因此采用了基于帧差法判断光线变化的比例的方法来调整 α 的值。选定监测区中某一特定区域（动态目标不进入的区域），其像素点的个数为 $M \times N$，统计帧间像素值发生明显变化的比率，由此判定光线的变化情况，并以此来调整 α 的值。

通过两帧差、三帧差的方法来仿真试验，用连续三帧差来动态调整 α 获得了较好的效果。

$$\frac{1}{M \times N}\sum_{i=0}^{M-1}\sum_{j=0}^{N-1}(\mathrm{Dif}_1 \wedge \mathrm{Dif}_2) > \lambda \tag{5.51}$$

$$\mathrm{Dif}_1 = \begin{cases} 1, & |\boldsymbol{I}_n(i,j) - \boldsymbol{I}_{n-1}(i,j)| > H \\ 0, & \text{其他} \end{cases} \tag{5.52}$$

$$\mathrm{Dif}_2 = \begin{cases} 1, & |\boldsymbol{I}_n(i,j) - \boldsymbol{I}_{n-2}(i,j)| > H \\ 0, & \text{其他} \end{cases} \tag{5.53}$$

式中，“ $\wedge$ ”表示与运算；H 为判定两帧间像素值发生变化的阈值；λ 反映了连续三帧像素值都明显发生变化的比率。

α 的调整规则：

① 在满足式（5.51）的情况下：当 $\alpha < 0.1$ 时，取 $\alpha = 2\alpha$；当 $\alpha > 0.1$ 时，则 α 值不变。

② 在不满足式（5.51）的情况下：当 $\alpha > 0.05$ 时，取 $\alpha = 0.5\alpha$；当 $\alpha < 0.05$ 时，则 α 值不变。

下面的实验中，$\lambda = 0.40$；H 是在线学习获得的，是选定区域两帧差的方均差值；分别做了 α 取固定值和自适应调整两种情况下的检测效果，如图 5-11 所示。但是对于环境突变，无法仅依靠调整 α 值来有效检测出前景目标。

以上是对一段交通视频图像做的仿真实验，图 5-11a 所示为 α 为固定值的情况下的仿真效果；图 5-11b 所示是 α 为动态自适应调整时的仿真效果。其中，第 1 列为原始图像，第 2 列为建立的相应的背景模型，第 3 列为提取的前景目标，左侧的数字指出的是在视频图像中的第几帧。图中，从第 131 帧通过技术手段人为仿造光照条件突然增强。从图 a 所示的仿真效果上看，当光照条件发生突变时，需要近 10 帧的调整才能有效地提取到目标，学习时间较长，收敛速度较慢，而采用了自适应调整 α 的学习策略，经过 2 或 3 帧就可以有效地提取到前景目标。通过在不同光照条件的反复实验都获得了相近的实验效果，因此在混合高斯背景建模算法中，通过自适应调整学习因子能够有效地提高收敛速度。

5.3.2.4 前景目标的提取

1. 运动目标的提取

对于建立的边缘高斯混合模型，并不是所有的都用于描述背景，关键是要确定高斯混合模型中哪些高斯分布能最佳描述背景，哪些能最佳描述前景目标。判别策略是基于这样一个假设：背景是由在最近一段时间内出现的频率高，而且颜色（或灰度）更集中的像素点构成的。通过边

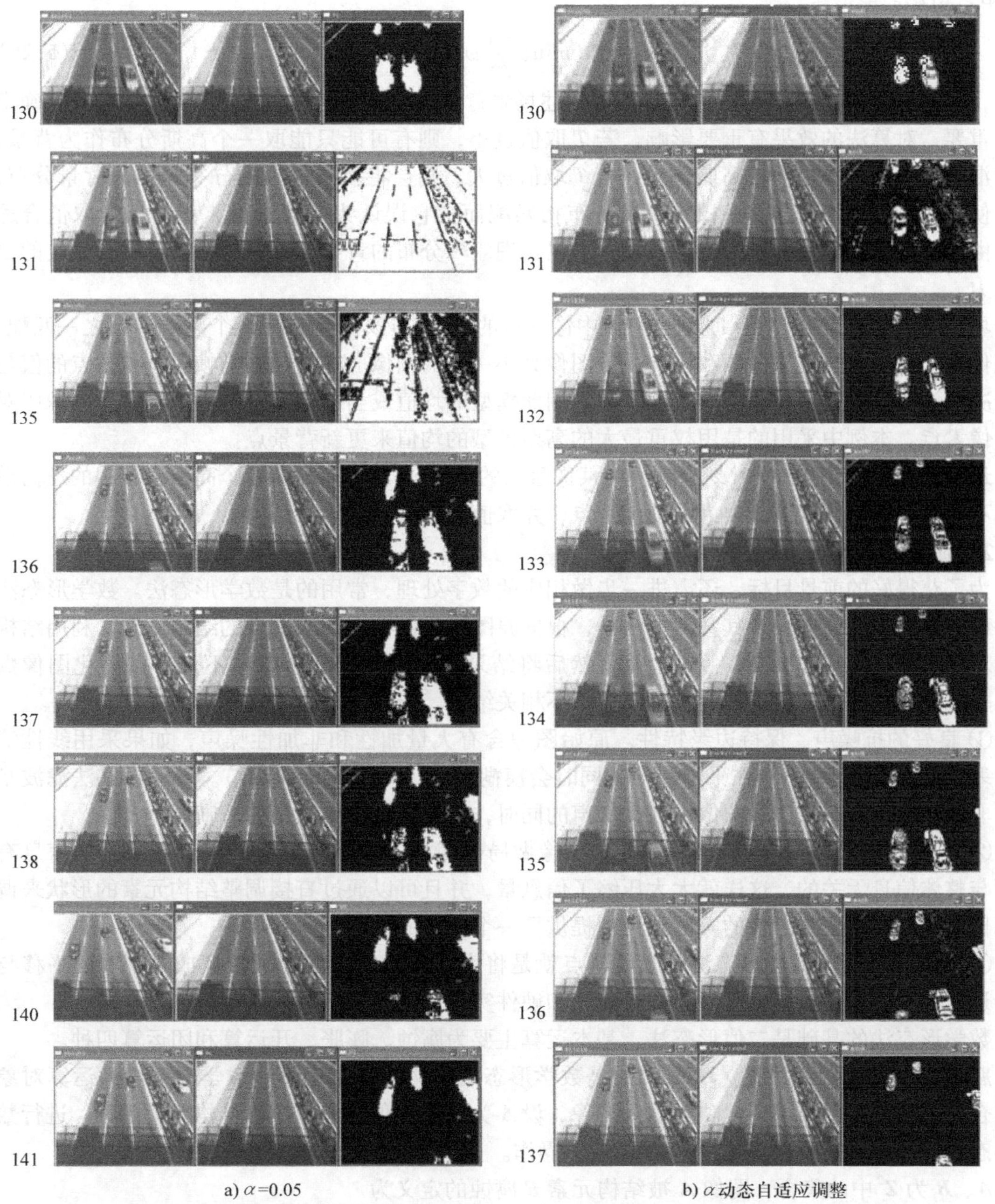

a) α=0.05　　b) α动态自适应调整

图5-11　光照突变时α分别为固定值和自适应调整情况下提取的运动目标

缘混合高斯的参数学习机制，用那些权重比较大的高斯函数来描述出现频率比较高的背景像素值，而描述运动前景的高斯函数具有较小的权重。把每个像素点各个高斯分布按$\omega_i/|\boldsymbol{\Sigma}_i|$从大到小排列，大的表示像素值有较小的方差与较高的出现频率，这正体现了场景中背景像素值的特性。$\omega_i/|\boldsymbol{\Sigma}_i|$越大，排列的顺序越靠前，它是背景分布的可能性越大。这种排列使得最有可能描述稳定背景过程的高斯分布将位于序列的顶部，而由前景或背景暂态扰动产生的分布将滑向序列的底部。上述序列中前B个高斯分布作为背景模型，其余高斯分布被认为是运动前景分布，如式

(5.28) 所示。

$$B = \arg(\min_b(\sum_{i=1}^{b} \omega_{i,t} > T)) \tag{5.28}$$

式中，T 为阈值（$0.5 \leqslant T \leqslant 1$），表示能够描述场景背景的高斯分布权重之和的最小值。T 的确定非常重要，对算法的效果有重要影响。若 T 取值过小，则有可能只能取一个高斯分布作为背景，此时混合高斯分布退化为单高斯分布。若 T 取值过大，则会将权重很小的分布吸纳为背景分布，容易使运动目标像素值与此小权重高斯分布相匹配而把它误认为是背景像素点。当 T 取值合适时，由于有多个高斯分布作为背景模型，可以处理双峰分布的背景，并且使背景具有自适应的更新能力。

场景背景的建立：如果 t 时刻当前帧中像素点的值 $\boldsymbol{X}_t$ 与该像素的前 B 个高斯分布之一匹配，则该像素为背景点，建立一幅和当前视频图像大小一样的图像。在满足当前帧对应像素点的值与某个决策为背景的模型相匹配的条件下，利用此模型的均值或当前像素点的值更新背景图像所对应的像素点。本例中采用的是用权重最大的高斯模型的均值来更新背景点。

运动前景检测：如果 t 时刻当前帧中某像素点的值 $\boldsymbol{X}_t$ 与该像素的前 B 个高斯分布中的任何模型都不匹配，则该像素被分类为运动前景点，并取值为 $\boldsymbol{X}_t$ 。

2. 前景目标的滤波处理

为了获得好的前景目标，还需进一步做相应的数字处理，常用的是数学形态法。数学形态法是一种非线性的滤波方法。其基本方法是，根据原图像目标特征选取适合的结构元素，利用结构元素对原图像进行平移、交、并等运算，然后将结果图输出。数学形态法不仅可以简化图像数据，并能在保持基本形状特征的基础上去除不相关结构，与其他方法相比有以下优点：

① 良好的抗噪声、保持边缘特性。原始图像含有大量加性和非加性噪声，如果采用线性滤波（基于频域分割原理），在平滑噪声的同时会模糊诸如边缘等图像的细节。数学形态法滤波是一种非线性滤波，它在去除图像中各类噪声的同时，又保持了物体边缘的清晰。

② 图像处理的局部性。形态变换是对图像做局部变换，即运算是只和某点邻域内的信息有关而与整体信息无关的。这样就大大压缩了信息量，并且可以通过直接调整结构元素的形状来调整图像的处理结果，为图像的实时预处理提供了一个有效的途径。

③ 处理并行性。数学形态法的最大特点就是将大量复杂的图像处理转换成最基本的平移与逻辑运算的组合来完成，因此便于并行处理和硬件实现，而且算法灵活、运行速度快捷。

数学形态法的基础是二值形态法，基本运算主要为腐蚀、膨胀、开运算和闭运算四种。

腐蚀（Erosion）和膨胀（Dilation）是数学形态法的两种基本运算。数学形态法的运算对象是集合，本质上是用结构元素映射输入图像。设 $\boldsymbol{A}$ 为目标图像矩阵，$\boldsymbol{B}$ 为结构元素矩阵，进行数学形态法运算时，实际上就是用 $\boldsymbol{B}$ 对 $\boldsymbol{A}$ 进行操作。

$\boldsymbol{A}$、$\boldsymbol{B}$ 为 $\boldsymbol{Z}^2$ 中的集合，图像 $\boldsymbol{A}$ 被结构元素 B 腐蚀的定义为

$$\boldsymbol{A}\Theta\boldsymbol{B} = \{x \mid (\boldsymbol{B})_x \subseteq \boldsymbol{A}\} \tag{5.54}$$

式中，x 为一个表示集合平移的位移量；Θ 为腐蚀运算的运算符。腐蚀变换的结果是 $\boldsymbol{A}$ 的子集，是一种收缩变换。这种变换使目标肢体收缩，消除图像中小的部分。

$\boldsymbol{A}$、$\boldsymbol{B}$ 为 $\boldsymbol{Z}^2$ 中的集合，$\varnothing$为空集，图像 $\boldsymbol{A}$ 被结构元素 $\boldsymbol{B}$ 膨胀的定义为

$$\boldsymbol{A}\oplus\boldsymbol{B} = \{x \mid (\hat{\boldsymbol{B}})_x \cap \boldsymbol{A} \neq \varnothing\} \tag{5.55}$$

式中，x 为一个表示集合平移的位移量；$\oplus$ 为膨胀运算的运算符。首先对集合 $\boldsymbol{B}$ 作关于原点的映射形成 $\hat{\boldsymbol{B}}$，然后用 $\hat{\boldsymbol{B}}$ 对图像 $\boldsymbol{A}$ 的所有像素做平移，不为空集的结构元素参考点位置的集合

便为膨胀运算的结果。

开（Opening）运算和闭（Closing）运算是另外两种重要的数学形态法的变换。

设 $\boldsymbol{A}$ 为目标图像矩阵，$\boldsymbol{B}$ 为结构元素矩阵，则结构元素矩阵 $\boldsymbol{B}$ 对目标图像矩阵 $\boldsymbol{A}$ 开运算定义为

$$\boldsymbol{A} \circ \boldsymbol{B} = (\boldsymbol{A} \Theta \boldsymbol{B}) \oplus \boldsymbol{B} \tag{5.56}$$

式中，“∘”为开运算的运算符。开运算为先腐蚀后膨胀，具有消除细小物体，并在纤细处分离物体和平滑较大物体边界的作用。

设 $\boldsymbol{A}$ 为目标图像矩阵，$\boldsymbol{B}$ 为结构元素矩阵，则结构元素矩阵 $\boldsymbol{B}$ 对目标图像矩阵 $\boldsymbol{A}$ 闭运算定义为

$$\boldsymbol{A} \cdot \boldsymbol{B} = (\boldsymbol{A} \oplus \boldsymbol{B}) \Theta \boldsymbol{B} \tag{5.57}$$

式中，“·”为闭运算的运算符。闭运算为先膨胀后腐蚀，具有填充物体内细小空间、连接邻近物体和平滑边界的作用。

下面是通过基于边缘的混合背景模型生成的前景目标中存在一些孤立噪声点，采用数学形态法的基本运算，组成形态滤波器，来消除前景目标的孤立噪声点，减少不必要的干扰，具体做法如下：

Step_1：腐蚀处理，在前景图中以像素点 $\boldsymbol{I}(i, j)$ 为中心，若 3×3 邻域内的像素点均为前景点像素，则像素点 $\boldsymbol{I}(i, j)$ 仍判定为前景点，反之为背景点；

Step_2：进行第二次腐蚀处理，重复进行 Step_1；

Step_3：对 Step_2 的结果进行膨胀处理，若像素点 $\boldsymbol{I}(i, j)$ 为前景点则以 $\boldsymbol{I}(i, j)$ 为中心的 3×3 邻域内的像素点均为前景点像素，反之为背景点像素；

Step_4：进行第二次膨胀处理，重复进行 Step_3；

Step_5：对前景目标轮廓填充，首先找到前景图像中的所有轮廓，若某一个轮廓里面包含了另一个小轮廓，则对较小轮廓进行填充。

5.3.2.5　阴影检测与去除

在基于视频的车辆检测系统中，阴影检测技术是至关重要的。阴影检测技术直接影响车辆检测系统的后续处理过程，如车辆分割、车流量统计等，因此车辆的阴影检测技术是必不可少的。

车辆阴影的存在会导致两个缺陷：一是会造成车辆的形状变化，由于阴影的存在和影响，使得同一车辆的形状随着光线的不同而发生变化，这将会影响后续的目标分类和确认运动目标位置的步骤；另一个是不同车辆的形状会粘连，阴影会使车辆的形状变大，导致两个或者更多的车辆粘连在一起，多个车辆被当作一个整体处理，从而影响了交通信息检测的准确性。在众多的影响因素中，车辆阴影对运动车辆的检测与识别准确度影响较大，甚至会导致系统整体性能下降。因此，车辆阴影检测与去除技术在车辆检测中也占有重要的地位。

目前，国内外一些专家学者对视频中的阴影检测与阴影去除技术进行了研究，提出了不同的算法已在视频监控和车辆追踪等领域得到了一定应用。

美国 Wavetracer 公司的 Caixia Jiang 与美国伍斯特理工学院计算机科学系的 Matthew O. Ward 的《Shadow Identification（阴影识别）》一文中提出了基于阴影强度与几何特性的阴影检测方法。该方法在检测阴影的过程中采用三层处理，即低层、中层与高层。低层，从图像中提取暗区域；中层，对暗区域进行特征分析，包括检测暗区域轮廓顶点，确定暗区域中的半影，将暗区域分成自阴影和投影阴影以及确定与暗区域相邻的物体区域；高层，结合前两层结果，从暗区域中确认阴影。

2001 年，位于瑞士洛桑的瑞士联邦理工学院信号处理实验室的 Elena Salvador 等人提出了基

于彩色不变模型的确定并归类阴影的方法。首先，利用亮度信息提取出包含有阴影的整个物体边缘；然后，利用彩色不变模型，提取出不包含阴影的物体边缘；接着，比较前两者，提取出阴影候选区域的边缘；最后，利用边缘信息将候选阴影像素点区分为自阴影点或投影阴影点。

荷兰阿姆斯特丹大学理学院 Th. Gevers 与 H. M. G. Stokman 提出了在序列图像中基于检测器噪声分析的自适应噪声提取阈值的方法，该方法将边缘分为几何阴影、光亮边缘和物体边缘，从而达到检测并去除阴影的目的。

有学者提出了假定在画面中，路面被阴影覆盖时的像素值和未被阴影覆盖时的像素值之间保持一个比例常数，而且阴影相对于目标的位置是固定的，利用这两种关系来检测阴影，辅以边缘检测算子来确定阴影的位置。此外，其他学者也提出了众多的阴影检测与分割方法。

一般来说，阴影检测方法大致可分为两类：基于物体几何特性的计算方法和基于阴影性质的计算方法。基于物体几何特性的计算方法，已知场景和目标的三维几何结构及光源的信息，利用这些条件计算阴影区域。该方法可以准确计算出阴影的形状和位置。但是，在实时车辆识别系统中，获得车体的形状参数也正是形状识别要解决的问题之一。因此，这类方法局限性较大。基于阴影性质的计算方法，通过分析阴影在亮度、几何结构和色彩等方面的特征来识别阴影。由于直射光线被遮挡，阴影区域较暗，亮度的强弱可作为检测阴影的重要手段。该方法应用较为广泛。当目标颜色鲜明，与阴影颜色差异较大时，这类方法能够有效分割出目标与阴影；但是，当目标的颜色与阴影颜色接近时，效果不理想。

现有的阴影检测方法分类如图 5-12 所示。首先，将阴影检测算法分成基于统计的方法和基于确定性的方法；又进一步把基于统计的方法分成有参数和无参数的两类，把基于确定性的方法分成有模型和无模型的两类。

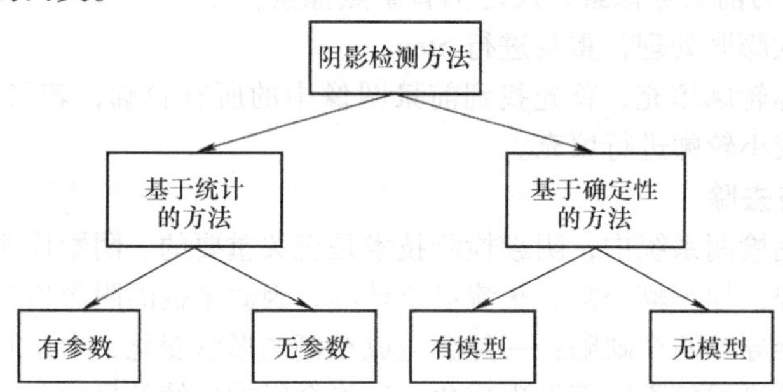

图 5-12 现有的阴影检测算法分类

阴影去除算法主要是指在静态图像中的阴影去除。因为在基于视频的目标跟踪、目标形状提取等计算机视觉的应用中，检测出阴影区域之后，只需要将其与目标进行分离处理，从而提取目标物体，一般来说，并不需要将阴影完全去除。而在摄影测量和遥感成像等基于静态图像的研究领域，在检测出阴影之后，还要尽可能地减弱或消除阴影的影响，恢复阴影中物体的本来面目，从而提高图像质量和可视性，这就需要应用阴影去除的相关理论。

当前，主流的阴影去除算法主要可以分为两类。一是以 G. D. Finlayson 等人所提出的基于积分的阴影去除方法为代表，包括基于二维积分的阴影去除和基于一维积分的阴影去除等。这种方法的主要思想是对差分图像求解偏微分方程，从而得到一幅无阴影的图像。另一类是以 Eli Arbel 等人所提出的基于颜色比率的方法为代表。这类算法的主要思想是寻找阴影区域和非阴影区域像素点的 *RGB* 值之间的一个比率常向量，然后把阴影区域像素点的 *RGB* 值通过对角阵变换到非阴影区域的光照效果下进行判定。

下面介绍一种基于亮度失真度的阴影检测方法。

1. 阴影检测原理

首先，了解一下本方法中涉及的色彩模型、亮度失真度、色度失真度等概念。

（1）色彩模型

车辆和其运动阴影共享两个重要的视觉特征，即相同的运动、显著不同于背景，下面的方法正是基于这两个视觉特征来进行阴影检测的。首先，两者具有相同的运动，可以通过前面所述的方法通过基于边缘混合高斯建模的方法将运动车辆及其阴影一同作为前景目标检测出来；然后，以背景作为参考目标，认为阴影总比背景的颜色暗，以此为判定条件，从前景目标中将阴影部分检测出来。

图 5-13 所示为一个像素点在 RGB 空间中的模型，在像素 i 处，$\boldsymbol{I}_i = [I_R(i), I_G(i), I_B(i)]$ 表示当前像素点的像素值，$\boldsymbol{E}_i = [E_R(i), E_G(i), E_B(i)]$ 表示在参考图像或者背景图像中的期望值，$\boldsymbol{I}_i$ 和 $\boldsymbol{E}_i$ 之间的差别用亮度失真度 α_i 和色度失真度 CD_i 来反映，线 $\boldsymbol{OE}_i$ 通过原点称为期望颜色线。

（2）亮度失真度 α_i

亮度失真度 α_i 表示观测到的像素点的颜色值与期望颜色线的接近程度。目标函数 $\boldsymbol{\Phi}(\alpha_i)$ 反映了两者的差异，α_i 为使 $\boldsymbol{\Phi}(\alpha_i)$ 值最小时的取值。

$$\boldsymbol{\Phi}(\alpha_i) = (\boldsymbol{I}_i - \alpha_i \boldsymbol{E}_i)^2 \tag{5.58}$$

若当前帧像素点的亮度与参考背景对应像素点的亮度相同，则 $\alpha_i = 1$；比背景对应像素点的亮度暗，则 $\alpha_i < 1$；比背景帧相应像素点的亮度高，则 $\alpha_i > 1$。基于此，可以将色彩鲜亮的运动前景与阴影分检开来。

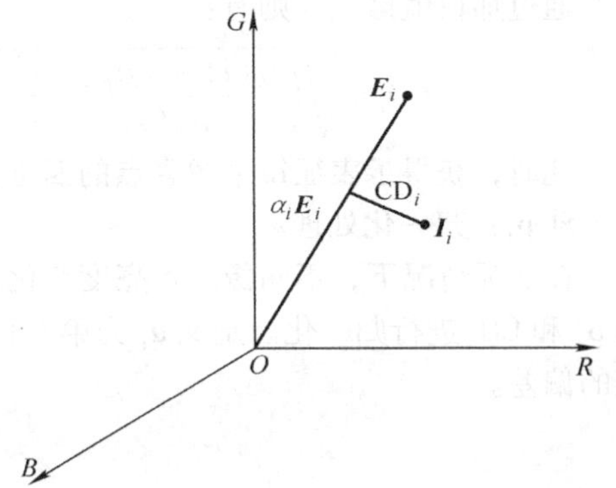

图 5-13　像素点的 RGB 空间中色彩模型

（3）色度失真度 CD_i

色度失真度 CD_i 是指，观测到的颜色值到 $\boldsymbol{OI}_i$ 到期望颜色线 $\boldsymbol{OE}_i$ 的垂直距离。

$$\mathrm{CD}_i = \| \boldsymbol{I}_i - \alpha_i \boldsymbol{E}_i \| \tag{5.59}$$

对于视频图像中的阴影点，其色度失真度 CD_i 变化不大。

2. 基于亮度失真度的阴影检测方法

（1）算法描述

Step_1：建立像素模型，每个像素的模型由四维数组〈$\boldsymbol{E}_i$，$\boldsymbol{s}_i$，α_i，CD_i〉构成。其中，$\boldsymbol{E}_i = [\mu_R(i), \mu_G(i), \mu_B(i)]$，$\mu_R(i)$、$\mu_G(i)$、$\mu_B(i)$ 为背景在第 i 个像素点处 R、G、B 三个颜色通道的均值；$\boldsymbol{s}_i = [\sigma_R(i), \sigma_G(i), \sigma_B(i)]$，$\sigma_R(i)$、$\sigma_G(i)$、$\sigma_B(i)$ 为背景在第 i 个像素点处 R、G、B 三个颜色通道的标准差。

以上两个向量的参数可以通过基于混合高斯背景建模的方法获得。

α_i、CD_i 分别为上节所定义的第 i 个像素点的亮度失真度和色度失真度。

Step_2：求取每个像素点的 α_i、CD_i。

由前面的定义可知：

$$\boldsymbol{\Phi}(\alpha_i) = [(I_R(i) - \alpha_i \mu_R(i))^2 + (I_G(i) - \alpha_i \mu_G(i))^2 + (I_B(i) - \alpha_i \mu_B(i))^2] \tag{5.60}$$

当 $\boldsymbol{\Phi}(\alpha_i) \to \min$ 时获得 α_i。

由于摄像机对不同颜色敏感度不同，需通过加权值修正。在此采用各个通道的标准差 $\boldsymbol{s}_i = [\sigma_R(i), \sigma_G(i), \sigma_B(i)]$ 作为加权值。

$$\Phi(\alpha_i)=\left[\left(\frac{I_R(i)-\alpha_i\mu_R(i)}{\sigma_R(i)}\right)^2+\left(\frac{I_G(i)-\alpha_i\mu_G(i)}{\sigma_G(i)}\right)^2+\left(\frac{I_B(i)-\alpha_i\mu_B(i)}{\sigma_B(i)}\right)^2\right] \tag{5.61}$$

令

$$\frac{\mathrm{d}\Phi\ (\alpha_i)}{\mathrm{d}\alpha_i}=0$$

$$\alpha_i=\frac{\dfrac{I_R(i)\mu_R(i)}{\sigma_R\ (i)^2}+\dfrac{I_G(i)\mu_G(i)}{\sigma_G\ (i)^2}+\dfrac{I_B(i)\mu_B(i)}{\sigma_B\ (i)^2}}{\left[\dfrac{\mu_R(i)}{\sigma_R(i)}\right]^2+\left[\dfrac{\mu_G(i)}{\sigma_G(i)}\right]^2+\left[\dfrac{\mu_B(i)}{\sigma_B(i)}\right]^2} \tag{5.62}$$

对于色度失真度由定义可知，其为

$$\mathrm{CD}_i=\sqrt{(I_R(i)-\alpha_i\mu_R(i))^2+(I_G(i)-\alpha_i\mu_G(i))^2+(I_B(i)-\alpha_i\mu_B(i))^2} \tag{5.63}$$

通过加权值修正，则有：

$$\mathrm{CD}_i=\sqrt{\left(\frac{I_R(i)-\alpha_i\mu_R(i)}{\sigma_R(i)}\right)^2+\left(\frac{I_G(i)-\alpha_i\mu_G(i)}{\sigma_G(i)}\right)^2+\left(\frac{I_B(i)-\alpha_i\mu_B(i)}{\sigma_B(i)}\right)^2} \tag{5.64}$$

此时，获得了表征每个像素点的四维信息〈$\boldsymbol{E}_i$，$\boldsymbol{s}_i$，α_i，CD_i〉。

Step_3：归一化处理。

在实际情况下，不同像素点亮度变化和色度变化分布规律不同。为方便设定检测阈值，还需对 α_i 和 CD_i 进行归一化。定义 a_i 为第 i 个像素点亮度失真度的偏差；b_i 为第 i 个像素点色度失真度的偏差。

$$a_i=\mathrm{RMS}(\alpha_i)=\sqrt{\frac{\sum_{i=0}^{N}(\alpha_i-1)^2}{N}} \tag{5.65}$$

$$b_i=\mathrm{RMS}(\mathrm{CD}_i)=\sqrt{\frac{\sum_{i=0}^{N}(\mathrm{CD}_i)^2}{N}} \tag{5.66}$$

经过校正后的 $\hat{\alpha}_i$ 和$\hat{\mathrm{CD}}_i$分别为

$$\hat{\alpha}_i=\frac{\alpha_i-1}{a_i} \tag{5.67}$$

$$\hat{\mathrm{CD}}_i=\frac{\mathrm{CD}_i}{b_i} \tag{5.68}$$

Step_4：根据模型参数对像素点分类。

通过上述步骤得到参数 $\hat{\alpha}_i$ 和$\hat{\mathrm{CD}}_i$，依其范围对像素点按下式进行分类：

$$C(i)=\begin{cases}F & \hat{\mathrm{CD}}_i>\tau_{\mathrm{CD}}\\ B & \hat{\alpha}_i<\tau_{\alpha_1}\text{和}\ \hat{\alpha}_i>\tau_{\alpha_2},\\ S & \hat{\alpha}_i<0,\end{cases} \tag{5.69}$$

式中，τ_{CD}、τ_{α_1}、τ_{α_2}为阈值。

运动前景 F：检测像素点色度值和背景帧相应像素点色度值差异比较大（$\mathrm{CD}_i>\tau_{\mathrm{CD}}$）。

背景 B：当前像素点亮度值和色度值都与背景帧中相应像素点相似，其亮度失真度的变化处于一定的范围之内（$\hat{\alpha}_i<\tau_{\alpha_1}$和 $\hat{\alpha}_i>\tau_{\alpha_2}$）。

暗背景或者阴影 S：检测像素点亮度值比背景像素点低（$\hat{\alpha}_i<0$）。

（2）算法分析

① 在应用 $\hat{\alpha}_i$ 和 $\hat{CD}_i$ 来对像素点分类，关键要选取合理的阈值 τ_{CD}、τ_{α_1}、τ_{α_2}，阈值的合理性和准确性从根本上影响了这种方法的有效性。通过下面的实验来看一下不同对象像素的亮度失真度和色度失真度的分布规律。通过对一交通视频流进行了反复的实验，取其中 400 帧图像进行了参数的实测统计，见表 5-2 ~ 表 5-4。

表 5-2　属于前景的每个像素的 α_i 及 CD_i 的取值范围

参数	最大值	最小值	均值
$\hat{\alpha}_i$	2.25	-3.87	-1.07
$\hat{CD}_i$	3.62	0.01	1.17

表 5-3　前景图像中属于运动车辆的 α_i 及 CD_i 的取值范围

参数	最大值	最小值	均值
$\hat{\alpha}_i$	1.21	-0.88	0.09
$\hat{CD}_i$	3.57	0.01	1.47

表 5-4　前景图像中属于阴影的 α_i 及 CD_i 的取值范围

参数	最大值	最小值	均值
$\hat{\alpha}_i$	-1.54	-3.15	-2.35
$\hat{CD}_i$	1.91	0.05	0.95

从实际实验中发现，在环境变化的情况下难以获取合适的 $\hat{\alpha}_i$ 和 $\hat{CD}_i$ 来区分背景 B、运动前景 F，其效果取决于 τ_{CD}、τ_{α_1}、τ_{α_2} 参数的选取。但是从上面的实验统计数据可以看出，在前景图像中属于阴影的像素的亮度失真度 α_i 的值比运动车辆的亮度失真度 α_i 的值要小很多，区分度明显，可以设定一个阈值；在划分时能保证运动目标完整的情况下去除绝大部分阴影。

因此，可以通过前面所述利用基于边缘的混合高斯建模的方法来提取前景目标，在提取的前景目标中根据各个像素点的 α_i 值是否满足设定的条件来判定其究竟是运动车辆或是运动阴影。算法流程如图 5-14 所示。

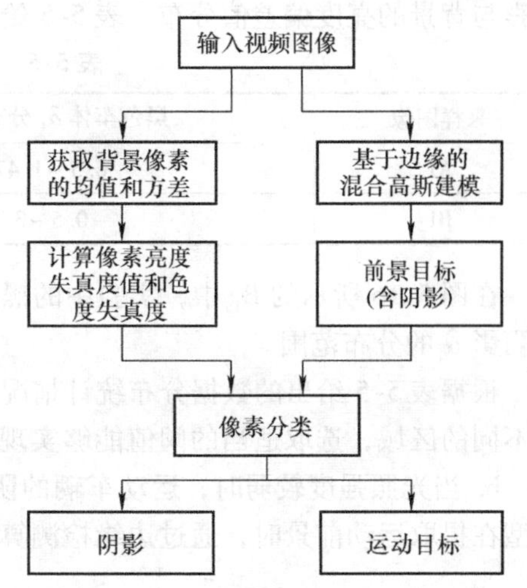

图 5-14　运动阴影检测算法流程

首先，通过在 RGB 空间上通过建立混合高斯模型获得背景的均值 $\boldsymbol{E}_i=[\mu_R(i), \mu_G(i), \mu_B(i)]$ 和方差 $\boldsymbol{s}_i=[\sigma_R(i), \sigma_G(i), \sigma_B(i)]$，也可以通过 N 帧中值滤波的方法来获取初始参考背景，同时建立每个像素点的高斯模型；利用基于边缘混合高斯建模的方法提取前景目标（包括运动阴影），并可获得当前帧前景目标每个像素点的 RGB 向量，即 $\boldsymbol{I}_i=[I_R(i), I_G(i), I_B(i)]$；计算 $\hat{\alpha}_i$，并对前景进行运动目标和运动阴影的分类。图 5-15 所示为基于以上算法所实现的阴影检测。

② 从采用的阴影检测机理上分析，本算法主要认为运动前景和阴影与背景之间存在的亮度偏差不同，并以此来区分运动前景和阴影。因此，对于亮色系列的车而言，因其颜色比背景亮，

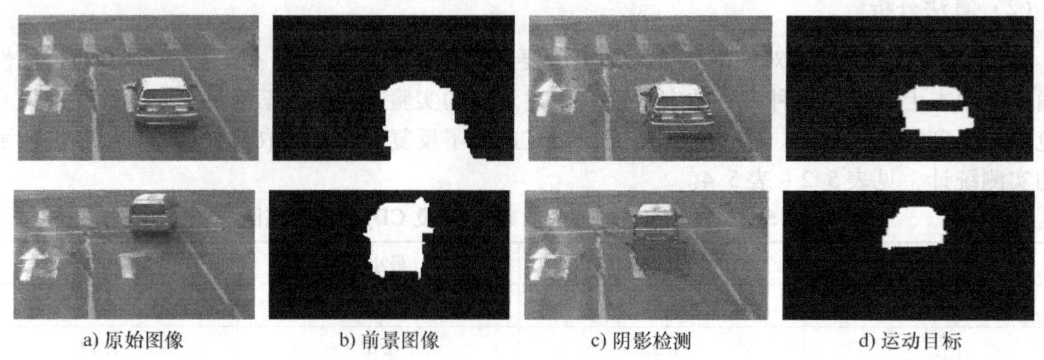

图 5-15 阴影检测实验

亮度偏差值 $\hat{\alpha}_i$ 大于零而明显区分于阴影，所以可以达到很好的阴影检出效果；对于暗色系列的车辆而言，这种方法也可以取得较好的阴影检测效果。

a. 当光照强度较大、阴影明显的情况下，暗色系列的车辆其亮度偏差度与阴影也有明显的不同。当光照强度较大时，黑色车体反光强，它与背景的亮度偏差值 $\hat{\alpha}_i$ 较大，其阴影与背景的亮度偏差值 $\hat{\alpha}_i$ 也有着明显的区别。在不同的光照强度下，分别测试了黑色车体与其自身阴影的亮度偏差值 $\hat{\alpha}_i$，反复试验两者 $\hat{\alpha}_i$ 值的分布范围有着明显不同，处于不同的区域，如图 5-16 所示。

图 5-16 中，A1、B1 分别为黑色车体与背景的亮度偏差值分布，A2、B2 分别为黑色车体的阴影与背景的亮度偏差值分布。表 5-5 给出了 $\hat{\alpha}_i$ 的分布统计情况。

表 5-5 实验中 $\hat{\alpha}_i$ 分布统计情况

采样图像	黑色车体 $\hat{\alpha}_i$ 分布范围	车体阴影 $\hat{\alpha}_i$ 分布范围
A1	0.5 ~ 1.47	−2.5 ~ −3.5
B1	−0.5 ~ 3.7	−1.4 ~ −1.8

在图 5-16 所示的 B_1 中，实验中的黑色车体亮度偏差值的 506 个数据中有 17 个数据处于车体阴影 $\hat{\alpha}_i$的分布范围。

根据表 5-5 给出的数据分布统计情况可以看出，暗色系列车辆及其运动阴影的亮度偏差值位于不同的区域，选取适当的阈值能够实现暗色系列运动车辆阴影的检测。

b. 当光照强度较弱时，运动车辆的阴影已不明显，在进行以上所介绍的基于边缘高斯混合模型在提取运动前景时，通过边缘检测算法将不显著阴影去除，如图 5-17 所示。

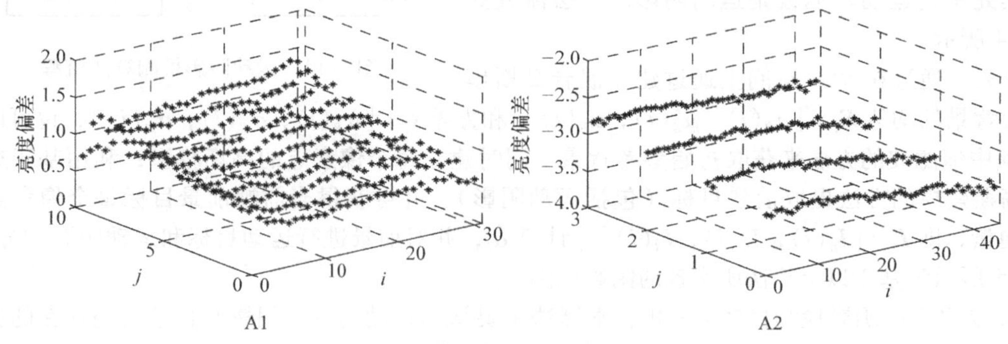

图 5-16 黑色车体及其阴影对参考背景的偏差度

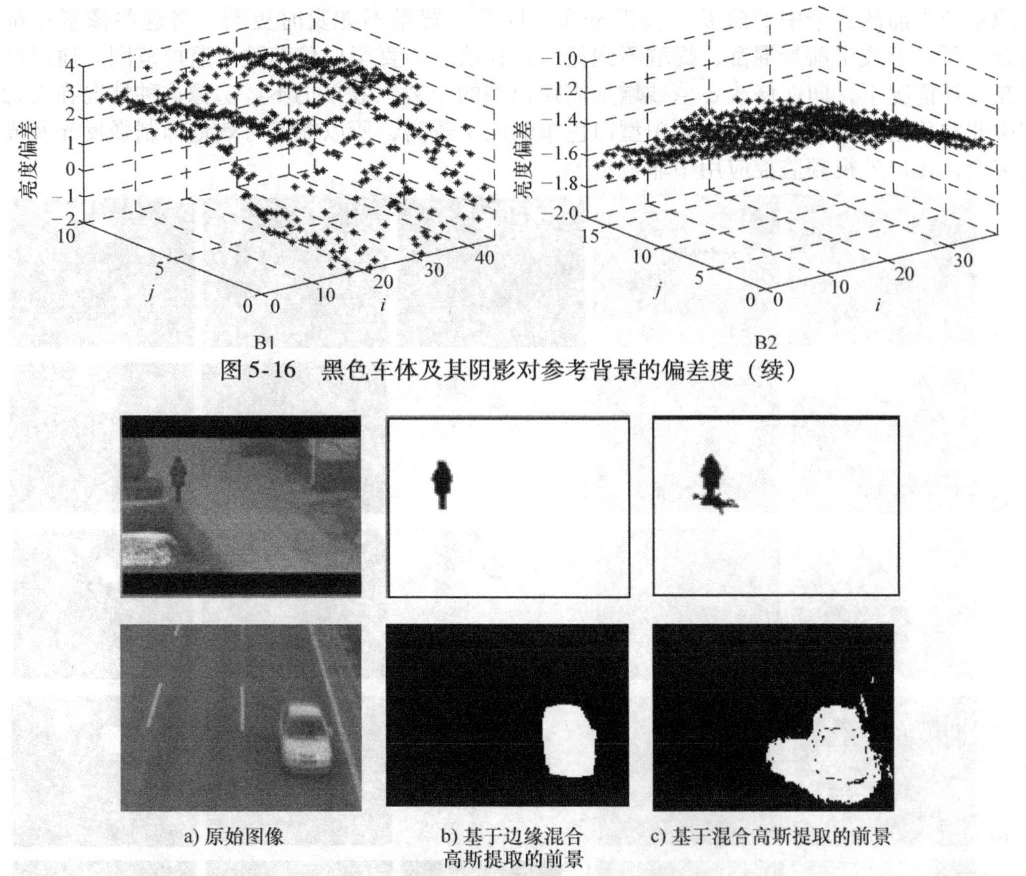

B1　B2

图 5-16　黑色车体及其阴影对参考背景的偏差度（续）

a) 原始图像　b) 基于边缘混合高斯提取的前景　c) 基于混合高斯提取的前景

图 5-17　阴影不显著情况下提取的前景

本小节介绍了一种基于边缘混合高斯模型和亮度偏差值相结合的阴影检测算法。通过边缘混合高斯模型的建立，提取前景运动目标，同时去除了不显著的阴影，并获得了计算亮度偏差值的部分参数；然后根据在 *RGB* 空间上运动车辆的亮度偏差值明显不同于其运动阴影的亮度偏差值的特性，进行运动阴影检测与去除，实验验证取得了较好的效果。

5.3.2.6　仿真实验及结果分析

为了验证所提出的算法的有效性和鲁棒性，以实际的交通视频监控图像为测试对象，在 VC + +6.0平台上，进行了大量的实验，被测试图像序列的图片大小为 720 × 576 像素。主要参数的初始值设定如下：

Canny 边缘检测的两个阈值分别为 $\tau_1 = 80$，$\tau_2 = 120$；边缘高斯混合模型的个数为 5；每个高斯模型的方差矩阵 $\boldsymbol{\Sigma}_0 = \sigma_0^2 \boldsymbol{I}$，$\sigma_0^2 = 50$，均值 $\mu = 0$；第一个高斯模型的权重系数初始值 $\omega_{1,0} = 1$，其余四个高斯模型的权重系数初始值为 0；权重学习速率初始值 $\alpha = 0.05$，$\rho = 0.05$。

图 5-18 所示为一段交通视频图像及相关处理。图 a 所示为原始图像，图 b、c 所示分别为基于高斯混合模型法提取的背景和前景，图 d、e 所示分别为基于边缘的高斯混合模型法提取的背景和前景。对视频流从第 61 帧起人为造成一种突变现象，将每个像素点的像素值整体提高 30（每个像素点的 *R*、*G*、*B* 值提高 30，当其值大于 255 时取值为 255）。从动态调整的效果来看，在突变发生时高斯混合模型无法适应，需要经过多帧的学习，这期间无法提取到有效的前景运动目标。在运动车辆检测过程中更为普遍的情况是，当有大中型白色车辆通过摄像头时所产生的现象，如图 5-19 所示（图 5-19a ~ e 所示图像的定义与图 5-18 所示的一致）。从 74 帧起有一辆白色车通过，由于强反光造成的光线条件突变的情景，使得整幅图像的像素点的值都发生了突变，

这些像素与当前的背景中的前 B 个高斯分布不匹配，背景不能及时更新，将这些像素点都误判为前景，所以形成了前景混乱，提取不到任何目标信息，直至白色车驶出监控范围。通过反复实验，在这种情况下，即使修改 α 值或增加高斯模型的个数，效果仍不好。像这种情况在交通视频监控中非常普遍，道路上行驶的大中型白色车辆比率较高，所以能够有效地抑制强反光及光照条件的突变，在户外视频监控应用中非常重要。

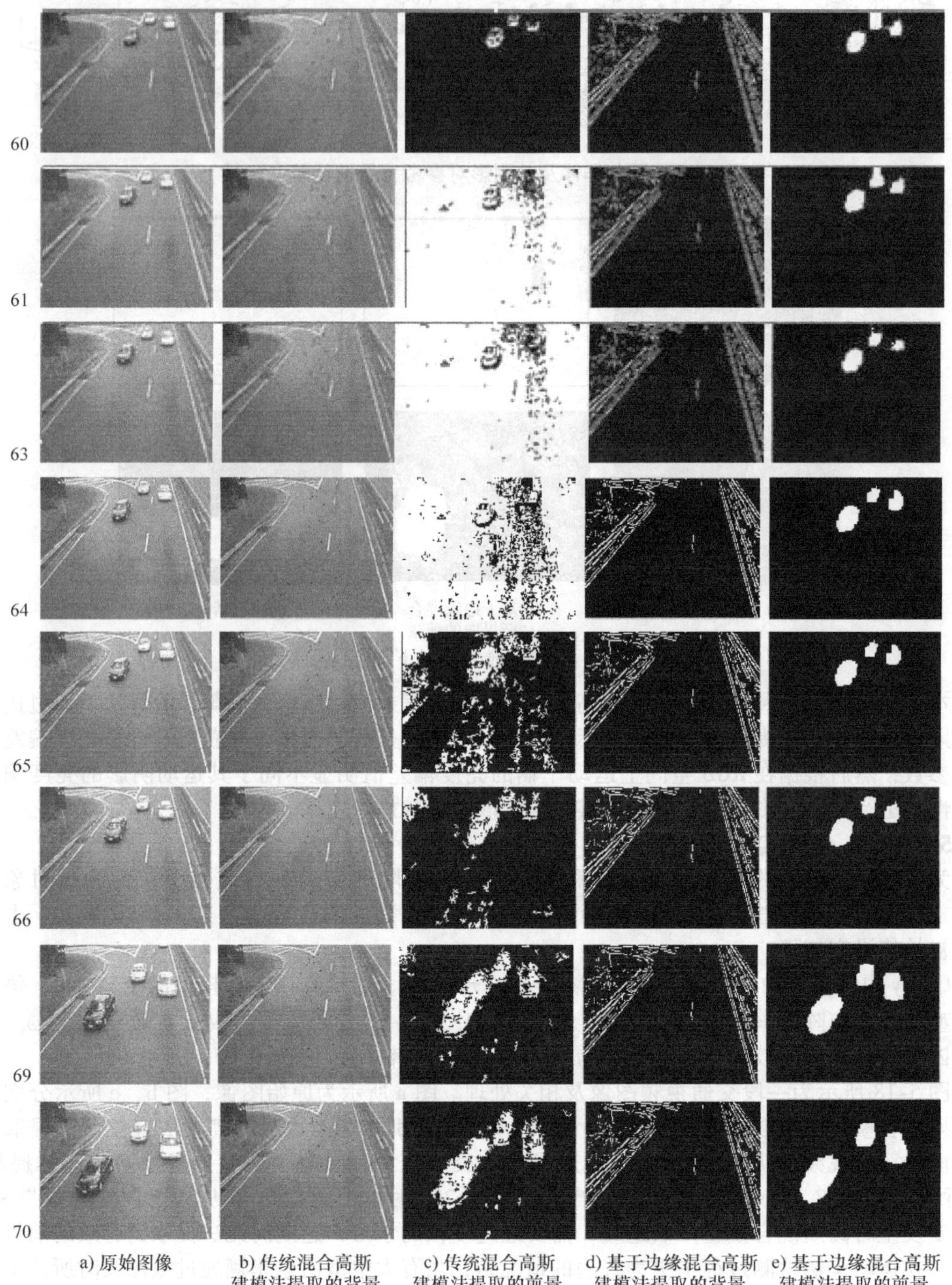

a) 原始图像　b) 传统混合高斯建模法提取的背景　c) 传统混合高斯建模法提取的前景　d) 基于边缘混合高斯建模法提取的背景　e) 基于边缘混合高斯建模法提取的前景

图 5-18　光照条件突变情况下的实验

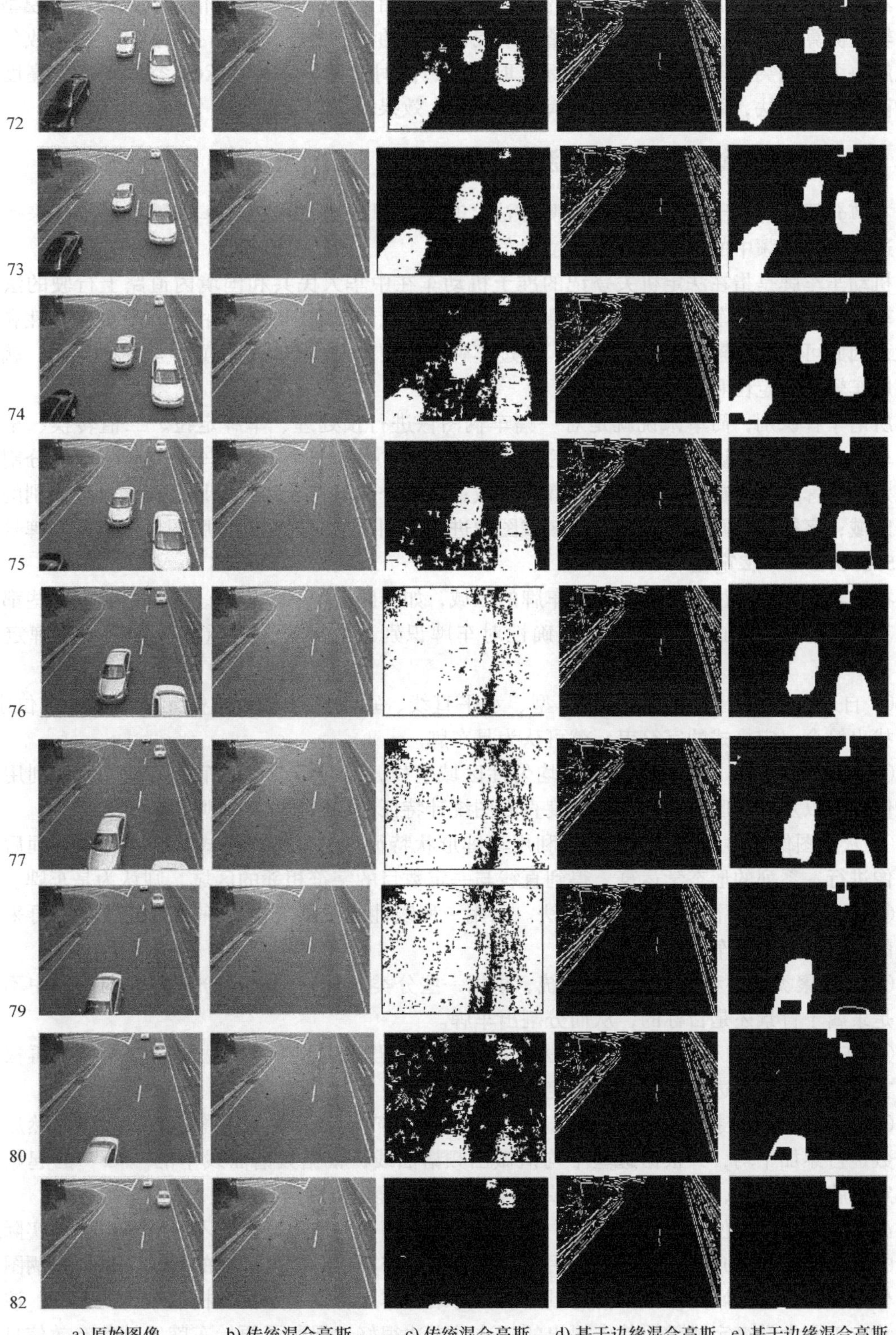

a) 原始图像　b) 传统混合高斯建模法提取的背景　c) 传统混合高斯建模法提取的前景　d) 基于边缘混合高斯建模法提取的背景　e) 基于边缘混合高斯建模法提取的前景

图 5-19　当白色车辆通过时的实验（反光效果）

本小节结合高斯混合模型和图像的边缘信息，介绍了一种基于边缘信息的高斯混合模型的运动车辆检测算法。通过自适应动态调整高斯混合模型的学习因子，加快了均值和方差的收敛，有效地解决了光线突变条件下的前景目标提取问题；同时介绍了一种在 *RGB* 空间上基于亮度偏差度的阴影检测算法，能够较好地去除大部分阴影，效果较好。

5.3.3 基于车牌识别的车辆检测方法

本节介绍一种基于模型的车辆检测方法，其主要思想是选用机动车车牌特征模型来代表车辆，通过识别视频中的车牌来检测通过的车辆。

机动车车牌是指在法定机关登记的准予机动车在中华人民共和国境内道路上行驶的法定标志。车牌一般在机动车辆的特定位置悬挂，其号码是机动车登记编号。由于车牌的唯一性和可识别性，因此可作为车辆的代表性特征。通过车牌识别技术得到车牌的位置、颜色和号码，就可以对相应车辆进行定位和跟踪。

所谓车牌识别，简单来说就是对一幅车辆图像进行预处理、车牌定位、二值转换、车牌分类、车牌分割、字符识别、结果优化的过程。其中最主要的三个步骤是车牌定位、车牌分割和字符识别。车牌定位是在图像中确定车牌的区域；车牌分割是将车牌区域划分成多个待识别的单个字符区域；字符识别则是对单个字符区域图像进行识别，从而确定与车牌图像对应的车牌号码。

5.3.3.1 车牌定位

在车辆图像中往往存在许多类似车牌的区域，如养路费牌、广告牌、车灯区等，这些都容易干扰车牌的定位，因此车牌定位的准确性对车牌识别系统来说至关重要。常用的车牌定位算法有：

① 自适应边界搜索法。利用倒 L 型、水平直线、垂直直线这些结构元素搜索、定位字符，然后找出符合一定格式的字符串，就可认为是车牌。

② 区域生长法。对边缘图像进行均匀性区域生长，以获得潜在的车牌区域，然后利用车牌的几何特征以及车牌区域内的边缘灰度直方图统计特征而删除伪车牌，则得到真实车牌。

③ 灰度图像数学形态学运算法。利用车牌形状特征、字符排列格式特征，对预处理后的灰度图像进行一系列的形态学运算，得到直线与一定数目的字符相邻的区域，则认为是车牌。

④ 基于字符串特征增强的分割方法。采用一种线性滤波器突出车牌区域的纹理，再采用取阈值的方法来分割出车牌区域。

⑤ 模糊聚类法。利用模糊逻辑系统，根据一些分类参量判别由粗分割得到的图像中不确定部分是隶属于背景还是目标的，从而分割出车牌。

⑥ 基于灰度图的车牌定位和分割法。首先选取适当的阈值用迭代法得到二值图，再根据车牌中文字笔画的垂直边缘特征做车牌定位。

⑦ 离散傅里叶变换（Discrete Fourier Transform，DFT）法：先对图像逐行做 DFT，然后把频率系数逐行累加平均，并根据这些平均值做出频谱曲线，根据频谱曲线中的“峰”的起始点位置确定车牌水平位置，对这一水平区域逐行做 DFT 可确定车牌竖直位置。

虽然上述车牌定位算法已在实践中得到了一些应用，但依然存在着不足，难以满足实际复杂场景的需求。本小节介绍一种充分利用车牌区域纹理密集、对比度鲜明的特性，根据车辆图像的能量分布特征，对区域图像做振荡能量分析，并结合车牌特征来定位、提取车牌的方法。该方法是由北方工业大学李宇成教授首先提出的。这种方法很好地保留了原始车牌区域的有效信息，提高了定位的准确度；由于只需对车辆区域图像进行求取能量图，从而大大提高了运行速度，同时避免了图像中其他能量区域被误检为车牌区域，提高了车牌定位的准确度和实时性。

1. 预备知识

（1）振荡能量的相关概念

对于振荡而言，振荡幅度越大，该振荡能量越大；振荡频率越高，振荡能量也越大。为了度量振荡能量，给出了一个振荡能量函数，用以分析该振荡的振荡能量分布：

$$E(t)=E(t,A,f)$$

式中，A为振荡的振幅；f为振荡的频率。

该能量用于度量当前时刻在该振荡邻域内所蕴含的振荡能量，用于分析各种振荡的振荡能量运行趋势。由该种方法求出的振荡能量分布做出了振荡关于时间的能量分布，表征出了各时间区间内的振荡能量的相对大小。为了便于求取振荡能量，做以下定义：

【定义5.1】 对于任意给定序列$x(n)$，原序列的差分序列$\Delta_i=x(i+1)-x(i)$。

【定义5.2】 对于任意给定序列$x(n)$，其序列能量定义为$E=\sum_{n=1}^{\infty}x^2(n)$，即将序列幅值的二次方和定义为序列的能量，则$E=\sum_{n=1}^{\infty}x^2(n)=\sum_{n=1}^{\infty}2x(n)x(n+1)-\sum_{n=2}^{\infty}x^2(n)+\sum_{n=1}^{\infty}\Delta_n^2$。其中，定义$\sum_{n=1}^{\infty}2x(n)x(n+1)-\sum_{n=2}^{\infty}x^2(n)$为基能量，$\sum_{n=1}^{\infty}\Delta_n^2$为差分序列能量，简称差分能量。

【定义5.3】 对于任意给定的函数$g(t)$，其局部极值为$g(t_1)$，…，$g(t_n)$，…，定义其极值序列能量函数如下：

$$E=\sum_{i=1}^{\infty}g^2(t_i)=\sum_{i=1}^{\infty}2g(t_i)g(t_{i+1})-\sum_{i=2}^{\infty}g^2(t_i)+\sum_{i=1}^{\infty}\Delta_i^2 \tag{5.70}$$

式中，$\Delta_i=g(t_i+1)-g(t_i)$，$\sum_{i=1}^{\infty}\Delta_i^2$为振荡差分能量，简称为振荡能量。

【定义5.4】 对于给定的振荡函数$g(t)$，若满足$g(t)$存在局部极大值，且$g(t)$的局部极大值大于零、局部极小值小于零。符合这两个条件的函数称为标准振荡函数。

对于能量函数存在以下定理：

【定理5.1】 当给定序列的差分能量为0时，则给定的序列退化为定常序列。

【定理5.2】 任意给定连续函数为振荡函数的充分必要条件是其振荡能量不为零。

振荡能量在振荡频率一样的前提下，更能反映振荡的剧烈程度。因此计算一振荡的当前时刻邻域内振荡能量对分析该振荡的剧烈程度分布情况有很重要的作用。

【定理5.3】 任意的振荡函数都可以转换成标准振荡函数。

【定理5.4】 振荡函数的振荡能量等于标准振荡函数的极值序列的能量。

（2）标准振荡函数振荡能量分析

将一般的振荡函数转换成标准振荡函数可以很容易由$\sum_{i=1}^{n}g^2(t_i)$求得原振荡函数的振荡能量。以下给出几种常见标准振荡函数，并给出其振荡能量的趋势分析。

1）等幅振荡

设等幅振荡的振幅为A、振荡频率为f的正弦函数如图5-20所示。

设当前时刻的邻域测度为$T=1/f$，即测度为一周期，则t_0时刻的振荡能量可以定义为

$$E(t_0,A,f)=2A^2f \tag{5.71}$$

式中，$t_2-t_1=T$；$t_0-t_1=t_2-t_0=T/2$。

由上述振荡能量公式可知，等幅振荡在当前时刻t_0邻域的能量与时间是无关的，即等幅振荡的振荡能量在整个过程中是没有变化的。

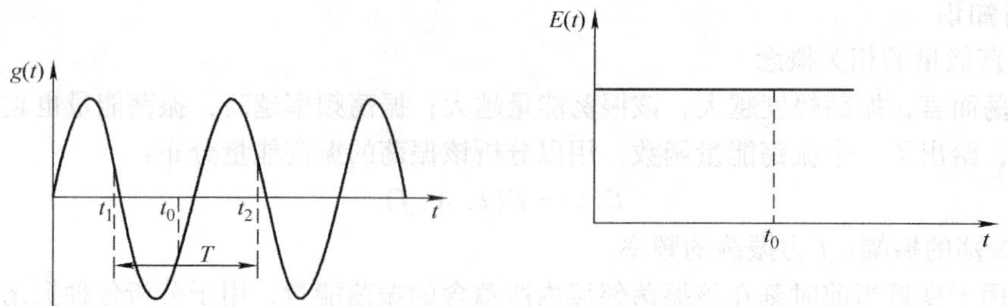

图 5-20 等幅振荡函数及其振荡能量

2）衰减振荡

设该衰减振荡周期为 T，如图 5-21 所示。

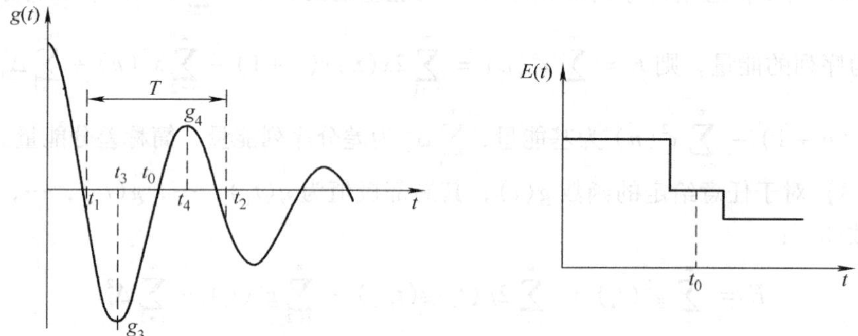

图 5-21 衰减振荡函数及其振荡能量

其振荡能量可定义为

$$E(t_0, A, f) = (g^2(t_1) + g^2(t_2))/T = (g^2(t_1) + g^2(t_2))f \tag{5.72}$$

式中，$t_2 - t_1 = T$；$t_0 - t_1 = t_2 - t_0 = T/2$。振荡函数 $g(t)$ 的振荡能量值是非增的。

3）发散振荡

设发散振荡 $g(t)$ 的振荡周期为 T，如图 5-22 所示。

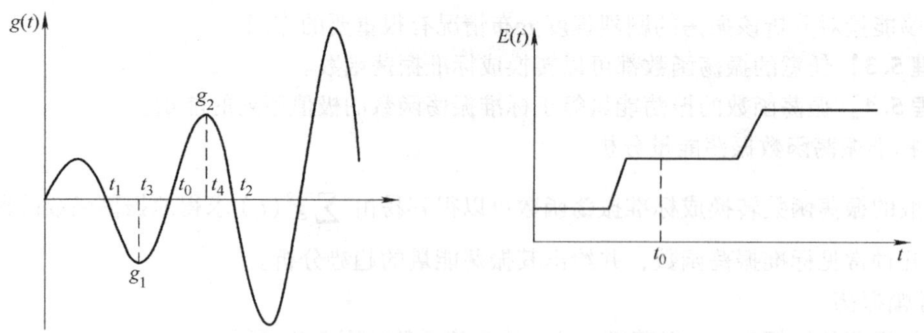

图 5-22 发散振荡函数及其振荡能量

振荡函数 $g(t)$ 的振荡能量定义如下：

$$E(t_0, A, f) = ((g^2(t_3) + g^2(t_4))/T = ((g^2(t_3) + g^2(t_4))f \tag{5.73}$$

式中，$t_4 - t_3 = T/2$，邻域测度为 T，$g(t)$ 的振荡能量值是非减的。

从上面的振荡函数 $g(t)$ 的振荡能量可以分析出振荡本身的能量变化趋势。对于一般的振荡，其振荡频率不是定值，而是随时间变化的。因此，对于一般的振荡来说，其能量函数的一般形式如下：

$$E = E(t, A(t), f(t))$$

（3）振荡函数的一般能量函数构造

1）一维连续可导标准振荡函数

一般设振荡函数为 $g(t)$，如图5-23所示。

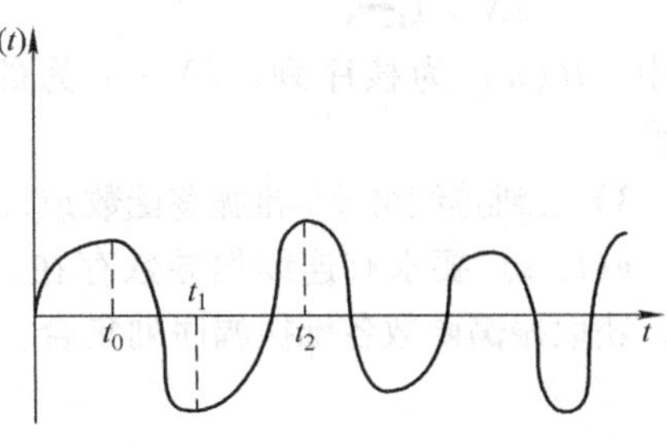

图5-23 振荡函数

首先获取振荡函数振幅时刻集合 J。令

$$\frac{\mathrm{d}g(t)}{\mathrm{d}t} = 0$$

即可求得振幅时刻序列集合 $J = \{t_0, t_1, t_2, \cdots t_n, \cdots\}$，然后对振幅函数 $g(t)$ 作振幅采样函数 $S(t)$，即

$$S(t) = g(t)\sum_{k=0}^{\infty}\delta(t - t_k)$$

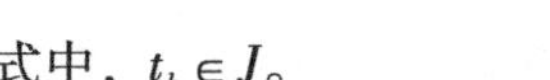
式中，$t_k \in J$。

再对振幅采样求取相应的振荡能量函数 $E(t)$，即

$$E(t) = \frac{1}{2L}\int_{t-L}^{t+L} S^2(\tau) * H(t + L - \tau)\,\mathrm{d}\tau$$

式中，$2L$ 为当前时刻邻域测度；$H(t)$ 为核函数。

以下是几种典型的核函数：

① 正态分布函数

$$H(t) = \mathrm{e}^{-(t-L)^2} \tag{5.74}$$

$2L$ 为当前时刻的邻域测度，核心点与其邻域内点呈非线性关系。

② 三角波核函数

$$H(t) = \begin{cases} \dfrac{t}{L} & 0 < t \leqslant L \\ -\dfrac{t-2L}{L} & L < t \leqslant 2L \\ 0 & 其他 \end{cases} \tag{5.75}$$

式中，$2L$ 为当前时刻的邻域测度，核心点与其邻域内点呈线性关系。

③ 矩形窗函数

$$H(t) = \begin{cases} 1 & 0 < t < 2L \\ 0 & 其他 \end{cases} \tag{5.76}$$

式中，$2L$ 为当前时刻的邻域测度，核心点与其邻域内点被等同看待。

2）一维离散数字标准振荡序列 $g(n)$

一般的离散振荡序列如图5-24所示。首先，获取振荡序列的振幅序列号集合。

若存在一个自然数 n，使得

$$(g(n-1) - g(n))\ (g(n+1) - g(n)) > 0$$

则 n 即为所求的其中一个序列号。

同理可获取振幅序列号集合 $J_n = \{n_1, n_2, \cdots, n_n, \cdots\}$

对振荡序列 $g(n)$ 作振幅采样序列，即

$$S(n) = g(n)\sum_{k=0}^{\infty}\delta(n-n_k)$$

式中，$n_k \in J_n$。

对振幅采样序列作振荡能量函数 $E(n)$，即

$$E(n) = \frac{1}{2N+1}\sum_{k=-N}^{N}S^2(n+k)H(N+k)$$

式中，$H(n)$ 为核序列；$2N+1$ 为邻域测度。

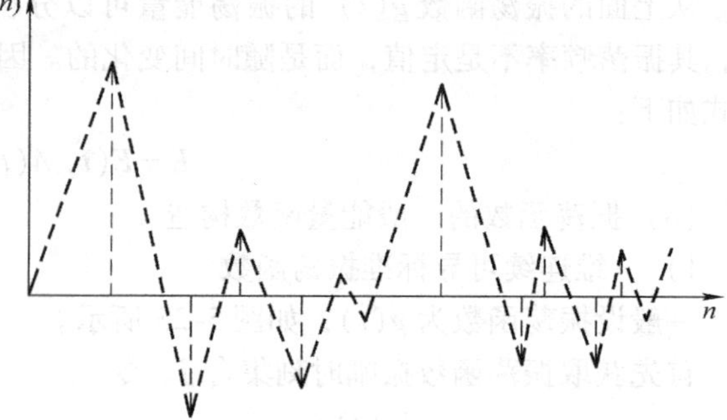

图 5-24 一般的离散振荡序列

3）二维连续可导标准振荡函数 $\boldsymbol{g}(t, s)$

$g(t, s)$ 要求有连续偏导数存在。首先，获取振荡函数各维振幅序列集合。根据下式：

$$\frac{\partial \boldsymbol{g}(t, s)}{\partial t} = 0$$

$$\frac{\partial \boldsymbol{g}(t, s)}{\partial s} = 0$$

则可得振幅时刻序列集合 J_t、J_s。其中，$J_t = \{t_1, t_2, \cdots t_n \cdots\}$，$J_s = \{s_1, s_2, \cdots s_n \cdots\}$。

然后对振荡函数 $\boldsymbol{g}(t, s)$ 作振幅采样函数，即

$$\boldsymbol{S}(t, s) = \boldsymbol{g}(t, s)\sum_{k=0}^{\infty}\sum_{r=0}^{\infty}\delta(t-t_k, s-s_r)$$

式中，$t_k \in J_t$；$s_r \in J_s$。

对二维振幅采样作振荡能量函数，与一维振荡函数类似，设其第 t_0 行能量序列为 $\boldsymbol{E}(t_0, s)$，即

$$\boldsymbol{E}(t_0, s) = \frac{1}{2L_s}\int_{s-L_s}^{s+L_s}\boldsymbol{S}^2(t_0, \xi) * \boldsymbol{H}(s+L_s-\xi)\mathrm{d}\xi$$

式中，$2L_s$ 为当前时刻的邻域测度；$\boldsymbol{H}(s)$ 为核函数。

4）二维离散标准振荡函数 $\boldsymbol{g}(m, n)$

首先，获取离散标准振荡序列振幅序列号集合 J_m、J_n。

若存在自然数 i、j，使得

$$(\boldsymbol{g}(i-1, n)-\boldsymbol{g}(i, n))(\boldsymbol{g}(i+1, n)-\boldsymbol{g}(i, n))>0$$
$$(\boldsymbol{g}(m, j-1)-\boldsymbol{g}(m, j))(\boldsymbol{g}(m, j+1)-\boldsymbol{g}(m, j))>0$$

则

$$i \in J_m,\ j \in J_n$$

式中，$J_m = \{i_0, i_1, \cdots i_n, \cdots\}$；$J_n = \{j_0, j_1, \cdots, j_n, \cdots\}$。

对振荡序列 $\boldsymbol{g}(m, n)$ 做振幅采样序列函数，即

$$\boldsymbol{S}(m, n) = \boldsymbol{g}(m, n)\sum_{k=0}^{\infty}\sum_{r=0}^{\infty}\delta(m-i_k, n-j_r)$$

对振幅采样函数做振荡能量函数，与一维离散振荡类似，设其第 m_0 行的能量序列为 $\boldsymbol{E}(m_0, n)$，则

$$\boldsymbol{E}(m_0, n) = \frac{1}{2N+1}\sum_{r=-N}^{N}\boldsymbol{S}^2(m_0, n+r)\boldsymbol{H}(N+r)$$

式中，$2N+1$ 为当前时刻的邻域测度；$\boldsymbol{H}(r)$ 为核函数。

5.3.3.2　基于振荡能量算法的车牌定位

在车牌的定位中，由于在车牌区域，其纹理较为复杂，即其振荡频率较大；对比度比较鲜明，即其振荡的剧烈程度较大，因此可以通过计算当前像素的邻域内的振荡能量来分析车牌所在的位置。按照上述振荡能量的描述，车牌区域的振荡能量应最大，据此提取能量较大的目标块，并根据车牌的特征加以判定和检验，实现车牌的准确定位。

对于二维的灰度图像 $\boldsymbol{I}(M, N)$，M 为图像行数，N 为图像列数。图像的第 m 行可以表示为 $\boldsymbol{I}(m,:)$，第 n 列表示为 $\boldsymbol{I}(:, n)$。

对灰度图像中任意一行像素 $\boldsymbol{I}(i,:)$ 作离散数字标准振荡序列 $\boldsymbol{g}(n)$。

首先，获取每行像素序列中的局部极值序列号集合 $J=\{n_0, n_1, \cdots n_n, \cdots\}$。

若存在自然数 j，使得

$$(\boldsymbol{I}(i, j-1)-\boldsymbol{I}(i, j))(\boldsymbol{I}(i, j+1)-\boldsymbol{I}(i, j))>0$$

则定义 j 为极值序列号，由此构建局部极值序列号 J 集合，$j\in J$。由序列号集合 J，可获取极值序列 $\boldsymbol{P}(i,:)$，则有

$$\boldsymbol{P}(i, j)=\boldsymbol{I}(i, j_{n-1})$$

式中，$j\in Q_n$。

每行极值序列号集合 J 将每行像素分割成若干互不交叉的区间。设第 n 个互不交叉区间 $Q_n=[j_{n-1}, j_n)$，j_{n-1}、j_n 都属于极值序列号集合。由此可获得每行像素的标准振荡序列 $\boldsymbol{g}(n)$，即

$$\boldsymbol{g}(n)=\boldsymbol{P}(i, n)-\boldsymbol{P}(i, n-1)$$

对振幅序列 $\boldsymbol{g}(n)$ 作幅值采样序列 $\boldsymbol{S}(n)$。

$$\boldsymbol{S}(n)=\boldsymbol{g}(n)\sum_{k=0}^{N_0}\delta(n-j_k)$$

式中，$j_k\in J$；N_0 为序列号集合 J 中元素个数。

对幅度采样序列 $\boldsymbol{S}(n)$ 作能量函数则可得第 I 帧、第 i 行的振荡能量序列，即

$$\boldsymbol{E}(i, j)=\frac{1}{2L+1}\sum_{k=-L}^{L}\boldsymbol{S}^2(i, j+k)H(L+k) \tag{5.77}$$

考虑到行间能量的差异，容易使相邻行间的能量值有较大的起伏，容易对目标图像的定位与分割产生影响。为此引入图像能量的均值滤波。对其做滤波处理如下：

$$\hat{\boldsymbol{E}}(i, j)=\frac{1}{(2L_m+1)(2L_n+1)}\sum_{s=-L_m}^{L_m}\sum_{t=-L_n}^{L_n}\boldsymbol{E}(i+s, j+t)$$

式中，$\hat{\boldsymbol{E}}(i, j)$ 为均值滤波后的能量图像；$(2L_m+1)(2L_n+1)$ 为当前滤波区域的测度。

1. 车牌定位算法描述

本节所提出的算法主要是由四个部分组成，即视频车辆图像预处理、车辆区域初定位、构造车辆区域卷积能量图、车牌区域定位。其流程如图 5-25 所示。

（1）视频车辆图像预处理

视频车辆图像预处理主要完成灰度转换、增强、滤波等，将彩色图像转化为灰度图像，但由于光线不足或者受反光等诸多因素影响有可能造成车牌对比度较差，还需进行图像增强。对图像中过亮和过暗的地方进行灰度拉伸，增强图像对比度，以提高车辆定位准确度。为了减少图像中的孤立干扰点，选用 $M\times 1$ 的模板对灰度拉伸后的图像进行中值滤波。

（2）车辆区域初定位

对整幅视频图像求取卷积能量，耗时较长，因此先初步确定出车辆区域，然后仅对车辆区域求取卷积能量。

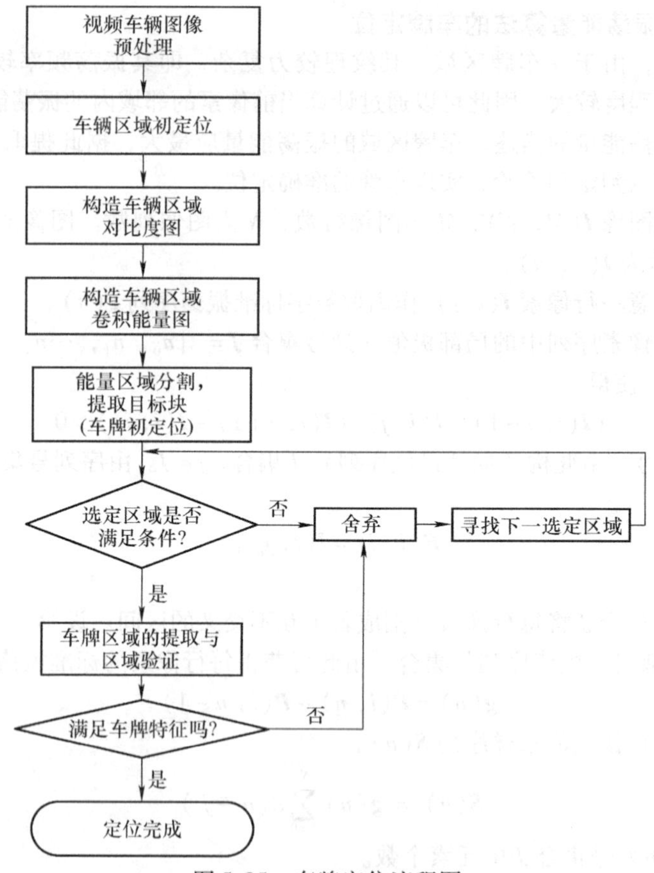

图 5-25　车牌定位流程图

在这里，根据亮度曲线提取车辆区域，结果如图 5-26 所示。

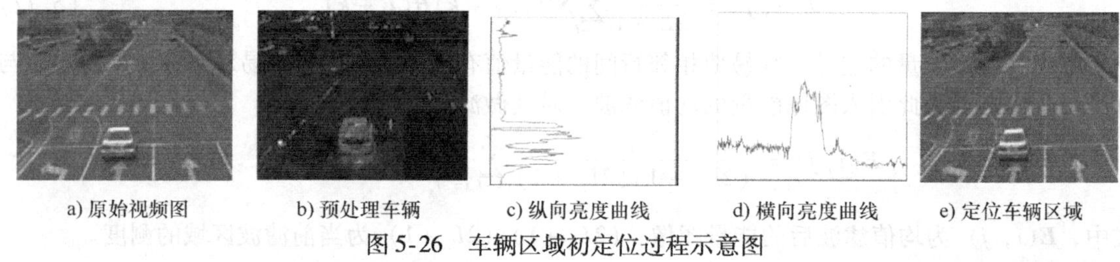

图 5-26　车辆区域初定位过程示意图

(3) 构造车辆区域卷积能量图

由于图像中车牌区域纹理较为复杂，对比度强烈，所以大多数情况下，车牌区域的能量是最大的。但是由于有的车辆前端存在散热隔栅和车标等区域，使得车牌区域的能量并不是最大的，而可能是次大的。对图像求卷积能量时，卷积核长度越接近车牌的长度，就越能够突出车牌区域。实际中，车牌图像的长度与车宽图像的长度大致成一定的比例 $\boldsymbol{\lambda}$。所以，对每帧图像构造能量图时，卷积长度参照车宽图像长度，采用自适应的方法来选择，以进一步提高车牌定位的准确度。

由于车牌区域与车身相比，车牌区域的对比度较大。为求出车牌区域的对比度，需要求出每行像素的灰度的极值。因此先对图像中每一行的相邻像素进行极值处理，即

$$\boldsymbol{P}(i,j)=\begin{cases}\boldsymbol{x}(i,j) & (\boldsymbol{x}(i,j)-\boldsymbol{x}(i,j-1))(\boldsymbol{x}(i,j)-\boldsymbol{x}(i,j+1))>0\\ \boldsymbol{x}(i,j-1) & \text{其他情况}\end{cases}\tag{5.78}$$

式中，$\boldsymbol{x}(i,j-1)$、$\boldsymbol{x}(i,j)$、$\boldsymbol{x}(i,j+1)$ 为同帧图像同一行中相邻的像素点，由此构造出图像的极值图。将极值图的每行相邻像素作差值运算即可构成图像对比度图，这样处理可以减少由车身带来的误差，而且还能突出车牌区域。进一步来说，对比度图的每一点由下式构成：

$$\boldsymbol{T}(i,j)=|\boldsymbol{P}(i,j)-\boldsymbol{P}(i,j-1)| \tag{5.79}$$

通过对比度图来构造能量图，然后利用均值滤波对能量图进行滤波，抑制孤立点噪声，以便于能量区域的分割。具体的构造过程如下：

① 按下式计算其具体的能量 $\boldsymbol{E}(\cdot)$

$$\boldsymbol{E}(i,j)=\frac{1}{(2N+1)}\sum_{t=-N}^{N}\boldsymbol{T}^2(i,j+t)\boldsymbol{H}(t+N) \tag{5.80}$$

式中，$\boldsymbol{H}(\cdot)$ 为卷积核；$N=N(\lambda)$；$(2N+1)$ 为卷积核的列数，是车宽比例 λ 的函数。

② 为了提高程序的运算速度，卷积核 $\boldsymbol{H}(\cdot)$ 的每个元素取为常数，即

$$\boldsymbol{H}(s,t)=\frac{1}{\mathrm{Den}}=1/(2N+1) \tag{5.81}$$

则能量计算公式可以简化为

$$E(i,j)=\frac{1}{\mathrm{Den}^2}\sum_{t=-N}^{N}\boldsymbol{T}^2(i,j+t) \tag{5.82}$$

由此可以得到以下递推公式：

$$\boldsymbol{E}(i,j+1)=\boldsymbol{E}(i,j)-\frac{1}{\mathrm{Den}^2}(\boldsymbol{T}^2(i,j-N)-\boldsymbol{T}^2(i,j+N+1)) \tag{5.83}$$

关于递推公式的证明：

$$\begin{aligned}
E(i,j+1)&=\frac{1}{\mathrm{Den}^2}\sum_{t=-N}^{N}\boldsymbol{T}^2(i,j+1+t)\\
&=\frac{1}{\mathrm{Den}^2}\sum_{t=-N+1}^{N+1}\boldsymbol{T}^2(i,j+t)\\
&=\frac{1}{\mathrm{Den}^2}\sum_{t=-N+1}^{N}\boldsymbol{T}^2(i,j+t)+\frac{1}{\mathrm{Den}^2}\boldsymbol{T}^2(i,j+N+1)\\
&=\frac{1}{\mathrm{Den}^2}\sum_{t=-N+1}^{N}\boldsymbol{T}^2(i,j+t)+\frac{1}{\mathrm{Den}^2}\boldsymbol{T}^2(i,j-N)-\frac{1}{\mathrm{Den}^2}\boldsymbol{T}^2(i,j-N)+\frac{1}{\mathrm{Den}^2}\boldsymbol{T}^2(i,j+N+1)\\
&=\frac{1}{\mathrm{Den}^2}\sum_{t=-N}^{N}\boldsymbol{T}^2(i,j+t)-\frac{1}{\mathrm{Den}^2}\boldsymbol{T}^2(i,j-N)+\frac{1}{\mathrm{Den}^2}\boldsymbol{T}^2(i,j+N+1)\\
&=\boldsymbol{E}(i,j)-\frac{1}{\mathrm{Den}^2}(\boldsymbol{T}^2(i,j-N)-\boldsymbol{T}^2(i,j+N+1))
\end{aligned}$$

③ 只要求取到每行的能量初始值 $E(:,0)$，就可以通过递推关系计算出整个车辆区域的每行卷积能量。求取卷积能量是本算法中计算量最大的工作，通过这种递推关系可以大幅度地提高该算法的速度。

a) 车辆对比度图

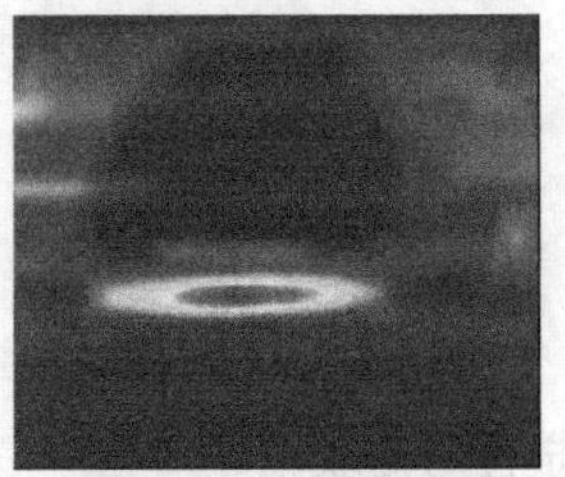

b) 车辆区域卷积能量图

图5-27　灰度图像的能量图

如图 5-27 所示，黑色表示灰度图像在该区域的能量较低，白色环的中心能量最高。从图中可以看出，车牌区域所对应的能量区的能量是最大的。

(4) 车牌定位与提取

1) 车牌区域的初定位

一般情况下，只需要提取出区域能量值最大的能量区，就可以得到相应的车牌区域。但是由于车体中排气扇、车标等也可能造成一幅图像会产生多个卷积能量大的区域。如图 5-28 所示，图中有三个能量较大的区域，即图像中的区域 1、2、3，此时要选取 3 个候选目标区。

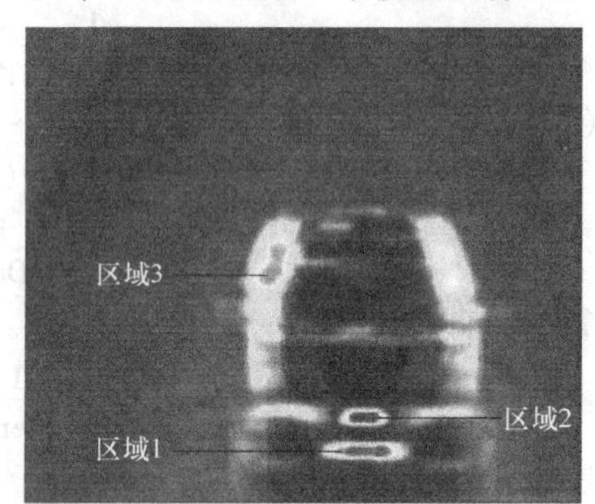

图 5-28 出租车的卷积能量图及候选目标区域

在进行能量区域选择时，由于在有些区域内不仅有一个能量极值，因此在区域选择时，采用能量极值对候选区域进行标定就容易将真正的车牌能量区域漏检。因此在选取能量极值时，不同能量区域间的区域能量必须满足以下条件，即

$$E_{m-n}^{i} < 0.5\min\left(E_{\max}^{m}, E_{\max}^{n}\right) \tag{5.84}$$

式中，$E_{\max}^{m}$ 为第 m 行能量值的最大值；$E_{\max}^{n}$ 为第 n 行能量值的最大值；E_{m-n}^{i} 为在第 m 行与第 n 行之间的第 i 行的能量值。通过得到选定能量区的能量极值 $E_{\max}$，可得到该能量极值所处的具体坐标 (x_0, y_0)。从 (x_0, y_0) 出发，向上下、左右进行扫描，如果当前能量值 E_c 满足 $E_c \leqslant 0.5E_{\max}$，就认为找到了候选能量区域，完成候选目标区域的初定位。如果初定位行列比例大于 1，则舍弃该能量区域。

各候选目标区域初定位图像如图 5-29 所示。

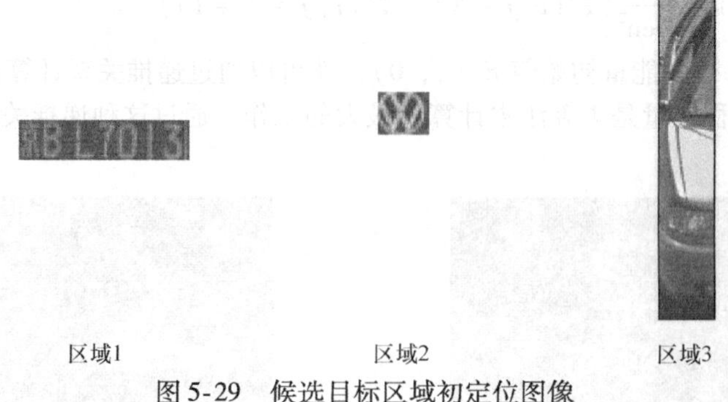

图 5-29 候选目标区域初定位图像

2) 车牌准确定位与提取

车牌区域的准确定位主要分为两个部分：候选车牌区域的提取与区域验证。其中车牌区域的提取主要根据能量极值和对比度图完成候选车牌区域的提取，而区域验证主要验证所提取的目标

区域是否为真正的车牌区域。

① 准确提取候选车牌区域的方法。候选车牌区域提取的步骤如下：

$Step_1$：通过搜索对比度图像 $\boldsymbol{T}$，得到与所选取能量区域相对应的对比度区域Ⅰ；以对比度区域Ⅰ中的能量极值所在行数为基础，上下各选 H 行，列数与此能量区域的列数相同。其中，$H=H(\lambda)$，为车宽比例的函数。此时得到的称为待处理的对比度区域Ⅱ。二值化处理待处理的对比度区域Ⅱ。因为车牌区域的对比度不会超过180，从而有必要对区域Ⅱ的对比度值进行限定。在二值化时采用大津（Ostu）法[⊖]，选择大津法是由于对比度区域Ⅱ都由离散点组成。先对区域Ⅱ做垂直投影，再二值化投影后的图像，最后是区域生长与合并，这样找到了车牌区域的起止列数。由此能得到较为准确的对比度区域Ⅲ，并且区域Ⅲ的行的起止列数与区域Ⅱ的起止位置相同。

$Step_2$：对得到的区域Ⅲ进行能量处理。首先根据公式 $E(i)=\sum_j T(i,j)$ 计算得到的对比度区域Ⅲ的每行能量值。其中，(i,j) 表示在对比度区域Ⅲ内的点的坐标值。搜索区域Ⅲ内有能量极值 $E_{\max}^m$，然后上下扫描，当满足 $E(i)\leqslant 0.5E_{\max}^m$ 时，为最小的行数和最大的行数，则认为找到了车牌区域的起止行数，进而得到区域Ⅳ。

$Step_3$：为了提高提取车牌区域的准确度，可以选择对所得的对比度区域Ⅳ进行色彩空间的变换，将 RGB 空间转换为 HSI 空间，进一步提高所得车牌区域的提取准确度，同时参考所对应的彩色图像区域也可以得到待定车牌区域的颜色对，即字符与背景的颜色。

② 区域验证。上述部分给出了提取的候选车牌区域范围，但是该区域是否是实际真正的车牌区域还需要进一步验证，可以利用车牌的一些特征，排除其他的非车牌区域。具体验证方法如下：

a. 根据车牌的外形特征，一般来讲，车牌的长、宽以及字符高度都是固定的，如430cm×130cm×90cm。但是，现在的许多车牌经过了装饰，在其周围有塑料或者金属外套，造成车牌的长度和宽度范围有所变化。经测量统计发现，长宽比基本在3.2~4.7之间。

b. 根据车牌底色和字符颜色配对，车牌主要有五种配对颜色：蓝白、黄黑、黑红、黑白/红、白黑/红，定位时已经得出了具体的颜色对。在光线较好时，得到的颜色对较为准确，不会出现颜色改变或者色散问题，可以作为判断的依据。如果光线昏暗，容易造成误判。所以该方法只能作为一种附加手段。

c. 根据车牌区域的字符特征进行验证我国的车牌的字符数一般不小于7个，在判断过程中，个数范围可以适当放宽。采用灰度值直方图与区域极值相结合的方法可以将字符区域进行二值化，然后统计字符的个数。该验证方法是计算整个车牌字符与非字符区域的方差，最终的车牌区域就是方差最小的那块区域。

方差定义如下：

$$D=\frac{1}{7}\sum_{i=1}^{7}\left(w_{\mathrm{c}}(i)-W_{\mathrm{c}}\right)^2+\frac{1}{6}\sum_{i=1}^{6}\left(w_{\mathrm{s}}(i)-W_{\mathrm{s}}(i)\right)^2 \tag{5.85}$$

式中，$w_{\mathrm{c}}(i)$ 为第 i 个字符宽度；W_{c} 为字符的宽度参考量，可以取车牌高度的一半，因为这种车牌定位方法可以将铆钉和车牌的上下边界去掉，所以车牌的高度即字符的高度，又由于字符的高宽比例是2，因此可以得到 W_{c}；$w_{\mathrm{s}}(i)$ 为第 i 个非字符区域的宽度；$W_{\mathrm{s}}(i)$ 为第 i 个非字符区域的参考宽度，它不仅与车牌高度有关，并且与其两侧的字符宽度有关。通过以上方法可以获取准确的车牌区域。

2. 仿真实验及结果分析

在一般的二值化定位算法中，图像整体阈值的确定是最不稳定的。利用图像的二值化进行定位的算法鲁棒性与适应性比较差，这主要是由于阈值会受到图像亮度与图像复杂度的影响。单纯

⊖ 由日本学者大津（Nobuyuki Ostu）于1979年提出，是一种自适应的阈值确定方法，即最大类间方差法。

使用颜色定位车牌时，当遇到光照较强或较弱时，图像颜色发生改变，导致定位失败；特别是当车牌颜色与汽车颜色一致时，即使光线较好，也会造成定位失败，如图5-30、图5-31所示。对大量不同背景、光照条件、复杂度及车辆大小等不同条件下的运动车辆的车牌进行了定位实验，实验表明基于振荡能量的车牌定位算法简单、实用、快速、鲁棒性较好。

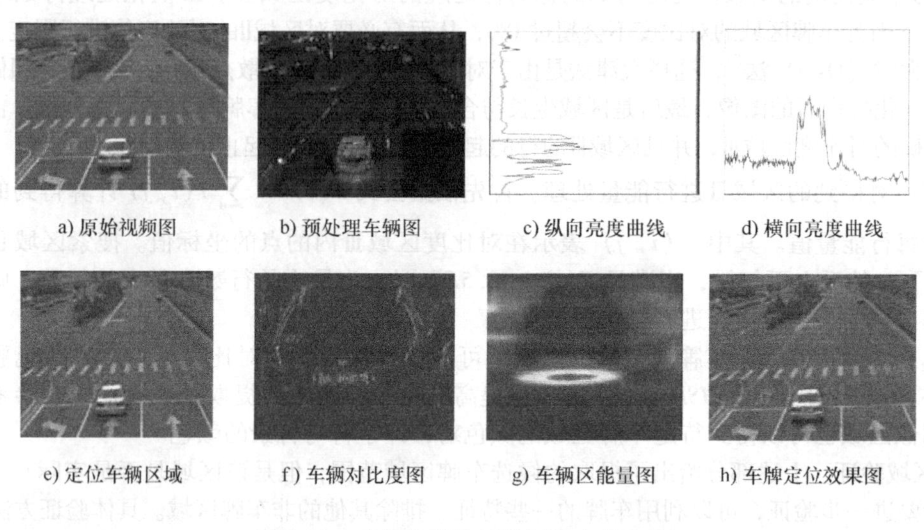

a) 原始视频图　b) 预处理车辆图　c) 纵向亮度曲线　d) 横向亮度曲线

e) 定位车辆区域　f) 车辆对比度图　g) 车辆区能量图　h) 车牌定位效果图

图5-30　光照较弱的情况下的车牌定位

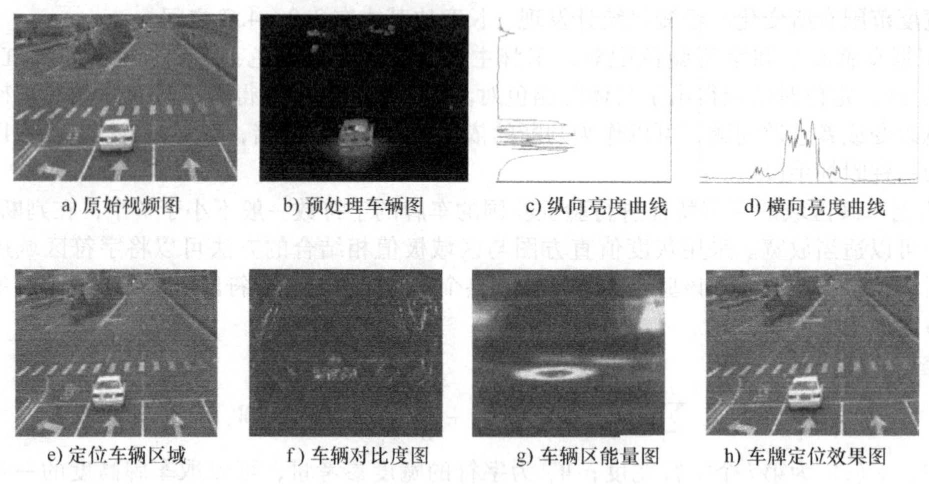

a) 原始视频图　b) 预处理车辆图　c) 纵向亮度曲线　d) 横向亮度曲线

e) 定位车辆区域　f) 车辆对比度图　g) 车辆区能量图　h) 车牌定位效果图

图5-31　光照较强的情况下的车牌定位

图5-32、图5-33所示为采用此算法分别对不同车辆、不同复杂度、不同亮度情况下的车牌定位效果图。表5-6列出了各种光照条件下获取的实验统计结果。

综合来看，该算法受亮度、图像复杂程度及车辆大小的影响很小，总的定位准确率达到98%以上。

表5-7列出了针对图5-34所示4组实验中，采用不同能量计算方法提取车牌所花费的时间（多次取平均）。

图 5-32 不同车辆、不同复杂度下提取的车牌信息

表 5-6 各种光照条件下获取的实验统计结果

光照强度	较亮	亮	暗	较暗
采集图片数	352	490	189	50
车牌定位错误数	5	6	2	0
定位准确率	98.6%	98.8%	99.4%	100%

表 5-7 车牌提取时间统计 （单位：s）

实验分组	直接卷积运算用时（对整幅图像）	递推算法用时（对整幅图像）	直接卷积运算用时（对定位车辆）	递推算法用时（对定位车辆）
A 组	9.160	3.568	0.423	0.102
B 组	9.208	3.579	0.451	0.905
C 组	9.198	3.868	0.441	0.115
D 组	9.182	3.728	0.438	0.109

图 5-33　不同亮度条件下提取的车牌信息

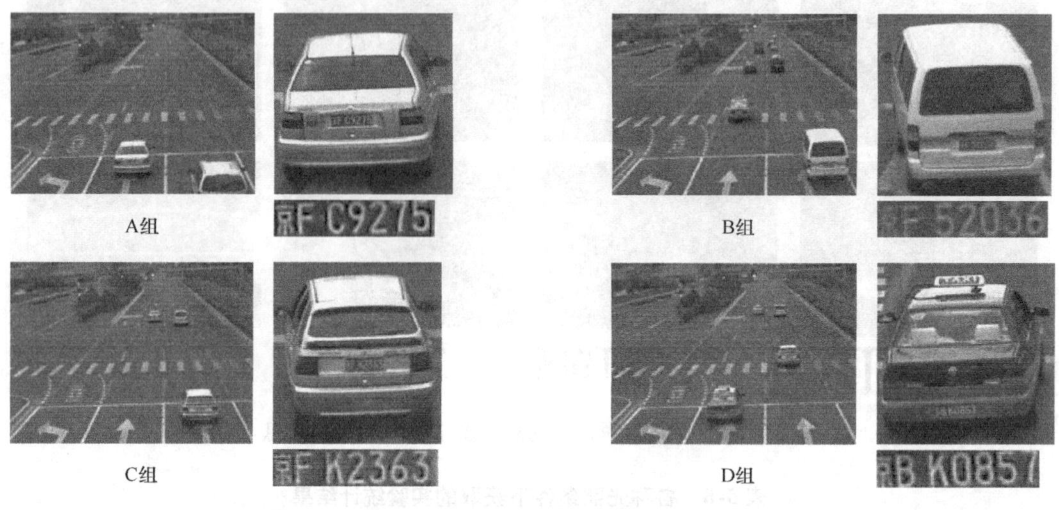

图 5-34　实时性测试所用实验图像

从上面的实验数据可以看出，卷积能量递推算法的改进使得运算效率提高了 3 倍；同时如果对高清图像进行整幅图像的卷积能量运算准确定位提取车牌将耗时近 4s，而只对感兴趣的车辆所在区域进行处理则仅需 100ms 左右，实现速度大幅提高，如果采用更加先进的硬件平台，速度还有提高的空间，可以较好地满足工程需求。鉴于车牌位置处于车辆图像下方的 1/3 ~ 1/2 处，因此可以只针对这部分区域进行卷积能量计算，这样还可以大幅地节省运算时间，提高系统的实时性，完全可以满足目前高清晰、高分辨率检测系统的需求。

5.3.3.3　车牌分割与字符识别

如前所述，车牌定位只是完成了车牌识别的检测定位过程，还需后续处理才能识别出车牌号码。下面对车牌识别过程中涉及的其他内容进行简单介绍。

（1）二值转换

虽然在车牌定位时已经将 24 位真彩图像转换成 8 位灰色图像，但对提取字符特征来说仍是困难的，需要进一步将灰色图像转化为黑白二色图像，这个转换过程就称之为二值转换。常用的车牌图像二值转换方法是，将各个像素灰度值与一个经验值（常称阈值）相比较，如果低于给定的阈值，则灰度值取“0”（即黑色），否则为“255”（即白色），图 5-35 所示为车牌灰色图像、图 5-36 所示为二值转换后的车牌图像。通常根据该车牌灰色图像的直方图得到最小和最大灰度值，然后设定阈值为最小和最大灰度值的平均值，再通过这两个区域的灰度迭代出最佳阈值。但实际二值转换需要分区进行，否则会形成字符笔画断裂和加粗等。

图 5-35　车牌灰色图像

图 5-36　二值转换后的车牌图像

（2）车牌分类和字符分割

目前，我国车牌种类繁多，常见的车牌有民用车牌、警用车牌、军用车牌、武警车牌和 2002 式车牌等，见表 5-8。按照国家标准，民用车牌至少有 8 个字符，若以 7×9 像素点阵表示一个字符为例，水平方向需要 7 个像素点、垂直方向需要 9 个像素点，加上字符水平之间必须有一定的间距，以及车牌左右和上下都有边框，因此车牌水平宽度在图像中所占的大小应不低于 100 个像素点为宜。考虑到如灰尘、雾、油漆剥落或颜色变淡等缺陷对车牌的影响，用于车牌识别的最佳尺寸为水平方向不少于 120 个像素点、垂直方向不少于 15 个像素点，否则容易产生车牌定位出错。即使定位出车牌，也容易产生字符识别错误。

表 5-8　我国主要车牌种类

序号	分类	外廓尺寸/mm	颜　色	备　注
1	大型汽车	前 440×140 后 440×220	黄底黑字黑框线	如 
2	小型汽车	440×140	蓝底白字白框线	如 
3	使馆汽车	440×140	黑底白字红“使”	如 
4	领馆汽车	440×140	黑底白字红“领”	
5	境外汽车	440×140	黑底红或白字	
6	外籍汽车	440×140	黑底白字白框线	如 
7	教练汽车	440×140 尾字为“学”	黄底黑字黑框线	如 
8	试验汽车	440×140 尾字为“试”	黄底黑字黑框线	
9	警用汽车	440×140 尾字为“警”	白底黑字黑框线	如 
10	军用大型车			
11	军用小型车			
12	武警汽车			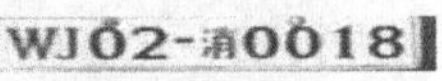
13	2002 式			

如图5-37所示，字符在竖直方向上的投影必然在字符间或字符内的间隙处取得局部最小值，因此字符的正确分割位置应该在上述局部最小值的附近，并且这个位置应满足车牌字符的标准数目、字符尺寸等条件，这样可以排除复杂环境下出现的错误定位数据。在水平方向上从左至右检测各坐标的投影数值，当检测到第一个投影值不为零的坐标可视为首字符的左边界，从该坐标向右检测到的第一个投影值为零的坐标可视为首字符的右边界，其余字符的边界坐标同理可得。通过字符的平均字宽和两字符左边界之间的平均距离去除可能存在的错误切分。对于字宽小于平均字宽一定比例（如0.2）的字符，可视为无效字符；前后两字符距离小于平均距离，且此距离与字宽之和不大于平均距离，则合并为一个字符。对于字宽大于平均字宽一定比例（如2.4）的，则视为两字符出现粘连；当字符数量多于或少于车牌可能的字符数时，则认为所定位的车牌无效。这就是车牌垂直分割法。

图5-37　车牌二值转换后的图像

（3）字符和车牌颜色识别

1）字符优化

按照上述车牌定位和切割方法很方便取得单个字符图像，不过此时的字符图像也可能存在字符与边框相连、字符变形和字符断裂等情况，为此在真正识别之前需要对字符位图作进一步的技术处理。常用的方法是将用于识别的字符位图按新的点阵大小重新采样，然后搜索字符位图的准确上下左右边界值，依照字符位图的宽高值和新的边界值重新确定字符像素点，并排除非字符情况。例如，左右边界值之差过小、上下边界差过小等情况则认为非字符，用“?”取代。

2）字符类型

按照我国车牌种类和涉及的字符可分为：类型0为民用车汉字，包含“京、津、晋、冀、蒙、辽、吉、黑、沪、苏、浙、皖、闽、赣、鲁、豫、鄂、湘、粤、桂、琼、川、贵、云、藏、陕、甘、青、宁、新、渝、临、使”；类型1为英文字母，包括除“I”外的“A～Z”25个字母；类型2为数字，包括“0～9”10个数字；类型3为数字和字母，包括类型1和类型2；类型4为武警车牌的英文字母，包括“WJ”；类型5为武警车牌的数字，包括“0～9”10个数字；类型6为警车车牌的尾字“警”字；类型7为尾字，包括“0～9”学、试、领、港、澳、境”等字；类型8为武警车分类字，包括“0～9、消、边、水、警、电、林、通”等字；类型9为军车车牌的英文字，包括“ABCDGHJKLMNOPRSTVY”18个字母，2013年5月1日起军车车牌更换成新式军车号牌，将原有的“军、海、空、集、北、沈、南、兰、广、成、济”分别用特定字母替代。按照上述字符分类，可以得到不同类型车牌的字符表：民用车的为{0，1，3，3，3，2，7}、武警车的为{4，5，5，8，5，5，5，7}、军车的为{9，9，2，2，2，2，7}、个性化车牌的为{3，3，3，3，3，3}、警车的为{0，3，3，2，2，2，6}。

3）标准特征库

将切分下来的字符图像变换到40×40的像素点阵空间上，按照水平和垂直方向提取二值特征、按照字符结构在水平、垂直、左、右四个方向的几何投影图像特征建立多维特征库。对标准字符分别进行归一化、轮廓化和特征抽取，从而建立标准特征库，即标准模板。

4）字符匹配

字符识别方法目前主要有基于模板匹配算法和基于人工神经网络算法。基于模板匹配算法首先把待识别字符二值化，并将其尺寸大小缩放为字符数据库中模板的大小，然后与所有的模板进行匹配，最后选最佳匹配作为结果。由于这种匹配算法稳定性较差，时间花费也较多，因此可以在此基础上采用基于关键点的匹配算法。该算法先对待识别字符进行关键点提取，然后对关键点去噪，最后再确定字符的分类。这种匹配算法只利用了字符的关键点进行匹配，因此提高了识别速度，又具有较高的识别准确率。基于人工神经网络的算法主要有两种：一种是先对待识别字符进行特征提取，然后用所获得的特征来训练神经网络分类器；另一种是直接把待处理图像输入网络，由网络自动实现特征提取直至识别出结果。前一种方法识别结果与特征提取有关，而特征提取比较耗时。

依据我国车牌特点采用模板匹配算法识别速度更快。具体做法是对待识别的字符位图提取字符特征加权值，然后逐一与该类型相关的已知字符的标准特征库加权值比较，从中选取最理想的字符作为识别结果。当该理想字符相关的特征加权值小于给定的最小经验值，则认为该字符匹配成功。当该理想字符相关的特征加权值大于给定的最大经验值，则认为该字符匹配错误，不妨采用“?”取代之。同时，对于容易相混的字符需要作进一步细节区分，易混的字符包括 0－8、5－8、0－D、0－Q、S－5、S－8、B－8、B－0、B－D、D－Q、7－T、1－7、4－A 等。

5）颜色识别

对于二值转换后的车牌图像，依据我国车辆牌照特点，十分容易分辨出黄色和白色的车牌底色。但对于蓝底白字和黑底白字的，则需要进一步从原灰度车牌中提取特征，如提取车牌分隔符区域，即截取第二个字符右边界和第三个字符的左边界的车牌区，通过分析该区域灰度就能区分出蓝色和黑色车牌底色，因为黑色和蓝色灰度存在明显差别。

(4) 结果优化

按照模板匹配算法，车牌识别可以得到若干个识别结果，我们从中选取字符匹配成功数最多的。如果全部字符匹配成功，则输出结果肯定准确。而在实际运行的车牌识别系统中，即使对字符作了优化处理，但仍有部分字符受车牌色差和环境的影响而有识别出错的可能。为此在识别结果中不妨设定最小出现数，如规定整个车牌中有四位识别正确就给出车牌结果，这样有利于车牌识别技术的实际应用。同时，依据我国车牌结构特点还需要进行车牌语法校验，如民用车牌尾字不存在“警”字，军用车牌格式中不会出现“领、港、澳、境、挂”字，警用车牌尾字不会出现“学、试、领、港、澳、境、挂”字，警用车牌首位不会出现军用车牌汉字，武警车牌中不会出现民用和军用车牌汉字等，这样就可以大大提高车牌识别准确率。

本节针对高清视频交通流图像介绍了一种基于卷积能量图的车牌定位方法：首先对视频图像进行预处理；然后根据预处理得到的亮度曲线初定位车辆区域，仅对被提取车辆区域图像求取卷积能量图；通过卷积能量图及车牌的特征对车牌进行定位。同时，该法对卷积能量算法进行了改进，有效提高了运算速度。该方法可以很好地保留了原始车牌区域的有效信息，提高了定位的准确率。

5.3.4 目标跟踪

运动车辆的目标跟踪是智能交通系统的关键技术之一，它能够提供基本的交通流参数，并且能够为进一步分析车辆行为奠定基础。

一般运动车辆的目标跟踪算法分为两种：一种目标跟踪算法是在当前图像中寻找与先前车辆模板相匹配的区域，并且更新对应的目标模板。这种跟踪算法对目标的检测要求较低，甚至不需要在每一帧都进行目标检测。该模板匹配算法比较复杂，运算量大。另一种目标跟踪算法是建立在相邻两帧图像中检测到的运动车辆之间相互对应关系。这种跟踪需要检测每一帧图像中的运动车辆。该建立车辆对应关系的算法相对简单，但对目标检测的准确度要求比较高。在实际应用中，由于架设的摄像机光轴与道路平面之间的角度较小，拍摄的车辆之间往往互相重叠，从而产生遮挡。遮挡问题严重地影响着车辆目标跟踪的准确度和性能，是车辆目标跟踪的难点之一。目标跟踪一般分为静态跟踪和动态跟踪：静态跟踪是摄像机镜头位置固定；动态跟踪是摄像机镜头也随着目标移动。这里主要阐述摄像机镜头位置固定情况下的目标跟踪方法。

1. 目标跟踪的基本类型

（1）基于模型的目标跟踪

这种目标跟踪算法是模型法检测车辆的后续操作。其核心思想是建立已知提取目标的精细模型与待检测图像之间的匹配操作。这类算法的优点之一是，在确定目标类型和几何模型细节时准确度高。而缺点是对模型过分依赖，当进行车辆检测与目标跟踪时，很明显是不可能为公路上行驶的每种车辆都建立精细的模型的。在实际应用中，基于模型的目标跟踪算法由于计算量大，不利于实时处理，只能应用于目标较少的情况或者与其他方法共同使用。

（2）基于区域的目标跟踪

在该算法中，目标被表示为斑点或像素连通块，或块区域；连接区域被提取，并根据情况被合并或分割。这种算法在目标稀少时效果很好，且块区域可以提供丰富的信息，如大小、形状和密度等。但其最严重的缺点是，区域的合并和分割存在不准确性。

（3）基于轮廓的目标跟踪

该算法的主要思想是先初始勾勒出目标的轮廓，并且不断地在后续帧中更新轮廓，进而达到目标跟踪的目的。以目标轮廓为跟踪对象的算法其实是基于区域的目标跟踪算法的一个变形。而基于区域的目标跟踪算法在阴影和拥挤的情况下效果会变得很差，因为阴影和物体之间的遮挡都会将本来相邻的多个连通块变成一个，造成漏检和误检。目标轮廓可以通过简单的边缘检测的算法得到，但这些简单的算法往往同时检测出背景中的一些干扰边缘。若采用复杂些的边缘检测算法，如自动轮廓获取或snake模型，尽管运算量较大，但可以用专门的处理器进行实时处理。基于轮廓的目标跟踪与基于区域的目标跟踪相比，优点在于计算量少，而缺点是存在初始化困难的问题。它存在与基于区域的目标跟踪同样的问题，即在阴影和拥塞情况下效果欠佳。

（4）基于特征的目标跟踪

上述算法都是将物体作为最小单元进行目标跟踪，而基于特征的目标跟踪则是将物体的特征作为最小的目标跟踪单元。这类算法对每个物体提取一些特征，如可区别的直线或拐角等。这些特征可以是点、线或者曲线。以车辆为例，这些点或线条可能代表了车辆的保险杠、车窗、车顶棚等，或将这些特征组合起来表示一辆车。这类算法的突出优点是即使存在遮挡，一些特征仍是可见的，可以为目标跟踪过程提供依据。但是在检测每个物体的特征时，也同样存在彼此太接近，无法正确提取的问题。它需要进行特征聚类，即在众多的特征中分析哪些是属于同一个物体的。

2. 运动车辆目标跟踪的主要方法

（1）模板匹配

基于模板匹配的算法是从目标图像中寻找参考模板（模式）的一个过程。该算法可以应用于静态图像的目标匹配与识别，也可以用于动态图像的目标识别与目标跟踪。传统的矩形模板加灰度相关的匹配算法计算量大、花费时间长，但实现起来简单、匹配准确度高。

已知对象的图像模板 $\boldsymbol{T}$，大小为 $M \times N$；考察图像为 $\boldsymbol{S}$，大小为 $L \times W$。将模板 $\boldsymbol{T}$ 叠放在考察图像 $\boldsymbol{S}$ 上平移，模板覆盖下的那块搜索图叫做子图 $\boldsymbol{S}_{i,j}$。(i, j) 为这块子图的左上角像点在 $\boldsymbol{S}$ 中的坐标，叫做参考点。i，j 的取值范围为

$$1 \leqslant i \leqslant L-M+1, \ 1 \leqslant j \leqslant W-N+1$$

比较 $\boldsymbol{T}$ 和 $\boldsymbol{S}_{i,j}$ 的内容，如两者一致，则 $\boldsymbol{T}$ 和 $\boldsymbol{S}_{i,j}$ 之差为零。所以可以用如下的测度来衡量 $\boldsymbol{T}$ 和 $\boldsymbol{S}_{i,j}$ 的相似程度：

$$D(i,j) = \sum_{m=1}^{M}\sum_{n=1}^{N}[\boldsymbol{S}_{i,j}(m,n) - \boldsymbol{T}(m,n)]^2 \tag{5.86}$$

将式（5.86）展开，并归一化为

$$R(i,j) = \frac{\sum_{m=1}^{M}\sum_{n=1}^{N}[\boldsymbol{S}_{i,j}(m,n) - \boldsymbol{T}(m,n)]^2}{\{\sum_{m=1}^{M}\sum_{n=1}^{N}[\boldsymbol{S}_{i,j}(m,n)]\}^{1/2}\{\sum_{m=1}^{M}\sum_{n=1}^{N}[\boldsymbol{T}(m,n)]\}^{1/2}} \tag{5.87}$$

根据 Schwarz 不等式可以知道，式（5.87）中 $0 \leqslant R(i,j) \leqslant 1$，如果 $R(i,j)$ 大于给定的阈值，则 $\boldsymbol{S}_{i,j}$ 与 $\boldsymbol{T}$ 匹配成功，反之则失败。这种算法可以克服图像整体亮度的差异所带来的干扰，但该算法求匹配的计算量很大。

有人针对动态序列图像各帧间具有较强的相关性这一特点，结合物体运动学的惯性特点，提出了一种基于动态模板与位置预测原理的动态图像车辆识别与跟踪算法，并在此基础上设计了一种螺旋渐开式的目标搜索算法，它具有很好的识别效果和较快的跟踪速度。

（2）卡尔曼滤波

基于卡尔曼滤波的算法不要求保存过去的测量数据，当新数据测得以后，根据新的数据和前一时刻各参数的估计值，借助系统本身的状态转移方程（即动态方程），按照一套递推公式，即可计算出新的各参数的估计值。这样大大减少了滤波装置的存储量和计算量，同时适用于非平稳过程。这种算法的数学模型简单、运算速度快，能满足实时高速运动目标的跟踪要求。

卡尔曼滤波的前提是，系统为线性，噪声为高斯分布，后验概率也是高斯型的。假设 $k-1$ 时刻的后验概率分布 $P(x_{k-1}|z_{k-1})$ 是高斯型的，则动态系统可以表征为

$$\begin{cases} \boldsymbol{X}_k = \boldsymbol{\Phi}_{k,k-1}\boldsymbol{X}_{k-1} + \boldsymbol{B}_{k-1}\boldsymbol{U}_{k-1} + \boldsymbol{\Gamma}_{k-1}\boldsymbol{W}_{k-1} \\ \boldsymbol{Y}_k = \boldsymbol{H}_k\boldsymbol{X}_k + \boldsymbol{V}_k \end{cases} \tag{5.88}$$

式中，$\boldsymbol{X}_{k-1}$ 为 $k-1$ 时刻的状态向量；$\boldsymbol{\Phi}_{k,k-1}$ 为 $k-1$ 到 k 时刻的一步状态转移矩阵；$\boldsymbol{B}_{k-1}$ 为 $k-1$ 时刻系统控制的作用矩阵；$\boldsymbol{U}_{k-1}$ 是 $k-1$ 时刻系统的确定性输入矩阵；$\boldsymbol{W}_{k-1}$ 为 $k-1$ 时刻的系统噪声向量，为高斯型；$\boldsymbol{\Gamma}_{k-1}$ 为系统噪声作用矩阵；Y_k 为 k 时刻的状态观测矢量；$\boldsymbol{H}_k$ 为 k 时刻的观测矩阵；$\boldsymbol{V}_k$ 为 k 时刻的观测噪声矩阵。卡尔曼滤波方法要求 $\boldsymbol{W}_k$ 和 $\boldsymbol{V}_k$ 是互不相关的零均值白噪声序列。这里给出基本结论，相应的卡尔曼滤波基本方程为

状态一步预测方程

$$\hat{\boldsymbol{X}}_{k/k-1} = \boldsymbol{\Phi}_{k,k-1}\hat{\boldsymbol{X}}_{k-1} + \boldsymbol{B}_{k-1}\boldsymbol{U}_{k-1} \tag{5.89}$$

式中，X_k 为卡尔曼滤波增益；$\hat{\boldsymbol{X}}_{k/k-1}$ 为对 X_k 的一步预测，是通过 $\hat{\boldsymbol{X}}_{k-1}$ 转移计算出的。而 $\hat{\boldsymbol{X}}_{k-1}$ 是利用 $k-1$ 时刻和以前时刻的观测值得到的。

状态估计方程

$$\hat{\boldsymbol{X}}_k = \hat{\boldsymbol{X}}_{k,k-1} + \boldsymbol{K}_k(\boldsymbol{Y}_k - \boldsymbol{H}_k\hat{\boldsymbol{X}}_{k/k-1}) \tag{5.90}$$

式中，$\hat{\boldsymbol{X}}_k$ 包括当前观测值 $\boldsymbol{Y}_k$ 和估计值 $\hat{\boldsymbol{X}}_{k/k-1}$，因此认为是由 k 时刻和以前时刻的观测值计算得到的。

采用卡尔曼滤波能够充分利用历史信息，缩小对图像的搜索范围，从而显著提高系统处理速

度。尤其是当目标运动状态、光照条件变化大或被其他物体遮挡而可能引起跟踪失败时，卡尔曼滤波表现出了较好的跟踪准确度和稳定性。有学者利用卡尔曼滤波器的预测功能，来预测下一帧搜索区域，这样搜索的范围大大减小，相应的计算量大幅下降。同时，当存在局部遮挡时，预测值可代替最佳相关匹配点，从而克服由于局部遮挡的影响而造成目标丢失的问题。

有学者针对卡尔曼滤波需要对噪声特性和目标的运动规律进行假设的不足，提出一种基于灰色预测模型 GM（1，1）的运动目标跟踪算法。该算法通过不断更新的灰色预测模型 GM（1，1），挖掘出目标的当前运动规律，克服了卡尔曼滤波跟踪方案在运动规律不清楚及噪声特性不明确的情况下需要作出假设的不足，从而对目标的运动位置进行快速准确的预测，然后根据预测结果搜索出运动目标，实现运动目标的跟踪。

中国海洋大学的刘怀强的硕士论文《基于视频的车辆检测与跟踪技术研究》中介绍了采用卡尔曼滤波结合模板匹配的运动车辆跟踪方案。首先检测到车辆；然后确定运动车辆的质心和搜索区域，并进行运动车辆模型的估计和运动车辆特征的匹配；最后，对跟踪模型进行更新。在运动车辆目标跟踪算法中，根据当前帧中测量得到的车辆位置，利用卡尔曼滤波器对当前帧中车辆的质心、车辆位置、车速和车加速度进行估计，同时利用这个估计值对车辆在下一帧中的位置做出预测。采用车辆的质心作为特征点，可减少计算的复杂度。为了减小误配率，在质点颜色相似性考察上使用 *LVU* 颜色空间，通过前后质心点 3×3 邻域颜色差异来判断这两个质心点的匹配程度。如果已经在下一帧找到同一车辆的后续，则对该后续车辆做相同的标记，并根据后续车辆来重新预测计算下一帧中的位置，即更新模型。跟踪过程如图 5-38 所示。图 a 中下方的银色车辆 *A* 由于没有完全进入监控场景，故不被跟踪；图 b 所示为开始被跟踪；图 c 所示为由于车辆即将离开监控场景，故将被放弃；图 d 所示为车辆被放弃跟踪。车辆 *A* 在从图 b 所示的位置开始到图 c 所示的位置，是跟踪过程，运动车辆一直被跟踪。

a) 车辆不被跟踪

b) 车辆开始被跟踪

c) 车辆将要被放弃跟踪

d) 车辆被放弃跟踪

图 5-38　车辆跟踪区域示意图

采用帧率为 25 帧/s 的道路视频进行测试，跟踪结果如图 5-39 所示。

a) 第115帧图像及其最小矩形

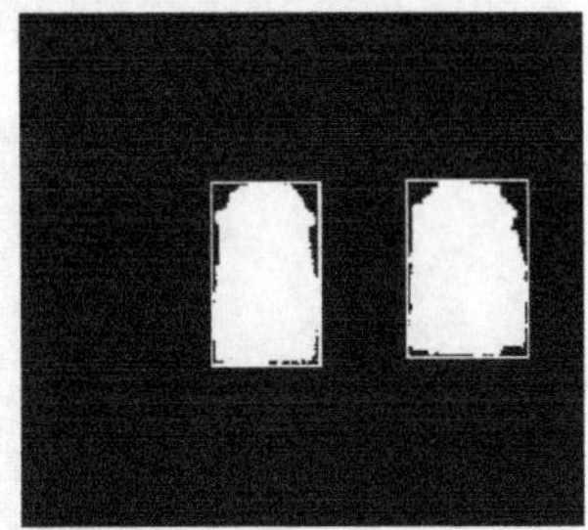

b) 第116帧图像及其最小矩形

c) 第117帧图像及其最小矩形

d) 第118帧图像及其最小矩形

e) 第119帧图像及其最小矩形

图5-39 车辆跟踪效果

f）第120帧图像及其最小矩形

g）最终车辆跟踪效果

图5-39 车辆跟踪效果（续）

（3）粒子滤波

粒子滤波算法是基于序列重要性采样的，主要思想是用一组具有权重的粒子来表示后验概率，从而获得其他关于状态的统计量。根据蒙特卡罗理论，当粒子的数目足够多时，这组具有权重的粒子就能完全地描述后验概率分布。基于粒子滤波实现目标跟踪的基本步骤如下：

① 初始化阶段，提取跟踪目标特征。该阶段指定跟踪目标，计算跟踪目标的特征，如目标的颜色特征。

② 搜索阶段，安放粒子。在待搜索区域里放入大量的粒子（particle），放入粒子的规则有很多。例如，ⓐ均匀放入（uniform distribution），即在整个图像平面均匀地撒粒子；ⓑ在上一帧得到的目标附近按照高斯分布来放入，可以理解成，靠近目标的地方多放，远离目标的地方少放。计算每个粒子所在区域的特征，再与目标区域特征计算相似度，并归一化，特征接近的粒子的权重大一些，反之权重小一些。

③ 决策阶段。通过调整各粒子的权重大小和样本位置来近似实际的概率分布，以样本期望作为系统估计值。设 n 号粒子的图像像素坐标是（x_n，y_n），它的相似度（权重）为 w_n，于是目标最可能的像素坐标为

$$x = \sum_{n=1}^{N} x_n w_n, y = \sum_{n=1}^{N} y_n w_n$$

④重采样（Resampling）阶段。即重新分布粒子的位置。这样做是为了解决序列重要性采样（Sequential Importance Sampling，SIS）存在的退化现象。即几步迭代之后，许多粒子的权重变得很小，大量的计算浪费在小权重的粒子上。解决退化问题的一般办法就是重要性重采样（Sampling Importance Resampling）原理，其基本思想是对后验概率密度再采样，在相似度高的粒子那里放更多粒子，在相似度低的粒子那里少放粒子，甚至剔除。

②→③→④→②反复循环，即完成了目标的动态跟踪。

粒子滤波的核心思想是随机采样加上重要性重采样，因此较蒙特卡罗滤波计算量较小。基于粒子滤波的跟踪算法很好地解决了非高斯非线性观测下的目标跟踪问题，具有较强的鲁棒性，能较好地实现复杂场景下的目标跟踪。但是存在计算量大和粒子退化问题，并且运动模型是固定的，使得在遮挡情况下由于跟踪不稳定而预测误差增大，从而可能丢失目标。

有学者提出了一种具有较好鲁棒性的自适应粒子滤波算法，并对遮挡做出了处理。还有学者提出了一种融合了基于几何活动轮廓模型和粒子滤波的跟踪算法，在从车辆视频流中准确提取出车辆轮廓的基础上，应用粒子滤波算法对车辆进行快速准确的跟踪，取得了较好的效果。

（4） Camshift 算法

连续自适应均值漂移（Continuously Adaptive Mean Shift，Camshift）算法是一种基于均值漂移（Mean Shift）算法的改进算法，关于均值漂移算法更详细的介绍可参考本章5.3.5 节。由于Camshift 算法是利用颜色的概率信息进行跟踪的，使得它的运行效率比较高。Camshift 算法利用目标的颜色直方图模型将图像转换为颜色概率分布图，初始化一个搜索窗的大小和位置，并根据上一帧得到的结果自适应调整搜索窗口的位置和大小，从而定位出当前图像中目标的中心位置。基本 Camshift 算法的过程由下列步骤组成：

① 确定初始目标及其区域。

② 计算出目标的色度（Hue）分量的直方图。

③ 利用直方图计算输入图像的反向投影图。

④ 利用均值漂移算法在反向投影图中迭代搜索，直到收敛或达到最大迭代次数，并保存零阶矩。

⑤ 从第④步中获得搜索窗口的中心位置和计算出新的窗口大小，以此为参数，进入到下一帧的目标跟踪（即跳转到第②步）。

反向投影图又称为概率分布图，在反向投影图中，某一像素点的值指的是这个点符合目标的概率分布的概率是多少，或者直接说是此点灰度值在目标图像中出现的比例是多少。计算方法为，根据像素点的像素值查找目标的直方图，其对应像素值的概率是多少就作为该点在反向投影图中的值。在跟踪过程中，目标的运动会引起颜色概率分布图中颜色区域大小和位置的变化，这时 Camshift 算法就要在计算过程中不断调整搜索窗口的大小。搜索窗口的大小并不是依靠预先设定的，而是依据 Camshift 算法本身运算过程得到的零阶矩在图像帧中不断进行调整的。Camshift 算法能够自动调节搜索窗的大小和位置，确定被跟踪目标的重心位置，并且根据当前帧定位的结果来预测下一帧图像中目标的重心和大小。

Camshift 算法能有效地解决目标变形和遮挡的问题，对系统资源要求不高，时间复杂度低，在简单背景下能够取得良好的跟踪效果。但当背景较为复杂，或者有许多与目标颜色相似的像素点干扰的情况下，会导致跟踪失败。因为它单纯地考虑颜色直方图，忽略了目标的空间分布特性，所以这种情况下需加入对跟踪目标的预测算法。

5.3.5　基于自适应均值漂移算法的运动车辆目标跟踪方法

在计算机视觉任务中，如场景中目标的检测或跟踪，对目标或背景的表象建立一种表达是非常重要的，可以通过对视频流前后帧的表达对比达到目标检测或跟踪的目的。其中一种表达方式就是对目标表象的变化进行统计建模，将目标的表象信息映射到一个特征空间中，其中的特征值就是特征空间中的随机变量。假定特征值服从某种已知模型的概率密度函数，即可由目标区域内的数据估计密度函数的参数，通过估计的参数得到整个特征空间的概率密度分布。一般称这种方法为参数概率密度估计算法，但它的使用条件非常苛刻，要求特征空间服从一个已知的概率密度模型，对实际问题样本在空间的分布信息通常是不充分的，只能根据采样结果大致估计样本的分布信息，这样所得结论很可能会与事实相背离。从统计的角度来看，很难对那些特征建立一个普通的参数分布模型。特别是在高维空间中，数据往往非常稀疏，很难与一个固定的多维概率密度函数吻合。然而当无法知道概率密度函数的具体形式时，非参数概率密度估计算法可以直接利用样本对概率分布密度进行表达，该技术已经被广泛地应用于分析不规则结构的特征空间。核密度估计（Kernel Density Estimation，KDE）是最常用的一种非参数概率密度估计算法。核密度估计理论广泛应用于目标的检测和跟踪领域，均值漂移（Mean Shift）算法就是一种基于核密度估计的方法。

均值漂移算法是一种源于概率密度梯度的非参数估计算法，于 1975 年由 Fukunaga 和 Hostetler 提出，寓意为偏移的均值向量。在以后的很长时间里，均值漂移算法并没有引起人们的重视，直到 1995 年 Yizong Cheng 发表一篇关于均值漂移算法的文章。这篇文章对基本均值漂移算法进行了推广，通过定义一族核函数，使得随着样本与被偏移点的距离不同，其偏移量对均值偏移向量的贡献也不同，并且定义一个权重系数，使不同的样本点的重要性不同，这大大扩展了均值漂移算法的应用范围。Comaniciu 和 Meer 将均值漂移算法成功地应用到特征空间中，在图像平滑和图像分割中得到很好的应用。Comaniciu 等证明了均值漂移算法在一定条件下，可以收敛到最近的一个概率密度函数的稳定点，因此均值漂移算法可以用来检测概率密度函数中存在的模态。

在均值漂移算法中，核带宽对估计结果具有很大的影响，甚至比核函数影响更大。一方面核带宽的大小决定了参与均值漂移算法迭代的样本数量，同时也反映了跟踪窗口的大小。很多文献在应用均值漂移算法时认为核带宽由初始跟踪窗口的大小决定，在整个跟踪过程中不发生变化。然而，当目标尺度发生明显变化时，固定核带宽会导致极大的尺度定位误差。有的学者采用 $\pm 10\%$ 的增量对核带宽进行修正，在当前帧中用三个不同的核带宽分别进行均值漂移算法跟踪，选择出较小的距离所对应的核带宽为最佳核带宽。当目标尺度逐渐缩小时，该方法可以得到很好的效果；当目标尺度逐渐增大时，核带宽很难被扩大，反而经常越变越小，这是因为基于 Bhattacharyya 系数的相似性度量经常会在较小的跟踪窗口中达到局部最大。另外，采用均值漂移算法跟踪快速运动目标时，可能不会收敛到目标的真实位置。

5.3.5.1 均值漂移算法

均值漂移算法是一种非参数概率密度估计算法。该算法是一种利用计算像素特征点概率密度梯度而解决问题的最优化方法，通过迭代快速收敛于概率密度函数的局部最大值，实现快速目标定位，能够对非刚性目标实时跟踪，对目标的变形、旋转等运动有较好的适用性。均值漂移算法是一种半自动跟踪方法，均值漂移向量不断沿着概率密度梯度方向移动，移动的步长不仅与梯度的大小有关，也与该点的概率密度有关。在概率密度大的地方，即更接近要找的概率密度的峰值处，均值漂移算法使得移动的步长小一些；反之，在概率密度小的地方，移动的步长就大一些。这样来实现以最大概率对目标真实位置的正确跟踪。在满足一定条件下，均值漂移算法一定会收敛到该点附近的峰值。下面将对均值漂移算法及其改进算法进行讨论。

1. 核函数

均值漂移算法的思想源于概率密度梯度函数的估计，基于核函数的概率密度估计是最常用的非参数概率密度估计算法之一。

【定义 5.5】 函数 $H(x)$ 是定义在 $[0, \infty)$ 上的单调递减函数，且 $0 < H(x) < +\infty$，则称 $H(x)$ 为核函数，通常核函数也称为“窗口函数”。常用的核函数包括高斯核函数、多项式核函数、两层神经网络核函数、径向基核函数（Radial Basis Function RBF）及双依潘涅契科夫

(Epanechnikov) 核函数等。

这些函数都有着共同的特性，单峰、对称、有限局部支撑。所谓单峰是指从中心向边缘其值迅速衰减为零；而局部支撑指的是超过一定窗口的点其值为零。

核函数满足如下的数学表达式：

$$H(-x) = H(x), H(x) > 0, \int H(x)\mathrm{d}x = 1, H(x) = \frac{1}{k}H(\frac{x}{k})$$

式中，k 为常数。

2. 核密度估计

本节主要从样本集 $\{x_i \mid i=1, \cdots, n\}$ 出发，探讨密度函数 $f(x)$ 的非参数估计的主要性质。

【定义5.6】 设 $H(u)$ 是定义在 $(-\infty, +\infty)$ 上的一个 Borel 可测函数，而 $k>0$ 为常数，给定一组 n 个一维空间数据点的集合 $s=\{x_i, i=1, \cdots, n\}$，它的未知的概率密度函数为 $f(x)$，取核函数为 $H(x)$，那么在 x 点处的概率密度可由下式计算：

$$\hat{f}(x) = \frac{1}{n}\sum_{i=1}^{n} H(x - x_i) = \frac{1}{nk}\sum_{i=1}^{n} H\left(\frac{x - x_i}{k}\right) \tag{5.91}$$

式中，$\hat{f}(x)$ 为总体密度 $f(x)$ 的一个核估计；$H(\cdot)$ 为核函数。其中，x 为核函数的中心点，即图形相对于点 x 对称。核密度估计的含义可理解为，在每个采样点为中心的局部各点用核函数的平均效果作为该采样点概率密度函数的估计值，或理解为核密度估计函数是在被估计点为中心的窗口内计算各数据点核函数的加权局部平均。

核密度估计具有很好的特性，如果采样足够充分，那么核密度估计可以无限地逼近目标函数的真实分布。

多维空间下的核密度估计

设 $\boldsymbol{X}$ 是 d 维欧式空间，那么以后的讨论都在 d 维欧式空间下进行，故可用一个向量 $\boldsymbol{x}$ 来表示该空间的任一点，且有 $\|\boldsymbol{x}\|^2 = \boldsymbol{x}^{\mathrm{T}}\boldsymbol{x}$，在多维空间进行核密度估计要用到多变量核函数，在计算机视觉中，常采用放射状对称核函数 $x_i(\boldsymbol{x})$ 来表示，它满足一个特性 $x_i(\boldsymbol{x}) = ch(\|\boldsymbol{x}\|^2)$，$h(\boldsymbol{x})$ 为 $x_i(\boldsymbol{x})$ 的轮廓函数或称为剖面函数，c 为归一化正常数。

由式 (5.91) 可知 x 处的核密度估计为

$$\hat{f}(x) = \frac{1}{n}\sum_{i=1}^{n} H(x - x_i) = \frac{1}{nk^d}\sum_{i=1}^{n} H\left(\frac{x - x_i}{k}\right)$$

现用 H_Σ 表示 R^d 空间上核函数，那么对空间的任一 $\boldsymbol{x}$，核密度估计可记为

$$\hat{f}(\boldsymbol{x}) = \frac{1}{n}\sum_{i=1}^{n} H_{\boldsymbol{\Sigma}}(\boldsymbol{x} - \boldsymbol{x}_i) \tag{5.92}$$

式中，$H_\Sigma(\boldsymbol{x}-\boldsymbol{x}_i) = c_{k,d}|\boldsymbol{\Sigma}|^{-\frac{1}{2}} h(\|\boldsymbol{x}-\boldsymbol{x}_i\|_{\boldsymbol{\Sigma}}^2)$；$\|\boldsymbol{x}-x_i\|_{\boldsymbol{\Sigma}}^2 = (\boldsymbol{x}-\boldsymbol{x}_i)^{\mathrm{T}}\boldsymbol{\Sigma}^{-1}(\boldsymbol{x}-\boldsymbol{x}_i)$，为马氏 (Mahalanobis) 距离；$\boldsymbol{\Sigma}$ 为带宽矩阵，$c_{k,d}$ 为归一化正常系数。

在实际中，如果考虑样本点 $\boldsymbol{x}_i$ 对核函数的作用不一样，那么应将上式加以修正：

$$\hat{f}(\boldsymbol{x}) = \sum_{i=1}^{n} w_i H_{\boldsymbol{\Sigma}}(\boldsymbol{x} - \boldsymbol{x}_i) \tag{5.93}$$

式中，w_i 是采样点 $\boldsymbol{x}_i$ 的权重，$w_i \geqslant 0$，并满足 $\sum_{i=1}^{n} w_i = 1$，以突出不同的样本具有不同的贡献，而密度估计 $\hat{f}(\boldsymbol{x})$ 是每个采样点处的核函数加权求和的结果。

这里的 $\boldsymbol{\Sigma}$ 是 $d \times d$ 带宽矩阵，带宽矩阵增加了估计的灵活性，这样可在不同的特征空间采用不同的带宽，在解决具体问题时带宽矩阵，$\boldsymbol{\Sigma}$ 为采样窗口样本的统计量，反映了样本的局部结

构，故也称 $\boldsymbol{\Sigma}$ 为窗宽矩阵。早期的研究中窗宽矩阵通常取用两类：对角阵或比例单位阵。

$$\boldsymbol{\Sigma} = \mathrm{diag}(k_1^2 \cdots k_d^2) \quad \text{或} \quad \boldsymbol{\Sigma} = k^2 \boldsymbol{I}_d \tag{5.94}$$

若将 $\boldsymbol{\Sigma}=k^2 I_d$ 代入 $\hat{f}(x)$，则得到基于均值漂移算法的核密度估计为

$$\hat{f}(\boldsymbol{x}) = \frac{c_{k,d}}{k^d}\sum_{i=1}^{n} w_i h\left(\left\|\frac{\boldsymbol{x}-\boldsymbol{x}_i}{k}\right\|^2\right) \tag{5.95}$$

3. 均值漂移向量

如果要找到数据集合中密度最大的数据的分布位置，可用密度函数的梯度去求解。由式（5.93）可得

$$\hat{f}(\boldsymbol{x}) = \sum_{i=1}^{n} w_i H_{\Sigma}(\boldsymbol{x}-\boldsymbol{x}_i) = \sum_{i=1}^{n} w_i c_{k,d} \mid \boldsymbol{\Sigma} \mid^{-\frac{1}{2}} h(\|\boldsymbol{x}-\boldsymbol{x}_i\|_{\Sigma}^2) \tag{5.96}$$

其梯度为

$$\begin{aligned}\nabla\hat{f}(x) &= 2c_{k,d}\sum_{i=1}^{n} w_i \mid \boldsymbol{\Sigma} \mid^{-\frac{1}{2}} h'(\|\boldsymbol{x}-\boldsymbol{x}_i\|_{\Sigma}^2)\boldsymbol{\Sigma}^{-1}(x-x_i) \\ &= 2\sum_{i=1}^{n} \hat{w}_i \mid \boldsymbol{\Sigma} \mid^{-\frac{1}{2}} g(\|\boldsymbol{x}-\boldsymbol{x}_i\|_{\Sigma}^2)\boldsymbol{\Sigma}^{-1}\boldsymbol{m}_{\Sigma_s}(\boldsymbol{x})\end{aligned} \tag{5.97}$$

式中，$g(\boldsymbol{x})=-h'(\boldsymbol{x})$；$\nabla\hat{f}(\boldsymbol{x})$ 为 d 维向量。这里 $\boldsymbol{m}_{\Sigma_s}(\boldsymbol{x})$ 为

$$\boldsymbol{m}_{\Sigma_s}(\boldsymbol{x}) = \left[\sum_{i=1}^{n}\hat{w}_i \mid \boldsymbol{\Sigma} \mid^{-\frac{1}{2}} g(\|\boldsymbol{x}-\boldsymbol{x}_i\|_{\Sigma}^2)\boldsymbol{\Sigma}^{-1}\right]^{-1}\sum_{i=1}^{n}\hat{w}_i \mid \boldsymbol{\Sigma} \mid^{-\frac{1}{2}} g(\|\boldsymbol{x}-\boldsymbol{x}_i\|_{\Sigma}^2)\boldsymbol{\Sigma}^{-1}(\boldsymbol{x}_i-\boldsymbol{x}) \tag{5.98}$$

即为均值漂移向量。

式（5.98）的意义如图 5-40 所示，黑点就是均值漂移算法的目标点 $\boldsymbol{x}$，周围的空白点是样本点 $\boldsymbol{x}_i$，箭头表示样本点 $\boldsymbol{x}_i$ 相对于基准点 $\boldsymbol{x}$ 的偏移向量。可以看出，平均的偏移向量会指向样本分布最多的区域，也就是概率密度函数的梯度方向。均值漂移向量 $\boldsymbol{m}_{\Sigma_s}(\boldsymbol{x})$ 能够使得目标点漂移到样本点相对集中的地方，该方向也就是密度梯度的方向。为了说明向量 $\boldsymbol{m}_{\Sigma_s}(\boldsymbol{x})$ 的物理意义，取一维空间为例，即 $\boldsymbol{\Sigma}=h^2$、$g(\boldsymbol{x})=1$，则有

$$\boldsymbol{m}_{k,g} = \sum_{i=1}^{n} w_i \boldsymbol{x}_i - \boldsymbol{x} \tag{5.99}$$

这样上式的物理含义变得十分的明显，表示由中心点 x 指向各采样点 x_i 的加权求和的一个向量 $\boldsymbol{m}_{k,g}(\boldsymbol{x})$，这个向量的方向就是样本分布密度较大的方向，即密度梯度的方向。

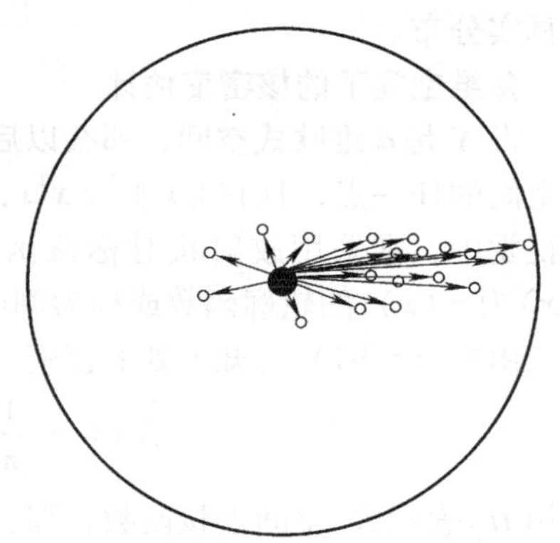

图 5-40 均值漂移向量

对式（5.97），如令 $\hat{f}_{\Sigma_s}(\boldsymbol{x}) = 2\sum_{i=1}^{n}\hat{w}_i \ |\boldsymbol{\Sigma}|^{-\frac{1}{2}} g(\|\boldsymbol{x}-\boldsymbol{x}_i\|_{\Sigma}^2)\boldsymbol{\Sigma}^{-1}$

将其代入式（5.99）整理得到

$$\boldsymbol{m}_{\Sigma_s}(\boldsymbol{x}) = \hat{f}_{\Sigma_s}(\boldsymbol{x})^{-1}\nabla\hat{f}(\boldsymbol{x}) \tag{5.100}$$

均值漂移算法作为一种直观的统计迭代算法，使每个待处理的点“漂移”到分布密度函数 $f(\boldsymbol{x})$ 的局部极大值处，梯度方向就是函数的增长最快的方向。由式（5.100）可知，均值漂移向量的方向与核函数的密度梯度变化一致，这就能保证核函数的中心总是指向样本空间密度最大的地方。假设目标中心 $\boldsymbol{x}$ 在 $\boldsymbol{x}_0$ 处（起始位置），那么经过第 j 次迭代（漂移）到达 $\boldsymbol{x}_j$，则第 $j+1$ 次

的位置为

$$x_{j+1}=x_j+m_{\Sigma_\varepsilon}(x)=\left[\sum_{i=1}^{n}w_i|\Sigma|^{-\frac{1}{2}}g(\|x-x_i\|_{\Sigma}^{2})\Sigma^{-1}\right]^{-1}\sum_{i=1}^{n}w_i|\Sigma|^{-\frac{1}{2}}g(\|x-x_i\|_{\Sigma}^{2})\Sigma^{-1}x_i \tag{5.101}$$

在迭代过程中，取 $\forall\varepsilon>0$ 满足 $\|\boldsymbol{m}_{\Sigma_\varepsilon}(\boldsymbol{x})\|<\varepsilon$ 时，停止迭代。

5.3.5.2　均值漂移算法

均值漂移算法是一种半自动跟踪方法。在起始帧，可通过选择搜索窗口来选择运动目标，计算核函数加权下的搜索窗口的直方图分布，用同样的方法计算当前帧对应窗口的核直方图分布，以相似性函数最大为原则，使搜索窗口沿密度增加最大的方向漂移，得到目标的真实位置。

1. 候选区域的匹配

在视频车辆的跟踪过程中，以彩色的 RGB 色彩特征为跟踪基础。那么在任一像素点处进行特征匹配时，应将颜色空间分为三个子空间，每一基色取值为（0～255），将每一子空间分为 m 个特征区间（特征区间函数 bin（x）），那么共有 m 个特征区间，整个 RGB 颜色空间共有 m^3 个特征区间。对每一个特征区间定义一个特征值，显然以这些特征区间分类的直方图构成了初始候选帧模板的特征空间。在起始帧标定被跟踪的目标区域，对目标区域的各像素点，计算各特征区间的特征值的概率，这便是对目标区域的描述。然后计算当前候选区域中的可能成为目标区域的各特征空间的特征值的概率。利用相似性函数度量当前帧目标区域和候选区域的相似性，利用相似性函数最大得到 Mean Shift 向量，它是从目标区指向候选区域内目标的期望位置最大的一个自适应向量。

初始帧目标模板的特征可描述为

$$\hat{q}_u=c\sum_{i=1}^{N_{\Sigma_i}}K_{\Sigma_i}(\boldsymbol{x}_0-\boldsymbol{x}_i)\delta[b(\boldsymbol{x}_i)-u] \tag{5.102}$$

式中，x_0 为搜索窗口的中心像素；$\boldsymbol{x}_i$ 为第 i 个像素；$K_{\Sigma_i}(\boldsymbol{x}_0-\boldsymbol{x}_i)$ 为核函数；函数 $b(\boldsymbol{x}_i)$ 和 $\delta[b(\boldsymbol{x}_i)-u]$ 的作用是判断 $\boldsymbol{x}_i$ 处的颜色值是否属于特征值 u；c 为一个标准化的常量系数，使得所有特征值的概率和为 1。由于遮挡或者背景的影响，目标模型中心附近的像素比较稳定，$K_{\Sigma q}(\boldsymbol{x}_0-\boldsymbol{x}_i)$ 可对中心附近的像素赋予较大的权重，而对远离中心的像素给一个较小的权值。

当前帧候选模板的特征被描述为

$$\hat{p}(\boldsymbol{y},\boldsymbol{\Sigma}_q)=c\sum_{i=1}^{N_{\Sigma_i}}K_{\Sigma q}(\boldsymbol{y}-\boldsymbol{x}_i)\delta[b(\boldsymbol{x}_i)-u] \tag{5.103}$$

式中，$\boldsymbol{y}$ 为当前帧搜索窗口的中心像素；$\boldsymbol{x}_i$ 为第 i 个像素。

那么在 *RGB* 颜色子空间上相应地被描述为

$$\hat{p}_R(\boldsymbol{y},\boldsymbol{\Sigma}_q)=c\sum_{i=1}^{N_{\Sigma_i}}K_{\sum q}(\boldsymbol{y}-\boldsymbol{x}_i)\delta[b(\boldsymbol{x}_i)-u_R]$$

$$\hat{p}_G(\boldsymbol{y},\boldsymbol{\Sigma}_q)=c\sum_{i=1}^{N_{\Sigma_i}}K_{\sum q}(\boldsymbol{y}-\boldsymbol{x}_i)\delta[b(\boldsymbol{x}_i)-u_G]$$

$$\hat{p}_B(\boldsymbol{y},\boldsymbol{\Sigma}_q)=c\sum_{i=1}^{N_{\Sigma_i}}K_{\sum q}(\boldsymbol{y}-\boldsymbol{x}_i)\delta[b(\boldsymbol{x}_i)-u_B] \tag{5.104}$$

式中，$\hat{p}_R(\boldsymbol{y},\boldsymbol{\Sigma}q)$、$\hat{p}_G(\boldsymbol{y},\boldsymbol{\Sigma}q)$、$\hat{p}_B(\boldsymbol{y},\boldsymbol{\Sigma}q)$ 分别为各颜色子空间属于特征值 u 的概率值。因 RGB 三基色的独立性，由独立事件的概率密度函数性质公式：

$$\hat{p}(\boldsymbol{y},\boldsymbol{\Sigma}_q)=\hat{p}_R(\boldsymbol{y},\boldsymbol{\Sigma}_q)\hat{p}_G(\boldsymbol{y},\boldsymbol{\Sigma}_q)\hat{p}_B(\boldsymbol{y},\boldsymbol{\Sigma}_q) \tag{5.105}$$

那么相应的原始模板的描述为

$$\hat{q}_u = \hat{q}_{u_R}\hat{q}_{u_G}\hat{q}_{u_B}$$

目标跟踪算法的目的在于在任一包含跟踪目标的视频序列中找到最佳匹配，假设候选区域中心为 y，候选区域的核直方图可表示为

$$\hat{p}(\boldsymbol{y},\boldsymbol{\Sigma}_q) = \{\hat{p}_u(\boldsymbol{y},\boldsymbol{\Sigma}_q)_{u=1,\cdots,m}\} \tag{5.106}$$

那么对候选区域的属于特征值 u 的概率密度函数为

$$\hat{p}(\boldsymbol{y},\boldsymbol{\Sigma}_q) = c\sum_{i=1}^{N_{\Sigma}} K_{\Sigma q}(\boldsymbol{y}-\boldsymbol{x}_i)\delta[b(\boldsymbol{x}_i)-u] \tag{5.107}$$

式中，c 为归一化因子。根据相似性函数的定义可知 $\hat{q}_u$ 和 $p(\boldsymbol{y},\boldsymbol{\Sigma}_q)$ 的相似程度可用 Bhattacharyya 距离来度量。令 $\rho(\hat{q}_u,\hat{p}(\boldsymbol{y})) = \int[\hat{q}_u p(\boldsymbol{y},\boldsymbol{\Sigma})]^{\frac{1}{2}}\mathrm{d}u$ 时，使其取得最大值。因像素的离散性，则

$$\rho(\hat{q}_u,\hat{p}(y)) = \sum_{u=1}^{m}\sqrt{\hat{q}_u p(\boldsymbol{y},\boldsymbol{\Sigma}_q)} \tag{5.108}$$

在 $(\boldsymbol{y},\boldsymbol{\Sigma}_q)$ 进行泰勒展开，有

$$\rho(\hat{q}_u,\hat{p}(y)) \approx \sum_{u=1}^{m}\sqrt{\hat{q}_u p(\boldsymbol{y}_0,\boldsymbol{\Sigma}_q)} + c\sum_{i=1}^{N_{\Sigma}} w_i K_{\Sigma q}(\boldsymbol{y}-\boldsymbol{x}_i) \tag{5.109}$$

令 $w_i = \sum_{u=1}^{m}\sqrt{[p(\boldsymbol{y}_0,\boldsymbol{\Sigma}_q)]^{-1}\hat{q}_u\delta[b(\boldsymbol{x}_i)-u]}$

代入式（5.100）得到均值漂移向量，该向量是目标中心从起始点 $\boldsymbol{y}_0$ 向 $\boldsymbol{y}$ 运动的向量，以两个模型相比后颜色变化最大的方向移动，经过反复迭代，得到在当前帧目标的最优位置 $\boldsymbol{y}$。

2. 均值漂移算法改进

窗口尺度的动态调整

在均值漂移算法中，核函数的窗口宽度在跟踪系统中是一个至关重要的参数，对跟踪效果的影响较大。大部分文献中都假设 $\boldsymbol{\Sigma}=h^2\boldsymbol{I}_d$，在跟踪过程中，保持固定窗宽。但是，真实图像的内容都是具有尺度性质的，随着运动车辆的驶近或远离，目标的尺度发生了变化，其所包含的特征信息也随着发生了变化，如果不做跟踪窗宽的调整，则可能会造成跟踪失败。

Lindeberg 提出了图像尺度空间理论，即在无先验信息的条件下，可以自动估算图像一些结构特征的尺度，并提取在一定尺度范围内具有良好显著性和独特性的特征来表示图像内容，同时证明了通过图像和多尺度核函数进行卷积，可以将图像扩展到尺度空间领域。在此基础之上，有学者提出了在跟踪运动目标位置的同时，将尺度信息作为跟踪目标之一，在三维空间上通过两重均值漂移算法迭代的方法来实现自适应调整核带宽及目标跟踪。但以上方法的复杂度较高。下面将介绍的方法采用几何矩算法来更新窗宽尺度，通过几何矩求取运动团块的质心及团块的大小，在完成对当前帧运动目标的位置跟踪后，对跟踪目标的中心位置及跟踪窗口尺度更新，对窗口尺度做一步预估，并以此作为下一帧跟踪的窗口尺度。该方法简单、计算量小、易于实现，通过实验在目标跟踪过程中无论运动目标在视频流中逐渐变大或缩小，跟踪窗口都能实时调整，取得了很好的跟踪效果。

几何矩在统计学中被用来反映随机变量的分布情况，推广到力学中，它被用作刻画空间物体的质量分布。同样在图像处理中，如果将图像的灰度值看作是一个二维密度分布函数，那么矩方法即可用于图像分析，并用作图像特征的提取。

几何矩是由 Hu 在 1962 年提出的，图像 $f(x,y)$ 的 $(p+q)$ 阶几何矩定义为

$$\boldsymbol{M}_{pq} = \iint x^p y^q f(x,y)\mathrm{d}x\mathrm{d}y \qquad (p,q=0,1,\cdots,\infty) \tag{5.110}$$

通常，物体的零阶矩表示了图像的“质量”，即

$$\boldsymbol{M}_{00} = \iint f(x,y)\,\mathrm{d}x\mathrm{d}y \tag{5.111}$$

一阶矩（$\boldsymbol{M}_{01}$，$\boldsymbol{M}_{10}$）可用于确定图像质心（X_c，Y_c），有

$$\boldsymbol{M}_{10} = \iint xf(x,y)\,\mathrm{d}x\mathrm{d}y$$

$$\boldsymbol{M}_{01} = \iint yf(x,y)\,\mathrm{d}x\mathrm{d}y \tag{5.112}$$

$$X_c = \boldsymbol{M}_{10}/\boldsymbol{M}_{00} \tag{5.113}$$

$$Y_c = \boldsymbol{M}_{01}/\boldsymbol{M}_{00} \tag{5.114}$$

二阶矩（$\boldsymbol{M}_{20}$，$\boldsymbol{M}_{02}$）可用于确定团块宽高（w_i，h_i）。

在本算法中，在估计下一帧团块的尺度时，是在当前团块的中心（均值漂移算法跟踪结果）及上一帧中团块宽高的β倍（$\beta>1$）的矩形空间内，利用几何矩来确定团块的质心位置以及当前团块的尺度，并以此为依据对当前团块的跟踪中心进行修正，对下一跟踪窗口的尺度做一步预估。具体方法如下：

对二值化前景图像中，对（βw，βh）大小的二值化团块，求取其几何矩。其中 w、h 为上一帧团块宽高。

零阶矩 $\boldsymbol{M}_{00}$表示团块的质量，即

$$\boldsymbol{M}_{00} = \sum_{j=0}^{h}\sum_{i=0}^{w} I_{i,j}$$

式中，$I_{i,j}$为所检测到团块像素点（i，j）处的值。

一阶矩（$\boldsymbol{M}_{10}$，$\boldsymbol{M}_{01}$）用于获取团块的质心（X_c，Y_c），有

$$\boldsymbol{M}_{10} = \sum_{j=0}^{h}\sum_{i=0}^{w} iI_{i,j} \qquad X_c = \boldsymbol{M}_{10}/\boldsymbol{M}_{00}$$

$$\boldsymbol{M}_{01} = \sum_{j=0}^{h}\sum_{i=0}^{w} jI_{i,j} \qquad Y_c = \boldsymbol{M}_{01}/\boldsymbol{M}_{00}$$

二阶矩（$\boldsymbol{M}_{20}$，$\boldsymbol{M}_{02}$）用于获取团块宽高（w_i，h_i），有：

$$\boldsymbol{M}_{20} = \sum_{j=0}^{h}\sum_{i=0}^{w} i^2 I_{i,j}$$

$$\boldsymbol{M}_{02} = \sum_{j=0}^{h}\sum_{i=0}^{w} j^2 I_{i,j}$$

$$w_i = 4\sqrt{\frac{\boldsymbol{M}_{20}}{\boldsymbol{M}_{00}} - X_c^2}$$

$$h_i = 4\sqrt{\frac{\boldsymbol{M}_{02}}{\boldsymbol{M}_{00}} - Y_c^2}$$

通过以上团块空间矩运算，可以获得当前团块的质心以及宽高。进一步可以结合当前均值漂移算法跟踪获得的团块中心位置以及上一帧获得团块大小，与空间矩运算产生的团块信息相融合，实现团块尺度和跟踪中心位置的实时更新。

$$\mathrm{New}_x = \alpha(X_{\mathrm{start}} + X_c) + (1-\alpha)\mathrm{blob}_x \tag{5.115}$$

$$\mathrm{New}_y = \alpha(Y_{\mathrm{start}} + Y_c) + (1-\alpha)\mathrm{blob}_y \tag{5.116}$$

$$\mathrm{New}_w = \alpha w_i + (1-\alpha)\mathrm{blob}_w \tag{5.117}$$

$$\mathrm{New}_h = \alpha h_i + (1-\alpha)\mathrm{blob}_h \tag{5.118}$$

式中，X_{start}、Y_{start}为当前跟踪窗口的起始位置（左下角）；blob_x、blob_y 为在当前帧中通过均值漂

移算法跟踪获得的中心位置；$blob_w$、$blob_h$ 为当前帧中跟踪窗口的宽高尺度；w_i、h_i 为在当前帧中通过矩运算的得到的团块的宽高尺度；New_x、New_y 为经过修正的跟踪目标的中心；New_w、New_h 为获得预估的窗口的宽高尺度，作为下一帧均值漂移算法跟踪时的窗宽的大小；α 为修正系数，$\alpha \in (0, 1)$，可取为常数。

5.3.5.3　均值漂移算法跟踪流程及仿真

1. 均值漂移算法跟踪流程

图 5-41 所示是一个实际编程应用的均值漂移算法跟踪流程。其中，startx、starty 是跟踪窗口的起始位置；xshift、yshift 是均值漂移算法获得的偏移量；newx、newy 是新获得的窗口位置信息。此流程基于基本均值漂移算法，不是基于改进型的。

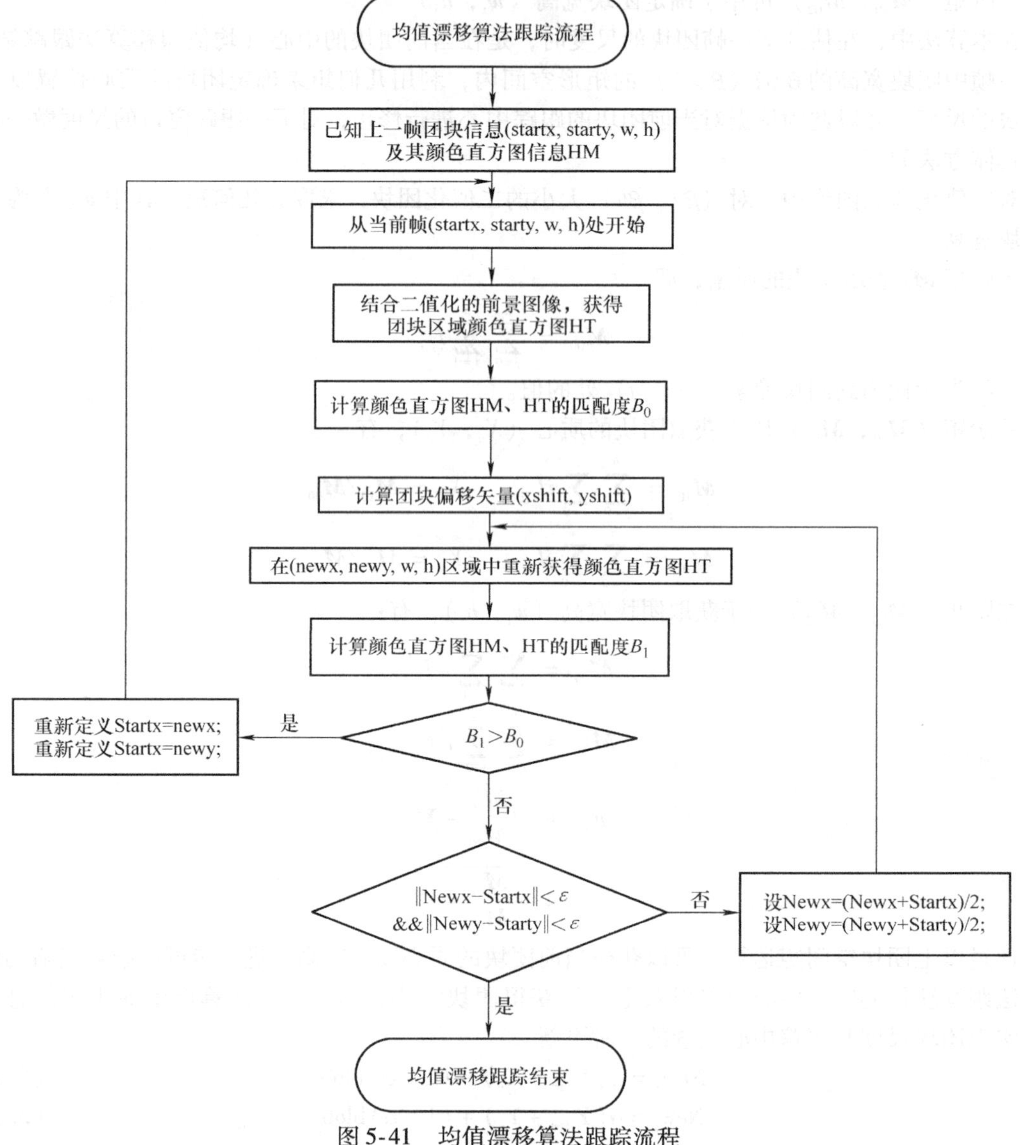

图 5-41　均值漂移算法跟踪流程

$Step_1$：前景检测，提取将要跟踪的目标。

$Step_2$：团块检测，根据同一帧图像中团块个数及其长宽，建立团块列表。

Step_3：团块跟踪，对上一帧获得的团块依次进行均值漂移算法匹配跟踪，如图 5-41 所示。

Step_4：跟踪目标中心及跟踪窗宽更新。

RGB 图像归一化处理，即

$$\text{pix}(x,y) = R\frac{1}{8} + G\frac{2^5}{8} + B\frac{2^{10}}{8} \tag{5.119}$$

均值漂移算法是一种半跟踪算法，常选定团块跟踪框的中心为初始位置 y_k，沿着概率密度的梯度方向寻求目标移动位置 y_{k+1}。在当前帧仍以前一帧的跟踪区域为搜索区域、以 y_k 为中心，在其邻域进行像素搜索，通过均值漂移向量来捕捉目标位置。

$$\boldsymbol{x}_{j+1} = \boldsymbol{x}_j + \boldsymbol{m}_{\Sigma_s}(\boldsymbol{x}) = \left[\sum_{i=1}^{n} w_i \mid \boldsymbol{\Sigma} \mid^{-\frac{1}{2}} g(\| \boldsymbol{x} - \boldsymbol{x}_i \|_{\Sigma}^2)\boldsymbol{\Sigma}^{-1}\right]^{-1} \sum_{i=1}^{n} w_i \mid \boldsymbol{\Sigma} \mid^{-\frac{1}{2}} g(\| \boldsymbol{x} - \boldsymbol{x}_i \|_{\Sigma}^2)\boldsymbol{\Sigma}^{-1}\boldsymbol{x}_i \tag{5.120}$$

$$w_i = \sum_{u=1}^{m} \sqrt{p\,(y_0,\boldsymbol{\Sigma}_q)^{-1} q_u}\,\delta[b(\boldsymbol{x}_i - u)] \tag{5.121}$$

$\hat{q}_u$ 为原始模板的特征，可描述为

$$\hat{q}_u = c\sum_{i=1}^{N_{\Sigma_s}} K_{\Sigma_q}(\boldsymbol{x}_0 - \boldsymbol{x}_i)\delta[b(\boldsymbol{x}_i) - u] \tag{5.122}$$

候选模板的特征则可描述为

$$\hat{p}(\boldsymbol{y},\boldsymbol{\Sigma}_q) = c\sum_{i=1}^{N_{\Sigma_s}} K_{\Sigma_q}(\boldsymbol{y} - \boldsymbol{x}_i)\delta[b(\boldsymbol{x}_i) - u] \tag{5.123}$$

$$\delta\,(b\,(\boldsymbol{x}_i) - u) = \begin{cases} 0,\ \boldsymbol{x}_i\text{ 位置处的像素不属于第 } u \text{ 个特征区间} \\ 1,\ \boldsymbol{x}_i\text{ 位置处的像素属于第 } u \text{ 个特征区间} \end{cases}$$

由式（5.96）~式（5.100）可知，$\boldsymbol{m}_{\Sigma_s}(x)$ 不断地沿着概率密度的梯度方向移动。同时，步长不仅与梯度的大小有关，也与该点的概率密度有关。在概率密度大的地方，即接近要找的概率密度的峰值处，均值漂移算法使得移动的步长小一些；相反，在概率密度小的地方，移动的步长就大一些。在搜索过程中，会自动向概率密度最大的方向移动，避免盲目搜索带来的收敛速度慢。同时根据运动过程中目标尺度的变化，自适应调整核函数窗宽，有利于快速运动目标的跟踪。

2. 均值漂移算法跟踪仿真

下面是在 VC++6.0 平台上实现的改进均值漂移算法，对某一路段的车辆视频流跟踪仿真实验。

图 5-42　目标逐渐变大时的跟踪情况

如图 5-42、图 5-43 所示，方框是跟踪窗口，车身延伸的线条是所跟踪的运动车辆的运动轨线。对于在跟踪过程中随着运动车辆在视频窗口逐渐变大的情形（见图 5-42），应用本节介绍的

图 5-43　目标逐渐变小时的跟踪情况

算法可以看出，跟踪窗口也作相应调整、相应变大。对于运动车辆逐渐变小时的情形（见图 5-43），该算法也得到了很好的跟踪效果。本节所介绍的是基于几何矩算法的尺度可变的均值漂移算法，它利用几何矩来确定团块的质心位置以及当前团块的尺度，对跟踪目标的中心位置及跟踪窗口尺度更新，并以此作为下一帧跟踪的窗口尺度。从实验结果可以看出，算法简单、有效，并能够根据当前团块的大小进行下一帧跟踪窗口的预测调整，取得了较好的跟踪效果。

5.4　视频车辆检测系统的安装

目前，视频检测系统已得到广泛应用，但由于不同的产品制造厂商使用的处理单元、处理算法等各不相同，因此在安装时的要求也有所区别，通常要按照产品制造厂商的建议或者指南进行视频检测器的安装工作。另外，不同的应用场景也不能使用相同的安装方式。不过近几年，为了做好道路车辆智能监控记录系统的项目建设工作，提高道路交通管理现代化水平，实现技术先进性、实用性、可靠性、经济性、整体性、易维护性、可操作性，相关的管理部门依据法律、法规以及国家标准和规范要求也制定了一些操作性强的安装规范，如国家标准 GA/T 496—2009《闯红灯自动记录系统通用技术条件》、GA/T 514—2004《交通电视监控系统工程验收规范》等。在实际现场施工时，视频检测系统的安装要符合这些安装规范的规定。

实际的视频检测系统通常可分为如下三个部分：

① 摄像部分，包括摄像机、防护罩、电源适配器等。

② 车辆检测器。

③ 辅助部分，包括补光灯、交流接触器、时间继电器、支架等。

其中，摄像机和车辆检测器可能设计集成在一起，也可能是分离式的设计。在国家/行业标准中要求各部件外表面光洁、平整，无凹痕、划伤、裂缝、变形等缺陷。金属机壳表面有防锈、防腐蚀的涂镀层，涂镀层不能有起泡、龟裂、脱落和磨损现象。金属零部件表面不能有锈蚀。

摄像机要安装在防护罩内，固定在架杆上，距离地面高度约为 6m。架杆分为 F 杆、L 杆、龙门架等几种类型，适用于不同的道路情况。架杆采用无缝钢管且热镀锌防腐处理，长度根据安装点的实际宽度决定，上方应加装避雷针。为了取得理想的效果，针对不同的应用，一台摄像机能覆盖 1 ~3 条车道；立杆位置会有所不同，通常立杆离摄像机拍照位置的距离大约在 15 ~ 30m 之间。此外，在国家/行业标准中还规定了一些工程规范：

① 基础混凝土强度等级≥C25，能抗七级地震和十二级大风。

② 立式机箱具有防盗、防尘、防雨、防腐、防热、防冻功能。

③ 布线采用地埋方式，管道采用尼龙管，强电、弱电走线分离。采用一点接地方式，接地母线采用不小于 $10mm^2$ 铜芯导线，接地线不得与强电的零线相接，接地电阻小于 4Ω；采用综合接地网时，其电阻小于 1Ω。必须安装过载、剩余电流（漏电）、短路、防雷装置，使用快速熔

断器来保护内部电路，配置防浪涌和雷击的电源插座。

在夜晚进行视频检测时，一般还需要补光灯来提高环境亮度。补光灯也固定在架杆上，和摄像机置于同一水平线上，距离越近越好；在使用 LED 频闪补光灯的情况下，可将 LED 频闪补光灯置于摄像机的正下方，或按一般方式安置。一台补光灯通常只能为 1 或 2 条车道进行补光。

车辆检测器如果采用一体式设计，与摄像机集成在一起，安装在防护罩内。如果采用分体式设计，车辆检测器可以安装在架杆侧面的机柜中，也可以安装在中心机房里，根据实际情况而定。

5.5　视频车辆检测技术的应用

基于视频的车辆检测技术除了能提供传统检测技术的交通参数，如车道占有率、车流量、车辆行驶速度等基本参数外，还能提供分车道、分车型、分行驶方向等更为全面的统计数据。更为重要的是，它能够提供经过车辆的图片及车牌信息。因此，基于视频的车辆检测技术不仅能够广泛应用于高速公路、普通路、桥梁、隧道等的交通参数的实时统计，还可和车牌识别技术配合，有效抑止、乃至杜绝高速公路收费中的倒卡作弊行为。视频检测技术和雷达测速配合使用，对超速车辆进行抓拍，可以提高高速执法力度，减少违章行为，减少事故发生。总之，基于视频的车辆检测技术在智能交通中的应用越来越广泛，在智能交通的发展过程中，将起到越来越重要的作用。

5.5.1　闯红灯违法检测

在一般情况下，车辆闯红灯时的车速较快，瞬间形成闯红灯这一违章行为。因此为了达到实时性的要求，车辆闯红灯检测算法不能十分复杂。可以选用基于虚拟线圈的方式来检测是否有车辆违章闯红灯，这样可以大大减少所要处理的数据量。在对车辆闯红灯进行识别时，首先要对窗口内的背景图像和当前视频图像进行预处理；然后通过背景差分图像进行目标提取，以判断窗口内是否有车辆通过，若有车辆通过，再根据交通信号灯状态判断该车辆是否是违章车辆。

针对闯红灯违法行为的特点，采用设置虚拟线圈代替传统感应线圈来检测车辆是否违章；根据检测到的车辆位置信息，判断车辆是否闯红灯。首先，为每条需要检测的车道设置了三个检测区域（三个虚拟检测器）：第一个用于检测车辆到达停止线；第二个用于检测车辆越过停止线；第三个用于确认车辆并去除干扰。具体的设置位置根据路口的特点分别进行调试。

由于车辆在行进过程中几乎是按车道行驶，车道之间的干扰很小，因此对闯红灯的判断可以分车道进行。首先按车道提取出车辆和车辆运动轨迹，然后根据检测的结果分析是否符合车辆所在车道闯红灯的逻辑。具体的闯红灯违法检测逻辑执行过程如图 5-44 所示。首先，根据信号机传递的信号判断是否为红灯信号，当信号灯为红灯时，进行闯红灯违法检测。当信号灯为绿灯时，只做车辆检测跟踪与车流量的统计，不进行闯红灯判断。如果判断过程中发现信号灯由红灯变成绿灯，则取消闯红灯判断。

红灯违法检测的时序如图 5-45 所示。该图表示在红灯情况下，线圈 1 有车，然后线圈 2 有车，最后线圈 3 有车，若这三个线圈的车为同一辆车，则表示该车闯红灯。若中间信号灯由红灯变成绿灯，则表明该车没有闯红灯，取消闯红灯违法检测的时序图如图 5-46 所示。

车辆闯红灯抓拍原理如下：

① 当对应车道的信号灯为红灯时，闯红灯违法检测功能启动。

② 首先利用第一个检测区域的检测上升沿作为第一张照片的触发条件，当车道内车辆进入

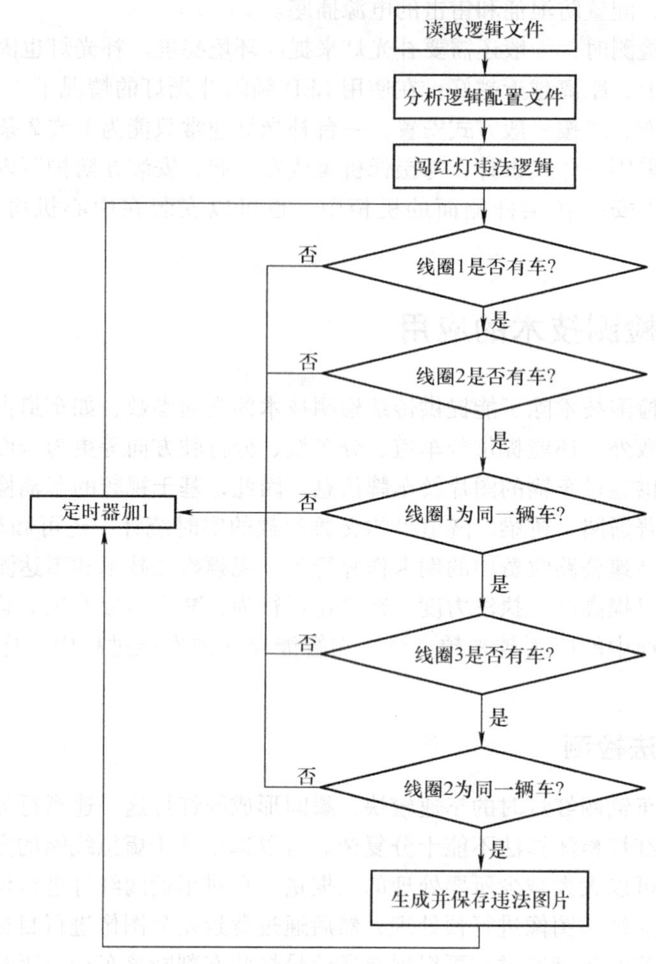

图 5-44 闯红灯违法检测逻辑执行过程

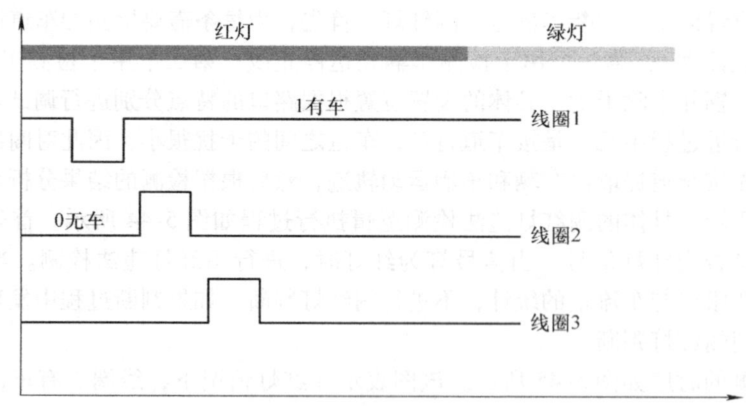

图 5-45 闯红灯违法检测的时序图

线圈 1 时，拍摄照片、合成时间信息并暂存照片。

③ 线圈 2 一般设置在停止线前，利用第二个虚拟检测区域的检测下降沿作为第二张照片触发条件。当车辆通过线圈 1 进入线圈 2 并驶出线圈 2 时，认为其满足车辆闯红灯条件，拍摄照

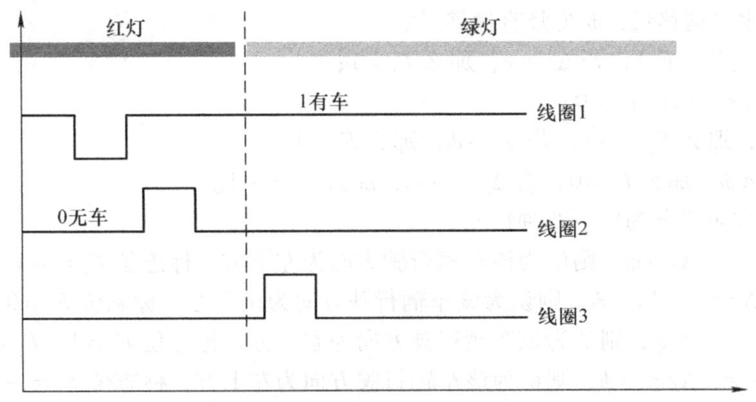

图5-46 取消闯红灯违法检测的时序

片、合成时间信息并暂存照片。

④ 采用延时方式拍摄第三张照片，根据车辆定位判定车辆是否处于第三个虚拟检测区域，如果满足条件，认为该车闯红灯，存储相应信息。

5.5.2 车辆逆行检测

首先，建立交通流模型，然后根据采集到的车辆位置坐标对车辆是否逆行进行判断。进行车辆方向判断前，首先判断交通流的方向，交通流方向一般分为上、左上、左、左下、下、右下、右、右上八种，如图5-47所示。

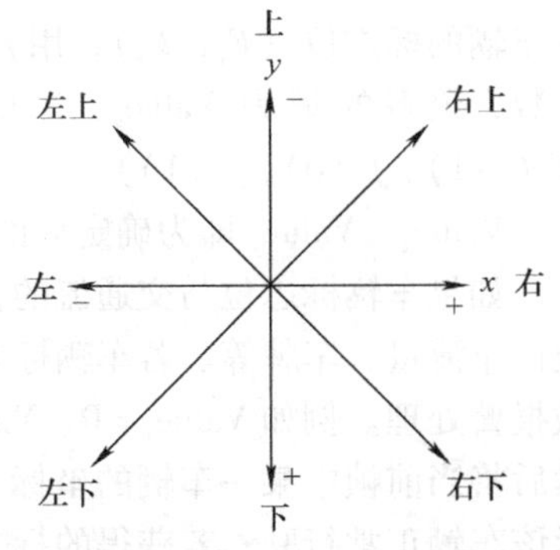

图5-47 交通流方向

摄像头拍摄的角度不同，视频中交通流方向也就不同，因此根据摄像头拍摄角度建立初始交通流模型是很必要的。通过车辆跟踪可以获得车辆的坐标信息，然后将前 n 帧坐标依次与当前帧的坐标相减，得到 Δx、Δy 的值。Δx，Δy 的取值有正也有负，通过正负关系建立标志位，经过大量统计标志位，得到交通流的方向。然后将车辆标志位与交通流方向进行比较来确定车辆是否逆行。

模型建立过程如下：Current（x，y）为目标车辆当前帧中的坐标，Last1（x_1，y_1），Last2（x_2，y_2），Last3（x_3，y_3），…，Last$N$（x_n，y_n）为前 n 帧的坐标，见表5-9。

表5-9 前 n 帧坐标与当前帧的坐标差

当前帧 / 前 n 帧	Current（x，y）
Last1（x_1，y_1）	（$x-x_1$，$y-y_1$）
Last2（x_2，y_2）	（$x-x_2$，$y-y_2$）
Last3（x_3，y_3）	（$x-x_3$，$y-y_3$）
⋮	⋮
Last$N$（x_n，y_n）	（$x-x_n$，$y-y_n$）

将当前帧中每个目标车辆的坐标与检测的车流方向相减，分析每两帧相减获得的坐标差 Δx、Δy。然后将 $|\Delta x|$、$|\Delta y|$ 的值分别与给定的水平和竖直的偏移量进行比较，并进行分析，参考值设为车辆进入窗口开始跟踪的第一帧位置坐标，然后根据参考值合理设定阈值 $\varepsilon>0$、$\phi>0$。

其中，ε 为车辆水平偏移量，ϕ 为竖直偏移量。

设立标志位（F_x，F_y），若 $\Delta x>\varepsilon$，那么 $F_x=1$；

若 $-\varepsilon<\Delta x<\varepsilon$，那么 $F_x=0$；

若 $\Delta x<-\varepsilon$，那么 $F_x=-1$；若 $\Delta y>\phi$，那么 $F_y=1$；

若 $-\phi<\Delta y<\phi$，那么 $F_y=0$；若 $\Delta y<-\phi$，那么 $F_y=-1$。

车辆行驶方向可以分为以下八种情况：

① 若 $\Delta x<-\varepsilon$、$\Delta y>\phi$，则认为该车辆行驶方向为左下方，标志位 $F_x=-1$，$F_y=1$。

② 若 $-\varepsilon<\Delta x<\varepsilon$、$\Delta y>\phi$，则认为该车辆行驶方向为正下方，标志位 $F_x=0$，$F_y=1$。

③ 若 $\Delta x>\varepsilon$、$\Delta y>\phi$，则认为该车辆行驶方向为右下方，标志位 $F_x=1$，$F_y=1$；

④ 若 $\Delta x<-\varepsilon$、$\Delta y<-\phi$，则认为该车辆行驶方向为左上方，标志位 $F_x=-1$，$F_y=-1$。

⑤ 若 $-\varepsilon<\Delta x<\varepsilon$、$\Delta y<-\phi$，则认为该车辆行驶方向为正上方，标志位 $F_x=0$，$F_y=-1$；

⑥ 若 $\Delta x>\varepsilon$、$\Delta y<-\phi$，则认为该车辆行驶方向为右上方，标志位 $F_x=1$，$F_y=-1$；

⑦ 若 $\Delta x>\varepsilon$、$-\phi<\Delta y<\phi$，则认为该车辆行驶方向为正右方，标志位 $F_x=1$，$F_y=0$；

⑧ 若 $\Delta x<-\varepsilon$、$-\phi<\Delta y<\phi$，则认为该车辆行驶方向为正左方，标志位 $F_x=-1$，$F_y=0$。

将获得的车辆行驶方向的标志位（F_x，F_y）记录下来，按照同样的方法统计一段时间内所有车辆的标志位（F_x，F_y），用 $f(x)$、$f(y)$ 分别表示（F_x，F_y）中 -1、0、1 这三个标志位的个数，最多的记为 Value_x，Value_y，$\text{Value}_x=\max(f(-1), f(0), f(1))$ $\text{Value}_y=\max(f(-1), f(0), f(1))$

Value_x、Value_y 即为确定后的交通流方向。

如果车辆标志位与交通流的标志位相同，判断车辆为正常行驶，然后进行下一步的处理，如统计车流量、车牌等。若车辆标志位与交通流的标志位相反，则判断此车为逆行，抓拍车牌，并做报警处理。例如 $\text{Value}_x=0$、$\text{Value}_y=1$，得到整个交通流的方向相对于视频窗口是竖直向下的，然后将当前帧中某一车辆的坐标与前 n 帧坐标依次相减，累计获得标志位 $F_x=0$、$F_y=1$，则表示该车辆正常行驶；若获得的标志位为 $F_x=1$、$F_y=1$，或是 $F_x=-1$、$F_y=1$，则表示该车辆在视频窗口中由上方斜向下方行驶；若获得的标志位为 $F_x=0$、$F_y=-1$，则车辆相对于视频窗口从下向上逆行行驶，用红色框跟踪车辆，并记录车辆颜色、车牌等信息方便进行违章处理；若标志位为 $F_x=0$、$F_y=0$，这表明该车辆处于静止状态，如图 5-48 所示。

图 5-48　交通流及车辆方向判断

视频检测系统与传统检测系统相比有其明显的优势，已经成为计算机视觉中一个重要的研究领域。视频检测系统应用的技术涵盖了人工智能、模糊数学、神经网络、粒子滤波等领域的最新成果，目前已达到实用化的要求，近年来在智能交通系统中得到了越来越广泛的应用。

虽然视频检测器有着诸多优点，但仍然存在许多需要解决的问题：首先是视频检测器的检测准确度是随着光照情况的变化而变化的问题，当光照良好时（如正午时刻）检测准确度最好，反之如傍晚、雨雪天气时则准确度较差；其次是阴影问题，阴影是造成视频检测算法误检测的主要原因；再次是车辆在道路场景中的相互遮挡问题，这也是必须考虑的。此外，目前难点还集中在车辆的分割方法上。在算法设计方面考虑设置多种辅助检测区域，进行多种分析计算。在硬件上须采用更高速的处理芯片来满足高级算法的需求。未来这一领域的发展应用主要围绕上述问题的解决而展开。将来的视频检测与跟踪从一定的范围来说会朝着更智能化和大区域检测发展，同时，大范围、多车辆检测与跟踪也将是现代交通未来研究的热点。

第6章 移动型交通数据采集技术

动态交通数据自动采集技术，可根据交通检测器的工作地点不同，分为固定型采集技术和移动型采集技术两大类。其中，固定型采集技术可提供检测路段断面地点交通参数数据，而移动型采集技术可提供路段交通参数数据。

前面几章主要介绍了几类典型的固定型交通检测器。大部分固定型交通检测器都安装在高速公路、快速路以及城市主干路和次干路的重要交叉口处，对实现道路交通管理与控制起着重要的作用，但是城市路网中存在大量的路口并未安装固定型交通检测器，因此只能获得部分道路断面的交通参数，不能获得路段上的交通参数，特别是全路网的交通参数。所以，对于道路交通状态自动判别和交通诱导来说，仅通过固定型交通检测器获得的道路断面的检测信息是远不够的。

所谓移动型交通数据采集技术是运用安装有特定设备的浮动车（Floating Car，FC）来采集道路上交通参数数据的方法的总称，目前主要有基于卫星定位的动态交通数据采集技术、基于无线定位的动态交通数据采集技术、基于电子标签的动态交通数据采集技术和基于汽车牌照自动判别的动态交通数据采集技术。

基于卫星定位的动态交通数据采集技术，已经在许多领域得到了成功的应用。在动态交通数据采集方面，基于卫星定位的动态交通数据采集技术可以采集车辆的瞬时车速、行程时间、行程速度等数据。最常用的方法是，在车辆上配备全球定位系统（Global Positioning System，GPS）接收装置，以一定的采样间隔记录车辆的三维位置坐标和时间数据，这些数据传入计算机后与地理信息系统（Geographic Information System，GIS）的电子地图相结合，经过重叠分析计算出车辆的瞬时车速及其通过特定路段的行程时间和行程速度指标。若在给定的时段有多辆车经过特定路段，还可以得到该路段的平均行程时间和平均行程速度。

基于无线定位的动态交通数据采集技术，是一种利用已有的移动通信设备和网络资源，来实现能够覆盖整个路网且能够全天候工作的道路实时交通信息采集的技术。这种技术通过无线定位技术获取驾驶员或是乘客随身携带的手机的相关信息，来推算出道路上行驶的车辆所在的位置，以及此时车辆的平均速度、旅行时间等信息。例如，手机在接收到辅助全球定位系统（Assisted GPS，A－GPS）的定位服务器发来的辅助数据后，会利用这些数据计算出一组特定的距离，并把这些信息发回给定位服务器，定位服务器根据这些信息就能计算出手机的位置，同时将位置信息与电子地图进行匹配，便可在图中显示出手机的具体位置，交通部门根据这些信息就能得到需要的交通数据。利用手机进行定位常用的方法有：时间到达差（Time－Difference－of－Arrival，TODA）法和辅助卫星定位（即A－GPS）法。

基于电子标签的动态交通数据采集技术，是一种通过与检测基站的路边信标交换信息来完成信息采集的。如果在每个路段的特定位置设置信标，通过比较同一个电子标签通过相邻两个信标的时间，便可确定该车辆在该路段上的行程时间与行程速度。若在给定的时段有多辆车经过该路段，还可以得到该路段的平均行程时间和平均行程速度，这部分内容在本书第3章已做了较为详细的介绍。

基于汽车车牌自动判别的动态交通数据采集技术，是计算机模式识别技术在ITS中的应用，它使计算机能像人一样认识汽车车牌，包括汽车车牌的数字、英文字母、中文汉字及其颜色。基于汽车车牌自动识别技术的动态交通数据采集系统，通过在两个相邻的检测点对同一辆车的车牌进行判别分析，可以获得车辆的行程时间、行程速度等参数。若在给定的时段有多辆车经过特定路段，还可以得到该路段的平均行程时间和平均行程速度。

本章将重点介绍基于 GPS 的浮动车交通信息采集技术。

6.1　基于 GPS 的浮动车交通信息采集技术概述

浮动车信息（Floating Car Data，FCD）采集系统是伴随着智能交通系统（ITS）新技术应用而迅速发展起来的一种交通信息采集技术，是近年来 ITS 中获取道路交通信息的先进技术手段之一。FCD 技术最早由英国道路研究试验所的 Wardrop 和 Charlesworth 于 1954 年提出。目前，通过 FCD 技术进行数据采集和反映实时路况信息已经成为智能交通领域的研究热点。各发达国家纷纷投入巨大的人力、物力支持 FCD 采集系统的研究和试验，比较典型的浮动车项目包括英国 ITIS Holdings plc 公司㊀开发的浮动车信息（Floating Vehicle Data，FVD）采集系统，以及美国的 ADVANCE 和 TranStar、德国的 DDG 和 XFCD、日本的 P－DRGS 和 IPCar 等。在我国交通拥堵比较严重的大城市，如北京、上海、广州、深圳等地，也已开始了对浮动车信息采集技术的研究和推广应用。

基于 GPS 的浮动车信息采集技术利用卫星定位技术、无线通信技术和信息处理技术，实现对道路上行驶车辆的瞬时车速、位置、路段旅行时间等交通数据的采集，经过汇总、处理后形成反映道路实时状况的交通信息，能够为交通管理部门和公众提供动态、准确的交通控制、诱导信息。其突出优点是能够通过少量装有基于卫星定位的车载设备的浮动车获得准确实时的动态交通信息，利用现有 GPS 和移动通信网络资源，成本低且效率高，具有实时性强、覆盖范围大的特点。

该技术能全天候 24h 地进行数据采集；利用无线实时传输、中心式处理，大大提高信息采集效率；通过测量的车辆瞬时状态数据，能够准确反映交通流变化；还可以实现多参数（包括天气、道路状况、车辆安全等参数）的测量。

其基本原理：根据 GPS 浮动车在其行驶过程中定期记录的车辆位置、方向和速度信息，应用地图匹配、路径推测等相关的计算模型和算法进行处理，使浮动车位置数据和城市道路在时间和空间上关联起来，最终得到浮动车所经过道路的车辆行驶速度及道路的行车旅行时间等交通拥堵信息。如果在城市中部署足够数量的浮动车，并将这些浮动车的位置数据通过无线通信系统定期、实时地传输到一个信息处理中心，由信息处理中心综合处理，就可以获得整个城市动态、实时的交通拥堵信息。

6.2　GPS 浮动车信息采集系统的基本组成

GPS 浮动车信息采集系统由浮动车数据采集系统、浮动车信息处理系统和动态交通信息发布系统三部分组成，其结构框架及信息分析处理过程分别如图 6-1、图 6-2 所示。

1. GPS 浮动车数据采集系统

负责通过 GPS 获取浮动车的实时定位数据，并进行相应的数据格式转换，其所采集的数据一般包括时间、位置坐标、瞬时速度、行驶方向、回传时间、运行状态及其他内容。为建立移动交通流检测系统提供有效的、系统性的交通流运行数据。浮动车数据采集系统设计时需综合考虑以下参数：浮动车覆盖率、采集频率和传输频率等。

㊀ 2011 年被美国 INRIX 公司收购。

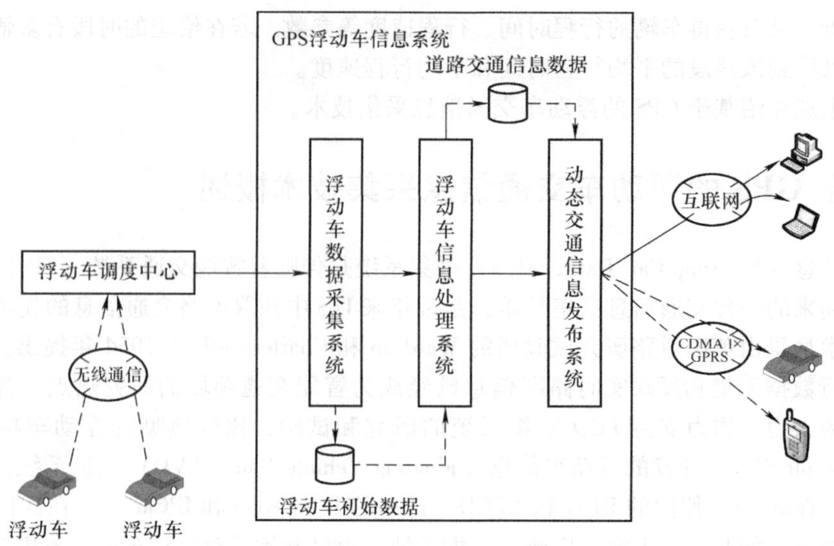

图 6-1 浮动车信息系统总体结构框架

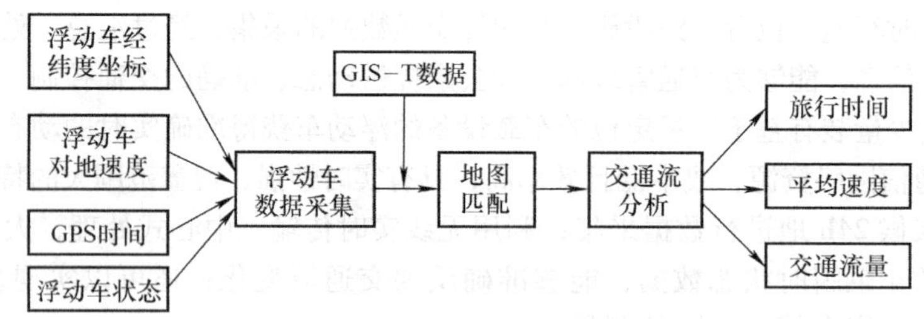

图 6-2 浮动车交通信息分析过程

每个时间间隔内通过横断面的浮动车数量基本满足

$$N_p = P(Qt_a/60) \tag{6.1}$$

式中，N_p 为检测断面在时间间隔 t_a 内的浮动车数量；P 为浮动车覆盖率；Q 为 t_a 时间内通过断面的车流量；t_a 为检测时间间隔。

应用移动交通流检测技术的关键之一，就是选择合理的采样样本的大小。一般情况下，在高速公路上只要浮动车覆盖率为 3%、在城市道路上覆盖率为 5%，即可达到较好效果。实际上，如果要实现满足基于浮动车信息采集技术的交通流参数估计需求，不仅要有合理的浮动车比例，还要有合理的采样周期、数据上传处理周期等。原则上，浮动车覆盖率低，采集间隔应该缩小；相反，则增大。上传数据时间间隔长，易造成路径曲线不连贯，可以运用一些改进的匹配和搜索估计算法来尽可能地减小其对实时性的影响。一般取采集间隔为 1min，数据上传至中心的周期为 5min。详细分析见本书 6.3 节关于移动交通流检测系统浮动车样本的选取问题。

2. GPS 浮动车信息处理系统

采用地图匹配方法将浮动车采集到的车辆数据与数字电子地图数据库中的道路信息进行比较，通过一定的匹配算法确定出车辆在电子地图上的位置和行驶路段，并在地图匹配基础上估算路段旅行时间和平均速度，通过路段旅行时间和平均速度估算的结果与预先设定的阈值比较，判断路段畅通、拥挤、堵塞等不同状态，最终生成反映城市道路网路况的实时交通信息，并提交给动态交通信息发布系统。浮动车数据具有大规模数据量的特点，其数据处理的关键步骤是地图匹配和航迹推算应当满足准确性和实时性的要求。

(1) 地图匹配

GPS浮动车信息处理的主要对象，是浮动车发送来的GPS定位数据。由于存在着GPS定位误差、坐标系转换误差、道路电子地图准确度误差等，所以会造成车辆GPS定位点偏离车辆行驶道路的情况。

地图匹配是指当前车辆位置点与数字地图的比较过程，是实现整个浮动车信息处理系统功能的关键。其目的是减小GPS数据和电子地图数据的匹配误差，确定车辆在地图道路网络中的准确位置。为此，要对数据进行预处理，并确定匹配路段。它的输入是浮动车所采集的原始的GPS数据，输出是车辆在道路的可能位置，主要包括以下步骤：

1) 数据预处理

数据预处理包括对GIS数据和地图数据预处理两个方面。

由于GIS数据一般是以向量格式存储，且所有路段都是以曲线形式表现的，为此，先将路段曲线预分割成为多条首尾连接的有向线段，从而使每条路段变成一些线段的集合，这样可以大大提高后续地图匹配的速度和效率。

为了缩小匹配路段的范围和针对性（方向），还要对地图数据进行预处理。首先，进行地理坐标系转换，使浮动车定位数据和地图库数据所采用的地理坐标系一致。其次，通过一定算法确定候选路段，常用的算法有网格法、概率统计法、误差椭圆法、条带分割法等。例如网格法，该方法的原理是将电子地图按照一定的网格进行划分，然后找到GPS点所在网格，该网格所包含的路段就是候选路段。

2) 匹配路段确定

目前，车辆定位导航系统采用的算法有GPS航迹匹配法、模糊逻辑法、A*算法、双向搜索法等。这些方法在GPS定位和导航中都有非常广泛的应用。但由于浮动车数量大、匹配速度要求高，采用上述单一的传统算法都难以满足浮动车地图匹配的要求。可以采用分类模型的算法，通过建立一个道路网格拓扑结构，针对道路的实际情况，可以设计不同的道路匹配算法，如图6-3所示。

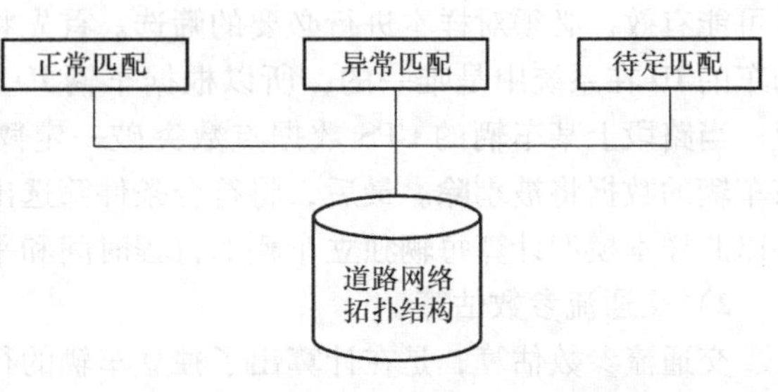

图6-3 浮动车数据地图匹配分类模型

正常匹配道路模型是整个地图匹配模型的入口，实现正常情况下与待匹配道路的匹配，并对其进行排序，检查是否有道路符合道路匹配的条件，如果有，则匹配成功；否则进入下一个匹配模型。

但由于各种误差，如双向车道的反方向车辆，若采用上述道路匹配模型得到的道路可能包含反方向的道路，这样会给后续的延时匹配造成干扰。异常匹配道路模型，就是解决以上问题的匹配模型。

对于大型城市的复杂道路，如主辅路、立交桥等，道路与道路之间的距离近，角度差小，有时投影到平面上几乎是重合的。在这样的路网环境下，通过单一时刻GPS数据往往无法确定车辆的确切位置，这时就需要通过相同车辆多个时刻的GPS数据来联合判断车辆的行驶轨迹，待定匹配模型就是解决这类问题的一个迭代模型。在设计以上模型的基础上，可以采用最小距离算法实现地图匹配。原理是通过计算GPS点到各个候选路段的距离，选择距离最小的那条路段作为匹配路段，GPS 点到该路段的投影即为匹配点。

面对大城市复杂的路网特性，如何选择智能化的浮动车数据地图匹配算法，使其既能满足大数据量 GPS 数据实时计算的速度性能要求，又能获得较高的匹配准确度。这是基于 GPS 的浮动车交通信息采集技术中的关键问题之一。

（2）航迹推算

航迹推算是车辆 GPS 定位数据地图匹配处理后，对浮动车数据匹配结果的后继处理。它是利用浮动车在不同道路上连续运动的轨迹点搜寻车辆正确行驶路径的技术。经过路径推测的计算，浮动车数据就可以和城市道路关联起来，由车辆定位点信息得到车辆在城市道路上的行驶状态，从而反映出车辆正在行驶道路上的交通情况。

浮动车数据在路径推测处理后，生成了每辆车的车辆行驶路线数据，可以反映车辆正在行驶道路上的交通情况。之后进行综合的道路交通路况信息计算后，可获得城市的实时交通路况信息。

（3）道路路况信息处理

经过地图匹配和行车路线推测之后，系统需要根据所有浮动车的行车路线计算其道路旅行的时间，以便将车辆信息与道路交通信息进行对应，并通过融合其他的交通信息，计算出城市道路网络当前实时的交通路况信息。

由于每一辆浮动车提供的数据只能反映其独自行驶路线的交通路况，而一条道路同一时间可能有多辆浮动车行驶，因此需要将这些车辆反映的路况信息进行融合，以便获取给定道路的全面准确的交通路况信息。

1）建立交通流模型

由于采集的信息中包含大量车辆，可能会产生一些错误和干扰信息，为了保证所采集的信息尽可能有效，必须对样本进行必要的筛选。首先将这些数据按照车辆 ID 进行区分，由于每个浮动车的 ID 在系统中是唯一的，所以根据车辆 ID 将数据进行分类是有效的。其次，设定一个阈值，当路段上某车辆的 GPS 数据点数突破一定阈值时，如速度高于阈值，就认为是干扰数据，该车辆的数据将被剔除。最后，将符合条件筛选出的浮动车辆的 GPS 数据作为交通流样本模型，并以此样本模型计算每辆独立车辆的行程时间和平均速度。

2）交通流参数估算

交通流参数估算，是在计算出了独立车辆的行程时间和平均速度基础上，确定浮动车的样本数，并从中采样进行交通流分析的。样本数越大，估算结果的可靠性越高，但同时估算速度和效率也就越低。

① 平均速度估算。平均速度可以用两种方法来计算，即时间平均速度和空间平均速度。时间平均速度是指道路某一断面车速分布的平均值，即断面上所有车辆点速度的算术平均值。空间平均速度是指在给定路段上同一瞬间车速分布的评价值。

② 行程时间计算。行程时间计算的方法有两种：第一种是直接测量法，把观测路段分成小段，计算浮动车在每一小段的行程时间，然后把这些行程时间相加，得到总的行程时间；第二种是间接测量法，根据上面计算出来的路段平均速度，用路段长度除以路段平均速度，得到行程时间。

③ 交通流量估计。交通流量估计是指，在单位时间内通过道路某一地点、某一断面或某一条道路的车辆数。一般交通流量和空间平均速度具有一定的关系，可以根据上面计算的空间平均速度估计交通流量数据。

当独立车辆数目小于最小浮动车样本数时，继续采用以上方法计算交通流参数势必造成很大误差，此时应使用单个 GPS 浮动车的数据进行估计。

3. 动态交通信息发布系统

通过互联网、GPRS 或 CDMA 网络等方式向为交通管理者和出行者提供实时直观的交通状态信息。

6.3　移动型交通流检测系统浮动车样本的选取

应用移动交通流检测技术的关键问题之一，是确立浮动车样本的大小及分布模型。一方面，浮动车的样本量因所要估算的目标交通参数不同而会有一定差异，且与浮动车的定位误差、信息中心间的通信频率、车辆所在道路类型及处理算法等因素有着复杂的联系。另一方面，什么样的车辆适合作为浮动车，其运行范围和特性对于检测系统功能的影响也需要考虑。目前，国际上一般从利用浮动车实现交通流参数估计的模型和基于浮动车车辆分布的模型两个方面来研究浮动车的采样大小问题。

下面将从基于路段速度估计、基于路网旅行时间分析、基于路段车辆分布等几个方面分别来讨论浮动车样本大小的模型。

6.3.1　基于路段速度估计的浮动车样本大小模型

应用概率统计方法可知，路段速度交通调查中的样本大小应满足

$$n \geqslant \frac{t_{\gamma/2,n-1}^{2}\sigma^{2}}{e_{r}^{2}\mu^{2}} = \frac{t_{\gamma/2,n-1}^{2}}{e_{r}^{2}}\nu^{2} \tag{6.2}$$

式中，n 为最小车辆样本量；$t_{\gamma/2,n-1}$ 为在置信水平 $1-\gamma$ 的条件下的、自由度 $n-1$ 的 t 分布值，且当 $n \geqslant 100$ 时，近似于正态分布；e_r 为相对速度估计误差；σ 为总体标准差；μ 为总体均值；ν 为总体方差系数。

若估计路段平均速度，式（6.2）计算出的样本需求要小于实际的样本需求，可修正为

$$n \geqslant \left[\frac{t_{1-\gamma}\overline{R}}{d\varepsilon}\right]^{2} \tag{6.3}$$

式中，$t_{1-\gamma}$ 为置信水平为 $1-\gamma$ 的 t 分布；d 为样本变动区间与样本标准差的比值，是 n 的函数；ε 为用户确认的允许速度误差；$\overline{R} = \max v_i - \min v_i$，即速度测试数据的样本变动区间。若将式（6.3）进行简单变换，可发现该式与式（6.2）在本质上是一致的。

由于路段速度估计是以离散时间段为基准的，如 2min、5min、10min 等。而式（6.2）和式（6.3）均是以假设样本总体无限大为前提的。对式（6.2）进行改进，在有限样本条件下增加修正系数：

$$\sqrt{\frac{N-n}{N-1}}$$

式中，N 为样本容量。有

$$n \geqslant \frac{t_{\gamma/2,n-1}^{2}N\nu^{2}}{t_{\gamma/2,n-1}^{2}\nu^{2} + (N-1)e_{r}^{2}} \tag{6.4}$$

由式（6.4）可知，路段平均速度估计的最小车辆样本量取决于以下参数：可接受的置信度 $1-\gamma$、可接受的相对速度估计误差 e_r、样本总体方差系数 ν 和估计时段内的路段交通流量 N。

将上述结果应用到浮动车系统，图 6-4 所示为在 $1-\gamma = 90\%$、$e_r = 0.1$、$0 \leqslant \nu \leqslant 1$ 时，不同交通流量条件下最小浮动车样本量曲线。

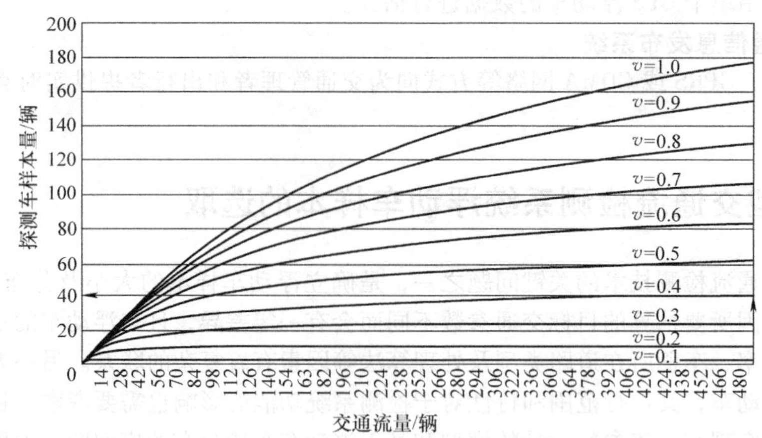

图6-4 $1-\gamma=90\%$、$e_r=0.1$、$0\leqslant\nu\leqslant1$ 时的最小浮动车样本量曲线

由图6-4所示可以看出，若15min内通过某一路段的流量为500辆，则有：

① 当 $1-\gamma=90\%$、$e_r=0.1$ 且 $\nu<0.1$ 时，需要有1~2个浮动车样本；

② 当 $1-\gamma=90\%$、$e_r=0.1$ 且 $\nu<0.3$ 时，需要大约20个浮动车样本；

③ 当 $1-\gamma=90\%$、$e_r=0.1$ 且 $\nu=0.4$ 时，需要大约40个浮动车样本。

不难看出，式（6.2）、式（6.3）、式（6.4）和图6-4所示曲线均存在如下问题：

① 公式中的某个参数和样本大小的计算存在迭代关系，数学形式不封闭。

② 只给出了浮动车的数量大小，而没有从宏观角度考虑浮动车占总体交通流中的比例问题。

6.3.2 基于路网覆盖率分析的浮动车样本比例模型

路网覆盖率是选择浮动车样本时需要考虑的另外一个重要问题。在美国旧金山地区的无线定位浮动车旅行时间采集实验说明，在不考虑数据有效性的前提下，浮动车的网络覆盖率为

$$E=(1-\exp(-\alpha\rho L)) \tag{6.5}$$

式中，E 为浮动车的网络覆盖率；α 为浮动车占网络中所有车辆的比例；ρ 为路段上的平均交通密度；L 为路段平均长度。当 $\alpha\rho L>1$ 时，E 会迅速趋近于100%。国外的相关实验研究还推荐了适用于路段旅行时间估计的各道路类型长度：高速路和快速路为1.6~4.8km；城市主路为1.6~3.2km；城市辅路为0.8~3.2km。

对式（6.3）和式（6.5）进行比较研究。若应用式（6.3），新加坡的Commonwealth Avenue West和Clementi Road主干路段测试表明：若路段平均速度误差为5km/h，GPS的经纬度标准差为2.89m和4.84m，欲达到 $\overline{E}=95\%$ 的检测准确率，则路网范围内需满足 $\alpha=4\%\sim4.5\%$。若应用式（6.5），则 $\alpha\approx3.99\%$。可见式（6.3）和式（6.5）的结果在同一数量级上，且相差在0.5%左右。

由于式（6.5）模型的建立是以无线浮动车和高速路为背景的，鉴于无线定位的定位准确度误差较大和高速公路的道路条件相对简单，需在式（6.5）的基础上考虑定位误差和道路类型的影响。由于定位准确度和检测道路类型的不同，会对移动检测系统的整体性能产生多方面的影响，如浮动车数据误差大、路段速度和流量等参数估计不准确、旅行时间预测不准确等，其主要影响来源于浮动车道路数据匹配准确度不高。

表6-1为无线定位浮动车在不同定位准确度、不同类型路段上浮动车数据的道路匹配率。从

表中可以看出，浮动车的道路匹配率因道路类型、定位准确度的不同而不同。由于无线定位准确度随无线基站数量的增长而增长，故在表6-1中虽然高速公路的道路等级高于高级公路和城市道路，但无线定位的道路匹配率最低。若采用GPS定位时，因高速公路周边相对高级公路和城市道路环境的高楼树木遮挡、多路径效应等情形要少很多，故道路匹配率应更高。

表6-1 无线定位浮动车在不同定位准确度、不同类型路段上浮动车数据的道路匹配率（%）

道路类型 \ 无线定位准确度	10m	20m	30m	40m	50m	60m	70m
高速公路	99.5	93.86	87.64	84.36	80.07	79.28	78.5
高级公路	99.5	97.97	96.01	95.29	93.92	92.39	91.66
城市道路	99.8	99.35	98.33	98.32	97.47	95.43	94.2

鉴于上述考虑，在式（6.5）的基础上引入定位误差因子p和道路类型系数h，为简单起见，令单个浮动车定位数据的准确匹配率为$(1-hp)$。其中，h为道路类型系数（如高速路、城市主干道、次干道等）；定位误差因子p由定位准确度确定。一般情况下，道路等级越高、定位准确度越高，则$(1-hp)$的值越大，即浮动车数据的道路匹配率越高。

另假设路网中共有M条道路，t时刻路段i的交通密度为$\rho_i(t)$，$i=1,2,\cdots,N$；路段i的长度为L_i。则t时刻路段i上的车辆数为$N_i(t)=\rho_i(t)L_i$，路网中的车辆总数为

$$N(t)=\sum_{i=1}^{M}N_i(t)=\sum_{i=1}^{M}\rho_i(t)L_i$$

而路段i上任意单个定位数据将浮动车准确匹配至正确路段的概率为$1-h_ip_i$，则路网上取任意单个浮动车定位数据能取到第i条路段的概率为

$$q_i(t)=\frac{\rho_i(t)L_i}{N(t)}[1-h_ip_i]$$

由此，t时刻任取Q个车辆定位数据均取不到第i条路段的概率为

$$P_i(Q)=[1-q_i(t)]^Q \tag{6.6}$$

没有被“覆盖”到的路段总数为

$$F_Q(t)=\sum_{i=1}^{M}(1-q_i(t))^Q$$

因而，t时刻采样Q个车辆定位数据所能“覆盖”到的网络的概率为

$$E(t)=\frac{M-F_Q(t)}{M}=1-\frac{F_Q(t)}{M}$$

对于整个城市网络而言，道路上行驶的车辆数目非常巨大，采样数量可近似看作为足够大，则式（6.6）可演变为

$$F_Q(t)=\lim_{Q\to\infty}\sum_{i=1}^{M}(1-q_i(t))^Q=\sum_{i=1}^{M}\mathrm{e}^{-q_i(t)Q} \tag{6.7}$$

设α为整个网络车辆的取样百分比，则

$$Q=\alpha N(t) \tag{6.8}$$

$$-q_i(t)Q=-\frac{\rho_i(t)L_i}{N(t)}[1-h_ip_i]\alpha N(t)=-\alpha\rho_i(t)L_i[1-h_ip_i]$$

$$F_Q(t)=\sum_{i=1}^{M}\mathrm{e}^{-\alpha\rho_i(t)L_i[1-h_ip_i]}$$

$$E(t) = 1 - \frac{F_Q(t)}{M} = 1 - \frac{1}{M}\sum_{i=1}^{M} e^{-\alpha\rho_i(t)L_i[1-hp_i]} \tag{6.9}$$

若将一天分成 K 个考查时段，且给定任意时段浮动车采样数据的平均网络覆盖率 $\hat{E}$ 和最小网络覆盖率 $E_{\min}$，则 α 值可由如下方程求得：

$$\begin{cases} \hat{E} = \frac{1}{K}\sum_{j=1}^{K} E(j) = \frac{1}{K}\sum_{j=1}^{K}\left(1 - \frac{1}{M}\sum_{i=1}^{M} e^{-\alpha\rho_i(t)L_i[1-hp_i]}\right) \\ \min\left\{1 - \frac{1}{M}\sum_{i=1}^{M} e^{-\alpha\rho_i(t)L_i[1-hp_i]}\right\} \geqslant E_{\min} \end{cases} \tag{6.10}$$

若假设在任意时段网络中路段的长度和交通密度均相等，且定位误差为零，即 $\rho_i(t) = \bar{\rho}$、$L_i = \bar{L}$、$p_i = 0$ 的理想情况，那么式（6.10）就简化为式（6.5）。

采用对新加坡 Commonwealth Avenue West 和 Clementi Road 主干路段测试的实验数据，对式（6.10）的模型进行检验计算：

$$\alpha = \frac{-\ln(1-\bar{E})}{\rho L(1-p)} \approx \frac{-\ln(1-0.95)}{0.15 \times 500 \times (1-0.1)} \approx 0.0444 \approx 4.4\%$$

计算结果表明，改进后的模型更贴近于实际情况。

虽然，式（6.10）较式（6.4）和式（6.3）更多地体现了最小浮动车样本模型在理论上进一步的完备性，但仍不方便实际应用。例如，对于城市交通而言，交通密度、路段长度、定位误差等，都在不同的城市道路网络位置上会有着相当大的差异。另外，由于利用浮动车数据进行交通流参数估计、预测等的应用，都需要基于路段分析，故式（6.10）模型仅适于从宏观上初步估算城市道路网络的最小浮动车比例。

6.3.3 基于路段车辆分布的浮动车样本大小模型

前面两节分别从路段速度估计和路网覆盖率两个方面分析了路网中浮动车的样本比例问题，本节讨论可应用于路段交通流参数估计的浮动车样本大小模型。

1. 以车辆到达率为对象

为分析浮动车在单个路段上的行为特性，假设城市交通网络中任意路段上在确定时间段内到达的浮动车数量满足泊松分布：

$$\Pr(\Delta t, x) = e^{-\mu}\frac{\mu^x}{x!} \tag{6.11}$$

式中，$\mu = q_p\Delta t$ 为 Δt 时间段内出现的浮动车数量；q_p 为浮动车流率；Δt 为待估的时间长度；$\Pr(\cdot)$ 为 x 辆浮动车到达的概率。由式（6.11），在 Δt 时间内，至少有 1 辆和 m 辆浮动车同时出现在道路上的概率分别为

$$\Pr(\Delta t, x \geqslant 1) = 1 - \Pr(0) = 1 - [e^{-\mu}] \tag{6.12}$$

$$\Pr(\Delta t, x \geqslant m) = 1 - \Pr(0) - \Pr(1) - \cdots - \Pr(m-1) \tag{6.13}$$

图 6-5 所示为 1min、2min 和 5min 三种不同时段内，路段上至少出现 1 辆浮动车的概率分布。图 6-6 所示为 1min、2min 和 5min 三种不同时段内，路段上至少出现 3 辆浮动车的概率分布。

由图 6-5 所示可知，若路段上 2min 内以 85% 的概率出现至少 1 辆浮动车，则浮动车流率需约为 60veh/h。由图 6-6 所示可知，若路段上在 5min 内以 90% 的概率出现至少 3 辆浮动车，则浮动车流率需求约为 64veh/h。表 6-2 给出了在不同流量和不同时段条件下，路段上以 90% 的概率出现至少 3 辆浮动车所要的浮动车比例。

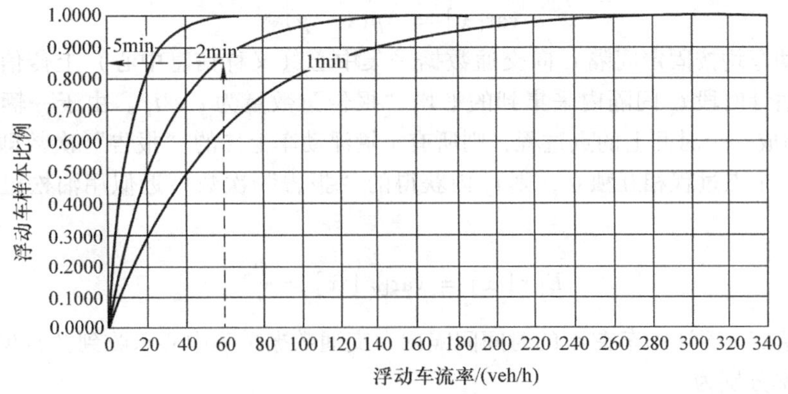

图6-5　不同时间段内路段上至少出现1辆浮动车的概率分布

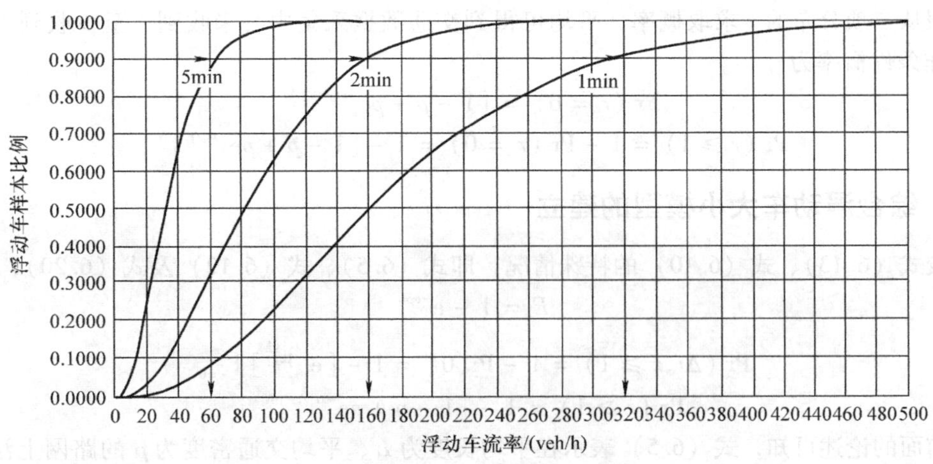

图6-6　不同时间段内路段上至少出现3辆浮动车的概率分布

表6-2　不同流量和不同时段条件下的浮动车流率需求

待估时段/min	浮动车流率需求/（veh/h）	500veh/h	2000veh/h	4000veh/h	6000veh/h
1	320	64%	16%	8.0%	5.3%
2	160	32%	8%	4.0%	2.7%
5	64	12.8%	3.2%	1.6%	1.0%

2. 以数据上传频率为对象

浮动车的数据上传频率直接关系到移动型交通流检测系统的构成、成本、参数估计性能等众多指标。

设路网某断面处的浮动车流率为Qveh/h，任一辆车为浮动车的概率为p，则在t_α时间内通过的车辆数为

$$N = Qt_\alpha \tag{6.14}$$

N辆车中，浮动车和非浮动车构成Bernoulli试验序列。因此，N辆车中浮动车的数量x服从二项分布，其期望和方差为

$$E[x] = Np \tag{6.15}$$

$$\mathrm{var}[x] = Np(1-p) \tag{6.16}$$

若每辆浮动车均按固定间隔 t_r 向交通数据采集中心（又称信息中心）上传信息，则交通数据采集中心在估计时段 t_α 间隔内采集到的平均"报告"数量为 $t_\alpha x/t_r$。由于一辆浮动车上传的"报告"次数构成一个时间上的点过程，则所有 x 辆浮动车上传的"报告"次数即为 x 个点过程的叠加。若设 x 个点过程相互独立，则 t_α 内获得的"报告"次数可近似用泊松过程来表示，其期望和方差为

$$E[r \mid x] = \mathrm{var}[r \mid x] = \frac{xt_\alpha}{t_r} \tag{6.17}$$

由此，在给定 x 辆浮动车在 t_α 的时间间隔内，交通数据采集中心未收到及至少收到1个"报告"的条件概率分别为

$$\Pr(r=0 \mid x) = \mathrm{e}^{-xt_\alpha/t_r} \tag{6.18}$$

$$\Pr(r \geqslant 1 \mid x) = 1 - \Pr(r=0 \mid x) = 1 - \mathrm{e}^{-xt_\alpha/t_r} \tag{6.19}$$

对服从二项分布的 x 求取概率，平均可得到交通数据采集中心未收到、至少收到1个"报告"的非条件概率为

$$\Pr(r=0) = [1-p+p\mathrm{e}^{-xt_\alpha/t_r}]^N$$

$$\Pr(r \geqslant 1) = 1 - \Pr(r=0) = 1 - [1-p+p\mathrm{e}^{-xt_\alpha/t_r}]^N \tag{6.20}$$

6.3.4 综合浮动车大小模型的建立

比较式（6.13）、式（6.10）的特殊情况，即式（6.5）、式（6.12）及式（6.20），有：

$$E = 1 - \mathrm{e}^{-\alpha\rho L}$$

$$\Pr(\Delta t, x \geqslant 1) = 1 - \Pr(0) = 1 - [\mathrm{e}^{-\mu}\frac{u^x}{x!}]\mid_{x=0}$$

$$\Pr(r \geqslant 1) = 1 - [1-p+p\mathrm{e}^{-xt_\alpha/t_r}]^N$$

由前面的论述可知，式（6.5）表示在平均长度为 L、平均交通密度为 ρ 的路网上浮动车的覆盖率，即在任意路段上出现的浮动车概率；式（6.12）表示在 Δt 时段内任意路段上至少有1辆浮动车出现的概率；式（6.20）表示在 t_α 时段内至少有1辆浮动车出现的概率。从物理意义上看，它们均表达在某个时间段内、路网某个范围中浮动车存在或出现的可能性，所不同的仅是浮动车在道路上任意时段的概率分布有所差异，主要表现在：

式（6.5）不对浮动车的分布做任何假设，仅对网络车辆总体进行等概率的随机采样，不体现浮动车群体本身的交通特性；

式（6.12）假设在一定时段内到达的浮动车数量服从泊松分布；

式（6.20）则认为在一定时段内到达的浮动车服从二项分布。

由概率统计理论可知，泊松分布是二项分布的极限分布，仅在一定时段内路段的交通流量趋于无穷大或浮动车占整个交通流的比例极小的情况，两者的分布才近似相等。然而，根据前面的分析，欲达到对路段交通流参数有很高的估计准确度，浮动车在交通流中应占有一定的比例，因此利用二项分布来描述一定时段内浮动车在路段上的概率分布更为合理。另一方面，由于在实际应用过程中，交通管理部门需要在系统成本和应用效果之间求得平衡，所以浮动车的通信频率也应重点考虑。基于上述两点建立如下的综合浮动车样本模型。

综合浮动车样本大小模型

首先，对移动型交通流检测系统进行如下假设：

① 浮动车随机、独立地分布在网络交通流中。

② 每个浮动车均可收集和存储自身的位置（经纬度）、时间、瞬时速度数据，并按固定的间隔以“报告”包的形式上传到交通数据采集中心。

③ 上传到交通数据采集中心的原始数据会被过滤处理，并且车辆的实时位置能够被连接到相应 GIS 地图的路段上。

④ 交通信息中心每隔固定时间对所有浮动车上传的数据进行处理，并能够进行多种处理，如计算路段平均速度和旅行时间、融合其他相关交通应用系统的数据、交通事故侦测、动态路径规划等。

将路网中浮动车样本大小的计算模型分为两个层面：路网和路段。路网层面从宏观上给出路网中浮动车样本比例的初步估算；路段层面则从微观上明确特定路段、特定参数估计目标所需要的浮动车大小，在此基础上综合确定出浮动车在路网中的合理大小。其中，路网层面的样本大小根据式（6.10）获得，路段层面的样本大小模型如下所述。

假设，路网中共有 M 条道路；路段 i 的长度为 L_i；道路类型系数为 h_i；T 估计时段内路段 i 的平均交通密度为 $\rho_i(T)$，$i = 1,2,\cdots,M$；交通流中任一辆车为浮动车的概率为 α；则路段 i 在 T 时间内通过的车辆数为

$$N_i = \rho_i(T)L_iT$$

N_i 辆车中浮动车的数量 X 服从二项分布，即

$$E[X] = N_i\alpha\ ,\ \mathrm{var}[X] = N_i\alpha(1-\alpha)$$

若浮动车系统中单个车辆的定位误差因子为 q，浮动车的信息上传间隔为 t，则系统交通数据采集中心在 T 时间内路段 i 上可获得的“报告”数量为

$$R = X\frac{T}{t}(1-qh_i)$$

由于浮动车独立、随机的散布在交通流中，因而由不同浮动车上传的“报告”构成一系列相互独立的点过程。系统交通数据采集中心在 T 时间内得到的路段 i 上由 x 辆浮动车上传的“报告”数量 R_i 可用泊松过程来近似，其期望和方差为

$$E[R_i \mid X = x] = \mathrm{var}[R_i \mid X = x] = \frac{xT}{t}(1-qh_i)$$

又在时间间隔 T 内系统交通数据采集中心至少收到路段 i 上传 m 个“报告”的条件概率可表示为

$$\begin{aligned}\Pr(R_i \geqslant m \mid X) &= 1 - \Pr(R_i = 0 \mid X) - \Pr(R_i = 1 \mid X) - \cdots - \Pr(R_i = m-1 \mid X)\\ &= 1 - \sum_{r=0}^{m-1}\Pr[R_i = r \mid X]\end{aligned} \tag{6.21}$$

则时间间隔 T 内系统信息中心接收到的路段 i 上传 m 个“报告”的非条件概率为

$$\begin{aligned}\Pr(R_i = m) &= \sum_{x=0}^{N_i}(\Pr(R_i = m \mid X = x)\Pr(X = x))\\ &= \sum_{x=0}^{N_i}\left(\left(\mathrm{e}^{-x\frac{T}{t}(1-qh_i)}\frac{\left(x\frac{T}{t}(1-qh_i)\right)^m}{m!}\right)\left(\binom{N_i}{x}\alpha^x(1-\alpha)^{N_i-x}\right)\right)\\ &= \frac{\left(\frac{T}{t}(1-qh_i)\right)^m}{m!}\sum_{x=0}^{N_i}\left(\left(\binom{N_i}{x}\alpha^x(1-\alpha)^{N_i-x}\right)\mathrm{e}^{-x\frac{T}{t}(1-qh_i)}x^m\right)\end{aligned} \tag{6.22}$$

考虑如下两种情况：

① 当 $m = 0$ 时，有

$$\Pr(R_i = 0) = \sum_{x=0}^{N_i}\left(\left(\binom{N_i}{x}\alpha^x(1-\alpha)^{N_i-x}\right)\mathrm{e}^{-x\frac{T}{t}(1-qh_i)}\right)$$

$$
\begin{aligned}
&= (1-\alpha)^{N_i}\sum_{x=0}^{N_i}\left(\binom{N_i}{x}\left(\frac{\alpha e^{-\frac{T}{t}(1-qh_i)}}{1-\alpha}\right)^x\right)\\
&= (1-\alpha)^{N_i}\left[1+\left(\frac{\alpha e^{-\frac{T}{t}(1-qh_i)}}{1-\alpha}\right)\right]^{N_i}\\
&= \left[1-\alpha+\alpha e^{-\frac{T}{t}(1-qh_i)}\right]^{N_i}\\
&= \left[1-\alpha+\alpha e^{-\frac{T}{t}(1-qh_i)}\right]^{\rho_i(T)L_iT}
\end{aligned}
\tag{6.23}
$$

即，在时间间隔 T 内，系统交通数据采集中心没有接收到的路段 i 任何上传“报告”的概率。则由上式可知，系统交通数据采集中心在时间间隔 T 内至少接收到路段 i 上一个“报告”的概率为

$$
\Pr(R_i \geqslant 1) = 1-\Pr(R_i \geqslant 1) = 1-\left[1-\alpha+\alpha e^{-\frac{T}{t}(1-qh_i)}\right]^{\rho_i(T)L_iT} \tag{6.24}
$$

若需要系统交通数据采集中心在时间间隔 T 内至少接收到路段 i 上 1 个“报告”的概率大于 β，则由式（6.24）可知

$$
\Pr(R_i \geqslant 1) = 1-\left[1-\alpha+\alpha e^{-\frac{T}{t}(1-qh_i)}\right]^{\rho_i(T)L_iT} \geqslant \beta
$$

$$
\alpha \geqslant \frac{1-(1-\beta)^{1/[\rho_i(T)L_iT]}}{1-e^{-\frac{T}{t}(1-qh_i)}} \tag{6.25}
$$

即路段中任意车辆作为浮动车的概率应满足式（6.25）。

② 当 $m \neq 0$ 时，有

$$
\begin{aligned}
\Pr(R_i \geqslant m) &= 1-\sum_{r=0}^{m-1}\Pr(R_i = r)\\
&= 1-\sum_{r=0}^{m-1}\left\{\frac{\left(\frac{T}{t}(1-qh_i)\right)^r}{r!}\sum_{x=0}^{N_i}\left(\left(\binom{N_i}{x}\alpha^x(1-\alpha)^{N_i-x}\right)e^{-x\frac{T}{t}(1-qh_i)}x^r\right)\right\}
\end{aligned}
\tag{6.26}
$$

若需要系统交通数据采集中心在时间间隔 T 内至少接收到路段 i 上 m 个“报告”的概率大于 β，则有

$$
1-\sum_{r=0}^{m-1}\left\{\frac{\left(\frac{T}{t}(1-qh_i)\right)^r}{r!}\sum_{x=0}^{N_i}\left(\left(\binom{N_i}{x}\alpha^x(1-\alpha)^{N_i-x}\right)e^{-x\frac{T}{t}(1-qh_i)}x^r\right)\right\} \geqslant \beta \tag{6.27}
$$

如前所述，浮动车的最小需求数量会因参数估计目的的不同而产生一定差异，为讨论方便，以本章 6.3.1 节描述的路段平均速度估计为例进行介绍。

假设路段上任意车辆的速度 v 满足相同分布，按照算术平均法计算由 m 个“报告”得到路段平均速度为

$$
v_p = \frac{(v_1+v_2+\cdots+v_m)}{m} \tag{6.28}
$$

式中，v_1，v_2，…，v_m 为浮动车的速度值。为方便论述，将式（6.3）重写为

$$
m \geqslant \left[\frac{t_{1-\gamma}\bar{R}}{d\varepsilon}\right]^2 \tag{6.29}
$$

为便于应用，对式（6.3）进行改进，引入修正系数$\sqrt{(N_i-m)/(N_i-1)}$，令式（6.29）右侧部分为 m'，则有

$$
m \geqslant m'\frac{N_i-m}{N_i-1} \tag{6.30}
$$

进而有

$$m \geqslant \frac{m'N_i}{m' + N_i - 1} \tag{6.31}$$

将式（6.31）的计算结果代入式（6.27），即可得到浮动车占交通流的比例。表6-3给出了在交通流量小于2000veh/h情况下，路段平均速度估计中浮动车占交通流的比例α与路段流量、参数估计时长、“报告”上传频率之间的关系。其中，令$\beta \geqslant 0.95$，且浮动车“报告”无数据误差（即$q = 0$）。当浮动车存在定位误差的情况下，定位误差越大，在表6-4的基础上α的增量也会越大。

由表6-3可以看出，在浮动车数据无误差情况下，进行路段平均速度估计时浮动车占交通流的比例α(%)与其他参数之间的关系如下：

① 在速度估计间隔T和浮动车“报告”上传间隔t一定的情况下，路段交通流量N越大、用户允许的速度估计误差e越大、速度估计的置信水平$(1-\gamma)$越低、速度变动范围$\overline{R}$越小，则所需要的浮动车占交通流的比例α越低；反之，则α越高。

② 当用户允许的速度估计误差e、速度估计的置信水平$(1-\gamma)$、速度变动范围$\overline{R}$、路段交通流量N一定的情况下，若速度估计间隔T不变，则浮动车“报告”上传间隔t越小，所需要的浮动车比例α越小；反之，则α越高。

③ 当用户允许的速度估计误差e、速度估计的置信水平$(1-\gamma)$、速度变动范围$\overline{R}$、流量一定的情况下，若浮动车“报告”上传间隔t不变，则速度估计间隔T越大，所需要的浮动车比例α越小；反之，则α越高。

表6-3 路段平均速度估计时浮动车占交通流的比例α(%)与其他参数之间的关系

T/min	t/s	N/(veh/h)									
		2040		1800		1500		1020		840	
		e=1.6 km/h	e=3.2 km/h	e=1.6 km/h	e=3.2 km/h	e=1.6 km/h	e=3.2 km/h	e=1.6 km/h	e=3.2 km/h	e=1.6 km/h	e=3.2 km/h
① 置信水平$(1-\gamma)$为95%，用户允许速度估计误差为e，速度变动范围$\overline{R}$为3.2km/h											
1	5	8.5	8.451	9.576	9.525	11.378	11.319	16.279	16.165	19.308	19.274
	10	10.532	9.63	11.867	10.848	14.096	12.889	20.143	17.135	21.974	20.43
	15	12.945	11.664	14.576	13.14	17.296	15.602	24.644	19.775	26.512	23.566
	30	19.458	17.211	21.89	19.371	25.932	22.965	36.77	28.236	38.736	33.57
	60	32.139	27.963	36.118	31.444	42.714	37.226	60.27	44.595	62.351	52.896
2	5	4.31	4.309	4.871	4.871	5.816	5.815	8.434	8.434	10.147	10.147
	10	4.397	4.32	4.969	4.882	5.86	5.829	8.498	8.453	10.224	10.17
	15	5.055	4.489	5.712	5.073	6.367	6.058	9.233	8.784	11.107	10.568
	30	7.254	5.972	8.193	6.747	8.945	8.054	12.947	11.667	15.555	14.025
	60	11.14	8.842	12.573	9.985	13.478	11.909	19.462	17.215	23.346	20.664
5	5	1.757	1.757	1.978	1.978	2.369	2.369	3.463	3.463	4.189	4.189
	10	1.757	1.757	1.978	1.978	2.369	2.369	3.463	3.463	4.189	4.189
	15	1.758	1.757	1.978	1.978	2.369	2.369	3.464	3.463	4.19	4.189
	30	1.871	1.776	2.106	1.998	2.522	2.393	3.688	3.499	4.461	4.233
	60	2.636	2.18	2.996	2.454	3.55	2.938	5.188	4.295	6.273	5.196

（续）

T/min	t/s	N/(veh/h)									
		2040		1800		1500		1020		840	
		e = 1.6 km/h	e = 3.2 km/h	e = 1.6 km/h	e = 3.2 km/h	e = 1.6 km/h	e = 3.2 km/h	e = 1.6 km/h	e = 3.2 km/h	e = 1.6 km/h	e = 3.2 km/h
② 置信水平（1 - γ）为85%，用户允许速度估计误差为 e，速度变动范围 $\overline{R}$ 为3.2km/h											
1	5	8.451	8.44	9.525	9.509	11.319	11.299	16.165	16.165	19.274	19.274
	10	9.63	8.943	10.848	10.08	12.889	11.978	17.135	17.134	20.43	20.43
	15	11.664	10.332	13.14	11.643	15.602	13.832	19.775	19.775	23.566	23.565
	30	17.211	14.832	19.371	16.703	22.965	19.819	28.236	28.236	33.57	33.57
	60	27.963	23.55	31.444	26.5	37.226	31.407	44.595	44.594	52.896	52.895
2	5	4.309	4.31	4.871	4.871	5.815	5.815	8.434	8.434	10.147	10.147
	10	4.32	4.312	4.882	4.873	5.829	5.819	8.453	8.438	10.17	10.152
	15	4.489	4.37	5.073	4.937	6.058	5.895	8.784	8.55	10.568	10.286
	30	5.972	5.284	6.747	5.971	8.054	7.129	11.667	10.335	14.025	12.43
	60	8.842	7.606	9.985	8.591	11.909	10.251	17.215	14.836	20.664	17.824
5	5	1.757	1.757	1.978	1.978	2.369	2.368	3.463	3.463	4.189	4.189
	10	1.757	1.757	1.978	1.978	2.369	2.368	3.463	3.463	4.189	4.189
	15	1.757	1.757	1.978	1.978	2.369	2.368	3.463	3.463	4.189	4.189
	30	1.776	1.762	1.998	1.983	2.393	2.375	3.499	3.473	4.233	4.201
	60	2.18	1.969	2.454	2.216	2.938	2.653	4.295	3.88	5.196	4.693
③ 置信水平（1 - γ）为75%，用户允许速度估计误差为 e，速度变动范围 $\overline{R}$ 为4.8km/h											
1	5	8.451	8.44	9.525	9.509	11.319	11.299	16.194	16.165	19.308	19.274
	10	9.63	8.943	10.848	10.08	12.889	11.978	18.434	17.134	21.973	20.43
	15	11.665	10.332	13.14	11.643	15.602	13.832	22.271	19.775	26.512	23.565
	30	17.212	14.832	19.371	16.703	22.965	19.819	32.637	28.236	38.736	33.57
	60	27.97	23.55	31.445	26.5	37.226	31.407	52.686	44.594	62.35	52.895
2	5	4.309	4.31	4.871	4.871	5.815	5.815	8.434	8.434	10.147	10.147
	10	4.343	4.312	4.908	4.873	5.86	5.819	8.454	8.438	10.17	10.152
	15	4.719	4.37	5.332	4.937	6.366	5.895	8.785	8.55	10.568	10.286
	30	6.637	5.284	7.496	5.971	8.945	7.129	11.667	10.335	14.025	12.43
	60	10.013	7.606	11.305	8.591	13.477	10.251	17.215	14.836	20.665	17.824
5	5	1.757	1.757	1.978	1.978	2.369	2.368	3.463	3.463	4.189	4.189
	10	1.757	1.757	1.978	1.978	2.369	2.368	3.463	3.463	4.189	4.189
	15	1.757	1.757	1.978	1.978	2.369	2.368	3.463	3.463	4.189	4.189
	30	1.808	1.762	2.035	1.983	2.437	2.375	3.563	3.473	5.31	4.201
	60	2.414	1.969	2.716	2.216	3.253	2.653	4.754	3.88	5.749	4.693

综上所述，若设路网层面的浮动车样本模型式（6.10）计算的浮动车占交通流中的比例为

α_1，根据路段层面的浮动车样本模型式（6.27）、式（6.31）计算得到的为 α_2，则可得到综合浮动车样本占交通流的比例大小为

$$\alpha = \max\{\alpha_1, \alpha_2\} \tag{6.32}$$

至此，得到了考虑路段交通流特性、路段长度、道路类型、定位准确度、系统估计时长、数据上传间隔等在内多个影响因素的、用于平均路段速度估计的浮动车样本大小模型。

在实际应用中，需要首先确定出利用移动型交通流检测系统进行交通流参数估计时所需要的一定时间间隔内最少的信息数量，然后根据式（6.32）求解相应的任意一辆车作为浮动车的概率，然后以此为基础设计系统的通信模式和浮动车的采样模式，从而达到交通流参数估计性能和系统成本的最佳性能价格比。

6.3.5　移动型交通流检测系统浮动车样本的选择

根据本章 6.3.4 节的模型可以估算出实现系统目标所需要的浮动车的数量。然而，什么样的车辆适合作为浮动车使用？如何对城市中的车辆进行采样才能使得在道路上出现的浮动车具有相等概率？由于道路交通流的产生并非城市机动车总量在道路网上的平均，而是根据城市不同起止点（Origin Destination，OD）对在各条路径上的均衡分配得到的，故需要从城市道路交通流的根源来分析移动型交通流检测系统浮动车样本的采样方法。

城市交通可以分为客运交通和货运交通两大部分，其中，客运交通又可分成居民出行、流动人口出行和对外及过境客运交通；货运交通又可分为市内货运交通和对外及过境货运交通。由于浮动车是为城市内交通管理服务的，而对外及过境的客运和货运交通仅在有限时间内对城市交通造成影响，在进行浮动车采样时，可忽略这一部分车辆。另外，除实现居民出行任务的机动车辆外，城市环境中维持城市正常运作的警务车、消防车、环卫车等公务车辆也是城市交通流中不可忽略的一部分，而其中不需要特殊通行权的车辆也可以成为浮动车的选择对象。因此，浮动车采样的样本空间可确定为两大部分：a. 实现居民出行、流动人口出行和市内货运的各种机动车辆（摩托车除外）；b. 不需要特殊通行权的公务车辆。

与浮动车的样本空间划分相对应，对浮动车的采样过程也可以分为两大部分。

第一，承担居民出行和货运的浮动车采样。由于不断增长的城市交通需求产生了交通流，而交通流的具体情况取决于交通分布基础上出行者对交通方式和出行路径的选择。使用浮动车实现交通信息的采集，不仅需要考虑城市交通的现状，也应着眼于城市交通管理服务的未来，因而浮动车的采样应当基于城市交通需求预测的结果来安排。由于城市交通出行往往具有比较明显的时间分布和空间分布特点，而通常在研究这些分布规律时，总是将整个城市分成若干相互独立的交通小区，进而研究小区之间的出行规律。所以，按照各 OD 对机动车辆进行分层，采用分层随机采样技术实现浮动车的采样，能够较好地体现这种出行的规律性；而且分层采样的方式也可以避免因许多探测车同时占用一个通信小区的信道而出现的资源冲突问题。

第二，公务车辆的浮动车采样。公务车辆是维持城市现代化生活和正常运转的重要保障，在城市交通流中占有一定的比重，而且一般来说这些车辆出行区域广、管理方便、现代化程度高。根据公务车辆的出行要求，可以分为有特殊通行权（如消防车、救护车、警车等）和无特殊通行权（如垃圾环卫车、邮政车、清障车等）两大类。其中，无特殊通行权的公务车辆在出行过程中与其他社会车辆并无明显区别，比较适合用作浮动车。因此，在对这些车辆进行采样时需要摸清其出行规律，结合其他探测车辆进行选择。

基于以上讨论，应采用如下流程实现浮动车的采样：

① 根据现状调查获得城市中各交通小区的交通流产生量、吸引量，即现状小区 OD 矩阵。

② 调查各交通小区的私人机动车、地面公共交通车（如公交车、出租车等）、公务车（如消防车、警务车、环卫车、清障车等）以及其他类型车辆的车辆数、出行规律和分布情况。

③ 采用重力模型、增长系数模型等得到准确的城市交通居民出行分布预测。

④ 在出行分布预测的基础上，预测各种交通方式的 OD 矩阵。

⑤ 将一个 OD 对作为一层，计算各层中满足预测交通需求所需的各种机动车辆数。

⑥ 对每一层进行随机采样，各层的子样本总体为各区现有的车辆总体，采样大小为④中预测的各种机动车辆数乘以本书 3.4 节中求得的采样概率。

⑦ 根据出行频率和范围，对不需特殊通行权的公务车辆进行随机均匀采样作为补充。

⑧ 综合⑥、⑦的采样结果进行评估。若不符合系统要求，则改进②中的模型重新进行采样直至满足要求。

事实上，综合分析在城市中运行的机动车辆，可以将其分为出租车、公交车、公务车和私人车等几个大类。在移动交通流检测系统可在不同的建设阶段根据系统的目标和规模选择不同的机动车组成。例如，在系统建设初期可选择管理与信息采集功能复用、成本较低、覆盖范围广、数据代表性强的出租车、公交车和公务车作为探测车；而在系统初具规模后，再考虑增加前期建设和研究成本较高的私人车辆作为探测车，而且同时也可为这些车辆提供实时服务信息作为增值服务。因此，有必要对上述四类机动车的浮动车可适用性进行简要分析。

(1) 出租车

出租车的主要优点在于，相对其他车辆，其出行率高、出行范围广，可以得到清楚的乘客起止点信息，数据效率高。另外，现有的出租车公司大多具有现代化的通信和管理手段，若作为浮动车使用其前期建设成本低。仅以北京市为例，截至 2013 年 6 月，北京市机动车保有量突破 530 万辆，其中出租车约 6.7 万辆，占全市车辆总数的 1.26%，对北京市路网的覆盖率超过 70%；而且，北京市已经有多家出租车公司建立了出租车调度与安防系统。

出租车也有其明显缺点：首先，出租车空驶率较高，在空驶状态时其行驶速度较正常行驶速度要低；其次，出租车在停靠、载客、下客时运行规律不规则，因其地点不固定，故而单从定位数据上较难区分与拥堵、事故状态时的区别，会给数据处理造成困难。

(2) 公交车

公交车作为移动型交通流检测系统的浮动车有其独特的优势和局限性。首先，公交车的路网覆盖率高，一般情况下能覆盖超过 80% 以上的主要城市区域。仍以北京市为例，北京市现有公交车 3.4 万多辆，分别属于北京公交集团、北京祥龙公交客运有限公司和北京八方达客运有限公司，运行路线基本覆盖了北京市区的路网，并深入到各个居民小区，且运行时间一般均超过 12h。其次，公交车的运行时间和路线比较固定，能够提供固定时段和固定地点的交通流特性，有利于建立历史数据库：一方面可对实时数据进行修正，另一方面也可为公交规划提供有力的数据支持。第三，公交车的停靠站点多、站间距离短是其主要不足，除去公交车辆的进站制动距离和出站起动距离，公交车能够体现正常交通流规律的时间和距离有限，不能反映连续的交通流演变过程。

(3) 公务车

如前所述，公务车一般包括公共服务型车辆（如警车、邮政车、消防车、救护车、残疾人用车等）；环卫车辆（如清洁车、洒水车、垃圾车等）；市政车，道路清障车、救援车、搅拌车等。这些公务车又可分为有特殊通行权和无特殊通行权两种。无特殊通行权公务车遵守交通规则可反映正常的交通流，而且垃圾车、邮政车等还兼有出租车和公交车的优点：一方面出行的起止点固定，另一方面行走路线灵活。

(4) 其他私人车

私人车是城市交通流的主体部分，且数量在急剧增长，在工作日其出行规律明显可以表达完整的出行链，而在非工作日则极不规范。私人车作为浮动车最大的问题是初期建设成本、车载设备使用成本和个人隐私等问题。根据统计，2012年底北京市的私人汽车拥有量突破400万辆，已经成为高峰时期交通流的主体，车载设备也在逐步普及。

综上所述，可得到移动型交通流检测系统浮动车样本的确定流程，如图6-7所示。整个流程可分为浮动车样本大小确定流程和浮动车样本选择流程。

首先，调研分析用户需求，确定系统所需要达到的目标，以及需要利用浮动车实现的参数估计目标。例如，用于交通控制决策制定的和用于出行者信息服务的系统的对于浮动车参数估计性能的要求存在巨大差异。

其次，根据参数估计的目的确定出置信水平、允许估计误差、估计时段和覆盖范围，进而确定探测车的定位方式和单个路段上单位估计时段内浮动车的信息需求（即准确估计出参数所需要的信息量，如单个待估时段内独立检测点的个数、内容等）。

第三，根据这些需求，由前面所提到的模型，得出路段上浮动车数量、检测频率、信息上传间隔这三者的多种选择，由用户根据项目预算和成本控制情况确定最佳组合方案。

第四，由组合方案的选择，确定出浮动车的无线通信模式和通信频率，利用式（6.22）计算得到路网中任意车辆作为浮动车的概率值。

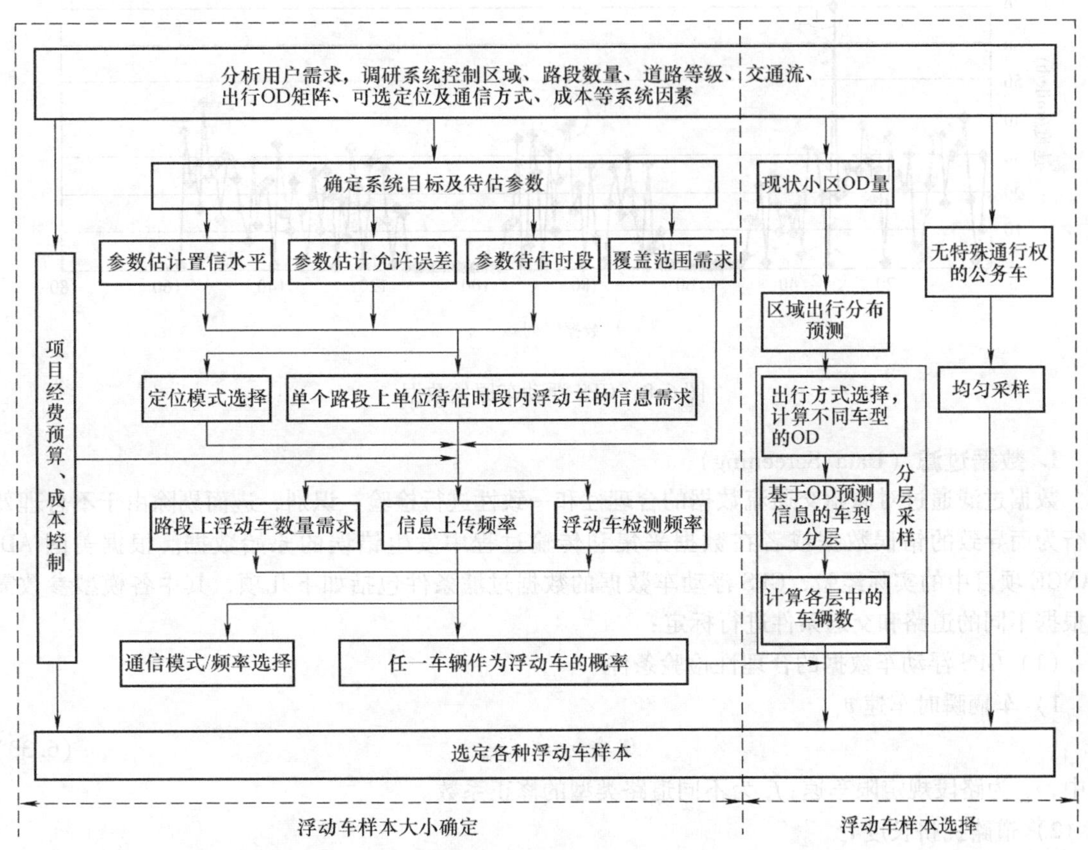

图6-7　移动型交通流检测系统浮动车样本的确定流程

最后，联合浮动车样本分层采样流程计算得出的各层车辆数和第四步中求得的概率值，最终选定基于出行 OD 矩阵的浮动车样本。

本节在基于路段覆盖率、车辆到达率、数据上传频率等不同分布的模型的基础上，建立了基于二项分布的浮动车样本大小综合模型，根据这一模型可以求解出路网中任意车辆作为浮动车的概率，进而深入分析了各种车辆类型用作浮动车的适用性问题，并按照居民出行分布的分层采样和无特殊通行权的公务车的均匀采样方法得出了具体的浮动车样本选择流程。

6.4 GPS 浮动车信息采集系统的应用分析

6.4.1 GPS 浮动车原始数据的预处理

一般来说，GPS 浮动车的原始数据包括：错误数据（或可疑数据）、丢失数据和正常数据。图 6-8 所示为北京市区石景山路 2005 年 11 月 18 日 11 时至 12 时的部分 GPS 浮动车速度 - 时间曲线。其中，点 1 为错误数据点，点 2 为丢失数据点，其他的（如点 3）为正常数据点。因此，分析实时测得的浮动车数据时，首先需要对错误数据和可疑数据进行过滤，对丢失数据进行补偿。

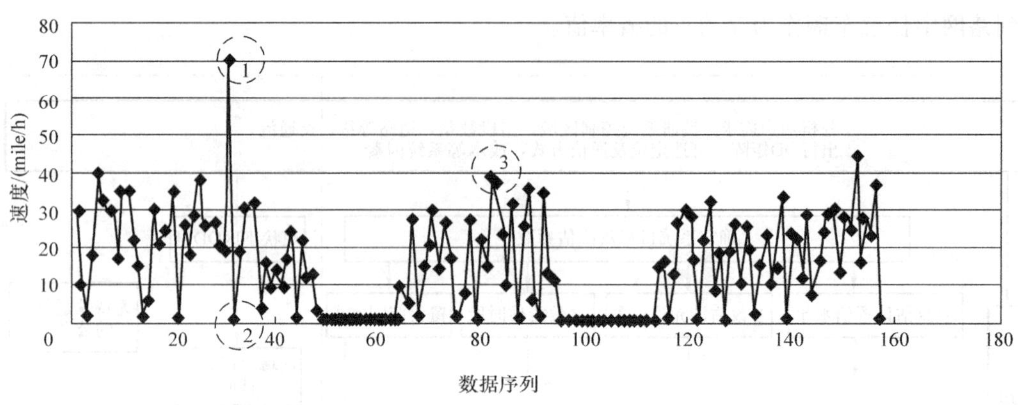

图 6-8 GPS 浮动车原始数据

1. 数据过滤（Data Screening）

数据过滤通过对原始交通流数据的合理性和一致性进行检验、识别，进而剔除由于不合理驾驶行为而导致的错误数据或者在数据采集和传输过程中发生错误的原始数据。根据美国 ADVANCE 项目中的实际经验，GPS 浮动车数据的数据过滤条件包括如下几项，其中各模型参数需要根据不同的道路和交通条件进行标定：

（1）GPS 浮动车数据的合理性检验条件

1）车辆瞬时车速 v_p

$$0 \leqslant v_p \leqslant f_v v_m \tag{6.33}$$

式中，v_m 为路段规定限车速；f_v 为不同道路类型的修正系数。

2）道路拥挤长度 l_c

道路拥挤长度为浮动车以低于拥挤状态的临界速度连续行驶过的距离。一般情况下，拥挤长度不应超过路段的长度，但由于在路段长度测量中存在误差，其合理范围为

$$0 \leqslant l_c \leqslant l + \varepsilon_1 \tag{6.34}$$

式中，l 为路段长度；ε_1 为路段长度测量所产生的最大误差。

3）路段旅行时间 t_p

路段旅行时间是浮动车行驶过特定路段所用的时间，在城市主干道其合理范围为

$$\frac{l}{f_v v_m} \leqslant t_p \leqslant \frac{l}{l_q c} + \tau_{max} \tag{6.35}$$

式中，l_q 为排队中车辆的平均长度；c 为主干道的道路通行能力；τ_{max} 为红灯信号时间，对于无信号控制路段可根据实地观测车辆在交叉口的延误时间来确定。

（2）GPS 浮动车数据的一致性检验条件

在城市主干道上，浮动车的路段旅行时间和拥挤长度的一致性检验条件为

$$\frac{l}{a_1 \dfrac{N_1 l_c}{c} + a_2 \dfrac{l - l_c}{v_m} + a_3} - k\sigma \leqslant \frac{l}{t_p} \leqslant \frac{l}{a_1 \dfrac{N_1 l_c}{c} + a_2 \dfrac{l - l_c}{v_m} + a_3} + k\sigma \tag{6.36}$$

式中，N_1 为主干道上的车道数；σ 为主干道上浮动车数据的标准偏差；k 为标准偏差的修正系数；a_1 、a_2 和 a_3 为模型参数。

2. 数据补偿

由于浮动车数据具有很强的时间和空间连续性，宜用移动加权平均法补偿数据：

$$Y_t = \frac{1}{N} \sum_{j=1}^{N} (\lambda_{t-j} y_{t-j}) \tag{6.37}$$

式中，Y_t 为补偿数据值；y_{t-j} 为前第 j 时刻的实测数据值；λ_{t-j} 为前第 j 时刻的实测数据值权值；N 为进行移动平均计算的最大数据时刻。距当前时刻越近的数据，其权值越大。

6.4.2　基于 GPS 浮动车数据的路段平均速度估计

路段平均速度是最重要的交通流参数之一，一般有时间平均速度和区间平均速度两种。时间平均速度是指，在特定的时间区间内，通过道路某一地点的所有车辆点速度的算术平均值。区间平均速度是指，在特定的时间区间内，占据一定道路区间的所有车辆的速度平均值。由于浮动车本身所具有的移动性和采样性，使得其计算路段平均速度的本质是基于样本信息的路段区间平均速度估计，即路段平均速度值为区间平均速度且与浮动车的样本数量密切相关。目前，区间平均速度估计一般利用所有车辆速度的算术平均值来确定。

1. 算数平均方法

若估计时段内有 n 辆浮动车进入该路段，可得到路段的平均速度为

$$\bar{v} = \frac{1}{n} \sum_{i=1}^{n} \frac{L^i}{t_i} \tag{6.38}$$

式中，t_i 为第 i 辆浮动车的路段旅行时间，可直接由 GPS 数据得到；n 为浮动车在路段行驶过程中上传的数据个数；L^i 为第 i 辆浮动车计算的路段长度，当 GPS 数据上传频率为 1 时，有

$$L^i = \sum_{j=1}^{n} v_j \tag{6.39}$$

2. 指数平滑方法

在浮动车数量动态变化且未知非浮动车样本信息和路段旅行时间信息的情况下，建立指数平滑估计方法求解路段区间平均速度。其方法如下：

设路段 i 的平均速度为时间 t 的函数 $v(i, t)$，其中 $i = 1, 2, \cdots, M$。考察 T 估计时段，令行驶在该路段上的第 m 辆车的位置和速度均为时间 t 的函数（$v_p^m(t)$，$x_p^m(t)$），车辆的速度可以

进一步写为

$$v_{\mathrm{p}}^{m}(t) = v(l(x_{\mathrm{p}}^{m}(t)),t) + Z_{m}(t) \tag{6.40}$$

式中，函数 $l:R \to \{1, 2, \cdots, M\}$ ，将车辆的位置匹配到相应的路段；$Z_m(t)$ 为一个随机过程，代表第 m 车在 t 时刻的瞬时速度对该时刻其所在交通流平均速度的偏差。为方便研究分析，可将式(4.6) 转化为离散时间形式。

考虑估计时段 T 内第 k 个离散的“报告”上传间隔，路段 i 上的交通流平均速度为 $v_i[k]$ ，并假设该路段有 $n[k]$ 个非零浮动车测量值 $v_{\mathrm{p}}^{1}, v_{\mathrm{p}}^{2}, \cdots, v_{\mathrm{p}}^{n[k]}$（在城市道路环境下，浮动车速度小于3km/h 时可忽略），则 $v_{\mathrm{p}}^{m}, m \in \{1,2,\cdots,n[k]\}$ 可写为

$$v_{\mathrm{p}}^{m} = v_i[k] + Z_m[k] \tag{6.41}$$

式中，$Z_m[k]$ 为零均值白噪声。于是问题转换成求解 $v_i[k]$ 的估计值 $\hat{v}_i[k]$ 。

假设同一路段相邻时间间隔的速度估计方差受限，有

$$v_i[k] = v_i[k-1] + \eta[k] \tag{6.42}$$

式中，$\eta[k]$ 为独立同分布的随机变量。若已知 $\hat{v}_i[k]$ 是第 i 个路段第 k 个采样间隔内路段的区间平均速度估计值，且前一间隔的估计值为 $\hat{v}_i[k-1]$ ，则按下式估计路段平均速度：

$$\hat{v}_i[k] = (1 - f(k))\hat{v}_i[k-1] + f(k)\frac{1}{n[k]}\sum_{m=1}^{n[k]} v_{\mathrm{p}}^{m} \tag{6.43}$$

式中，$f(k)$ 为随时间变化的权值，$f(k) \in [0,1]$ 。

考虑如下情况：

① 若 $f(k) = 1$ ，则每个浮动车均以路段区间平均速度行驶。

② 若 $f(k) = 0$ ，则当前时刻和前一时刻路段区间平均速度估计为最优估计。

③ 若 $0 < f(k) < 1$ ，则表示路段区间平均速度与浮动车和前一时刻路段区间平均速度估计值相关，且浮动车数量 $n[k]$ 越多，$f(k)$ 取值应越大。

6.5 应用案例简介

北京交通发展研究中心自主研发的路网运行智能化分析系统，充分应用了 GPS 浮动车信息采集技术，建立了反映宏观路网动态运行的拥堵评价指标体系，能够实现路网整体动态拥堵监测评价，从拥堵强度、拥堵范围、拥堵时间、发生频度、稳定性“五维”特征，全方位、定量地反映城市交通拥堵的状况和演变规律。

系统依据我国大城市路网特点和交通特点，以低成本、高效率、易实施为重点，建立了以海量出租车调度（约 4 万辆）数据为基础的路段层次拥堵状况监测技术，实现了交通信息采集从人工到自动，从点、线到面的跨越，解决了大范围、高覆盖、实时动态获取路段拥堵状况数据，并采用了自主研发的适应于我国大城市复杂路网特征的基于智能最优路径选择的浮动车地图匹配算法，既满足了路网实时监测系统实时计算的速度性能要求，满足了当时浮动车数量下 170 个点/s 的要求（4 万辆车高峰时间 5min 约上传数据 20 万条），也达到了理想的匹配准确率（95%以上），解决了 GPS 数据采集间隔大，在立交遍布、主辅路交错的现代复杂城市路网的地图匹配难的问题。

系统实现了城市交通控管运行实时路况发布、重大节日（活动）的决策管控、交通运行态势会商等宏观交通决策系统，为政府出台重大交通政策提供全面、科学、有效的技术支持，为城市交通宏观调控提供有利工具，为交通出行者提供全面准确的交通运行实况。

另外，在很多城市应用了基于浮动车的实时交通信息服务系统（Real Time Information Service

System，RTISS)，该系统可对浮动车采集的大规模数据进行高效、准确的处理，生成能够覆盖城市的大多数区域、反映城市道路交通流的路况信息及较长道路分段的实时交通流信息。系统将实时的城市路网路况信息通过万维网 Web，数字广播、无线移动通信等多种方式进行实时发布。公众可以通过以下方式获取动态交通信息服务：

① 通过互联网查询城市实时交通路况网站，查看全市路况，查询路段路况。

② 通过手机以短信或无线应用协议（WAP）方式查询路况，并获取路径规划服务。

③ 通过个人数字助理（PDA）等智能终端实时接收和显示城市交通路况信息，获得动态导航服务。

④ 车载终端通过调频（FM）副载波接收实时交通路况信息，为驾驶员提供全市路况信息和动态导航服务。

第7章 无检测器道路交通信息的获取技术

在实际的城市道路交通控制与管理系统中，由于成本和条件的限制，一般只是在部分交叉路口或重点路段安装了检测器，很多交叉口及道路上没有安装交通检测器。如何在无检测器条件下获取其交通信息，以实现对交叉口交通的有效控制与管理，已成为当前城市交通控制与管理中的一个重要问题。

根据无检测器交叉口交通流参数的不同获取机理，常将其获取技术归纳为图7-1所示的两类，即邻近交叉口关联分析方法、移动+固定检测融合方法。由于移动+固定检测融合方法对检测器的分布位置要求较高，因此在实际应用中常选用邻近交叉口关联分析方法，利用无检测器交叉口与有检测器交叉口之间的路口数据的关联性，预估无检测器交叉口的交通流信息，从而达到对整个城市路网交叉口的宏观管理和对城市交通流进行诱导的目的。

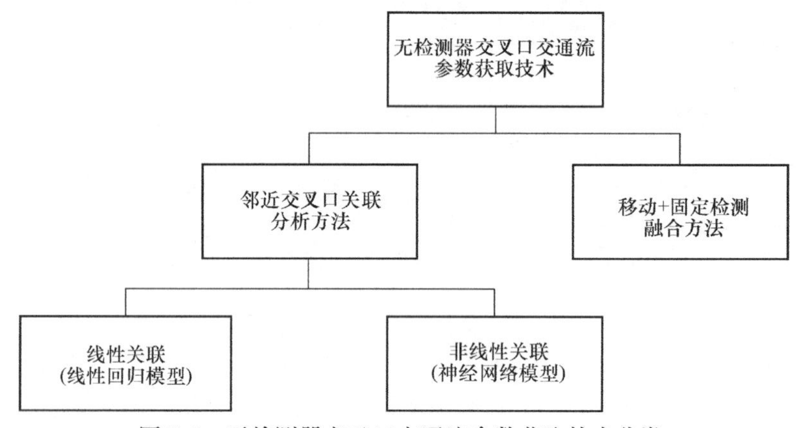

图7-1 无检测器交叉口交通流参数获取技术分类

目前，国内外对于无检测器交叉口信息获取理论的研究还处于发展阶段，还没有形成比较成熟的理论体系。从以往的研究中得知，以交通流量预测为例，有检测器交叉口的流量预测已取得了较好的研究结果，预测准确度较高；但是关于无检测器交叉口的流量预测的研究还未能取得令人满意的结果。这主要是因为无检测器交通流量预测无历史数据可依，人工采取数据费时费力，数据的准确率还得不到保证。由于我国的实际国情，中小城市道路路口检测器的覆盖率并不高。国内的交通工作者们对于无检测器交叉口流量的预测也做了较多研究，研究出的一些方法在实际应用中也能较好地起到预测的效果。本章重点介绍邻近交叉口关联分析方法，在此基础上，对无检测器交叉口信息预测中使用较多的主成分分析法和聚类分析法计算原理进行介绍，并以实际路口流量数据进行算法验证及分析。

7.1 邻近交叉口关联分析方法

所谓邻近交叉口关联分析方法，即在邻近有检测器交叉口交通信息的基础上，通过关联分析方法分析各有检测器交叉口与无检测器交叉口之间的关联程度，以关联程度较大的有检测器交叉口为对象，建立有检测器交叉口与无检测器交叉口交通流之间的关系模型，从而实现利用邻近交叉口检测信息来估计无检测器交叉口交通信息。

由于交叉口交通流之间可能存在线性、非线性两种关联关系，因此，邻近交叉口关联分析又可分为以线性回归模型为代表的线性关联分析和以神经网络模型为代表的非线性关联分析。

1. 邻近交叉口交通流线性回归模型

若某无检测器交叉口交通流参数 $\{y_i \mid i = 1,2,\cdots,n\}$ 受邻近多个有检测器交叉口交通流参数 x_1，x_2，…，x_m 的影响，且各因素与对象序列的关系是线性的，则可建立多元线性回归模型为

$$y_i = b_0 + b_1 x_{i1} + b_2 x_{i2} + \cdots + b_m x_{im} + u_i \qquad i = 1,2,\cdots,n \tag{7.1}$$

式中，x_{ij} 为第 j 个自变量的第 i 期实测值（$j = 1,2,\cdots,m$）；u_i 为模型的随机扰动项。式（7.1）的矩阵形式为 $\boldsymbol{Y} = \boldsymbol{XB} + \boldsymbol{u}$，其中

$$\boldsymbol{Y} = (y_1, y_2, \cdots, y_n)^{\mathrm{T}}, \quad \boldsymbol{X} = \begin{pmatrix} 1 & x_{11} & \cdots & x_{1m} \\ 1 & x_{21} & \cdots & x_{2m} \\ \vdots & \vdots & & \vdots \\ 1 & x_{n1} & \cdots & x_{nm} \end{pmatrix},$$

$$\boldsymbol{B} = (b_0, b_1, \cdots, b_m)^{\mathrm{T}}, \quad \boldsymbol{u} = (u_1, u_2, \cdots, u_n)^{\mathrm{T}}$$

用最小二乘法估计参数 $\boldsymbol{B}$，设实测值与模型估计值的残差为 $\boldsymbol{E} = \boldsymbol{Y} - \hat{\boldsymbol{Y}}$。其中，$\hat{\boldsymbol{Y}} = \boldsymbol{XB}$。根据最小二乘法要求，有

$$\boldsymbol{E}^{\mathrm{T}}\boldsymbol{E} = (\boldsymbol{Y} - \hat{\boldsymbol{Y}})^{\mathrm{T}}(\boldsymbol{Y} - \hat{\boldsymbol{Y}}) = \min \tag{7.2}$$

即

$$\boldsymbol{E}^{\mathrm{T}}\boldsymbol{E} = (\boldsymbol{Y} - \boldsymbol{XB})^{\mathrm{T}}(\boldsymbol{Y} - \boldsymbol{XB}) = \min$$

根据矩阵求导法则，$\boldsymbol{EE}^{\mathrm{T}}$ 对 $\boldsymbol{B}$ 求导，并令其等于零，则回归系数向量 $\boldsymbol{B}$ 的估计值为

$$\hat{\boldsymbol{B}} = (\boldsymbol{X}^{\mathrm{T}}\boldsymbol{X}^{-1})^{-1}\boldsymbol{X}^{\mathrm{T}}\boldsymbol{Y} \tag{7.3}$$

将回归系数代入式（7.1）即可得到无检测器交叉口交通流参数计算模型，以邻近有检测器交叉口实时采集得到的交通流参数代入模型，就可以同步得到无检测器交叉口的交通流参数值。

这种回归分析方法的优势在于建模简单、实时性高；不足之处在于没有考虑交叉口之间关联关系的动态变化，模型缺乏适应交通流环境变化的更新机制。同时对该方法并没有深入分析，假如是具有共线性的有检测器交叉口交通流量所建立起来的回归模型，其稳定性较差，会给各个变量的回归系数估计值带来不稳定性，那么变量的采样误差将使得预测值的估计误差增大。如果用这样建立起来的模型作预测，将使预测可靠性降低。本章7.2、7.3节将有针对性地介绍两种解决方法。在实际应用时，需要定期对无检测器交叉口进行人工交通流调查，定期分析各交叉口之间的关联关系，并根据新的关联情况建立和更新相应的线性回归模型。

2. 邻近交叉口交通流神经网络模型

若某无检测器交叉口交通流参数 $\{y_i \mid i = 1,2,\cdots,n\}$ 受邻近多个有检测器交叉口交通流参数 $x_1, x_2, \cdots, x_m$ 的影响，且各因素与对象序列 y_i 的关联关系呈非线性，则可以利用神经网络（Neural Network，NN）建立相应的非线性映射模型，即

$$y_i = f_{\mathrm{NN}}(x_{i1}, x_{i2}, \cdots, x_{im}) \tag{7.4}$$

此模型充分利用神经网络在非线性拟合方面的优势，以有检测器交叉口交通流参数序列为输入样本，以无检测器交叉口人工调查到的交通流参数序列为输出样本；采用典型的三层网络结构，输入层神经元个数为 m，输出层神经元个数为1；采用反向传播（Backward Propagation，BP）的学习算法。有关BP神经网络的工作原理可参考其他参考文献。

7.2 主成分分析法

交叉口交通流量相关性研究，是依据交叉口检测器提供的检测数据，对各个交叉口交通流量相关关系进行定量分析；如果能够验证交叉口之间存在相关性，可以利用这种相关性，通过有检测器交叉口交通流量去预测无检测器交叉口交通流量。邻近交叉口关联分析方法可采用线性回归模型来实现。但是在预测中，如果用到的具有共线性的有检测器交叉口交通流量建立起来的线性回归模型的稳定性较差，会给各个变量的回归系数估计值带来不稳定性，那么变量的采样误差将使得预测值的估计误差增大。如果用这样建立起来的模型作预测，将使预测可靠性降低。因而更希望有这样一个或几个变量因子：它们所代表的信息能够包括所有交叉口检测器的数据信息。这样，所有的无检测器交叉口都与这些变量相关，并可以通过这些变量的交通流量信息进行流量预测。统计学中的主成分分析法可以较好地解决这一问题。

在各领域的科学研究中，为了全面客观地分析问题，往往要考虑从多方面观察所研究的对象，要熟悉多个观察指标的数据。如果一个一个地分析这些指标，那必将造成对研究对象的片面认识，无法从根本上去认识事物的本质，也不容易得到综合的结论。主成分分析法也称为主分量分析法，主要是考虑各指标间的相互关系，旨在利用降低维数的思想，把多指标转化为少数几个综合指标。在实证问题研究中，为了全面、系统地分析问题，必须考虑众多影响因素。这些涉及的因素一般称为指标，在多元统计分析中也称为变量。因为每个变量都在不同程度上反映了所研究问题的某些信息，并且指标之间彼此有一定的相关性，因而所得的统计数据反映的信息在一定程度上有重叠。在用统计方法研究多变量问题时，变量太多会增加计算量和分析问题的复杂性。人们在进行定量分析的过程中，希望涉及的变量较少，而得到有效的信息量较多。主成分分析法正是应对这种情况，采取一种降维的方法，找出几个综合因子来代表原来众多的变量，使这些综合因子尽可能地反映原变量的信息量，且彼此之间互不相关。

一般采取主成分分析法对无检测器交叉口交通流量进行预测的依据如下：

第一，一个城市路网有很多有检测器交叉口，若对每一个无检测器交叉口进行流量预测时都研究一次它与各有检测器交叉口交通流量的相关情况，数据处理和计算的工作量非常大。

第二，交叉口的流量之间存在很大的相关性。

第三，将大量有检测器交叉口的流量因子化为一个或几个综合因子来预测无检测器交叉口的交通流量将大大简化预测工作。

7.2.1 主成分分析法中主分量的确定

设 $\boldsymbol{X}=(x_1,x_2,\cdots,x_p)$ 是 p 维随机向量，同时

$\boldsymbol{Y}=(y_1,y_2,\cdots,y_p)$ 满足如下方程组：

$$\begin{cases} y_1 = c_{11}x_1 + c_{12}x_2 + \cdots + c_{1p}x_p \\ y_2 = c_{21}x_1 + c_{22}x_2 + \cdots + c_{2p}x_p \\ \quad\vdots \\ y_p = c_{p1}x_1 + c_{p2}x_2 + \cdots + c_{pp}x_p \end{cases} \tag{7.5}$$

并且满足

$$c_{K1}^2 + c_{K2}^2 + \cdots + c_{Kp}^2 = 1 \quad (K = 1,2,\cdots,p) \tag{7.6}$$

其中 c_{ij} 由以下原则决定：

① y_i 和 y_j $(i \neq j; i,j = 1,2,\cdots,p)$ 相互独立。

② y_1 是 $x_1,x_2,\cdots,x_p$ 的满足上式的一切线性组合中方差最大的；y_2 是与 y_1 不相关的 $x_1,x_2,\cdots,x_p$ 的所有线性组合中方差次大的；y_p 是与 $y_1,y_2,\cdots,y_{p-1}$ 都不相关的 x_1，x_2，$\cdots$，x_p 的所有线性组合中方差最小的。

于是上面的方程组写成矩阵形式为

$$\boldsymbol{Y} = \boldsymbol{CX}$$

式中，$\boldsymbol{C}$ 为正交矩阵，满足 $\boldsymbol{CC}' = \boldsymbol{I}$，$\boldsymbol{I}$ 为单位矩阵。

又由于 $\boldsymbol{Y}$ 的协方差为

$$\begin{aligned}\boldsymbol{YY}' &= (\boldsymbol{CX})(\boldsymbol{CX})' \\ &= \boldsymbol{CXX}'\boldsymbol{C}' \\ &= \boldsymbol{\Lambda}\end{aligned} \tag{7.7}$$

式中

$$\boldsymbol{\Lambda} = \begin{Bmatrix} \lambda_1 & 0 & 0 & \cdots & 0 \\ 0 & \lambda_2 & 0 & \cdots & 0 \\ \vdots & \vdots & \vdots & \ddots & \vdots \\ 0 & 0 & 0 & \cdots & \lambda_p \end{Bmatrix} \tag{7.8}$$

假定 $\boldsymbol{X}$ 为已标准化处理后的数据矩阵，则 $\boldsymbol{XX}'$ 为原始数据的相关矩阵。令

$$\boldsymbol{R} = \boldsymbol{XX}' \tag{7.9}$$

则 $\boldsymbol{Y}$ 的协方差矩阵可表示为

$$\boldsymbol{CRC}' = \boldsymbol{\Lambda} \tag{7.10}$$

由 $\boldsymbol{C}'$ 左乘上式，得

$$\boldsymbol{RC}' = \boldsymbol{C}'\boldsymbol{\Lambda} \tag{7.11}$$

把上式写成代数式为

$$\begin{aligned}&\begin{bmatrix} r_{11} & r_{12} & \cdots & r_{1p} \\ r_{21} & r_{22} & \cdots & r_{2p} \\ \vdots & \vdots & \ddots & \vdots \\ r_{p1} & r_{p2} & \cdots & r_{pp} \end{bmatrix}\begin{bmatrix} c_{11} & c_{21} & \cdots & c_{p1} \\ c_{12} & c_{22} & \cdots & c_{p2} \\ \vdots & \vdots & \vdots & \vdots \\ c_{1p} & c_{2p} & \cdots & c_{pp} \end{bmatrix} \\ =&\begin{bmatrix} c_{11} & c_{21} & \cdots & c_{p1} \\ c_{12} & c_{22} & \cdots & c_{p2} \\ \vdots & \vdots & \ddots & \vdots \\ c_{1p} & c_{2p} & \cdots & c_{pp} \end{bmatrix}\begin{bmatrix} \lambda_1 & 0 & 0 & \cdots & 0 \\ 0 & \lambda_2 & 0 & \cdots & 0 \\ \vdots & \vdots & \vdots & \ddots & \vdots \\ 0 & 0 & 0 & \cdots & \lambda_p \end{bmatrix}\end{aligned} \tag{7.12}$$

将上式全部展开得到 p^2 个方程，这里考虑在矩阵乘积中由第一列得出的 p 个方程为

$$\begin{cases} (r_{11} - \lambda_1)c_{11} + r_{12}c_{12} + \cdots + r_{1p}c_{1p} = 0 \\ r_{21}c_{11} + (r_{22} - \lambda_1)c_{12} + \cdots + r_{2p}c_{1p} = 0 \\ \qquad\qquad\vdots \\ r_{p1}c_{11} + r_{p2}c_{12} + \cdots + (r_{pp} - \lambda_1)c_{1p} = 0 \end{cases} \tag{7.13}$$

上式写成矩阵形式为

$$|\boldsymbol{R} - \lambda_1 \boldsymbol{I}| = 0 \tag{7.14}$$

对于其他特征值 λ，也可写成类似的形式。

设 $\boldsymbol{R}$ 的 p 个特征值为 $\lambda_1 > \lambda_2 > \cdots > \lambda_p \geqslant 0$，相应于 λ_1 的特征向量为 $\boldsymbol{C}_1$，令

$$\boldsymbol{C} = \begin{bmatrix} c_{11} & c_{21} & \cdots & c_{p1} \\ c_{12} & c_{22} & \cdots & c_{p2} \\ \vdots & \vdots & \ddots & \vdots \\ c_{1p} & c_{2p} & \cdots & c_{pp} \end{bmatrix} = [\boldsymbol{C}_1 \boldsymbol{C}_2 \cdots \boldsymbol{C}_p] \tag{7.15}$$

相应于 y_i 的方差为

$$\mathrm{var}(\boldsymbol{C}_i\boldsymbol{X}) = \boldsymbol{C}_i\boldsymbol{X}\boldsymbol{X}'\boldsymbol{C}_i' = \boldsymbol{C}_i\boldsymbol{R}\boldsymbol{C}_i' = \boldsymbol{\lambda}_i \tag{7.16}$$

协方差为

$$\mathrm{cov}(\boldsymbol{C}_i'\boldsymbol{X}', \boldsymbol{C}_j\boldsymbol{X}) = \boldsymbol{C}_i'\boldsymbol{R}\boldsymbol{C}_j \tag{7.17}$$

又由前面的公式，可得

$$\boldsymbol{R} = \sum_{\partial=1}^{p} \lambda_\partial \boldsymbol{C}_\partial \boldsymbol{C}_\partial'$$

所以协方差公式又可以写为

$$\begin{aligned} \mathrm{cov}(\boldsymbol{C}_i'\boldsymbol{X}', \boldsymbol{C}_j\boldsymbol{X}) &= \boldsymbol{C}_i'\boldsymbol{R}\boldsymbol{C}_j \\ &= \boldsymbol{C}_i'\left(\sum_{\partial=1}^{p} \lambda_\partial \boldsymbol{C}_\partial \boldsymbol{C}_\partial'\right)\boldsymbol{C}_j \\ &= \sum_{\partial=1}^{p} (\boldsymbol{C}_i'\boldsymbol{C}_\partial)(\boldsymbol{C}_\partial'\boldsymbol{C}_j) \\ &= 0 \quad i \neq j \end{aligned}$$

变量 $x_1, x_2, \cdots, x_p$ 经过正交变换后，得到新的随机向量，有：

$$\begin{cases} y_1 = \boldsymbol{C}_1'\boldsymbol{X} \\ y_2 = \boldsymbol{C}_2'\boldsymbol{X} \\ \quad \vdots \\ y_p = \boldsymbol{C}_p'\boldsymbol{X} \end{cases} \tag{7.18}$$

式中，变量 y_1，y_2，…，y_p 为第一、第二、…、第 p 个主分量。

7.2.2 主成分分析的计算过程

假设，备观测样本的观测矩阵为

$$\boldsymbol{X} = \begin{Bmatrix} x_{11} & x_{12} & \cdots & x_{1p} \\ x_{12} & x_{22} & \cdots & x_{2p} \\ \vdots & \vdots & \ddots & \vdots \\ x_{n1} & x_{n2} & \cdots & x_{np} \end{Bmatrix}$$

① 原始数据的处理，主要就是对原始数据进行标准化处理，有

$$x_{ik}' = \frac{x_{iK} - \bar{x}_K}{S_K} \qquad K = 1, 2, \cdots, p$$

式中

$$\bar{x}_K = \frac{1}{n}\sum_{i=1}^{n} x_{iK}$$

$$S_K^2 = \frac{1}{n-1}\sum (x_{iK} - \bar{x}_K)^2 \qquad i = 1,2...n;\ K = 1, 2, \cdots, p$$

② 计算其相关系数矩阵为

$$R=\begin{Bmatrix} r_{11} & r_{12} & \cdots & r_{1j} \\ r_{12} & r_{22} & \cdots & r_{2j} \\ \vdots & \vdots & \ddots & \vdots \\ r_{r1} & r_{r2} & \cdots & r_{ij} \end{Bmatrix} \qquad i,\ j=1,\ 2,\ \cdots,\ p$$

经过标准化处理后数据的相关系数为

$$r_{ij} = (\sum_{K=1}^{n} x'_{Ki}x'_{Kj})/(n-1)$$

③ 对应于相关系数矩阵 $\boldsymbol{R}$，用雅可比方法求特征方程 $|\boldsymbol{R}-\lambda\boldsymbol{I}|=0$ 的 p 个非负特征值 $\lambda_1 > \lambda_2 > \cdots > \lambda_p \geqslant 0$，则对应的特征向量：

$$\boldsymbol{C}^{(i)} = (c_1^{(i)},\ c_2^{(i)},\ \cdots,\ c_p^{(i)}) \qquad i = 1,2,\cdots,p$$

并且满足

$$\boldsymbol{C}^{(i)}\boldsymbol{C}^{(j)} = \sum_{K=1}^{p} c_K^{(i)} c_K^{(j)} = \begin{cases} 1 & i = j \\ 0 & i \neq j \end{cases}$$

④ 选择 m 个主分量，$m < p$。如果前 m 个因子 z_1，z_2，…，z_m 所代表的信息量占总信息量的 $\alpha\%$ 以上（α 可取95），即这 m 个主分量几乎反映了全部信息量，就可选取前 m 个因子 z_1，z_2，…，z_m 为第一，第二主分量，…，第 m 主分量。这 m 个主分量是原来 p 个变量的线性组合。这样因子个数由 p 减少至 m 个，起到了筛选因子的作用。

7.2.3 数据验证

对于主成分分析法的预测，可以使用社会科学统计软件包 Statistical Package for the Social Sciences SPSS 进行数据处理及算法验证。

SPSS 是世界著名的统计分析软件之一。“SPSS for Windows” 是一个组合式软件包，它集数据整理、分析功能于一身，用户可以根据实际需要和计算机的功能选择模块，以降低对系统硬盘容量的要求。这有利于该软件的推广应用。SPSS 的基本功能包括数据管理、统计分析、图表分析、输出管理等。SPSS 统计分析过程包括描述性统计、均值比较、一般线性模型、相关分析、回归分析、对数线性模型、聚类分析、数据简化、生存分析、时间序列分析、多重响应等几大类。每类中又分好几个统计过程，如回归分析中又分线性回归分析、曲线估计、Logistic 回归、Probit 回归、加权估计、两阶段最小二乘法、非线性回归等多个统计过程，而且每个过程中又允许用户选择不同的方法及参数。使用 SPSS 进行主成分分析法的计算，输入数据、设定参数就可以直接得到预测值。

考虑到获取无检测器交叉口交通流量值的困难，在此以某一有检测器交叉口假设为无检测器交叉口，其检测到的交通流量值可以作为实际的交通流量值。通过这种预测方法的结果与真实值的对比分析，来检验该方法预测的准确性。

下面以某市不同交叉口（见图7-2）的28个检测器2010年4月10日检测到的真实的交通流量数据来进行试验，其中11505号检测器交叉口看作无检测器交叉口。交通流量数据是每5min采集一次，共得到288组数据。实验中的数据均是通过单个车道上检测器采集的交通流量数据处理后的累计得到的断面交通流量。

对表7-1给出的数据进行说明，以“长春大街—清明街东11201为例，东代表检测器所在位置，11201为检测器标号。

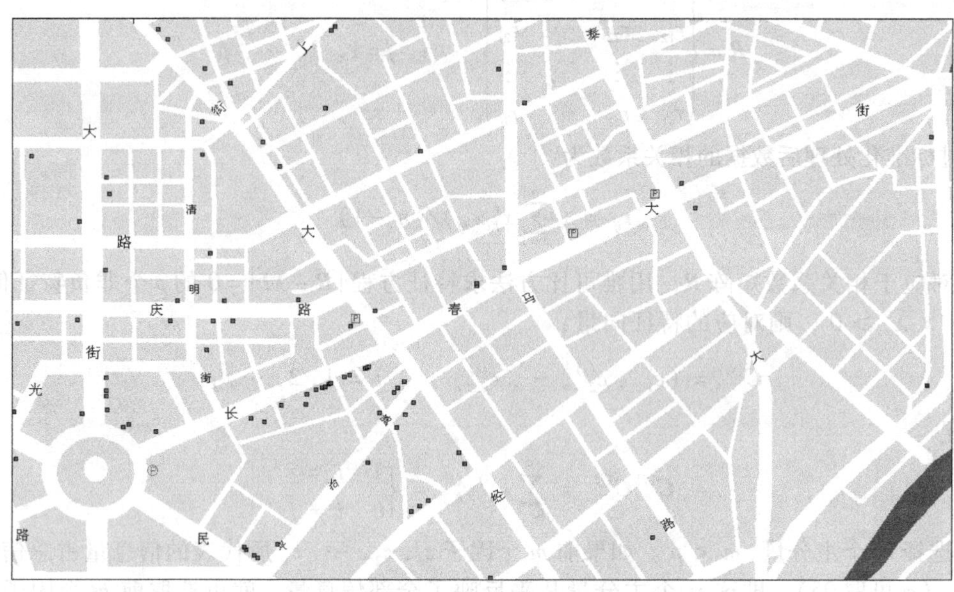

图 7-2　某市不同交叉口示意图

表 7-1　某区域相关交叉口检测器布设表

序号	交叉口名称	方向	检测器编号 n	序号	交叉口名称	方向	检测器编号 n
1	长春大街—清明街	东	11201	15	人民大街—解放大路	南	11403
2	长春大街—清明街	西	11202	16	人民大街—解放大路	北	11404
3	长春大街—大经路	西	11203	17	人民大街—解放大路	西	11405
4	长春大街—大经路	东	11204	18	人民大街—解放大路	东	11406
5	长春大街—大经路	南	11205	19	重庆路—大经路	南	11501
6	长春大街—大经路	北	11206	20	重庆路—大经路	北	11502
7	大马路—长春大街	北	11301	21	重庆路—大经路	西	11503
8	大马路—长春大街	南	11302	22	重庆路—大经路	东	11504
9	大马路—长春大街	西	11303	23	长治路—大经路	东	11505
10	大马路—长春大街	东	11304	24	长治路—大经路	西	11506
11	亚泰大街—长春大街	西	11305	25	长治路—大经路	南	11601
12	亚泰大街—长春大街	东	11306	26	长治路—大经路	北	11602
13	亚泰大街—长春大街	南	11401	27	长春大街—东大桥	西	11603
14	亚泰大街—长春大街	北	11402	28	长春大街—东大桥	东	11604

7.2.4　主成分分析法预测

通过对 28 组数据经过标准化处理后得到的相关系数表，即表 7-2。

表7-2 相关系数表

检测器编号 n	11201	11202	11203	…	11602	11603	11604
11201	1.0000	0.9234	0.9705	…	0.7629	0.8416	0.6001
11202	0.9234	1.0000	0.9329	…	0.8432	0.7381	0.6137
11203	0.9705	0.9329	1.0000	…	0.8580	0.7788	0.6309
11204	0.8291	0.8707	0.8563	…	0.8952	0.8140	0.7613
11205	0.8728	0.9201	0.8974	…	0.9114	0.8250	0.7020
11206	0.8802	0.8491	0.8439	…	0.8369	0.7498	0.6654
11301	0.7100	0.7124	0.7140	…	0.7211	0.6521	0.4581
11302	0.7085	0.7039	0.7037	…	0.7234	0.6605	0.4865
11303	0.6861	0.7013	0.6869	…	0.7130	0.6506	0.4937
11304	0.7327	0.7317	0.7351	…	0.7460	0.6789	0.4940
11305	0.6985	0.7553	0.7591	…	0.7287	0.7035	0.7312
11306	0.8640	0.8618	0.8788	…	0.7930	0.7586	0.6368
11401	0.7565	0.7418	0.7490	…	0.7499	0.6736	0.5076
11402	0.3830	0.4183	0.4005	…	0.4282	0.4123	0.3267
11403	0.7476	0.7389	0.7403	…	0.7372	0.6723	0.4776
11404	0.7462	0.7167	0.7298	…	0.7382	0.6799	0.4779
11405	0.8606	0.8200	0.8389	…	0.9021	0.8347	0.6847
11406	0.4876	0.5244	0.5349	…	0.7125	0.7071	0.6274
11501	0.7132	0.7033	0.6828	…	0.7681	0.7214	0.4952
11502	0.8792	0.8214	0.8355	…	0.8619	0.7962	0.6174
11503	0.8336	0.8569	0.8579	…	0.9468	0.8410	0.6811
11504	0.6970	0.6485	0.6819	…	0.8061	0.8184	0.7971
11505	0.8449	0.8432	0.8580	…	0.8760	0.9317	0.7908
11506	0.7663	0.7516	0.7788	…	0.9317	0.8347	0.8519
11601	0.5970	0.6137	0.6309	…	0.7908	0.8519	0.9018
11602	0.6849	0.5123	0.6416	…	1.0000	0.8973	0.7966
11603	0.5188	0.4983	0.5631	…	0.8973	1.0000	0.8146
11604	0.4993	0.5102	0.6429	…	0.7966	0.8146	1.0000

计算得到的主分量见表7-3。

需求的11505号检测器的交通流量，经计算得到的多元线性回归方程为

$$y=(-0.2413+0.1134z_1+0.2626z_2-0.1362z_3-0.0598z_4-0.0196z_5+0.0251z_6)\times 1000$$

本例采用 F 检验，算得的 F 值为24.364，其理论值为5.36，$F>F$ 理论值。通过检验，复相关系数为 $R=0.9169$。

采用主成分分析法进行无检测器交叉口交通流量预测的预测值与真实值的对比如图7-3所示。

表 7-3 主分量

检测器编号 n \ 主分量	z_1	z_2	z_3	z_4	z_5	z_6
11201	0.2134	0.0778	-0.3162	-0.0610	0.1048	-0.0548
11202	0.2131	0.0803	-0.2948	0.0658	0.1234	0.1423
11203	0.2145	0.0912	-0.2875	0.0555	0.0783	0.0945
11204	0.2159	0.1166	-0.0190	0.1090	-0.0225	-0.0463
11205	0.2223	0.0851	-0.0956	0.0557	0.0374	0.0927
11206	0.2095	0.1140	-0.1587	-0.1319	0.0391	-0.2697
11301	0.1998	-0.3103	-0.0156	0.0075	-0.1724	0.0527
11302	0.2031	-0.2986	0.0469	0.0128	-0.1037	-0.0254
11303	0.1995	-0.3096	0.0515	0.0772	-0.1202	0.0594
11304	0.2061	-0.2945	0.0061	0.0330	-0.1123	0.0077
11305	0.1762	0.2020	-0.1030	0.5522	-0.1343	0.1420
11306	0.1945	0.1925	-0.2585	0.2146	0.0715	0.1478
11401	0.2079	-0.2731	-0.0153	0.0014	-0.1055	-0.0752
11402	0.1230	-0.2006	0.3175	0.3640	0.8145	-0.1384
11403	0.2060	-0.2967	-0.0053	-0.0178	-0.0710	-0.0177
11404	0.2053	-0.2777	0.0154	-0.0621	-0.0828	-0.0508
11405	0.2095	0.1518	0.0071	-0.2759	0.0500	-0.0509
11406	0.1574	0.1511	0.5091	-0.1126	-0.0442	0.6311
11501	0.1858	0.0307	0.0837	-0.4024	0.2673	0.1176
11502	0.2099	0.1075	-0.0636	-0.3512	0.1103	-0.1883
11503	0.2136	0.1155	0.0160	-0.0800	0.0309	0.2300
11504	0.1853	0.2178	0.2680	-0.0714	-0.0518	-0.4269
11505	0.1134	0.2626	-0.1362	-0.0598	-0.0196	0.0251
11506	0.2064	0.1532	0.2321	0.0160	-0.1202	-0.0672
11601	0.1710	0.2475	0.3239	0.2710	-0.2792	-0.3390
11602	0.1369	0.1239	-0.0598	-0.1233	0.1364	0.0547
11603	0.1488	0.1936	0.0521	-0.1235	0.0143	-0.1547
11604	0.1809	-0.0569	-0.2103	0.2248	0.1369	0.0489

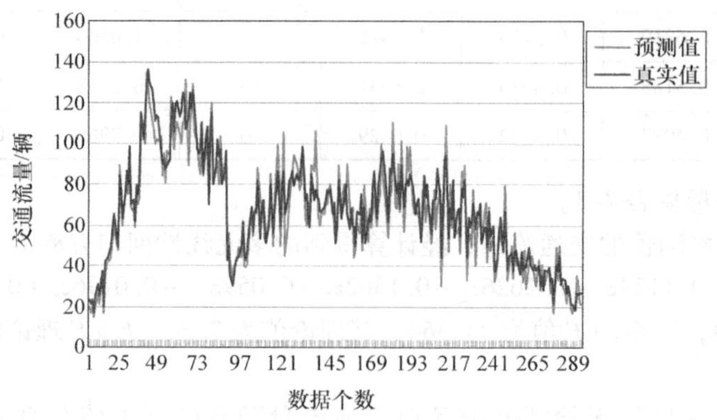

图 7-3 主成分分析法预测值与真实值的对比

从图7-3所示可以看出，真实值和预测值总体趋势曲线相近。主成分分析法预测值和真实值的绝对误差曲线，如图7-4所示。

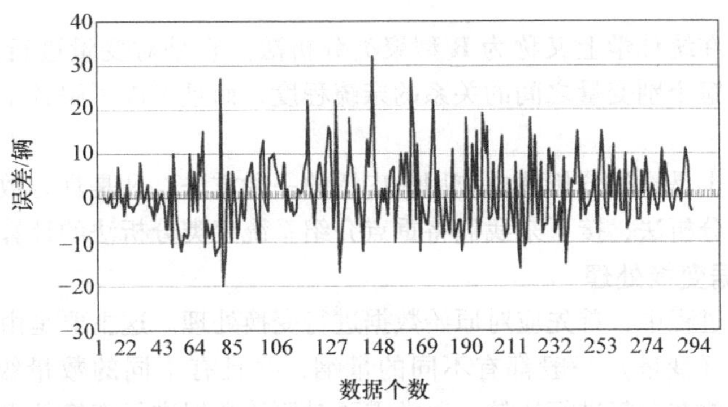

图7-4 主成分分析法预测值与真实值绝对误差曲线

通过进一步的预测值和真实值的相对误差分析可以看出：在早晨和夜晚，误差值相对较小，预测准确率相对较高；但是在白天尤其是交通高峰时段，由于交通状况复杂、交通流量较大，所以数据误差较大、数据预测准确率较低。经过多次实验验证，应用主成分分析法进行无检测器交叉口预测时，预测准确率能到达80%，平均绝对误差为13.5辆。

主成分分析法适用于小批量的有检测器交叉口去预测无检测器交叉口的交通流量，工作量较大。但是该法中生成的主分量基本包括了有检测器交叉口的交通流量信息，预测准确度较高。

7.3 聚类分析法

聚类分析（cluster analysis）法是数理统计中研究“物以类聚”的一种方法。它是根据事物的本身的特性研究个体分类的方法。聚类分析法的原理是，同一类的个体有较大的相似性，不同的个体差异很大。在现实社会的各个方面都存在着大量分类研究、构造分类模式的问题。过去人们主要靠经验和专业知识作定性分类处理，很少利用数学方法。许多分类往往带有主观性和任意性，不能揭示客观事物内在的本质差别和联系。特别是对于多因素、多指标的分类问题，定性分类更难以实现准确分类。多元统计分析逐渐地被引进分类学中，形成了数值分类学，并且从数值分类学中逐渐地分离出聚类分析法这个分支。

聚类分析法的功能是建立一种分类方法，将一批样品或变量，按照它们在性质上的亲疏程度进行分类。如上所述，在交通领域中同样存在类似的分类问题。路网节点流量相关性依据的是，城市路网是一个有机的整体。城市交叉口用于路段连接，大部分相邻交叉口的交通流量可能不完全相同，但却紧密相关。由于同城居民出行规律的相似和出行方式的趋同性。多数城市路网节点间交通流量变化具有类似特点，所以城市交叉口之间理论上存在着相关关系。这些城市大部分都有成千个交叉口，一些主要的交叉口都安装了检测器，但还存在大量的无检测器交叉口。如何来把这种交叉口之间的相关性表达得更清楚，进而实现对整个路网的宏观管理，这就需要对整个路网的交叉口进行分类研究。交叉口聚类分析法是研究交叉口相关性的方法之一，在交通流量预测中有非常重要的意义。

7.3.1 聚类分析法的选择

根据分类对象的不同，聚类分析法分为样本聚类分析法和变量聚类分析法。

样本聚类分析法在统计学上又称为 Q 型聚类分析法。它是对样本进行分类处理的，或者说是对观测量进行聚类的，是根据被观测的对象的各种特征（即反映被观测对象的特征的各变量）进行分类的。

变量聚类分析法在统计学上又称为 R 型聚类分析法。它是对变量进行分类处理的。变量聚类分析法不但可以了解个别变量之间的关系的亲疏程度，而且可以了解各个变量组合之间的亲疏程度。

系统聚类分析法也是聚类分析法中应用最广泛的一种方法，凡是具有数值特征的变量和样品都可以采用系统聚类分析法，接下来我们将重点介绍系统聚类分析法的计算过程。

1. 聚类前的数据变换处理

在聚类分析处理过程中，首先应对原始数据进行变换处理。这主要是由于样本对数据进行量度处理时，不同指标（变量）一般都有不同的量纲，并且有不同的数量级，为了使不同量纲、不同数量级的数据能放在一起进行比较，通常需要对原始数据进行变换处理。常用的变换方法有中心化变换、规格化变换、标准化变换、对数变换、极差标准化、平方根变换、三次方根变换。

（1）中心化变换

中心化变换是一种标准化处理方法，它是先求出每个变量的样本平均值，再从原始数据中减去该变量的均值，就得到中心化变换后的数据。

设原始观测数据矩阵为

$$\boldsymbol{X}=\begin{bmatrix} x_{11} & x_{12} & \cdots & x_{1m} \\ x_{21} & x_{22} & \cdots & x_{2m} \\ \vdots & \vdots & \ddots & \vdots \\ x_{n1} & x_{n2} & \cdots & x_{nm} \end{bmatrix}_{n\times m} \tag{7.19}$$

式中，n 为样本数；m 为变量数。

设中心化后的数据为 x_{ij}，则有

$$\bar{x}_j = \frac{1}{n}\sum_{i=1}^{n} x_{ij} \quad j = 1, 2, \cdots, m \tag{7.20}$$

变换的结果使每列数据之和均为 0，而且每列数据的二次方和是该列数据方差的（$n-1$）倍，任何不同两列数据交叉积是这两列协方差的（$n-1$）倍。所以这是一种很方便地计算方差 - 协方差的变换。

（2）规格化变换（极差正规化）

规格化变换是从数据矩阵中的每一个变量中找出其最大值和最小值，这两者之差称为极差，然后从每一个原始数据中减去该变量中的最小值，再除以极差就得到规格化数据。

设原始矩阵仍为

$$\boldsymbol{X}=\begin{bmatrix} x_{11} & x_{12} & \cdots & x_{1m} \\ x_{21} & x_{22} & \cdots & x_{2m} \\ \vdots & \vdots & \ddots & \vdots \\ x_{n1} & x_{n2} & \cdots & x_{nm} \end{bmatrix}_{n\times m} \tag{7.21}$$

规格化后的数据为 x'_{ij}，则有

$$x'_{ij} = x_{ij} - \bar{x}_j \qquad i = 1, 2, \cdots, n; j = 1, 2, \cdots, m \tag{7.22}$$

经过变换后，将每列的最大数据变为 1，最小数据变为 0，其余数据取值为 0 ~ 1。

（3）标准化变换

$$x'_{ij} = \frac{x_{ij} - \bar{x}_j}{S_j} \quad \begin{matrix} i = 1, 2, \cdots, n \\ j = 1, 2, \cdots, m \end{matrix} \tag{7.23}$$

这种变换方法主要是对变量的属性进行变换处理。首先对列进行中心化，然后用标准差进行标准化，即

$$\begin{aligned} \bar{x}_j &= \frac{1}{n}\sum_{i=1}^{n} x_{ij} \\ S_j &= \left[\frac{1}{n-1}\sum_{i=1}^{n} (x_{ij} - \bar{x}_j)^2\right]^{\frac{1}{2}} \quad j = 1, 2, \cdots, m \end{aligned} \tag{7.24}$$

通过变换处理后，每列数据的平均值为0，方差为1，使用标准差标准化处理后，在采样样本改变时，它仍保持相对稳定性。

（4）对数变换

对数变换可将具有指数特征的数据结构化为线性数据结构，即

$$\begin{aligned} x'_{ij} &= \log\{x_{ij}\} \quad x_{ij} > 0 \\ i &= 1, 2, \cdots, n \\ j &= 1, 2, \cdots, m \end{aligned} \tag{7.25}$$

（5）极差标准化

极差标准化变换和规格化变换类似，它是把每个变量的样本极差皆化为1，排除量纲的干扰。

（6）平方根变换

它的主要作用是把非线性数据结构变为线性数据结构，以适应某些统计方法的需要。

（7）三次方根变换

它与平方根变换相同，也是把非线性数据结构变为线性数据结构。

本章采用标准化变换的方法对数据进行标准化处理。

2. 相似系数的确定

本步骤的主要工作是选择度量样品或变量之间亲疏程度的相似系数。

3. 计算类间相似系数并进行聚类

聚类分析处理的开始是各样品自成一类（n 个样品就有 n 类），然后在相似系数计算的基础上将相似系数最大的两类合并。如果类的个数大于1，则继续合并类，直至所有变量都归为一类为止。

7.3.2 相似系数的计算

数据之间亲疏程度主要由相似系数大小来决定。利用相似系数法进行聚类的基本思想是：性质越接近的变量，它们之间的相似系数越接近1（或-1）；而彼此无关的变量，它们之间的相似系数则接近0。在进行聚类处理时，如果两变量比较相似则归为一类，否则归为不同的类。

1. 夹角余弦

将任意两个变量看成是 p 维空间的两个向量，用这两个向量间的余弦关系表示这两个向量间的亲疏程度，则有

$$\cos\theta_{ij} = \frac{\sum_{a=1}^{p} x_{ia}x_{ja}}{\sqrt{\sum_{a=1}^{p} x_{ia}^2 \sum_{a=1}^{p} x_{ja}^2}} \qquad -1 \leqslant \cos\theta_{ij} \leqslant 1$$

$\cos\theta_{ij}$ 接近 1 表示这两个向量相似性很强；$\cos\theta_{ij}$ 接近 0 表示这两个向量差别很大，基本没有什么相似性；$\cos\theta_{ij}$ 等于 1 表示这两个向量完全相似。

2. 相似系数

定义向量 $\boldsymbol{x}_i$、$\boldsymbol{x}_j$ 之间的相似系数关系如下：

$$r_{ij}=\frac{\sum_{a=1}^{p}(x_{ia}-\bar{x}_i)(x_{ja}-\bar{x}_j)}{\sqrt{\sum_{a=1}^{p}(x_{ia}-\bar{x}_i)^2\sum_{a=1}^{p}(x_{ja}-\bar{x}_j)^2}}\qquad -1\leqslant r_{ij}\leqslant 1$$

式中 $$\bar{x}_i=\frac{1}{p}\sum_{a=1}^{p}x_{ia},\bar{x}_j=\frac{1}{p}\sum_{a=1}^{p}x_{ja}$$

7.3.3 相似系数的选取原则

一般来说，同一批数据采用不同的相似性尺度，会得到不同的分类结果。产生不同结果的原因主要是由于不同的指标所衡量的相似程度的物理意义不同。也就是说，不同指标代表了不同意义上的相似性。因此，在进行数值分类时，应注意相似性尺度的选择。一般情况下，应遵循下列基本原则：

① 所选择的相似性尺度在实际应用中应有明确的意义。

② 如在变量分析中，常用相关系数表示变量之间的亲疏程度。

③ 根据原始数据的性质，选择适当的变换方法，不同的变换方法涉及选用不同的相似系数。如标准化变换处理下，相关相似系数和夹角余弦一致。

④ 适当地考虑计算工作量的大小。

一般情况下，相关相似系数比相似系数具有更强的不变性，但相关相似系数比相似系数有较弱的分辨力。

本节采用最大相似系数作为聚类标准，即把相似系数最大的两类聚为一类。具体做法是，定义类 G_p 和 G_u 之间的相似系数 R_{pu} 为

$$R_{pu}=\max_{\substack{q_i\in G_p\\ q_j\in G_u}}r_{ij}\tag{7.26}$$

① 计算各个变量之间的相似系数，得到一个相似系数矩阵 $\boldsymbol{R}_{(0)}$，此时各个变量自成一类，显然有 $R_{pu}=r_{pu}$。

② 寻找 $\boldsymbol{R}_{(0)}$ 的非主对角线上的最大元素，设为 R_{pu}，则将 G_p 和 G_u 合并成一新类，记为 G_s，即 $G_s=\{G_p,G_u\}$。

③ 计算新类与其他类的相似系数

$$R_{sk}=\max_{\substack{q_i\in G_s\\ q_j\in G_K}}r_{sj}=\max\left\{\max_{\substack{q_i\in G_P\\ q_j\in G_k}}r_{ij},\max_{\substack{q_i\in G_u\\ q_j\in G_k}}r_{ij}\right\}=\max\{R_{pk},R_{uk}\}\tag{7.27}$$

所得到的相似系数矩阵记为 $\boldsymbol{R}_{(1)}$。

④ 对 $\boldsymbol{R}_{(1)}$ 重复实行对于 $\boldsymbol{R}_{(0)}$ 的步骤，得 $\boldsymbol{R}_{(2)}$，由 $\boldsymbol{R}_{(2)}$ 按同样的步骤计算得 $\boldsymbol{R}_{(3)}$，这样直到所有的变量合并为一类为止。

7.3.4 聚类分析法预测

用聚类分析法进行预测时，通常采用判别分析法。判别分析法处理问题时，通常要给出一个衡量新样品与各已知组别接近程度的描述指标，同时也指定一种判别规则，用以判定新样品的归属。判别规则可以是统计性的，决定新样品所属类别时，用到数理统计的显著性检验；也可以是

确定性的，决定样品归属时，只考虑判别值的大小。

在相似分析和聚类分析的基础上，对无检测器交叉口类别判别分析，是根据某个城市无检测装置交叉口的观测数据按照一定的方法，将其归属到若干个已知类别的某一个类中。在有检测器交叉口数量很多的情况下，利用交通流量对交叉口聚类分析，通过判别分析，将那些无检测器的交叉口归属到相似的交叉口类别当中，预测交通流量。在有检测器交叉口数量不多的情况下，每个检测器交叉口作为一个类别，判断无检测器交叉口交通流量与哪个交叉口交通流量相似，从而归类，利用有检测器交叉口交通流量预测无检测器交叉口交通流量。本章采用的判别指标是相似系数的判别，采用的判别规则是待归类的无检测器交叉口与哪一个有检测器交叉口的相似系数最大，就将这两个交叉口归为一类。

利用聚类分析法处理数据后的相似系数见表7-4。

表7-4　利用聚类分析法处理数据后的相似系数

检测器编号 n	11201	11202	11203	…	11602	11603	11604
11201	1.0000	0.9414	0.9605	…	0.7306	0.8016	0.6206
11202	0.9414	1.0000	0.9169	…	0.8432	0.7381	0.6137
11203	0.9605	0.9169	1.0000	…	0.8580	0.7788	0.6309
11204	0.8291	0.8707	0.8563	…	0.8952	0.8140	0.7613
11205	0.8728	0.9201	0.8974	…	0.9114	0.8250	0.7020
11206	0.8802	0.8491	0.8439	…	0.8369	0.7498	0.6654
11301	0.7100	0.7124	0.7140	…	0.7211	0.6521	0.4581
11302	0.7085	0.7039	0.7037	…	0.7234	0.6605	0.4865
11303	0.6861	0.7013	0.6869	…	0.7130	0.6506	0.4937
11304	0.7327	0.7317	0.7351	…	0.7460	0.6789	0.4940
11305	0.6985	0.7553	0.7591	…	0.7287	0.7035	0.7312
11306	0.8640	0.8618	0.8788	…	0.7930	0.7586	0.6368
11401	0.7565	0.7418	0.7490	…	0.7499	0.6736	0.5076
11402	0.3830	0.4183	0.4005	…	0.4282	0.4123	0.3267
11403	0.7476	0.7389	0.7403	…	0.7372	0.6723	0.4776
11404	0.7462	0.7167	0.7298	…	0.7382	0.6799	0.4779
11405	0.8606	0.8200	0.8389	…	0.9021	0.8347	0.6847
11406	0.6593	0.5244	0.5349	…	0.8210	0.7071	0.6274
11501	0.7132	0.7033	0.6828	…	0.7681	0.7214	0.4952
11502	0.8792	0.8214	0.8355	…	0.8619	0.7962	0.6174
11503	0.8520	0.8569	0.8579	…	0.9468	0.8410	0.6811
11504	0.6970	0.6485	0.6819	…	0.8061	0.8184	0.7971
11505	0.8449	0.8432	0.8580	…	1.0000	0.9317	0.7908
11506	0.7663	0.7516	0.7788	…	0.9317	1.0000	0.8519
11601	0.5970	0.6137	0.6309	…	0.6908	0.8519	0.6602
11602	0.6849	0.5123	0.6416	…	1.0000	0.9126	0.8350
11603	0.5188	0.4983	0.5631	…	0.9126	1.0000	0.9246
11604	0.5000	0.5203	0.6269	…	0.8350	0.9246	1.0000

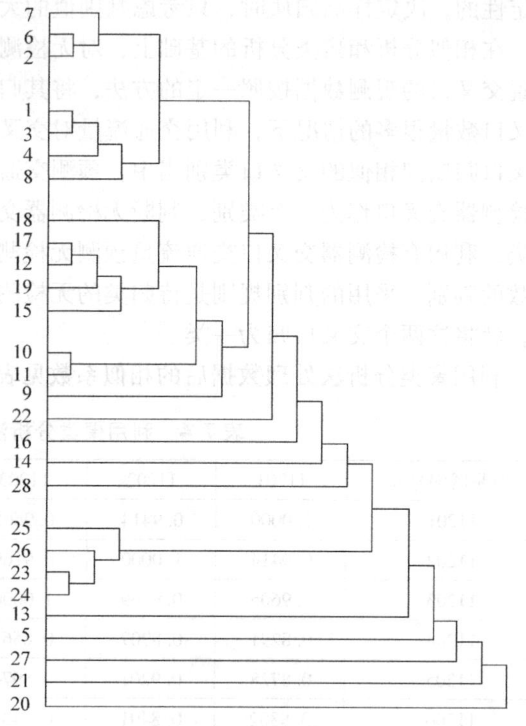

图 7-5　聚类谱系图

聚类谱系图是聚类分析法中必不可少的十分有效的分析手段。聚类谱系图反映了聚类数据之间关联强度。本节的举例中，11210 ~ 11604 号共 28 个检测器依次用 1 ~ 28 代替，得到聚类谱系图如图 7-5 所示

聚类的个数应根据实际需要来确定。但是对那些相关系数特别小的变量（交叉口）应该单列一类，以保证分类的意义。

运用聚类分析法得到的结果可进行无检测器交叉口交通流量预测，如本例用有检测器交叉口交通流量预测“大经路 - 长治路 11505 号检测器”交叉口东口的交通流量。从矩阵中得到 11505 的聚类参数，通过聚类计算的一元回归方程进行预测：

$$Q_z = 29.43 + 0.8122Q_x$$

式中，Q_x 为 11601 号检测器检测得到的数据。

聚类分析法预测值跟真实值的对比如图 7-6所示。

聚类分析法预测值和真实值绝对误差曲线如图 7-7 所示。

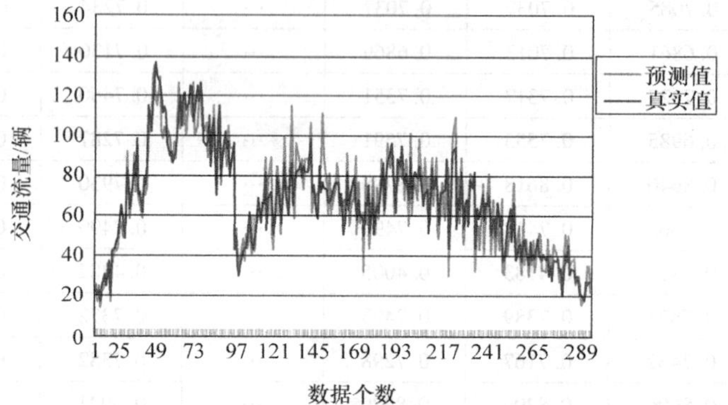

图 7-6　聚类分析法预测值与真实值的对比

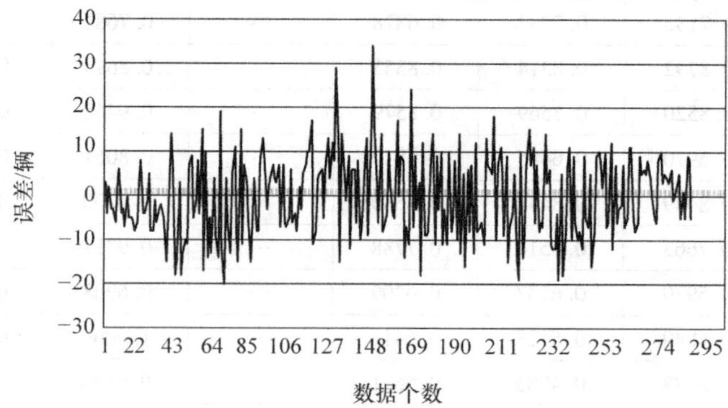

图 7-7　聚类分析法预测值与真实值绝对误差曲线

用聚类分析法进行预测的结果相比用主成分分析法预测得到的结果的数据质量要稍差，预测准确度不高。聚类分析法同样存在着真实值和预测值数据波动性大、相对误差阶段性变化、预测准确度不稳定等缺点。经过计算得知，聚类分析法的预测准确度为75%，平均绝对误差值为16.4。聚类分析法是通过与要预测交叉口关系最紧密的交叉口的线性关系来进行计算的，一般都是用一元回归方程进行预测，这样就会造成有检测器交叉口信息遗失。如果相邻交叉口出现交通堵塞等，则预测结果容易呈现不稳定性。本方法适用于粗略预测无检测器交叉口的交通流信息，预测准确度低。

无检测器交叉口交通流信息预测是实现动态交通控制及诱导的关键技术。本章以无检测器交叉口交通流量预测为例，介绍了该技术中使用较为广泛的主成分分析法和聚类分析法的原理及应用。主成分分析法适用于利用路网当中小批量的有检测器交叉口来预测无检测器交叉口的交通流量；缺点是工作量较大；优点是不会产生信息遗失的现象，因此预测准确度相对较高。聚类分析法适用于利用路网当中应用大批量的有检测器交叉口来预测无检测器交叉口的交通流量；优点是运算的工作量较小；缺点是经常有交通信息的遗失现象，从而对预测的结果产生影响，预测准确度有待提高。

7.4　基于数据融合的交通信息获取技术

随着公众、企业和政府对城市交通信息服务及交通运输行业科技监管等需求不断增加，我国各大中城市如北京、上海、广州、深圳、杭州、成都等，已逐渐形成以GPS为基础的动态交通信息采集系统，这一采集系统由覆盖整个城市范围的装载有GPS终端的出租车、公交车构成。随着我国交通运输信息化水平的不断提高，以及各城市交通运输信息化标准体系的逐步建立，这一庞大的移动采集系统将日趋完备，城市整体路网的动态交通流信息可以统一格式标准实时传输至城市交通共用信息平台，城市路网交通信息智能预测系统能通过与平台互连，并可实现同步下载基于GPS的移动检测信息。

移动检测技术能够实时检测路网上较大范围内的交通流信息。因此，如何综合移动与固定检测技术的优势，如何融合流动于城市路网的大量移动检测信息与道路交叉口的固定检测信息（如感应线圈检测信息），来修正已有检测信息及获取无检测器交叉口的交通流参数信息，对于提高此类无检测交叉口的交通信息预测从交通控制效果来看显得尤为重要。

移动+固定检测融合模型主要包含移动检测模块、固定检测模块和数据融合模块三部分，结构示意如图7-8所示。其中，移动检测模块利用装有GPS模块的出租车、公交车等来采集车辆位置、速度信息，经推导可得到路段行程时间信息；固定检测模块利用埋设在道路上的感应线圈，采集交通流量、占有率，并可估计出车流密度等信息；数据融合模块主要是一个刻画输入与输出之间映射关系的神经网络模型，它以固定检测器邻近路段的移动检测交通流信息、交叉口的

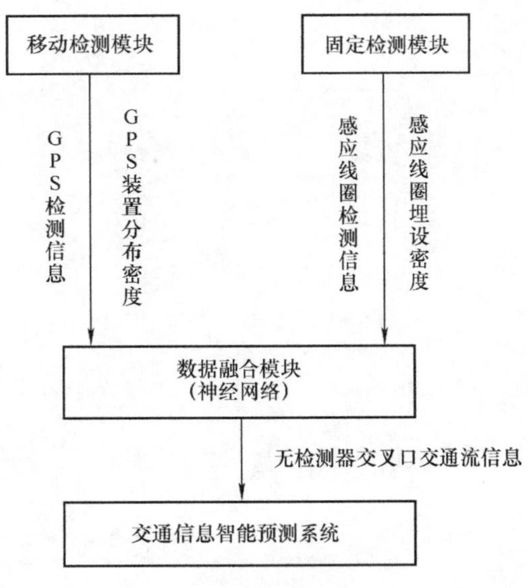

图7-8　移动+固定检测融合模型的结构示意图

固定检测交通流信息为输入，以无检测器交叉口的交通流信息为输出，是一种新型的无检测器交叉口交通流参数获取技术。

例如，对于图7-9所示的无检测器交叉口交通流信息（这里以交通流量为例）获取问题，其中的C_0为无检测器交叉口，交叉口C_1和C_2各进口车道均安装了感应线圈，路段$d_i(i=1,2,3,4)$上分别分布有M_i个移动检测器。

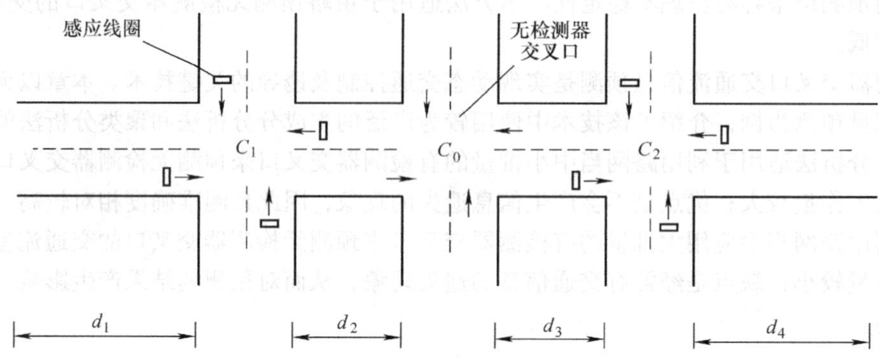

图7-9 无检测器交叉口位置及固定检测器分布图

为得到无检测器交叉口C_0东西方向的交通流量，以交叉口C_1和C_2各进口道检测到的8个交通流量数据序列，路段d_2和d_3上移动检测到的行程时间序列，以及路段上的GPS装置分布密度M_2/d_2和M_3/d_3为输入样本，以无检测器交叉口人工调查到的交通流参数序列为输出样本；采用三层网络结构，输入层神经元个数为12，输出层神经元个数为1；采用反向传播的学习算法，从而实现对无检测器交叉口交通流参数的有效估计。读者可以根据以上思路开展实证研究。

目前，通过移动+固定检测器的融合，实现对无检测器交叉口其他交通流参数的获取技术的相关理论和方法，尚在逐步深入的研究中。

第8章 交通检测数据预处理技术

通过对大量实际交通检测数据进行深入分析可以知道，其中存在缺失数据、异常交通状况数据和错误数据3类非正常数据。缺失数据是指，在应该采集到交通数据的时刻，无法获得全部或部分交通数据的情况。此时数据会表现为关键交通流参数缺失。异常交通状况数据是指，在交通事件影响下，数据的变化趋势长期偏离正常状态的交通数据。异常交通状况数据不是错误数据，可以反映真实的交通流运行情况，但是会影响对错误数据的评价和其他交通模型对修正后数据的运用方式。错误数据是指，在某个单独采样间隔中发生了不符合常理突变的交通数据，通常是由于检测器、传输线路故障和车辆未按交通管制行驶等原因导致的。因此，为了保证交通模型的实时性、准确性与可靠性，对原始交通数据进行预处理是必不可少的环节。

8.1 错误数据的界定与识别

目前人们对异常数据的判别与剔除主要采用统计判别法和物理判别法两种方法。所谓统计判别法是给定一个置信概率，并确定一个置信限，如超过此限的误差，就认为它不属于随机误差范围，将其视为异常数据剔除。物理判别法就是根据人们对客观事物已有的认识，判别由于外界干扰、人为误差等原因造成实测数据偏离正常结果，在实验过程中，随时判断，随时剔除。

8.1.1 统计判别法

统计判别法主要有拉依达准则、肖维勒准则、格拉布斯准则、狄克逊准则、罗马诺夫斯基准则等方法，以下以拉依达准则和狄克逊准则为例进行说明，其他判别方法可参考相关的统计学文献。

1. 拉依达准则

如果检测数据的总体 X 是服从正态分布的，则有

$$P(|x-\mu|>3\sigma)\leqslant 0.003 \tag{8.1}$$

式中，μ 与 σ 分别为总体正态分布的数学期望和标准差。此时，在实验数据中，出现大于 $\mu+3\sigma$ 或小于 $\mu-3\sigma$ 数据的概率很小。因此，当测量数据呈正态分布时，若测量次数为有限次，测量误差（通常用残差表示）大于 3σ 即可判定该测量数据含有粗大误差，应予以剔除。

根据上述说明，可对一组服从正态分布的交通检测数据 x_1，x_2，x_3，…，x_n 进行异常数据识别，具体计算方法如下：

第一步，先计算其均值，即

$$\bar{x}=\left(\sum_{i=1}^{n}x_i\right)/n \qquad i=1,2,3,\cdots,n$$

第二步，计算残差

$$v_i=x_i-\bar{x}$$

第三步，计算标准差

$$\sigma=\sqrt{\frac{1}{(n-1)}\sum_{i=1}^{n}(v_i^2)}$$

第四步，判断如果某个测量值 $|v_i| = |x_i - \bar{x}| > 3\sigma$，则认为 x_i 是含有大误差的不合理值，应予剔除。

第五步，剔除该数据后，重新计算平均值和标准偏差再次判断，直至剩余数据中不再含有大误差的值。

拉依达准则使用简单，无需查表，是最常用的异常数据判定与剔除准则。但该准则对测量次数要求较多，适用于大样本，当测量次数小于或等于 20 时，异常值难以检出；当测量次数小于或等于 10 时，拉依达准则失效。

2. 狄克逊准则

当检测样本数据量较小时，选择合适的统计准则就显得尤为重要。狄克逊准则适用于小样本数据，且适用于剔除多个异常值。狄克逊准则是通过极差比判定和剔除异常数据的。与一般比较简单极差的方法不同，该准则为了提高判断效率，对不同的实验量测定数据应用不同的极差比进行计算。该准则认为异常数据应该是最大数据和最小数据，因此该方法是将数据按大小排队，检验最大数据和最小数据是否为异常数据。下面介绍具体方法。

将服从正态分布的检测数据 x_i 按值的大小排成顺序统计量，即

$$x_{(1)} \leqslant x_{(2)} \leqslant x_{(3)} \cdots \leqslant x_{(n)}$$

按表 8-1 给出的公式计算 r_{ij}、r'_{ij} 值，然后再根据表 8-1 给出的数据对 r_{ij}，r'_{ij} 与 $D(\alpha, n)$ 进行比较，判断准则如下：

若 $r_{ij} > r'_{ij}, r_{ij} > D(\alpha, n)$，则判断 x'_n 为异常值；否则判断没有异常值。

表 8-1　狄克逊系数 $D(\alpha, n)$ 及 r_{ij}，r'_{ij} 的计算公式

<table>
<tr><th rowspan="2">n</th><th colspan="2">D(α, n)</th><th colspan="2" rowspan="2">r_{ij} 与 r'_{ij}</th></tr>
<tr><th>α = 0.01</th><th>α = 0.05</th></tr>
<tr><td>3</td><td>0.988</td><td>0.941</td><td rowspan="4">$r'_{10} = \dfrac{x'_2 - x'_1}{x'_n - x'_1}$</td><td rowspan="4">$r_{10} = \dfrac{x'_n - x'_{n-1}}{x'_n - x'_2}$</td></tr>
<tr><td>4</td><td>0.889</td><td>0.765</td></tr>
<tr><td>5</td><td>0.780</td><td>0.642</td></tr>
<tr><td>6</td><td>0.698</td><td>0.560</td></tr>
<tr><td>7</td><td>0.637</td><td>0.507</td><td rowspan="4">$r'_{11} = \dfrac{x'_2 - x'_1}{x'_{n-1} - x'_1}$</td><td rowspan="4">$r_{11} = \dfrac{x'_n - x'_{n-1}}{x'_n - x'_2}$</td></tr>
<tr><td>8</td><td>0.683</td><td>0.554</td></tr>
<tr><td>9</td><td>0.635</td><td>0.512</td></tr>
<tr><td>10</td><td>0.597</td><td>0.477</td></tr>
<tr><td>11</td><td>0.679</td><td>0.576</td><td rowspan="3">$r'_{21} = \dfrac{x'_3 - x'_1}{x'_{n-1} - x'_1}$</td><td rowspan="3">$r_{21} = \dfrac{x'_n - x'_{n-2}}{x'_n - x'_2}$</td></tr>
<tr><td>12</td><td>0.642</td><td>0.546</td></tr>
<tr><td>13</td><td>0.615</td><td>0.521</td></tr>
</table>

【例 8-1】　对某快速路进行断面交通流量检测，每 5min 统计一次，共统计 8 周，取这 8 周中每周二同一时间段（如 10：30 ~ 10：35）的数据进行异常数据剔除，检测数据如下：203，210，206，198，208，205，200，321。应用狄克逊准则进行异常数据判断。

首先对上述数据进行排序

$$x'_1 = 198, x'_2 = 200, x'_3 = 203, x'_4 = 205, x'_5 = 206, x'_6 = 208, x'_7 = 210, x'_8 = 321$$

计算统计量为

$$r_{11} = \frac{x'_8 - x'_7}{x'_8 - x'_2} = \frac{321 - 210}{321 - 200} = \frac{111}{121} = 0.917$$

$$r'_{11} = \frac{x'_2 - x'_1}{x'_7 - x'_1} = \frac{200 - 198}{210 - 198} = \frac{2}{12} = 0.1667$$

查表 8-1，有 $D(0.05,8) = 0.554$，因 $r_{11} > r'_{11}$，且 $r_{11} > D(0.05,8)$，故 $x'_8 = 321$ 为异常值。

剔除异常值后，再次用狄克逊准则进行判断。

计算统计量为

$$r_{10} = \frac{x'_7 - x'_6}{x'_7 - x'_1} = \frac{210 - 208}{210 - 198} = \frac{2}{12} = 0.1667$$

$$r'_{10} = \frac{x'_2 - x'_1}{x'_7 - x'_1} = \frac{200 - 198}{210 - 198} = \frac{2}{12} = 0.1667$$

查表 8-1，有 $D(0.05,7) = 0.507$，因 $r_{10} = r'_{10}$，且 $r_{10} < D(0.05,8)$，则判断没有异常值。

8.1.2　物理判别法

1. 断面交通流检测数据判别

交通流量、占有率和速度这些变量之间存在对应的关系。如果知道某个量的上下限，就可以得出另外两个量的上下限关系曲线。应用这些关系曲线就可以对交通流检测数据中不合乎常规的数据进行限定，从而进一步提高交通流检测数据的可靠性。根据交通流参数中交通流量、速度、占有率参数间的关系可知，车辆在道路上行驶应属于以下 3 种情况中的一种：

① 车辆以一定速度通过检测器，此时交通流量 flow > 0、车速 speed > 0 以及占有率 occupancy > 0。

② 没有车辆通过检测器，此时 flow = 0、speed = 0 以及 occupancy = 0。

③ 有车辆停在检测器上，此时检测器在一段时间内持续被占据，所以有 flow = 0、speed = 0 以及 occupancy = 100%。

可以说，如果检测到的交通流数据不满足上述中任何一种情况，则该数据被认为是明显异常数据。

此外，在特定的交通环境下，有效的交通流量、车速、占有率会存在着最小值与最大值。因此当检测到的这些参数数值不在这一范围内时，可认为检测数据为异常数据。下面介绍具体方法。

(1) 交通流量

由于受到道路最大通行能力的限制，所以路段存在允许最大交通流量。因此当检测到的交通流量超过路段允许的最大交通流量，则认为此时的交通流量数据为异常数据。定义允许的交通流量最大值为

$$Q_{\max} = f_c CT/60 \tag{8.2}$$

式中，f_c 为交通流量的修正系数；C 为道路通行能力（veh/h）；T 为检测时间间隔（min）。由于车辆的计数是在一个相当短的时间内完成的（数十秒或数分钟），所以测得的随机交通流量值可能会大于道路的通行能力。因此，用道路的通行能力 C 与修正系数 f_c 的乘积来确定交通流量的最大值。

(2) 占有率

对于固定交通检测器检测到的占有率参数 O_d，其值有一定的阈值，一般来说应满足下列条件：

$$0 \leqslant O_d \leqslant 100\% \text{ 或 } 0 \leqslant O_d \leqslant 60Tv \tag{8.3}$$

式中，T 为检测时间间隔（min）；v 为检测器的扫描频率。当检测到的占有率不在此范围内，则可认为此时的占有率检测数据为异常数据。

（3）速度

对于固定交通检测器的速度参数 v_d，其取值范围一般位于如下区域：

$$0 \leqslant v_d \leqslant f_v v_1 \tag{8.4}$$

式中，f_v 为速度的修正系数；v_1 为路段规定的限制速度。当检测到的速度不在此范围内，则可认为此时的速度检测数据为异常数据。

2. 路段行程时间检测数据判别

用车牌识别进行路段行程时间检测的情况为例，产生路段行程时间检测异常数据的原因主要包括：第一，个别车辆在路段行驶过程中出现的特殊情况，如中途抛锚、停车待客、公交进站等，此时对这些车辆所检测到的行程时间无法准确反映车流的运行状态；第二，由于视频检测器受到天气、环境等因素影响可能产生车牌漏检现象或车辆中途离开检测区间等情况，可能导致两个检测截面获取的相同车牌数据源于车辆的二次出行，甚至多次出行，此时个别车辆的运行状态同样无法准确反映车流的运行状态。

（1）行程时间合理范围

城市主干道行程时间的合理范围为

$$\frac{l}{f_v v_1} \leqslant t_p \leqslant \frac{l}{l_Q C} + \tau_{max} \tag{8.5}$$

式中，l 为路段长度（m）；l_Q 为排队中车辆的平均长度，即排队长度与排队车辆数之比，需通过实地调查得到；τ_{max} 为红灯信号时间（s），对于有信号控制路段取值为最长红灯信号时间，对于无信号控制路段可根据实地观测车辆在交叉口的延误时间确定该指标。因此，当检测到的车辆在城市主干道行程时间不在此范围内时，可认为该数据为异常数据。

（2）变异系数法

采用变异系数作为某一数据分析时间间隔内的单车行程速度数据离散程度的评价指标，得到离散程度较大的无效单车行程速度数据，并且将其剔除。下面介绍具体方法。

对于单车行程速度样本数量 $n \geqslant 1$ 的情况，如果下式的条件成立，则可认为存在离散程度过大的无效数据：

$$c_v = \frac{s}{\bar{x}} \geqslant c'_v \tag{8.6}$$

式中，c_v 为单车行程速度变异系数；c'_v 为单车行程速度变异系数的阈值，可取 0.8；$\bar{x}$ 为单车行程速度均值；s 为单车行程速度标准偏差。

根据样本数量的大小，可将单车行程速度无效数据的控制分为以下两种情况：

① 当 $n=2$ 时，因为难以断定较小的单车行程速度数据是由真实的交通状态所致，还是车辆的某些个体特殊行为所致，因此应该将其剔除，并将较大的数据保留；

② 当 $n>2$ 时，可以依据式（8.7）选出离散程度最大的单车行程速度数据，同时将其剔除，然后循环往复，直到式（8.6）的条件不再成立。

$$v_k - \frac{1}{n}\sum_{i=1}^{n} v_i = \max_{1 \leqslant j \leqslant n}\left(\left| v_j - \frac{1}{n}\sum_{i-1}^{n} V_i \right| \right) \tag{8.7}$$

式中，v_k 为离散程度最大的单车行程速度数据。

应用上述方法对北京市朝阳区日坛北路和东大桥路交叉口到芳草地和东大桥路交叉口某时段内单车行驶速度异常数据剔除前后对比，如图 8-1 所示。

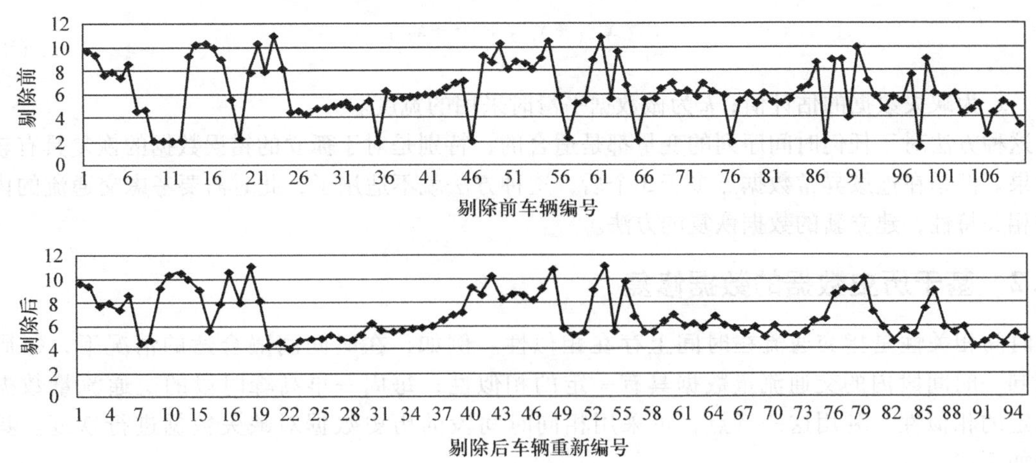

图 8-1　单车行驶速度异常数据剔除前后对比

8.2　缺失数据的修复

交通数据丢失多发生在传感器失效、数据传输失败的场合。无论是固定检测器，还是移动检测器，都是按照一定的时间间隔来采集数据。但是在实际情况中，检测器扫描频率不固定、传输线路出现故障、车辆过度密集造成检测器无法检测车辆等多种原因（见表 8-2），都会使采集到的交通数据无法严格按照一定的时间间隔上传，甚至会有部分数据丢失。当缺失数据个数较少时，实测数据对于交通状态的描述是比较可靠的；但当缺失数据较多时，使用现有的实测数据就不足以真实准确地描述实际的交通状态，此时对缺失数据进行完善对于后续的数据应用是必不可少的。一般来说，丢失数据恢复主要是通过交通流历史记录或者曲线拟合的方式近似复现丢失的数据。在对缺失数据的修复过程中，针对不同的数据缺失类型及缺失的程度，应该选择不同的数据恢复方法。

表 8-2　检测数据丢失的典型原因和特点分析

交通检测数据丢失的典型原因	丢失数据的特点分析	
	空间性质	时间性质
频繁的施工建设破坏了交通检测设备的安装	在同一地点或同一路径上的连续几个地点	时间相当长（如几个月，取决于施工建设的类型）
交通检测设备失灵（包括电感线圈硬件和控制器软件的失灵）	在一个或几个孤立的地点	时间可能较短，也可能较长（如几分钟到几周）
控制器和交通管理中心间通信中断	在一个或几个孤立的地点	时间较短（如少于几分钟）
数据存储系统故障（硬件或软件失灵）	所有地点的数据都发生丢失	时间较短（如几小时到少于一天）

8.2.1　基于时间序列的数据修复

交通数据，从本质上来说属于时间序列数据。因此，基于时间序列的各种数据预测方法都应该适合数据的恢复。但考虑到交通数据需要很强的在线实时处理能力，可采用较为简单的预测方法：

$$\hat{x}_i = \frac{x_{i-1} + x_{i-2} + \cdots + x_{i-k}}{k} \tag{8.8}$$

式中，$\hat{x}_i$ 为缺失数据的估计值；k 为做数据平滑时采用的宽度。

这种方法对于任何时间序列的变量都是适合的，特别是对于孤立的错误数据的恢复具有较好的效果。但是在连续异常数据点多于5个后，这种方法就不适用了，此时需要考虑交通流的内在时空相关特性，建立新的数据恢复的方法。

8.2.2 基于历史数据的数据修复

时间相关性是指交通流在时间上存在相似性。例如，在时间间隔合适的情况下，每周不同天同一时间段内的交通流量数据具有一定的相似性；每周一早高峰时段的交通流量数据具有一定的相似性。利用这一特点，可采用相同时间段的历史数据对缺失数据进行恢复。具体方法如下：

$$\hat{x}_i = x_i^h \tag{8.9}$$

式中，$\hat{x}_i$ 为缺失数据的估计值；x_i^h 为历史数据。

此类方法十分简单，能够解决基于时间序列预测方法对于连续异常数据处理能力不够的问题。但是它也存在一些问题，如不能反映交通流的真实变化情况，由于历史数据是经过平滑后的，因此也不能维持数据的一些自然波动特性。

8.2.3 基于空间位置的数据修复

空间相关性是指交通数据在空间上存在相似特性，如城市快速路或高速公路的不同车道之间、上下游之间存在着一定的相关关系。由于存在这种相关关系，就可以利用它作为数据恢复的依据。具体方法如下（以交通流量数据为例）：

$$\hat{x}_i(k) = \frac{1}{n-1}\sum_{j=1}^{n}\frac{x_i^h(j)}{x_i^h(k)}x_i(j) \qquad j \neq k \tag{8.10}$$

式中，$\hat{x}_i$（k）为第 k 条车道交通流量估计值；x_i^h（j）为第 j 条车道交通流量的历史值；x_i（j）为第 j 条车道交通流量的实测值；n 为车道数。

该方法是利用不同车道之间历史上的参数比例关系，从而通过已知的其他车道交通数据来推算未知车道的交通参数。这一方法能够避免采用历史数据进行预测时不能反映实际交通状态的缺点，提高了预测数据的实时变化特性。

8.3 基于检测数据的异常交通状况识别

在正常交通状态下，网络交通流的变化是一个平稳的随机过程，交通流量数据的幅值应该在某一区间内变化。但是当道路中出现交通事件时，交通流量数据与正常情况下的数据之间会出现很大的偏差。交通事件不仅会影响所在路段的交通流量值，也会使相邻路段的交通流量发生突然变化。由于这种变化是真实的，因而不需要对实测的交通流量值进行修正，可直接作为交通状态预测模型的输入数据来使用。

典型的基于检测数据的异常交通状况识别方法主要包括加利福尼亚（California）算法、麦克马斯特（McMaster）算法等。

1. 加利福尼亚算法

加利福尼亚算法是根据事件发生前后交通变量的差值是否超过某一给定的阈值来判断事件，

进而激发事件报警。加利福尼亚算法是双截面算法，基于事件发生时上游截面占有率将增加、下游截面占有率将减少这一事实。该算法以1min的平均占有率为判断依据。设路段i处的检测器在时刻t（单位为min）时采集到的平均占有率为OCC(i，t)，则有下面3个判断条件：

$$\mathrm{OCC_{DF}} = \mathrm{OCC}(i,\ t) - \mathrm{OCC}(i+1,\ t) \geqslant K_1 \tag{8.11}$$

$$\mathrm{OCC_{RDF}} = \frac{\mathrm{OCC}(i,\ t) - \mathrm{OCC}(i+1,\ t)}{\mathrm{OCC}(i,\ t)} \geqslant K_2 \tag{8.12}$$

$$\mathrm{OCC_{TD}} = \frac{\mathrm{OCC}(i+1,\ t-2) - \mathrm{OCC}(i+1,\ t)}{\mathrm{OCC}(i+1,\ t-2)} \geqslant K_3 \tag{8.13}$$

式中。K_1，K_2，K_3为判断阈值。该阈值应该根据路段的特点及时间段适当选取，阈值的选择将会在很大程度上影响检测效果。式（8.11）为衡量上下游占有率的差值；式（8.12）为衡量上下游占有率的相对差值；式（8.13）为衡量相邻下游处前后2min内占有率的相对差值。

在加利福尼亚算法的基础上出现了一系列改进算法，其中效果比较好的是“加利福尼亚#7”算法和“加利福尼亚#8”算法。加利福尼亚算法的主要缺点是它只使用与占有率相关的变量作为输入，未考虑交通流量、速度的相关数据。其优点主要是误报率比较低。通常以“加利福尼亚#7”、“加利福尼亚 #8”和“麦克马斯特”算法作为评价其他算法的标准。

2. 麦克马斯特算法

麦克马斯特算法使用复杂的交通流理论描述和预测有事件发生和无事件发生的交通行为，将实测的交通流参数与预测的交通流参数进行比较。该算法本质上是一种基于突变理论的算法，基于以下前提：当交通从拥挤状态向非拥挤状态变化时，流量和密度变化平稳，而速度表现为突然的变化。该算法根据突变理论，在道路阻塞与非阻塞期间，交通流量和占有率表现为连续变化；在非阻塞至阻塞状态的过渡期，车速将突然减小，由此可以进行事件检测。它对交通事件的判别过程包括判别交通拥挤的存在和判别交通拥挤的类型两个阶段。

图8-2所示为麦克马斯特算法使用流量和占有率对每个检测站的交通状态的划分。图中，交通状态分为四类，每类状态值都是通过历史数据得到的。区域①表示非拥挤（正常）交通状态。区域②对应于事件点的上游交通状况，当检测器采集数据流量和占有率落入此区域时，大体上可以确定其下游发生了事件。区域③为缓慢交通流的拥挤（阻塞）状态，说明检测点下游有事件发生或者存在几何瓶颈。区域④反映常发性拥挤点上游出的交通状况，表明该检测点下游处有车辆聚集、交通不畅，但拥挤不严重。

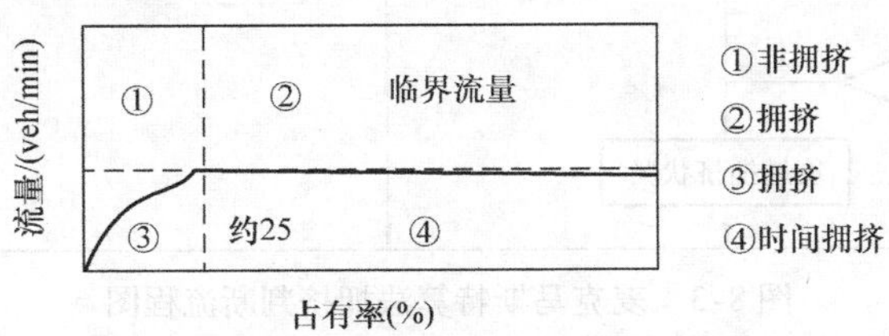

图8-2 麦克马斯特算法对交通状态的划分

非拥挤区域的下限值由以下的经验公式求得：

$$q = ao^b \tag{8.14}$$

式中，q为交通流量；o为道路占有率；a，b为系数。

麦克马斯特算法拥挤判断流程如图8-3所示。

如图8-3所示，i为检测点代号；t为时间；$Q(i,\ t)$为i检测点t时刻的交通流量；$o(i,\ t)$为i检测点t时刻的道路占有率；$v(i,\ t)$为i检测点t时刻的车流速度；$q(i,\ t)$为最小非拥挤

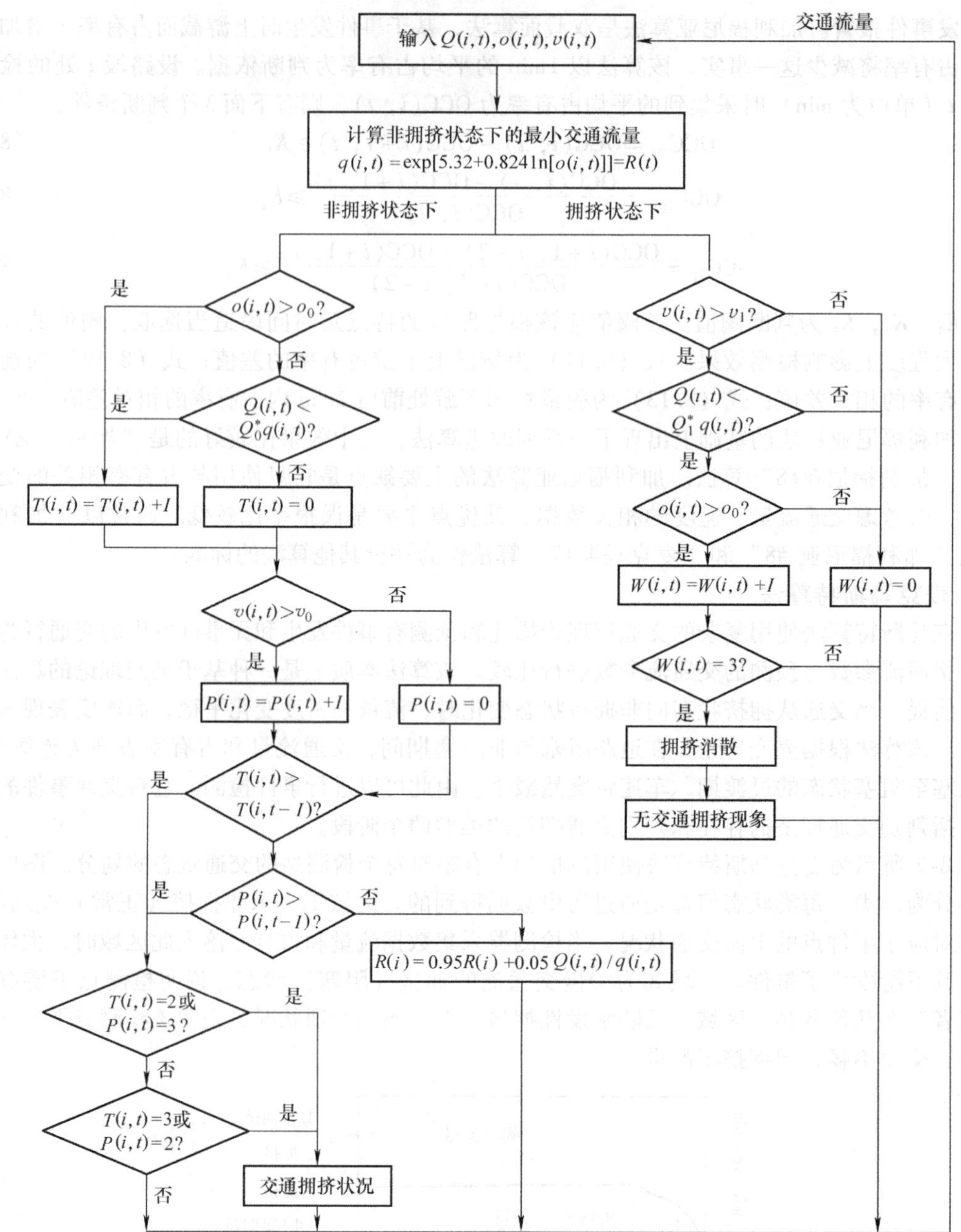

图 8-3　麦克马斯特算法拥挤判断流程图

交通流量；o_0 为道路占用率的门限值（40%）；Q_0 为非拥挤状态交通流量门限值百分比（70%）；Q_1 为拥挤状态交通流量门限值百分比（85%）；v_0 为非拥挤状态车流速度的门限值（40km/h）；v_1 为拥挤状态车流速度的门限值（60km/h）；$T(i,\ t)$ 为非拥挤状态交通流量/占有率的检测状态计数值；$P(i,\ t)$ 为非拥挤状态车速的检测状态计数值；$W(i,\ t)$ 为拥挤状态检测状态计数值；$R(t)$ 为修正系数。

考虑到快速路或高速公路上交通是变化的，麦克马斯特算法在每一次判断交通流是否拥挤时，根据检测器采集到的实时数据对最小非拥挤交通流量进行实时修正，计算公式如下：

$$R(i)=0.095R(i)+0.05Q(i,t)/q(i,t) \tag{8.15}$$

在计算中常用公式为

$$q(i,t) = \mathrm{EXP}\{5.32 + 0.824\ln[o(i,t)]\}R(i) \tag{8.16}$$

式中，$o(i,t)$ 为第 i 检测点 t 时刻的占有率。

当路上检测器测得的道路占有率在 0.4 以下时，由上式计算出最小非拥挤交通流量。如果当实测的交通流量数据比计算值大时，该交通状态属于非拥挤状态，反之则认为是拥挤状态。

为了降低误判率，算法规定在以下情况判断拥挤存在（一般采样周期长度为 30s）：

① 检测器在三个连续的采样周期内，车流速度均低于门限值，或道路占有率值超过门限值，或车流量都在非拥挤区域之外时。

② 检测器在两个连续的采样周期内，交通流量和占有率中任意两个超过门限值时。

当事件发生时，速度参数在反映交通流三参数变化上最为敏感，因此首选车速进行拥挤类型的判断。一旦发现路上车速下降到门限值时，系统就自动开始检测判别工作。

另外，随着检测点距事故发生点的位置的不同，所检测到的交通流三参数在拥挤前后的变化值有正负之分。如高速公路发生了偶发性交通拥挤，使单向双车道的路段压缩在一条车道上行驶，这一事故很快会被上游或下游的观测站检测到。如果是下游观测站先检测到，则会发现路段车流速度增加，而道路占有率呈下降趋势；反之，如果是上游观测站先检测到，则会看到道路占有率增加，而车流速度呈下降趋势。所以本算法在判别过程中采用的是交通流三参数变化的绝对值来进行判别，如图 8-4 所示，其中 Ca 表示交通容量。

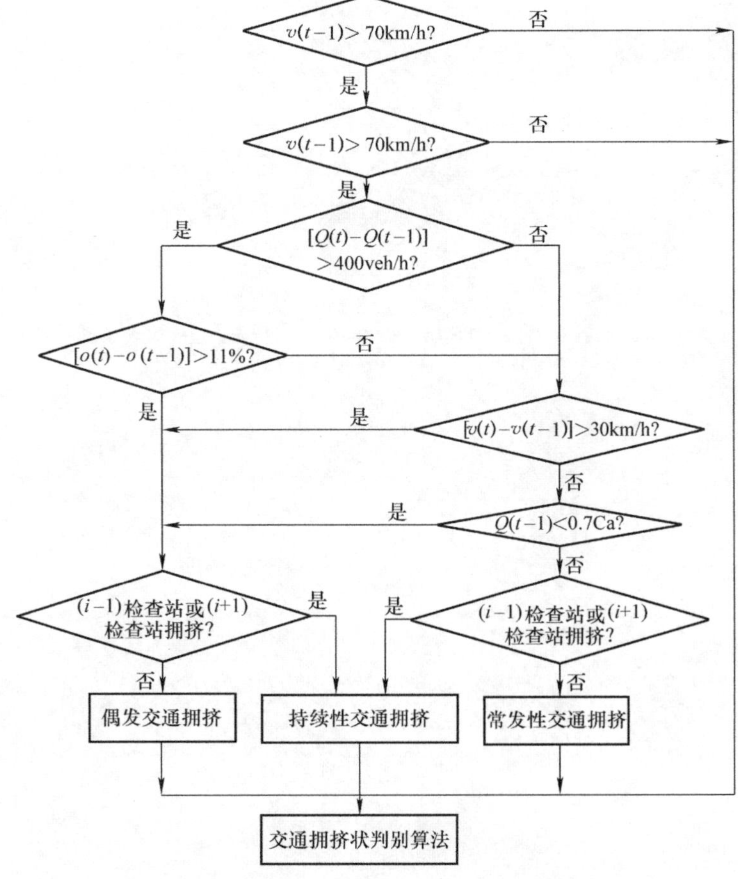

图 8-4　麦克马斯特拥挤类型判断算法

与加利福尼亚算法相比，麦克马斯特算法有一些明显的优点，如同时使用交通流量和占有率作为输入、考虑了周期性拥挤的存在及检测时间比较短。但是其所需的临界曲线难以标定，算法的可靠性受到一定影响。而且由于该类检测算法只利用单个截面的交通数据，没有反映交通流的空间变化特性，当气候等条件发生变化时，交通参数也会随之发生变化，而单截面检测算法无法对这种变化做出正确的判断。

本章主要对交通流检测中的错误数据识别、缺失数据修复、异常交通状况判别的基本内容进行了阐述。随着交通、计算机、电子、信息等领域科技的发展，在解决上述问题的过程中，会不断涌现新的方法或技术。本章所介绍的内容将有利于读者对新技术、新方法的理解和探索。

第 9 章　交通检测技术综合应用

交通检测器在智能交通系统中占有重要的地位，是实现智能交通控制与管理的关键基础设施。准确可靠的交通流检测数据是交通控制中进行合理信号配时优化的基础。实时准确的交通流信息是预测未来道路交通状况、实现交通流诱导、避免交通阻塞、减少交通事故和提高交通运行效率的有效保障。

本章以典型的电子警察系统为应用案例，介绍多种交通信息检测技术的综合应用。

9.1　交通数据检测器性能特点比较

1. 固定型交通数据检测器

各种固定型动态交通数据检测器虽然均可以提供交通流量、平均车速和占有率等基本交通流信息，但在不同的道路、交通和天气条件下，检测交通流数据准确度、成本费用及检测器的具体安装方式等方面存在较大差异。

表 9-1 汇总了典型固定型交通数据检测器的特点比较；表 9-2 汇总了典型固定型交通数据检测器提供的交通参数。

表 9-1　典型固定型交通数据检测器的特点比较

检测器类型	优　点	缺　点
环形线圈车辆检测器	① 技术成熟、易于掌握 ② 检测准确度非常高	① 安装过程对可靠性和使用寿命影响很大 ② 修理或安装时需中断交通 ③ 影响路面使用寿命 ④ 易因重型车辆、路面修理等而损坏
视频车辆检测器	① 可为事故管理提供可视图像 ② 可提供大量交通管理信息 ③ 单台摄像机可检测多车道	① 大型车辆能遮挡随行的小型车辆 ② 阴影、积水反射或昼夜转换可造成检测误差
微波车辆检测器	① 在恶劣气候下性能依然出色 ② 可以侧向方式检测多车道 ③ 可检测静止的车辆	① 检测器安装准确度要求较高 ② 道路具有铁质的分隔带时，检测准确度下降
超声波车辆检测器	① 体积小，易于安装 ② 使用寿命较长，可移动	检测准确度受环境影响较大
红外车辆检测器	① 可以侧向方式检测多车道 ② 可检测静止的车辆	性能随环境温度和气流影响而降低

表 9-2 典型固定型交通数据检测器提供的交通参数

检测器类型	交通流量	占有率	车速	车队长度	多车道覆盖	其他参数
环形线圈车辆检测器	√	√	*	*	√	车身长度
视频车辆检测器	√	√	√	√	√	车头时距、车型
微波车辆检测器	√	√	√	*	√	车头时距
超声波车辆检测器	√	√	*	*	×	
红外车辆检测器	√	√	√	*	√	车型、静止车辆

注：√—直接检测；*—间接检测；×—不能检测。

2. 移动型交通数据检测器

移动型交通数据检测器可以提供交通流量、行程车速和行程时间等先进交通管理系统（Advanced Traffic Management System，ATMS）需要的基本交通流信息。虽然各种移动型交通数据检测器在工作原理和系统构成上存在着较大的差异，但都要求在道路网络中具有足够多的移动检测设备来保证所采集数据的准确度和可靠性。表 9-3 汇总了典型移动型交通数据检测器的特点比较，表 9-4 汇总了典型移动型交通数据检测器提供的交通参数。

表 9-3 典型移动型交通数据检测器的特点比较

检测器类型	优　点	缺　点
基于 GPS 的动态交通数据检测器	① 数据检测连续性强 ② 全天候条件下工作 ③ 可提供大量交通管理信息	① 需要足够多的装有 GPS 的车辆运行在城市道路网络中 ② 检测数据通信容易受到电磁干扰 ③ 在城市中的检测准确度与 GPS 的定位准确度有很大关系
基于电子标签的动态交通数据检测器	① 数据检测连续性强 ② 全天候条件下工作 ③ 可以提供自动收费功能	① 车辆必须安装有电子标签 ② 必须有足够的车辆安装有电子标签 ③ 必须有良好的滤波算法，消除个别车辆运行故障引发的数据误差
基于汽车牌照判别的动态交通数据检测器	① 数据检测连续性强 ② 全天候条件下工作 ③ 车辆不需安装其他设施 ④ 可以检测路网所有车辆信息	① 检测准确度受天气和光源影响较大 ② 检测准确度受汽车牌的清晰度影响

表 9-4 典型移动型交通数据检测器提供的交通参数

检测器类型	交通流量	瞬时车速	行程时间	行程车速	多车道覆盖
基于 GPS 的动态交通数据检测器	√	√	*	*	√
基于电子标签的动态交通数据检测器	√	×	*	*	√
基于汽车牌照判别的动态交通数据检测器	√	×	*	*	√

注：√—直接检测；*—间接检测；×—不能检测。

表 9-5 给出了深圳、南京、宁波等城市应用车辆检测器的情况。

表 9-5　深圳、南京、宁波等城市应用车辆检测器的情况

仪器 \ 城市 \ 内容	城市	应用场所	大致数量/个	作用
环形线圈车辆检测器	宁波市	路口、路段	3500	信号灯控制、卡口、电子警察
	南京市	交叉口、路段	11000	电子警察、信号控制
	深圳市	路口（路段）	1711（12）	交通数据统计分析，含交通流量、占有率、车间时距、平均车速；信号路口配时动态调整
地磁车辆检测器	宁波市	路口	1200	信号灯控制
	南京市	交叉口	10 个	试点用于信号控制
RFID 车辆检测器	南京市	路段	1500（天线）	机动车识别
	深圳市	路段	10	交通流量、平均车速统计
雷达测速仪	宁波市	路段	50	测速
	深圳市	携带式（适用于各查车点）	1	超速违法事件预警及抓拍
远程交通微波雷达检测器（RTMS）	南京市	路段	51 台	检测交通流量
	深圳市	快速路	2	交通数据流量、占有率、车间时距、平均车速统计
视频车辆检测	宁波市	路口、路段	1000	信号灯控制、卡口、电子警察
	南京市	交叉口、路段	15	信号控制和事件检测
	深圳市	快速路	13	交通流量、占有率、车间时距、平均车速统计，交通事件检测
		高速公路	10	交通流量、占有率、车间时距、平均车速统计，交通事件检测
		快速路	4	交通流量、占有率、车间时距、平均车速统计，车牌识别卡口抓拍
		高速公路、快速路	16	交通流量、占有率、车间时距、平均车速统计，车牌识别卡口抓拍
GPS	宁波市	警车、民警、出租车	5500	定位、交通信息采集
	南京市	出租车和公交车	10000	运营管理
其他车辆检测器	深圳市	市政主干道、快速路、高速公路	157	交通流量、占有率、车间时距、平均车速统计，车牌识别卡口抓拍

科学地讲，任何一种车辆检测器都有优缺点，具体选用何种检测器更为合理，要从检测目的、交通工程基础、使用要求、现场工程环境、气象环境、设备的可靠性和成熟性、采购成本、运行维护成本等多方面进行综合考虑。

3. 车辆检测器的发展趋势

① 向纵深方向发展。其一，在现有车辆检测器的基础上，提高车辆检测器的各项性能。

以基于电磁感应原理类检测器为例，通过对检测器探头和信号处理装置的改进，来提高检测器的可靠性和使用寿命。例如，免维修的环形线圈系统（Never Fail Loop Systems），克服了以往环形线圈所存在的安装要求高、线圈易损坏等问题，线圈使用寿命保证期为 10 年。其二，结合人工智能和先进的计算方法等，使车辆检测器朝着系统化、智能化和光电一体化方向发展。

② 多种检测技术融合，取各种技术之优势形成技术性能更优的车辆检测器。例如，被动式红外、超声波、微波三种技术联合应用形成的 ASIM 检测器，它结合了静态和动态的检测通道，可形成两个或多个检测域，当车辆进入或通过检测域时，检测器根据经过车辆本身与其背景热辐射的对比，检测出车辆通过或存在的信息。

③ 新型检测技术的发展必将催生新的车辆检测器。

9.2 交通流检测系统的组成及应用

交通流检测系统由车辆检测器、数据传输、中心数据处理系统三部分组成。

（1）车辆检测器

系统现场端所使用的各种车辆检测器，检测相应断面车道的交通流量、车速、占有率、路段上的车辆旅行时间。

（2）数据传输

数据传输可根据实际条件采用有线或无线的方式进行实施，包括蜂窝数字分组数据（CDPD）、数字专用网（DPN）、通用分组无线业务（GPRS）、码分多址（CDMA）、第三代移动通信系统（3G）、光纤网络和设备等。通过数据传输，现场检测数据能够以一定的周期向中心传送。

（3）中心数据处理系统

中心数据处理系统位于交通指挥中心机房内，具有接收和存储所有交通检测数据的功能，同时对数据进行预处理后可提供信息统计、查询及通过专用接口将数据送至其他应用系统。

下面给出了典型的交通流检测系统逻辑架构框如图 9-1 所示，对应的物理架构如图 9-2 所示，中心数据处理系统的功能模块结构如图 9-3 所示。

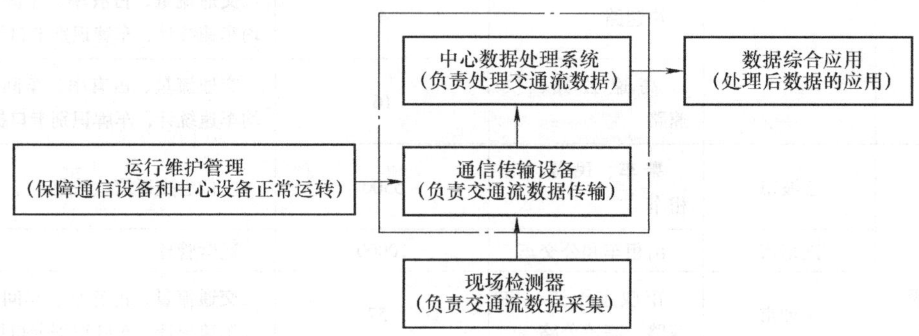

图 9-1　交通流检测系统逻辑架构框图

下面简单介绍一下北京市交通信息处理发布系统中交通流检测系统监测设备层的构成情况。

利用微波、超声波、环形线圈、视频识别、3G 无线通信等多种先进的检测技术，构建了交通流检测、旅行时间、信号控制、违法监测等多个交通信息采集系统，覆盖全市高速路、快速环路及六环路内的主干道，实现交通流量流速、出行车辆的实时检测。

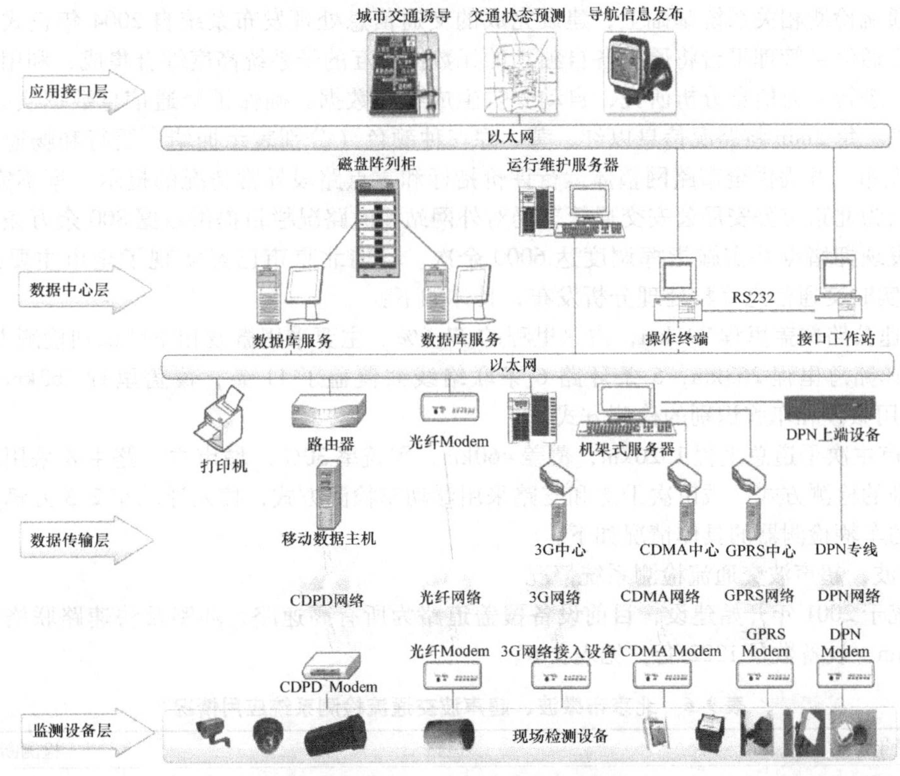

图9-2 交通流检测系统物理架构

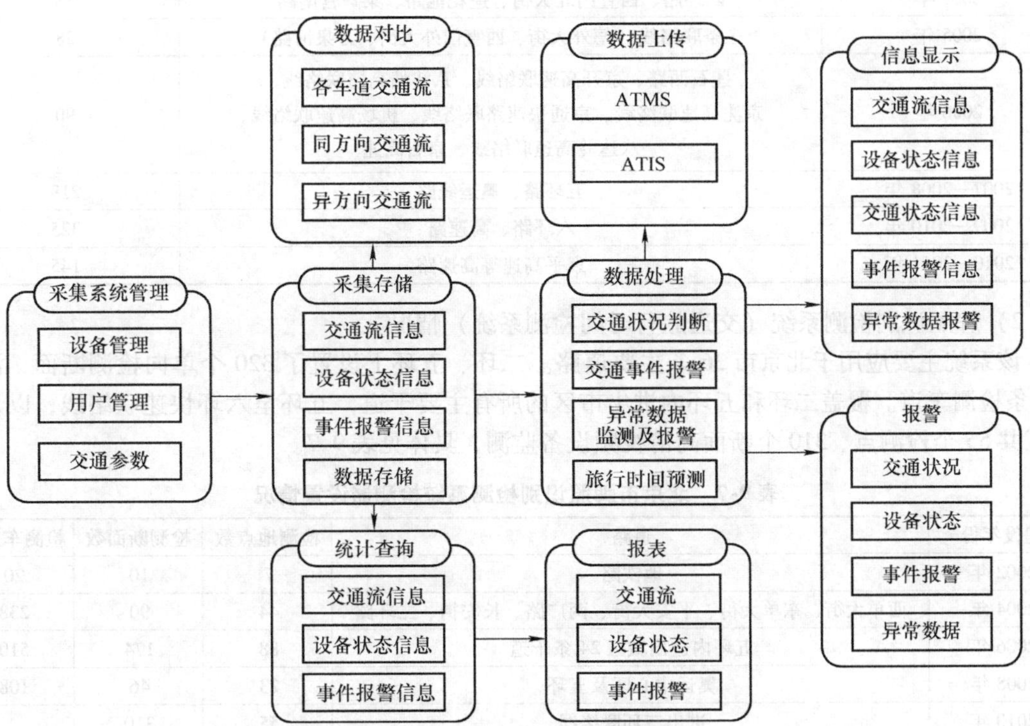

图9-3 中心数据处理系统功能模块结构

在交通流检测相关系统基础上，建设完成的交通信息处理发布系统自2004年正式运行，通过统一的交通信息管理平台将原先各自独立的无数据交互的子系统高度综合集成，利用已建系统数据资源，进行交通信息分析研究，自动分析生成各种数据，确保了交通信息数据实时、动态、快捷、准确。每2min将路况信息以红、黄、绿三种颜色（分别表示拥堵、缓行和畅通的交通状态）进行发布，并提供全市路网整体运行评价指标和重点路段异常情况的提示。据不完全统计，该系统每天为北京市公安局公安交通管理局对外网站实时路况栏目提供数据800余万条，每年通过该系统发现拥堵点并实施指挥调度达6000余次。目前北京市已经实现了全市主要道路共计1514km的实时交通信息采集处理分析发布，具体如下：

① 高速公路覆盖里程791km，占总里程的87.6%，主要采用微波和车牌识别检测方式。

② 快速路总里程263km，5条环路6条联络线共覆盖了11条，覆盖里程263km，覆盖率100%，采用微波和车牌识别的检测方式；

③ 城市主次干道总里程1526km，覆盖460km，覆盖率30%。城市主干路主要采用环形线圈及车牌识别的检测方式，城市次干道和支路采用浮动车检测方式，接入浮动车2.3万辆。

采用的车辆检测器的具体情况如下：

1）微波、超声波交通流检测系统情况

该系统于2001年开始建设，目前设备覆盖道路为所有高速路、环路及快速路联络线，道路总长1054km，设备数量1222套，见表9-6。

表9-6 北京市微波、超声波交通流检测系统应用情况

建设年份	道路	检测断面数
2001年	二环路、三环路	133
2003年	四环路、西直门北大街、莲花池路、菜户营南路	88
2005年	三条联络线（德外大街、西直门外大街、万泉河路）	28
2006年	莲石西路、京开高速联络线、京津塘高速联络线、京沈高速联络线、京通快速路联络线、机场高速联络线、八达岭高速联络线、京石高速	90
2007—2008年	五环路、奥运线路	218
2009—2010年	六环路、高速路	325
2010—2011年	京平高速等高速路	145

2）牌照识别检测系统（交通旅行时间检测系统）情况

该系统主要应用于北京市36条主要道路。二环、五环上设置了320个单向检测断面，涉及876条检测车道。覆盖二环和五环内进出市区的所有主要干道，五环至六环快速联络线，以及中心区共55个检测点、310个断面高清视频设备监测，具体见表9-7。

表9-7 北京市牌照识别检测系统检测器设置情况

建设年份	道路	检测地点数	检测断面数	检测车道数
2002年	地铁路	7	10	20
2004年	西单大街、东单大街、平安大街、两广路、长安街、二环路	44	90	238
2006年	五环内进出城区24条干道	88	174	510
2008年	奥运中心区及五环	23	46	108
2010年	进出三环联络线	55	310	
2012年	进出三环以及城区主干道	86	172	

目前该系统以二环、三环、五环为界，快速路和主干道联络线为依托，基本建立了一个五环内的旅行时间检测和车辆监控网络，可以有效地检测进出二环、三环、五环的各类车辆，实现五环以内主干道联络线及环路卡控区域的交通管理需求，在检测交通运行数据的同时，对违反尾号限行管理、未年检、黄标车等违法上路行驶车辆实时检测报警，并实现套牌车主动检测报警、大货车违法进市区等检测功能。

3）环形线圈及固定视频检测系统

该系统依托信号控制系统，用于交通信息分析发布的范围覆盖长安街、平安大街、两广路、地铁路。其中，长安街采用的是固定视频检测设备，其余道路采用的是线圈检测设备；四条大街共计66个路口，标清视频检测摄像头50个方向，检测线圈156个，覆盖总长为140km，具体见表9-8。

表9-8　用于交通信息发布的部分线圈及固定视频检测系统的分布

道路	检测方式	路口数	检测器数
长安街	固定视频	13	50
平安大街	环形线圈	22	62
地铁路	环形线圈	16	42
两广路	环形线圈	15	52

9.3　交通检测技术综合应用——电子警察

9.3.1　概述

电子警察系统最早出现在欧洲，但到目前为止在我国应用最为广泛。一方面电子警察系统在我国的技术内涵得到充实，另一方面电子警察系统在我国的应用领域得到拓展。从某种意义上说，我国已经引导了电子警察系统技术的发展。

在应用之初，电子警察系统泛指用于信号灯控制路口的闯红灯违章拍摄设备。然而，随着科学技术水平的不断提高，电子警察系统的技术内涵正得到不断丰富和深化。因此，从概念上说，电子警察系统定义为凡是采用电子手段取代警察对机动车、驾驶人员实施监测并记录其交通违法行为的装置或系统。其核心工作内容是自动监测并记录机动车、驾驶人员的交通违法行为过程。

按照《中华人民共和国道路交通安全法》及《中华人民共和国道路交通安全法实施条例》规定，涉及机动车通行的交通违法行为有171种，涉及非机动车通行的交通违法行为有55种，涉及行人和乘车人通行的交通违法行为有30种，涉及高速公路通行的交通违法行为有28种，其他规定的交通违法行为有49种。所有这些交通违法行为都可以通过电子警察系统来实施取证并执法，可采用如图像取证、测速取证、声音取证、超重记录、GPS（全球卫星定位系统）定位、汽车行驶记录仪、酒精检测仪、证件核查等高科技手段。其中，图像取证是指通过成像手段来记录交通违法者的交通违法行为图像，从图像中能判断当事人或车辆（含机动车、非机动车）的交通违法行为；测速取证是指通过测速仪器设备来获取机动车或非机动车的行驶速度，从而判断其行驶的速度是否高于限速值上限或低于限速值下限；声音取证是指通过语音手段记录交通违法者讲话的声音，通常与图像取证结合使用，用来证明交通违法者是否听从交警指挥；超重记录是指采用技术手段来记录机动车或非机动车实际的载重，从而判断车辆是否超重违法；GPS定位是指通过安装车载全球卫星定位系统获取车辆运动轨迹，从而判断车辆是否按照预定路线、时间等行驶；汽车行驶记录仪是指通过安装车载记录仪获取汽车行驶行为，从而判断驾驶人员是否疲劳驾车；酒精检测仪是指通过技术手段获取驾驶人员饮酒含量，从而判断驾驶人员是否酒后驾车；证件核查是指通过技术手段将获取的机动车行驶证、驾驶证、身份证进行联网比对，从而发现可疑车辆或可疑人员等。

按照采集的信息类型来分，电子警察系统可分为图像型电子警察系统和数据型电子警察系统两大类。其中，图像型电子警察系统是指以采集图像为基础的设备，常见的有闯红灯自动记录系统、车载式交通违法取证系统、闯禁区监测记录系统、车辆超速监测记录系统、公路车辆智能监测记录系统、车辆稽查管理系统等。数据型电子警察系统是指以采集数据为基础的系统，常见的有酒精检测仪、车辆卫星定位系统、汽车行驶记录仪、车辆超速警示系统、车辆超重记录系统等。从理论上说，图像型电子警察系统带有“监测”功能，不仅有数据结果，而且还有图像证据，往往是警察不在现场即可实现其取证功能，属于非现场执法的范畴。而数据型电子警察系统仅有检测功能，只提供数据结果，往往需要警察人力的协助才能完成执法取证工作。

按照安装方式来分，电子警察系统可以分为固定电子警察系统、流动电子警察系统。其中，固定电子警察系统指安装在固定地点、具有对机动车实施监测并记录违法行为功能的系统，常见的有闯红灯自动记录系统、闯禁区监测记录系统、车辆超速监测记录系统、公路车辆智能监测记录系统、车辆超速警示系统、车辆超重记录系统等。流动电子警察系统是指能在运动过程中检测并记录违法行为的电子警察系统，常见的有酒精检测仪、车辆卫星定位系统、汽车行驶记录仪、车载式交通违法取证系统等。

下面重点介绍闯红灯自动记录系统和公路车辆智能监测记录系统。

9.3.2 闯红灯自动记录系统

机动车闯红灯行为是指机动车在对应红灯相位时越过停止线并继续行驶的行为。闯红灯自动记录系统是指在具有交通信号控制的交叉路口或路段对机动车闯红灯行为进行不间断自动监测和记录的设备。其核心是准确监测并记录机动车闯红灯行为的违法过程。按照 GA/T 496—2009《闯红灯自动记录系统通用技术条件》规定，闯红灯自动记录系统应记录机动车闯红灯过程中两至三个位置的信息以反映机动车闯红灯违法过程。其中，第一个位置的信息应能清晰辨别闯红灯时间、车辆类型、红灯信号和机动车压在或越过停止线的情况；第二和第三个位置的信息应能清晰辨别闯红灯时间、车辆类型、红灯信号和整个车身已经越过停止线的情况。

闯红灯自动记录系统是电子警察系统的重要组成部分，最早在我国城市路口得到应用和发展。公安部曾先后下发了《关于推广使用交通监控系统查处交通违章做法的通知》（公交管［1997］141 号）和《关于进一步推广使用路口闯红灯监控技术的通知》（公交管［1998］23 号)，要求各地推广使用闯红灯自动记录系统。目前，闯红灯自动记录系统已在各地得到广泛使用，对遏制交叉路口机动车闯红灯行为、降低交叉路口事故发生率起到了重要作用。

按照图像取证部件来分，将闯红灯自动记录系统分为光学胶片相机型、数码相机型、摄像机型闯红灯自动记录系统。其中，光学胶片相机型闯红灯自动记录系统使用历史最早，核心部件是光学胶片相机。而数码相机型闯红灯自动记录系统是在 20 世纪 90 年代中期在数码相机基础上演化而来的，当时记录机动车违法过程只需拍摄一张后部照片。摄像机型闯红灯自动记录系统核心是摄像机，因摄像机能监控机动车运动过程而被广泛使用，特别是随着摄像机图像分辨率的不断提高，闯红灯自动记录系统的利用价值已不仅是闯红灯行为的违法取证功能。

1. 系统构成

闯红灯自动记录系统由车辆检测器、图像取证设备、补光灯等组成。其中，车辆检测器负责检测机动车闯红灯行为，并向图像取证设备发出图像取证命令，以及控制补光灯通断；图像取证设备负责对闯红灯的机动车实施过程成像；补光灯负责图像取证设备的补光。

（1）车辆检测器

按照机动车闯红灯行为的定义，在检测机动车通行的同时，需要判别路口交通信号灯相位，而路口交通信号灯通常是由交流电压来控制的。故为了耦合红灯相位信号往往采用电源变压器及整流电路将控制红灯的交流电转换成直流低电平信号，如 TTL 电平等。只有该电平有效时，车辆检测器才会发出图像取证控制命令。然而，由于我国道路交通安全法起步较晚，机动车驾驶人员及行人的法律意识相对滞后，所以为了排除外界对闯红灯自动记录系统本身产生的干扰、影响，在闯红灯自动记录系统技术标准中规定不对绿灯、黄灯相位通过停车线的机动车进行记录，同时为了避免红灯相位期间由对向的通行机动车误触发所产生的无效图像，通常设置两个检测点来满足机动车通行方向的判别。如图 9-4 所示，如果两个车辆检测点分别设置在停车线前后，则系统可以拍摄机动车未过停车线前的瞬间图像。另外，将两个检测点均设置在停车线前，系统无法记录车辆在停车线之前的瞬间图像，如图 9-5 所示。

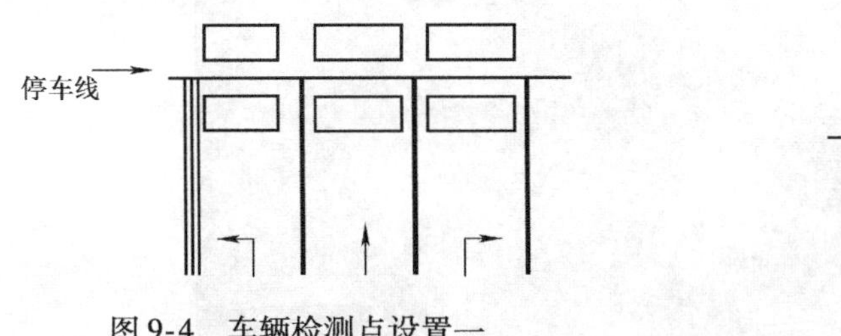

图 9-4　车辆检测点设置一

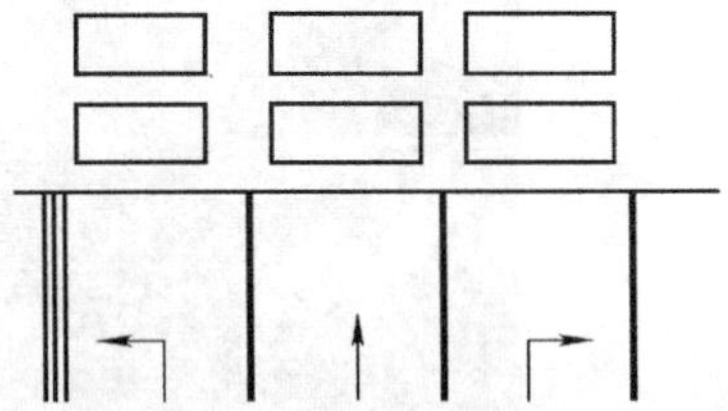

图 9-5　车辆检测点设置二

车辆检测器常用的是环形线圈车辆检测器和视频车辆检测器。其中，环形线圈车辆检测器检测准确率可达 100%，但日常维护不便、使用寿命短；而视频车辆检测器检测准确率通常在 90% ~ 95%，且易受外界干扰和光线影响。

（2）图像取证设备

2004 年 6 月 4 日，闯红灯自动记录系统标准正式实施，光学胶片相机型闯红灯自动记录系统因其无法记录机动车闯红灯违法的过程而被淘汰。为了清晰、准确记录机动车闯红灯证据，图像取证设备经历了民用数码相机、标清摄像机、专业数码相机、高清摄像机的发展过程，包括以下四种模式：

① 模式 1。图像取证设备由全景和特写标清摄像机构成。其中，全景标清摄像机拍摄机动车运动过程，特写标清摄像机抓拍机动车车牌特写图像。

② 模式 2。图像取证设备由民用数码相机和全景标清摄像机构成。其中，全景标清摄像机拍摄机动车运动过程，民用数码相机拍摄机动车车牌特写图像。

③ 模式 3。图像取证设备由专业数码相机构成。其中，专业数码相机具有连拍功能，所拍照片能识别闯红灯行为特征。

④ 模式 4。图像取证设备由高清摄像机构成。其中，高清摄像机能全面记录机动车闯红灯行为过程。

（3）补光灯

目前，闯红灯自动记录系统中的补光灯分为常亮和频闪两种类型。其中，常亮型补光灯与机动车通行无关，只与环境照度有关，当环境照度低到一定值时，补光灯就会亮起来。而频闪型补光灯与机动车通行行为有关，只有机动车产生闯红灯行为，补光灯才会发出瞬间补光。

2. 证据界定

当机动车在红灯相位内越过停止线，但没有继续向前行驶时，其行为不属于闯红灯，而是越线停车，其处罚不同。因此，机动车闯红灯图像应全面反映该车辆闯红灯的违法过程，只有事实清楚、证据确凿，才不会产生执法异议。

在模式1中，为了将路口的信号灯、停止线完整地拍摄并反映出来，车辆在图像中的尺寸必然较小。在全景图像中不仅难于辨别车牌号码，而且由于外界光线变化，标清摄像机所拍摄的红灯信号有时存在红灯信号中的红色不明显，或者存在颜色失真现象，以及缺少车道导向箭头，如图9-6所示。

图9-6 模式1效果图

在模式2中，民用数码相机只拍摄一张照片，全景标清摄像机记录机动车运动过程视频流，两者之间的目标物会存在一定的色差。

在模式3中，专业数码相机虽然能够记录机动车闯红灯行为特征，但由于检测机动车运动行为及控制成像需要时间，故所取证的图像存在机动车位置不一致性，有时会冲过停车线，或缺少车道导向箭头或标志，如图9-7所示。

图9-7 模式3效果图

在模式 4 中，高清摄像机不仅能全面记录机动车闯红灯行为过程，而且能将机动车运动行为软件嵌入其中，所形成的执法证据具有唯一性，如图 9-8 所示。

3. 功能扩展

随着视频智能分析技术的发展，高清摄像机具备了交通现场视频监视、交通行为识别与记录、交通流量统计、多码流视频录像、车牌图像自动识别等功能，闯红灯自动记录系统的原始功能得到了进一步扩展。按照 GA/T 995—2012《道路交通安全违法行为视频取证设备技术规范》要求，系统设备安装在交叉口时，至少具备对机动车不按车道行驶、不按交通信号灯规定通行、不按导向箭头指示通行三类交通违法行为视频检测和记录；系统设备安装在路段时，至少具备对监控范围内的违法停车、倒车、逆行、压线行驶、不按指示车道通行五类交通违法行为视频检测和记录。

如图 9-9 所示，基于逐帧视频分析和目标识别技术，闯红灯自动记录系统不仅实现了车辆快速检测，而且也实现了车辆运动目标的全方位跟踪。

如图 9-10 所示，每个车道绘制独立的区域，对于每个车道有停车线 1、左面车道线 2、离开线 3、右面车道线 4；并且给每个车道设置其车道属性，包括左转、直行、右转、左直、直右、左转等待区、左直右共 7 种属性。

① 闯红灯抓拍。结合车道属性和红绿灯信号判断是否产生闯红灯信号。车头进入 1 号线（同时车尾能够在视频中完整看到）抓拍 1 张，车尾离开 1 号线抓拍 1 张，车辆穿过 3 号线抓拍 1 张，从而 3 张图像形成完整的闯红灯过程。

图 9-8　模式 4 效果图

图 9-9　车辆检测示意图

图 9-10　车辆跟踪示意图

② 压双黄线抓拍。假如图中车道 1 左侧黑色线为双黄线，则如果检测到车辆区域跨压双黄线抓拍 1 张，等其离开 1 号线再抓拍 1 张，从而 2 张图像组成完整的压双黄线取证过程。

③ 左转车道车辆直行或右转违法抓拍。车辆在左转车道上时，车头碰到 1 号线抓拍 1 张，离开 1 号线抓拍 1 张，如果车辆从 3 号或者 4 号线离开则表明该车在该车道违法直行或者右转抓拍 1 张，从而 3 张图像组成完整的违法取证过程。

④ 直行车道车辆违法左转或右转抓拍或直行车道违法变道超车抓拍。车辆在直行车道上时，车头碰到 1 号线抓拍 1 张，离开 1 号线抓拍 1 张，如果车辆从 2 号或者 4 号线离开，则表明该车在该车道违法左转或者右转均抓拍 1 张，从而 3 张图像组成完整的违法取证过程。

⑤ 右转车道车辆违法直行或左转抓拍。车辆在右转车道上时，车头碰到 1 号线抓拍 1 张，离开 1 号线抓拍 1 张，如果车辆从 2 号或者 3 号线离开则表明该车在该车道违法左转或者直行抓拍 1 张，从而 3 张图像组成完整的违法取证过程。

⑥ 车辆压分道线或车辆变道抓拍。每辆车出现在画面时抓拍 1 张并记录其车道号，如果发现该车踪迹变更到其他车道则抓拍 1 张，从而 2 张图像组成完整的违法取证过程。

⑦ 违法逆行抓拍。发现车辆轨迹持续从上往下变动时在不同位置抓拍 2 张，从而 2 张图像组成完整的违法取证过程。

⑧ 违法掉头抓拍。车辆进入视频区域时抓拍 1 张图片，发现车辆轨迹成 U 形时再抓拍 1 张，从而车头车尾 2 张图像呈现完整的违法过程。

9.3.3　公路车辆智能监测记录系统

在公路上对车辆实施监控早在我国出现，一些公路在建设的同时也安装了监控系统，但这些监控系统只能为监控人员提供直观、具体的路面信息，而现有的图像传感技术根本无法让一个摄像机在提供十分清晰的车辆特征的同时覆盖全部车道。同时，我国的公路设施归交通部门或公路运营公司管理，公安交通部门只负责路面交通安全管理，这就决定了公安交通部门必须建立适合自身特点的公路车辆监控系统。公安交通部门的公路车辆监控系统经历了最原始的模拟录像机到数字录像机的发展过程，又从数字录像机发展到计算机智能监控系统，目前已发展到利用公安三级网络进行公路车辆远程数字监控，从此将公路车辆监控的内涵不断向前延伸。

从时间上划分，闭路电视技术的发展带动了公路车辆监控系统研发工作，1998 年之前的公路车辆监控系统大多采用模拟盒带录制路面状况，属于模拟录像机时代。随着计算机硬盘容量不断扩大，产生了数字录像机时代，用硬盘取代了盒带，从而大大提高了公路监控系统的可靠性。这是公路车辆监控系统技术上的第一次质的飞跃，数字录像机时代一直延续到 2000 年。而伴随着视频技术和图像处理技术取得的突破，2000 年又迎来车辆监控系统的新发展，即车辆监控系统进入智能化时代。其标志特征是将车牌自动识别技术应用到车辆实时监控系统，从而使车辆动态布控变成现实。这不仅大大拓宽了系统应用范围，而且提高了干警工作效率。这是公路车辆监控系统技术上的第二次质的飞跃，出现了“公路车辆智能监测记录系统”概念。到了 2002 年，随着全国公安“金盾工程”初战告捷，全国公安三级网络已初步建成，全国公安交通信息系统又联网成功，公路车辆智能监测记录系统又跨入了公安网或互联网时代，这是公路车辆监控系统技术上的第三次质的飞跃，也最能体现系统应用效果。2004 年 6 月 4 日，公安部标准 GA/T 497—2004《公路车辆智能监测记录系统通用技术条件》正式颁布实施，这为公路车辆智能监测记录系统的发展提供了规范化的平台，未来的公路车辆智能监测记录系统将朝着无线监控、卫星定位、图像空间融合和自动跟踪方向发展。

从系统使用场所来说，过去车辆监控系统主要集中在收费站、省市际卡口，而今系统已从省市际卡口延伸到国道干线、省道、县道、高速公路、城市道路等。尤其是在道路交通事故预防管理工作中，将系统设置在交通事故“黑点”等处，作为强化路面管理的手段得到推广使用。

从使用的对象来说，系统不仅能为公安部门服务，而且也能为其他政府部门（如公路管理部门、军事机关等）提供车辆信息支持，将来也能为车主或对车辆感兴趣的对象提供信息服务。举例来说，车主如想知道车辆在何处，只要向公安部门或社会中介机构发个短信，就能收到附加车辆彩色运行图像的信息。目前，系统已从广义的监控系统演化为遍布全国各地车辆动态数据采集终端，为政府决策服务、为民众出行服务、为广大驾乘人员及车主服务。

1. 功能特点

公路车辆智能监测记录系统是指对受监控路面的通行车辆信息进行自动采集和处理的设备系统。其核心是记录所有通行车辆的全部特征信息，由车辆检测器、图像采集卡、摄像机、辅助照明灯具、计算机、图像控制软件、车牌模糊识别软件、图像网络传输和控制软件等组成。其中，车辆检测器进行车辆存在和车速检测；摄像机通过视频线或其他传输手段将视频信号传输到计算机内的图像采集卡中；计算机根据车辆检测器输出控制命令进行车辆图像抓拍和号牌特征自动提取。同时，系统又是公安交通指挥中心的组成部分，所有路口车辆信息都能在指挥中心实时显示和访问查询，并可通过公安网络实现异地查询和共享，为车辆动态管理提供执法依据。下面现简述其主要功能。

（1）信息采集功能

准确采集所有通行车辆的全部特征信息，并在图像中标明车辆通行数据，如时间、地点、车速、方向、车道等。在正常车速（5 ~ 140km/h）范围的监控区域内，规范行驶的车辆图像捕获准确率达 99% 以上。在环境无雾包括雨雪天情况下，对监控区域内的规范行驶的车辆要求准确记录车辆前部特征图像、后部特征图像、含车牌的特征图像，所记录的图像文件分辨率不低于 768 × 288 像素点，保存时间应不少于一个月。记录包括压中线行驶的含车牌的车辆特征图像，前部全景图像、尾部全景图像、车牌识别图像，如图 9-11 所示。

（2）违法取证功能

当车速在 $40\text{km/h} \leqslant v_{车} < 120\text{km/h}$ 的范围时，测速误差在 ±6% 之内；当车速在 $v_{车} \geqslant 120\text{km/h}$ 范围时，测速误差在 ±10% 之内。同时，对逆行、压线等交通违法行为也能取证。车辆交通违法

图 9-11　车辆拍摄效果图

信息集中上传到公安交警大队（中队）筛选、确认、复核后，再将交通违法数据与公安交警支队的业务处理数据库相连，通过交通违法业务系统进行处理，避免产生执法纠纷，如图 9-12 所示。

图 9-12　车辆通行图片

（3）车辆识别功能

如图 9-13 所示，所识别的车牌种类应包括民用、警用、军用、武警车牌。所识别的字符应

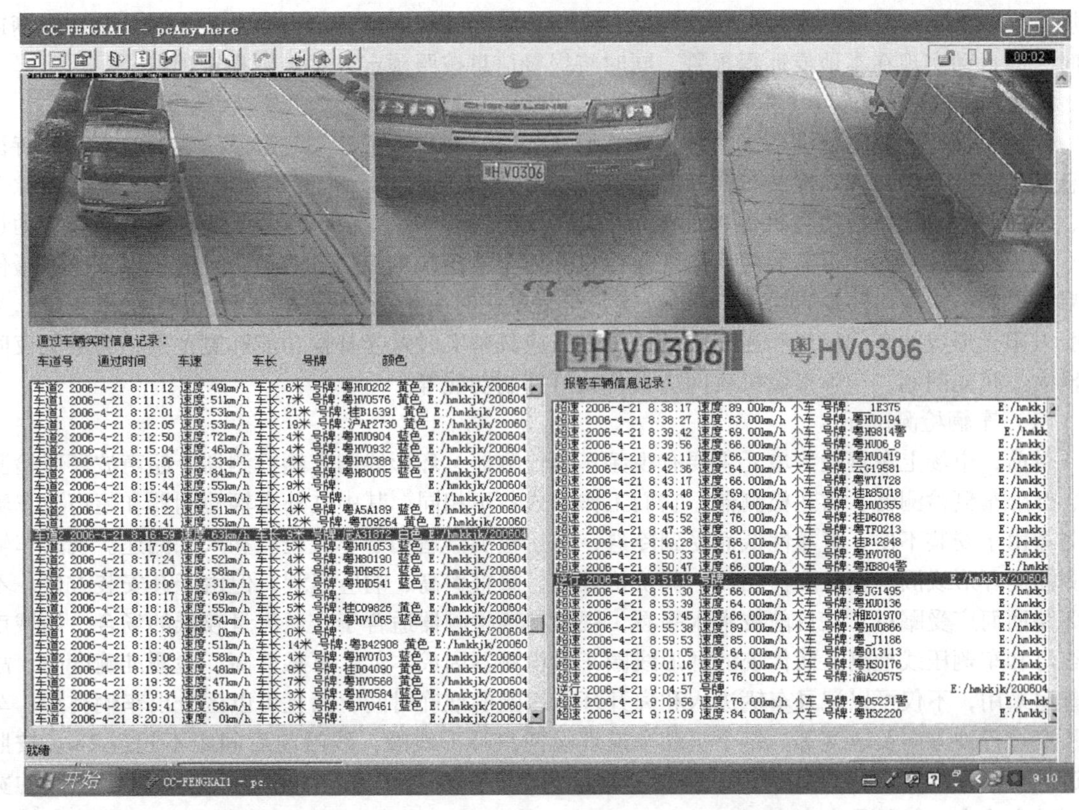

图 9-13　车辆识别

包括：0～9、A～Z、京、津、晋、冀、蒙、辽、吉、黑、沪、苏、浙、皖、闽、赣、鲁、豫、鄂、湘、粤、桂、琼、川、贵、云、藏、陕、甘、青、宁、新、渝、军、海、空、集、北、沈、南、兰、广、成、济、警、学、领、试、挂、港、澳、WJ、00～34 等。当车牌式样发生变更时，要求在不更改识别软件的前提下，通过改变识别字库及字符训练达到软件升级。在车辆按车道规范行驶且不含“五小车辆”、号牌无缺损下，白天车牌识别率应不低于 90%，准确率应不低于 85%；夜间车牌识别率应不低于 80%，准确率应不低于 75%。

（4）车辆布控报警功能

如图 9-14 所示，布控种类包括不按期检测和年审的车辆、违法超期不接受处罚的车辆、违法记分超过 12 分的车辆、被盗抢嫌疑的车辆、涉及刑事和治安案件的车辆及其他需报警的车辆等。当符合上述布控的车辆通过监控点时，能自动实现在本地或远程报警，同时将报警信息按照预定方案传到指定地点。报警内容包括车辆行驶的速度超过设定值、车辆行驶的速度低于设定值、不按车道行驶的车辆（包括逆行、压线）、故意遮挡和污损车牌的车辆、不

图 9-14　车辆布控报警示意图

按规定安装机动车车牌的嫌疑车辆、伪造和变造车牌的嫌疑车辆。当符合上述报警内容的车辆通过时，能自动实现在本地或远程报警，同时将报警信息按照预定方案传到指定地点。

2. 组成原理

公路车辆智能监测记录系统俗称卡口监控系统，目的是为了在实时记录所有通行车辆的特征信息基础上，开展车牌布控及车辆特征追查。它由车辆检测单元、图像采集单元、快速摄像单元、辅助照明单元及控制主机等单元组成。通常情况下，为了实现车辆特征记录和车牌自动识别，对于路面较宽的车道需要两台车牌摄像机，而全景摄像机前后各一台；且为了保证图像摄像效果，摄像机快门时间设置为1/1000s，避免车辆过快时所拍摄的图像中产生车辆拖影现象；为克服太阳光形成的车牌反光和逆光问题，摄像机应具备实时背光补偿功能和宽范围；为避免夜间车辆大灯眩光问题，车牌摄像机夜间应具备大灯抑制功能等。

（1）车辆检测单元

目前，市场上车辆检测单元主要有视频车辆检测器、环形线圈车辆检测器、超声波环形检测器、红外车辆检测器、雷达检测器，它们工作方式各不相同。其中红外车辆检测器和超声波车辆检测器由于安装不便、可靠性低而受到冷遇；雷达检测器适用于车流检测和人工测速。视频车辆检测器同环形线圈车辆检测器相比，其价格较贵、漏报率高、响应迟缓，但由于其安装方便、不破坏路面而广受瞩目。从目前技术水平看，视频车辆检测器适合于交通流量较低的场合，如城市闯红灯和车辆压线检测。而传统的环形线圈车辆检测器因成本低、可靠性高、检测准确度高，故被普遍采用，不仅可以记录车辆进入和离开环形线圈的准确时间，而且可以区分出车辆类型、车辆长度、行驶方向及速度等。每个机动车道埋设两只环形线圈，线圈前后间距不超过2m。按照国道的车道标准宽度（3.75m），线圈宽度标准为2~3m；当车道宽度超过3.75m时，线圈的宽度可随之改变，但是最大宽度不超过3m，其中，第一只环形线圈用于车辆触发拍摄，第二只环形线圈用于车辆测速及行驶方向判别。

（2）快速摄像单元

快速摄像单元由高清晰度的低照度摄像头、可变焦镜头及室外防护罩等设备组成，可为系统提供高品质的车辆图像。每车道通常包含多个摄像头，其中全景摄像头用于车身整体和背景图像采集，主要用于外观、车型、颜色等特性的识别；车牌摄像头用于车辆头部图像采集，并应用于车牌识别。摄像头输出视频信号可直接传输到控制主机，作为图像采集卡的信号源。从视频技术发展看，数字视频是大势所趋，为获得最佳视频，通常采取两种方法：一是利用低速快门将图像进行数字化后图像优化，输出模拟视频信号；二是提高CCD成像开孔率。因此，所选用的摄像头应具备超低照度和眩光抑制功能，应有超宽动态范围和良好的背光调节功能，能自动调节亮度和对比度，具有白平衡智能跟踪，适合作车辆头部摄像头。由于公路车辆密集，特写摄像头最好安装在车道正上方，如果与车辆行驶方向有一角度，则通常与车牌平面角控制在120°左右，摄像头与车牌立体角控制在30°，摄像头与车头水平距离控制在12~16m，车牌在图像中所占大小为1/7~1/6，这样可以保证车牌不会被前车阻挡，且车牌识别不会受到影响。

（3）辅助照明单元

公路车辆智能监测记录系统所拍摄的图像特征需要车辆头部图像，其原因是车辆肇事逃逸的特征往往出现在车头位置。公安部标准GA/T 497—2004中明确禁止夜间采用闪光灯补光，主要是为了不会对正常行驶车辆的驾驶人员产生强光刺激，避免交通事故的发生。同时，由于我国各地车牌底色千差万别，在实际工程中，发现当采用不可见红外灯时，对于一些底色为蓝底和白底的车牌夜间根本无法分辨。该类车牌在白天已经出现模糊，何况夜间车辆有大灯存在，实践证明“采用红外摄像头时，运动的大灯眩光无法抑制”。因此，在拍摄车辆头部时，为了提高夜间图像清晰度，通常需要加可见光照明装置。特别是在识别彩色车牌时，如果没有足够的光源，图像识别率往往很低。另外，由于车辆图像拍摄是在车辆运动过程中完成的，对于摄像头的快门时间，普通公路设置为1/500s，高速公路设置为1/1000s，否则抓拍下来的图像中会带有拖影。而摄像头所提供的最低照度是指快门1/50s时的照度。国际照明委员会认为，照度在20lm左右刚刚能分辨人脸的特征，因而在车辆实时监测记录系统中，车辆被拍摄点的地面夜间照度要求不低于50lm。在选择辅助照明单元时，要考虑灯具的聚光性、电光源的显色指数和色温等，显色指数值越高，其色彩还原性就越好，而且色温要与摄像头相对应，灯具的光效越高，对系统越有利，可以降低灯具用电功率。考虑到我国车牌特点，如黄牌底反光字不反光、蓝牌字反光底不反光，LED投射灯由于功耗小、聚光性好，被广泛用于车牌照明。同时，陶瓷金属卤化灯（Ceramic Discharge Metal Halide Lamp，CDM）光电性能一致性和稳定性好，允许有更高电弧温度，灯的光效可提高10%～20%，且发光体小、亮度高。对于单车道一般选用不大于50W的荷兰飞利浦（PHILIPS）公司的陶瓷金属卤化灯用作车辆全景的照明，并将灯具和摄像头分别安装在两个支架上，夜间灯光应射在车牌上，只有这样，夜间效果才会凸显出来。

（4）控制主机单元

目前图像拍摄和图像处理的控制机往往采用工业计算机，以适应恶劣的工作环境。计算机根据车牌特写图像进行牌照全自动识别，识别结果实时与车辆报警信息库相连，一旦符合报警条件，计算机会自动向监控中心发送包含车辆图像的主要特征信息，供交警实时执法。同时，计算机也能提供车辆行驶速度及接收监控中心的协查和报警车辆信息。在实际工程应用中发现，一台计算机控制三个以上车道的情况下，当车速高于80km/h且车辆连续并排行驶时，抓拍下来的车辆图像位置不准，甚至看不清车辆头部特征。因此，公路车辆智能监测记录系统的一台计算机最多控制两条车道。在系统设计时，应充分考虑道路车辆特点，可采取多线程工作模式，最高线程为图像抓拍，其次为图像识别，最后为图像存储和处理。一旦有车辆通过第一个车辆感应线圈时，计算机立即进行图像抓拍，并将抓拍到的图像写入图像缓冲区，然后进行车辆全景的抓拍。当车辆通过第二个车辆感应线圈时，就能测出车辆行驶速度和车辆是否逆行，并进行车辆尾部图像拍摄。同时，系统识别对车辆图像进行车牌识别，通常识别过程不超过100ms。一旦识别成功，系统立即与车辆布控数据进行模糊比对，并实时在本地报警和上传报警信息。识别特写图像后，启动图像处理进程进行图像存储和处理。车辆测速和逆行信息检测均由车辆检测器完成，车辆检测器实时向计算机传输车辆经过信息，计算机接收到速度信息与本地限速值比较，一旦发现车辆超速和逆行，系统立即在本地报警并上传报警信息。按照GA/T 497—2004要求，采取循环覆盖技术存储车辆信息。

如图9-15所示，在同向二车道路面上，为了应对车辆不按道行驶，需在两车道中间增加一套摄像机拍摄车辆特写，由此提高车牌识别的准确率。当车辆并排行驶时，特写摄像机前后拍摄区域应超过3m，确保所拍摄的车辆车牌都在视野范围内。在双向二车道路面上，车辆拍摄位置应不留间隙，以确保通行车辆都能得到拍摄。

（5）信息传输和路口机管理

目前，前端控制软件往往采用Windows或Linux操作系统平台，在系统设计时已经充分考虑道路车辆特点，整个图像抓拍过程耗时数十毫秒。系统查询既可以本地，又可以网络上任何授权点上进行，可以按时段、地点、车牌、车型、速度、嫌疑车牌进行查询，还可以对违法车辆进行罚单制作，就近接入公安网，不仅实现了车辆远程查询、实时车辆显示、违法处理，而且实现了系统远程控制和维护。为了能迅速获得各联网监控点的报警信息，发挥监控指挥中心集中指挥、统一调度的功能，提高警力布防的快速性和准确性，设立采用UNIX或Linux操作系统的中心服务器，实时接

图 9-15　车辆压中线行驶的效果图像

收各卡点的上传数据，并与车管所数据库相连，统一将车辆数据写入中心 Oracle 数据库中，完成布控信息的录入，接受包括本地公安部门、外地公安部门、交警和其他警种的车辆 Web 查询，实现车辆图像及相关数据的统计、分析、打印、备份工作，用户管理和控制、违法车辆查询、罚单制作、登报、信息服务等工作。路口信息包括实时车辆信息、违法车辆信息、设备运行状况及故障信息、时间校正信息、参数设置信息等。为了实现上述信息的传送，在路口机和中心服务器中，分别安装传输程序和中心管理程序，并安装后台监视软件对路口机设备进行远程监视。

（6）网络架构

为了使监控中心能迅速获得各联网监控点的报警信息，发挥监控中心集中指挥、统一调度的功能，提高警力布防的快速性和准确性，监控中心设立中心服务器、报警装置、若干管理工作站和设备监测工作站。监控指挥中心软件由控制软件、数据管理软件、设备监测软件等组成。工控机主要功能是完成车辆的抓拍和违法监测，同时将抓拍的图像连同车辆通过时间、车速、车长、车道号、辖区等信息写入本地数据库，并能通过虚拟专用网（VPN）上传布控和违法信息。上传过程中，首先探测高速传输线路是否通畅，如果线路通畅，则将数据库信息上传到中心服务器；如果线路暂时不通，则将未上传数据做标记并等待。数据传输等待时间应结合车辆通过和探测通道时间，以保证数据的实时性。服务器的主要功能是完成上传数据的存储和处理，将上传的车辆和驾驶人员信息自动与公安交警信息系统相连，同时与公安被查车辆库进行实时比对。如果系统比对成功，则立即向报警装置发出报警，同时将上传的违章报警信息进行分类管理，并进行罚单制作。工作站是各级人员的操作平台，功能强大，可完成布控信息的录入，数据库图像及相关数据的浏览、检索、统计、分析及未识别车牌的手工识别，同时兼有违章执法和 Web 管理功能。为有效对路口控制机的管理和维护，可利用现有设备设立监测工作站，专门实时监测路口系统的各关键设备运行状态，从而降低系统维护难度。数据库是作为抓拍车辆信息、维护信息、违法嫌疑车辆报警信息等相关信息的共同存储库，采用 Oracle 数据库，并与车管所车辆管理数据库相连，以便于查询车辆信息、打印罚单、登报等。数据库从功能上分为抓拍车辆数据库、用户数据库和报警数据库（包括盗抢车库）。前端数据库中的信息主要包括原始的图像记录和相关数据记录，并起到备份和传输链路暂时中断时的暂存作用。指挥中心数据库中的信息是正式数据记录，将按需要作为档案保存一定时间，可通过 Web 访问和发布。其中记录的数据信息主要是图像信息、车速、车辆通过时间、车长、车道号、辖区、识别性质（如果是手工识别，则有手工识别用户名、识别时间、识别单位等信息）。用户数据库用作对用户访问权限的控制，信息包括用户名、用户权限、用户辖区、用户基本信息等。报警数据库主要包括布控车辆的车牌信息，各监控点车道限速信息等。

3. 路面布设

(1) 中间不带隔离的双向四车道的布设

图9-16所示为中间不带隔离的双向四车道的布设。对于该处监控系统，共采用10台摄像机。其中一个方向上，3台摄像机作为车牌摄像机，确保压线行驶的车辆特征准确拍摄；同时前后各安装1台摄像机，用于记录前部全景图像、尾部全景图像。共需安装支架4根，每根高6.0m、悬臂长度6.0m。

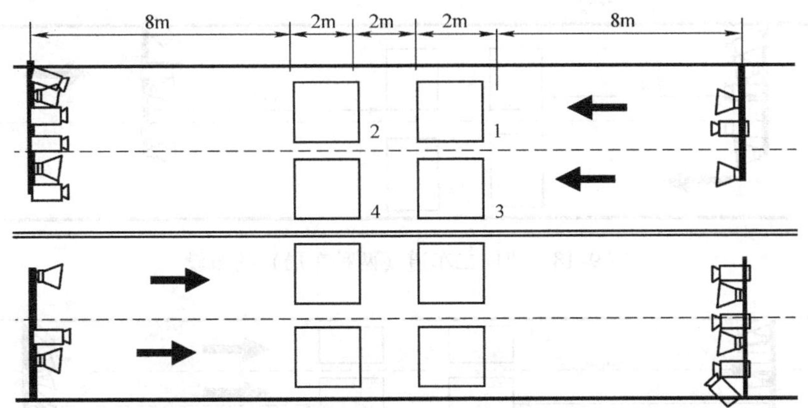

图9-16 中间不带隔离的双向四车道的布设

(2) 中间带隔离的双向四车道的布设

图9-17所示为中间带隔离的双向四车道的布设。对于该处监控系统摄像机与不带隔离的双向四车道相同，只不过安装支架有区别。

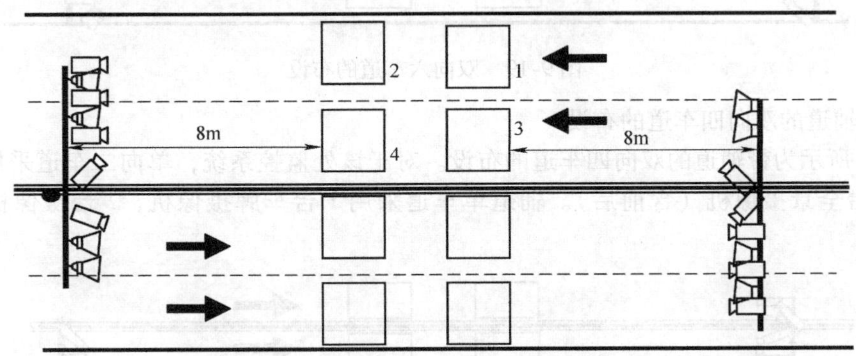

图9-17 中间带隔离的双向四车道的布设

(3) 双向二车道（两种布局）的布设

图9-18所示为双向二车道的布设。对于该处监控系统，共采用6台摄像机。其中，4台摄像机用于车牌图像拍摄；2台摄像机拍摄全景图像。不过，全景摄像机可相互交替使用，即全景摄像机既是前部全景摄像机，又是尾部全景摄像机。

(4) 双向六车道的布设

图9-19所示为双向六车道的布设。对于该处监控系统，最边上的两条车道采用3台车牌摄像机、2台全景摄像机（含前后）。最中间的双向二车道采用4台车牌摄像机，2台摄像机拍摄全景图像。不过，全景摄像机可相互交替使用，即全景摄像机既是前部全景摄像机，又是尾部全景摄像机。

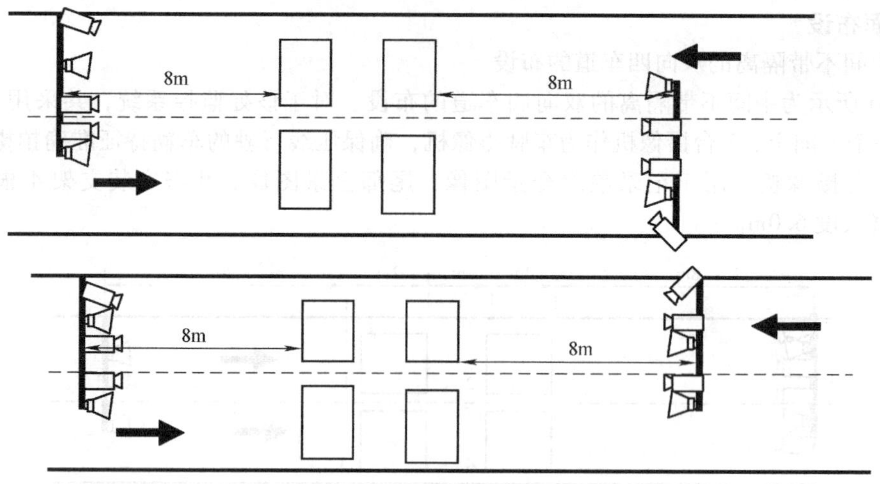

图 9-18 双向二车道（两种布局）的布设

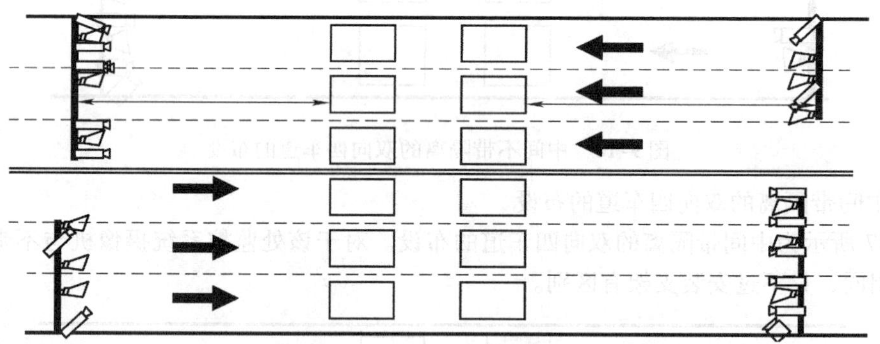

图 9-19 双向六车道的布设

（5）带辅道的双向四车道的布设

图 9-20 所示为带辅道的双向四车道的布设。对于该处监控系统，单向二车道采用 3 台车牌摄像机、2 台全景摄像机（含前后）。辅道单车道采用 1 台车牌摄像机，2 台摄像机拍摄全景图像。

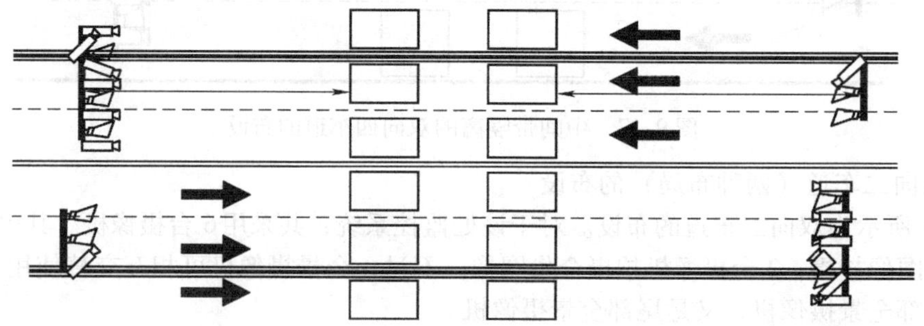

图 9-20 带辅道的双向四车道的布设

（6）中间带隔离两旁带紧急停车道的双向四车道的布设

图 9-21 所示为中间带隔离两旁带紧急停车道的双向四车道的布设。对于该处监控系统需要 8 台车牌摄像机，6 台全景摄像机。

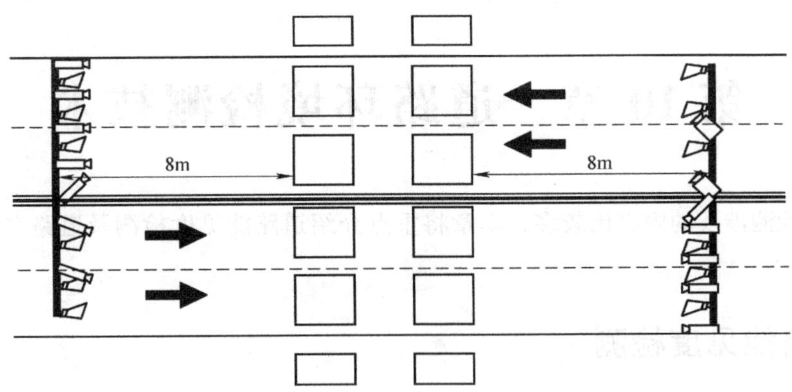

图 9-21　中间带隔离两旁带紧急停车道的双向四车道的布设

4. 日常管理

由于日常维护工作将直接关系到系统的可靠性和稳定性，因此加强日常维护管理，可以从清除积灰等方面入手。

（1）清除积灰

在我国很多地方，由于空气中灰尘较大，故在防护罩和灯具的玻璃上会吸附大量灰尘，造成夜间所拍摄的车辆图像变模糊、灯具照度降低。因此，应定期清除路口摄像机防护罩和灯具玻璃上的积灰，通常一季度一次，并检查防护罩是否损坏，灯具是否进水。

（2）整理磁盘

计算机经过长时间运行后，存储的数据量会很大，所产生的磁盘碎片会影响磁盘读写速度，降低系统运行效率。同时，由于供电网络突然停电会造成磁盘扇区损伤。因此，定期整理磁盘碎片可以提高系统运行质量，通常一季度整理磁盘一次。

（3）定期杀毒

计算机病毒防不胜防，往往会影响或破坏系统的正常运行。因此，必须在确保给操作系统及时打补丁的同时，每隔一段时间对系统进行杀毒，及时更新杀毒程序，不要共享应用程序和文件夹。建议不使用国外的或未经公安部认定的计算机病毒防治程序，否则会影响系统正常程序的运行。

（4）时钟调整

计算机时钟经过长时间运行后，会产生时钟不准，应及时调整。同时，要根据季节的变化，及时运行相应的降温和保温设备，以保证系统的正常有效工作。对没有使用光控开关的场所要及时调整定时开关，确保灯具能正确启动、熄灭。

（5）配件更新

闪光灯、灯管、打印机墨盒等属于易耗品，应及时更换。

9.4　小结

以上介绍了电子警察系统中最为常见的闯红灯自动记录系统、公路车辆智能监测系统。其中最核心的环节是如何对车辆信息有效、准确地检测。这是电子警察系统进行有效执法的基础。

第 10 章　道路环境检测技术

道路环境检测涉及的内容比较多，本章将重点介绍道路能见度检测及道路空气污染情况的监测。

10.1　道路能见度检测

能见度是影响道路交通安全的一个重要因素，我国多条高速公路，如沈大、京石、京珠等高速公路都曾因雾而能见度低引发恶性交通事故，造成极大的生命财产损失。在一些干道或雾多发地段，全天候监测道路上的能见度，及时通过信息板、电台等多种手段予以通报，并对车速、车流等进行调控，严重时采用道路封闭管制措施，这样可以大大降低在能见度较差的情况下交通事故的发生的概率。目前，在智能交通管理系统中，能见度已成为一个重要的监测项目。

10.1.1　能见度的定义

国际照明委员会（Commission Internationale de L'Eclairage（法），CIE，International Commission on Illumination（英）给出了它的定义：在人的肉眼没有任何帮助的条件下，所能识别物体的最大距离，就称之为当前的能见度距离。一般将能见度距离简称为能见度，也称为能见距离。本书采用能见度的说法。能见度可细分为白天气象能见度（Meteorological Visibility by Day）和夜间气象能见度（Meteorological Visibility by Night）。通常意义上的能见度是指白天的水平能见度，即视力正常的人白天无云的天气条件下，能够从天空背景中看到和分辨的目标物（黑色、大小适度）的最大水平距离。而夜间能见度是指中等强度的发光体能被看到和识别的最大水平距离。交通上的有效水平气象能见度是指在人工观测气象能见度中，四周视野中1/2以上范围能看到的目标物的最大水平距离。

根据《大气科学辞典》的解释："能见距离的定义，目前主要有两种：一种就是前面提到的定义；另一种是指目标的最后一些特征已经消失的最小距离"。前者对应的应该是所谓的"发现距离"，而后者则指的是所谓的"消失距离"，而"气象上观测的能见距离指的是消失距离"。世界气象组织在《气象仪器和观测方法指南》中给出的定义是"相对于雾、天空等散射光背景下进行观测时，一个安置在地面附近的适当尺度的黑色目标物能够被看到和辨认出的最大距离"。这里强调的是"识别"或说"辨认"，而不是"看清楚目标物的轮廓"。《指南》中还有明确的说明："观测表明，建立在仪器测量基础上的气象光学视距（Meteorological Optical Range，MOR）的估计与白天能见度的估计是一致的。若观测者的视觉对比阈值为0.05，且仪器和观测者周围的消光系数是相同的，则能见度和MOR就应该是相等的"。对交通部门来说，"能见度"还没有比较明确的概念，既然目前交通部门采用的能见度测量是建立在仪器测量基础上的计算得到的，而视觉对比阈值的选取同样为0.05，那么道路白天"能见度"与气象光学视距应该是等同的。

作为一个较为复杂的物理量，能见度涉及了目标物的尺寸、形状、光学特性及视觉和大气的光学状态。其数值主要取决于悬浮于大气中的各种微粒所引起的大气消光系数。消光系数是能见度的基本参数。大气中混合着烟尘、凝结核、雾、空气分子、雪花等降水粒子单元，这些大大小小的粒子对阳光及大气的散射、吸收是决定大气透明程度的重要因素。大气中光的衰减主要是由散射作用和吸收作用引起的，在可见光这一波段，吸收作用引起的衰减是可以忽略的，而大气中各粒子产生的散射作用是能见度降低的最主要因素，因此在工程上可以将消光系数与散射系数等价。

10.1.2 能见度检测原理

能见度检测的基本原理方程是布格－兰巴特（Bougner－Lambert）定律，即

$$\Phi = \Phi_0 \mathrm{e}^{-\sigma x} \tag{10.1}$$

式中，Φ 为大气中经 x 路径长度所接收到的光通量，Φ_0 表示 $x=0$ 时的光通量；σ 为大气消光系数。对上式进行求导得

$$\frac{\mathrm{d}\Phi}{\mathrm{d}x} = F_0 \mathrm{e}^{-\sigma x(-\sigma)}$$

$$\sigma = \frac{-\mathrm{d}\Phi}{\Phi} \frac{1}{\mathrm{d}x} \tag{10.2}$$

需要注意的是，该定律仅适用于单色光的情况，不过可以作为一个较好的近似值在光谱通量中应用。由 Bougner－Lambert 定律还可以推导出许多表征大气光学状态的变量与气象光学视程之间的数学关系。

透射因数 T 可表示为

$$T = \frac{\Phi}{\Phi_0} \tag{10.3}$$

由式（10.1）和式（10.3）可得

$$T = \frac{\Phi}{\Phi_0} = \mathrm{e}^{-\sigma x} \tag{10.4}$$

若将 MOR 定义的 $T=0.5$ 用于 Bougner－Lambert 定律，则 $x=V$（V 为大气能见度），T 也可以由视觉对比阈值 ε 来表示。Bougner－Lambert 定律为后续能见度检测原理的提出奠定了重要基础。

1. 白天气象能见度检测原理

1924 年，科施米德（Koschmieder）在总结了 Bougner－Lambert 定律等后提出了能见度定量检测的理论基础，定义在距离观测点 d 处的目标物的亮度可表示为

$$L = L_0 \mathrm{e}^{-\sigma d} + L_\mathrm{f}(1 - \mathrm{e}^{-\sigma d}) \tag{10.5}$$

其中，L_0 为目标物的自有亮度；L_f 为背景天空的亮度；L 为观测到的目标物的视亮度；σ 为观测时的大气消光系数；d 为观测点与目标物之间的距离。

基于 Koschmieder 定律，Duntley 推导出了基于对比度的模型，即

$$C = C_0 \mathrm{e}^{-\sigma d} \tag{10.6}$$

式中，C 为目标物的视亮度对比；C_0 为目标物的固有亮度对比。可看出，该式在形式上与 Bougner－Lambert 定律相似。

目标物的视亮度对比与目标物的固有亮度对比两者比值的临界值定义为 $\varepsilon = \dfrac{C}{C_0}$，也可称为视觉对比阈值。国际民航组织（International Civil Aviation Organization，ICAO）推荐的视觉阈值为 0.05。对大气能见度 V，取视觉对比阈值 $\varepsilon = 0.05$，则可得大气能见度为

$$V_0 = -\frac{\ln 0.05}{\sigma} = \frac{2.996}{\sigma} \tag{10.7}$$

此即为能见度检测的基本公式。由此式可看出，能见度只与大气的消光系数有关，且不随白

天或黑夜而变化，即能见度估测的核心问题在于大气的消光系数 σ 的准确探测。也就是说，获得能见度值的前提条件就是已知大气消光系数 σ。大气消光系数源于大气中的气溶胶和分子的散射与吸收作用对光的衰减，是散射系数 β 与吸收系数 C 之和，即

$$\sigma=\beta+C \tag{10.8}$$

一般情况下，大气中的粒子对光的吸收作用仅占很小的比例，远不如大气对光的散射作用，因此当光程有限时，大气对光的吸收作用是可以忽略不计的，则大气消光系数 σ 与散射系数 β 可近似相等，进而可以由大气对光的散射系数 β 来直接估算大气的消光系数 σ，即

$$\sigma\approx\beta \tag{10.9}$$

此时的大气消光系数 σ 实际上是反映了大气的总散射能力，因此通过研究大气的散射性质以获得大气的消光系数，进而求得能见度值的方法是可行的。

2. 夜间气象能见度检测原理

Allard 定律是测量夜间气象能见度的基础。在夜间的黑暗环境中，观测目标只能选取灯光，而夜间能见度一般通过衡量灯光到达观测者眼中的照度来表示。灯光具有很小的视角，故可以将其视为点光源。根据 Allard 定律，在消光系数为 σ 的大气中，发光强度为 I 的点光源在距离 R 处的照度 E 可表示为

$$E=\frac{1}{R^2}\mathrm{e}^{-\sigma R} \tag{10.10}$$

如果该点光源恰好可以被看到，那就意味着此时的照度刚好到达观测者眼睛的照度阈值 E_t，此时对应的距离 R 即为大气能见度 V，有：

$$E_t=\frac{1}{V^2}\mathrm{e}^{-\sigma R} \tag{10.11}$$

这里的 E_t 不是常数，是背景亮度的函数。光源的发光强度已知，在计算当时的能见度值时，可以根据背景亮度值来确定照度阈值，通过能见度仪器可以确定消光系数 σ 的值，进而就可以得到能见度值。

由 Koschmieder 定律及计算机视觉与图形的相关知识，可建立大气成像的数学模型，即

$$I(x)=J(x)t(x)+A(1-t(x)) \tag{10.12}$$

式中，$I(x)$ 为观测到的图像强度；$J(x)$ 为背景光强度；A 为大气光成分；$t(x)$ 为大气的透射率。透射率 $t(x)$ 是辐射穿过大气后未被吸收衰减的能量与原始的总辐射能量之比，服从指数规律，可以由下式来表示：

$$t(x)=\mathrm{e}^{-\beta D(x)} \tag{10.13}$$

式中，$D(x)$ 为图像深度。由式（10.9）、式（10.13）可看出，获取能见度的关键转换为确定透射率及图像深度。这也是能见度检测的核心问题。

10.1.3 能见度检测方法

能见度值的确定涉及很多因素，如目标物的尺寸、光学特性以及其与大气的光学状态，空气中的烟尘、雨、雪、雾等粒子对大气散射产生影响，使光波的衰减速度加快，从而影响了大气透明度。引起大气能见度降低的主要因素就是大气中不同性质的微粒对光波的衰减作用。换言之，大气消光系数 σ 是影响能见度的重要因素之一。大气消光系数是由大气中的气溶胶和分子的散射与吸收作用所造成的光的衰减，等于散射系数与吸收系数之和。当光的传播距离较短时，大气对光的吸收作用不明显，光能的衰减主要是由散射所引起的，因此可用散射系数近似计算大气能见度。

1924 年，Koschmieder 在总结前人研究结果的基础上，给出了大气传输公式及能见度计算方

法，并通过大量实验验证了其正确性，奠定了能见度测量的理论基础。Koschmieder 也被公认为是能见度定量检测基本理论的创始人。

能见度的检测方法总体上可以分为两大类：目测法和器测法。

能见度的目测法是一个古老的方法，由于人眼的观测存在着一定的盲区，当光亮度对比逐渐减小到一定阈值之下时，物体就不可辨了；而在实际工作中，影响目测能见度值的主、客观因素很多，导致目测结果的误差特别是夜间能见度的目测结果误差往往很大。目测法虽然目前在某些地区还在使用，但其无法满足全天候和实时监测的需要，不能适应智能交通发展的需求。

器测法的主要原理是测量大气光学参数，也是较为可靠的能见度检测方法。它分为散射法和透射法两大类。散射法是直接测量来自一个小的采样容积的散射发光强度，计算特定角度的散射发光强度与总发光强度的比值来计算消光系数，从而得到能见度的计算方法。散射式能见度测量仪分为前向散射式和后向散射式。前向散射式的光源是红外光源，工作原理是通过前向散射发光强度的测量来确定大气消光系数的值，进而求得大气能见度，如图 10-1 所示。后向散射式的光源则是激光光源，利用置于同端的发射光源与接收器来接收后向散射发光强度来确定能见度，如图 10-2 所示。

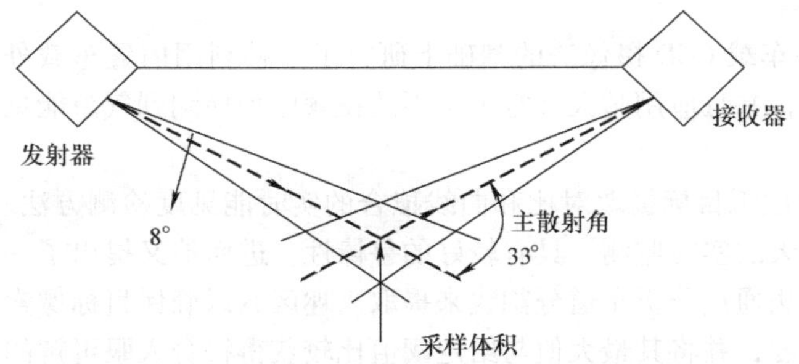

图 10-1　前向散射式能见度测量仪工作原理

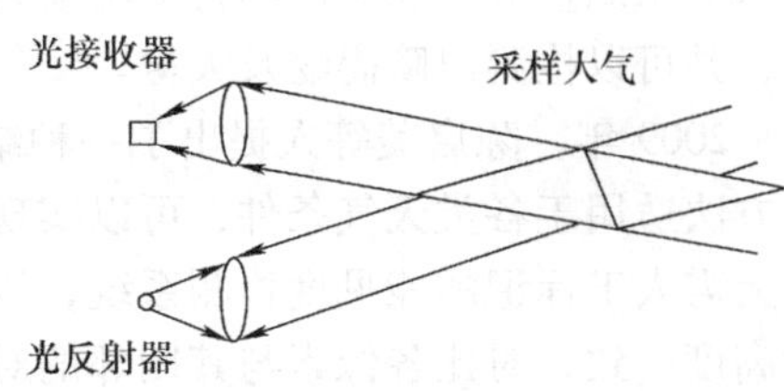

图 10-2　后向散射式能见度测量仪工作原理

散射式能见度测量仪可以避免透射式能见率测量仪光学系统难以对准的缺点，因其易于安装维护、结构紧凑、测量范围广等优点而得到了广泛的应用。

透射法是测量一段较长空气柱的透射率或消光系数，从而获得能见度。透射法包括双端式和反射式两种形式，通过检测被大气微粒衰减后的光波发光强度来确定大气能见度值，常用透射式能见度测量仪采用的大都是该原理。反射式能见度测量仪由组合在一个单元里的收发端及与该组合单元相对的合作目标所组成，由合作目标将发射光反射回给接收端，这样就具有两倍于收发端到合作目标之间距离的基线，因此又将该方式称为“单端式”或“折叠基线式”能见度测量仪。

透射法的检测准确度与很多因素有关，如空气柱、光源功率、光探测器的灵敏度等。并且，对这些因素有很高的要求：需要足够长的空气柱，足够大的光源功率、足够高探测灵敏度等。相对应的透射式能见度测量仪具有接收信号强、信噪比高、易于实现、采样体积大、测量准确度较高等优点，在低能见度条件下的测量更适用。然而透射式能见度测量仪在恶劣的大气状况下会导致不具代表性的消光系数读数或背离 Koschmieder 定律，而且窗口的清洁度对测量准确度有着直接的影响，窗口污染是导致测量误差的重要原因之一。

器测法（散射法与透射法）的测量误差主要来源于光源的不稳定性、光学器件的污染、数学模型的算法误差、装置各部件的误差及天气因素带来的误差等因素。另外，无论是散射式能见度测量仪还是透射式能见度测量仪，在应用时都有一定的局限性。

近年来，国内外专家将研究方向转到了视频能见度检测法上。视频能见度检测法是结合图像分析、人工智能技术与传统的大气光学分析知识，在分析处理视频图像的基础上，建立图像与真实场景之间的映射关系，再通过测量图像特征的变化情况，而间接求得气象能见度值。

早在20世纪40年代，已经有人利用照相法来进行能见度的测量，即首先利用照相机摄取黑色目标物的图片，根据图片信息设法求得与求解能见度息息相关的目标物与背景物之间的相对亮度对比值，据此也就可以推导出能见度值。但在当时的技术条件下，无论是前期的拍摄照片、冲洗照片，还是后期的测定目标物与背景物的亮度对比值，都是手工操作完成的，不但操作起来繁琐、耗费时间，且无法实现真正的定量化，因此这种方法理论上成立后并未付诸实际应用。计算机技术和电荷耦合器件（Charge Coupled Device，CCD）的高速发展，带动了数字摄像技术及其应用的迅猛发展。1994年，Thomas Legal等人完成了一项重要的试验，即利用数字摄像机实时测量能见度，并获得了简单的试验结果。但他们并没有对所获得的结果的可靠性及测量过程中所用到的计算公式的适用条件进行严格的说明。在能见度测量基本理论的基础上利用数字摄像技术进行能见度的检测，并将此方法与当前比较可靠的能见度检测方法进行试验对比，以对这一方法的可行性进行严格的检验是至关重要的。而在技术上，研制从获取图像到目标定位再到相对亮度计算全部实现自动化，并使研究的方法适合在各种复杂甚至是恶劣的气象和场地条件下都可以应用的仪器系统更是有待努力。

2005年，尼古拉斯（Nicolas）等人在车载CCD摄像法的基础上研究了一种利用内置车载外传感器来测量大气能见度的行车辅助系统，并且应用晴天及雾天拍摄的视频序列检测到气象能见度，并可以检测出障碍物及大雾。

2009年，陈启美等人提出了一种结合虚拟目标提取对比和曲线拟合的实时能见度检测方法。该方法适用于各类天气条件，可以实现白天的实时监测，具有较好的鲁棒性。进而他又提出了一种无需人工标记的能见度检测系统，该方法通过分析车道分割线来提取兴趣区域以确保目标像素的高度一致，对比各像素与其四邻的对比度，并将其最大值与给定阈值比较获得符合人眼可辨的像素，结合摄像机标定计算距离最远的可视像素，并经卡尔曼滤波去除干扰，最终得到能见度值。此系统充分利用已有的系统、路况图像，成本低、稳定性及准确度较高，且实现了自动检测。

2010年，安明伟等人在分析能见度值的计算模型基础上，又提出了一种算法，即采用一致对比度法的边缘特征提取图像中能反映能见度变化的图像特征参数，利用最小二乘法及逆变换得到对比度与距离的拟合函数，通过分析图像特征与距离之间的关系最终确定能见度值。该法较好地满足了人眼的视觉特性，在高速公路上的实验、测试表明其实时性好、检测准确度高、误差小，且可以对全路段的能见度情况进行实时统计与分析。

同年，陈钊正等人在原有研究基础上，提出了一种利用摄像机自标定模型、小波变换、视频对比度检测模型曲线拟合等方法进行能见度检测的系统，它克服了原有方法和算法在距离信息、目标物、噪声、稳定性等方面的不足，并已在相关公路进行试点使用，其结果也符合国际及国家标准。

2011年，张潇等人再次对无需人工标记的检测系统进行改进，利用基于Nagao滤波的区域增长算法来得到准确的路面区域，去除路基、车辆等的影响，以获得所选像素的亮度一致性；找寻反映路面亮度变化的对比度曲线的特征点，通过消光系数计算图像中人眼可分辨的最远像素，结合摄像机标定算出能见度值。该算法与能见度对比度算法相比较而言，操作简单、抗干扰性能强、准确度高。下面具体介绍一种自校准大气能见度测量方法和系统。

该方法引自谢兴尧等人的发明专利——“自校准大气能见度测量方法和系统”（申请号200610020115.2，公开号CN1804588A）。该方法所述的能见度测量系统主要用于地面交通运输，

因此对地面能见度 V_R（视见范围）更感兴趣，而不是大气参数的测量，在这个距离内，驾驶人员可以辨认出车辆和道路边界。

1. 技术背景

气象能见度的测量，过去主要是利用测量大气的透射比或散射系数的方法来实现的。其中，散射系数的测量又分前向散射测量法和后向散射测量法。这类方法能较好地用于因雾造成的能见度变化的测量，但在雨、雪、沙尘天气条件下，测量准确度却大大降低。它存在的问题：大气散射系数与波长有关，仪器测量的结果可能与按人眼视觉特性评价的相差较大；大气环境中气流、雾浓度的不均匀性，散射测量仪器测量采样散射光的空间体积很小，可能会产生大的误差；散射及透射式测量仪器的现场校准定标不容易实现。所以现在很多都是基于数字图像处理技术来实现能见度测量方法。但在这些方法中，很多在推算能见度的过程中没有考虑因散射引起的对靶标光亮度的增加，也没有考虑到黑白目标固有的光亮度差异，同时使用前必须进行预校准（定标），对校准场地和季节也有一定的要求，且对雾天的校准又不适用于雨、雪、扬尘天气。为了克服现有技术的不足，专利人提出了一种能见度测量系统自校准的概念，设计出不用预校准、可自动校准的适用于任何天气的大气能见度测量仪，而且测量准确度高、稳定性好。

2. 技术路线

自校准大气能见度测量仪由大气能见度测量装置、监控中心和能见度显示装置组成。自校准大气能见度测量方法及系统，拍下现场所有靶标的图像，用接近人眼视觉特征的方式对图片进行处理，自动计算出靶标光亮度的归一化对比度及能见度数值，并将数据用 GPRS 无线方式传送到监控中心和高速路进、出口的 LED 大屏幕显示。同时考虑到因散射引起的附加亮度和黑、白目标的固有光亮度差异，提高了能见度测量结果的准确性，大气能见度测量仪器具有自校准特性，可实现任何气候条件下大气能见度的实时在线测量，适用于公路、机场等需要和报告大气能见度的场所。其测量步骤如下：

步骤 1　在现场沿靶标图像采集装置的可视方向交错设置 5 ~ 10 个大气能见度测量专用靶标。

步骤 2　用靶标图像采集装置一次性拍下包括所有靶标在内的图像。

步骤 3　用图像的分析处理装置处理靶标图像，计算每个靶标的光亮度归一化对比度。

步骤 4　现场的能见度值就是归一化对比度为阈值 0.05 的那个靶标距离，通过测量曲线拟合计算得到最近靶标到最远靶标范围以外的能见度值。

3. 系统构成

自校准大气能见度测量装置由大气能见度测量装置、监控中心和能见度显示装置组成，如图 10-3 所示。

大气能见度测量装置包括 5 ~ 10 个能见度测量专用靶标、靶标图像采集装置、气象参数测量仪器、图像分析处理装置和测量现场 GPRS 设备。专用靶标置于测量现场，靶标图像采集对准靶标拍摄图像，图像分析处理装置将拍摄的图片进行图片识别、定位处理得到靶标的归一化对比度，连同测得现场气象参数，由现场 GPRS 设备，经移动通信网、互联网发回到监控中心。

监控中心包括监控计算机、数据服务器。监控计算机从互联网上接收测量现场 GPRS 设备发回的数据，由多个靶标的归一化对比度计算出能见度值，然后连同现场气象，再经互联网、移动通信网发回到显示现场的 GPRS 设备。

能见度显示装置包括一个显示现场 GPRS 设备、一个大屏幕 LED 显示器，GPRS 设备直接通过接口数据传输线与大屏幕 LED 显示器连接。

能见度测量专用靶标包括靶杆、底板。底板固定在靶杆的顶端，靶杆固定在地面支撑物上。

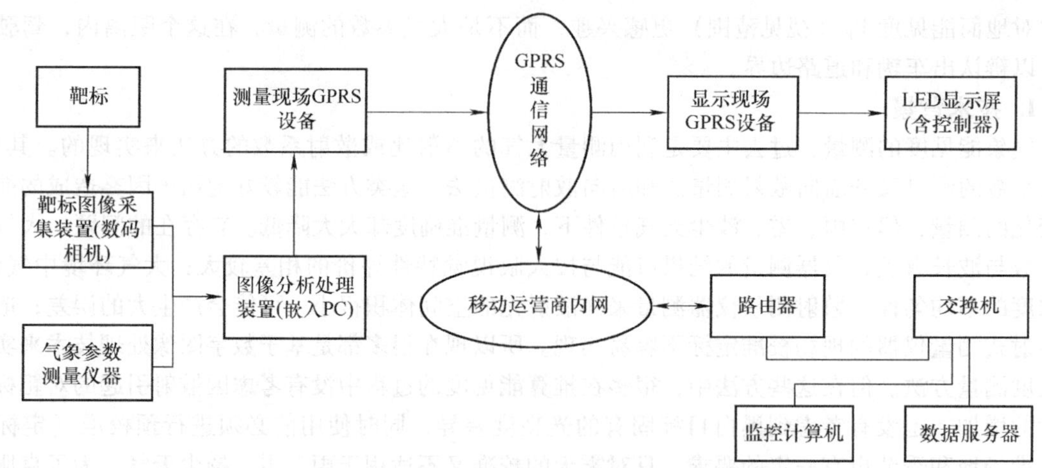

图 10-3　自校准大气能见度测量系统构成

底板被等分为四个区块，其中对角的两个区块为黑色漫射反光面，另外两个对交区块为白色漫射反光面。

底板的形状为正方形或圆形，四个区块为大小均等的正方形或扇形，同色区块呈对角线分布。

散射式能见度测量系统，使用前必须进行预校准，对校准场地和季节有一定的要求，而且对雾天的校准又不适用于雨雪和扬尘天气。

为了解决这个问题，自校准能见度测量系统通过以下技术环节的相互配合和专门设计来实现：适当的设计靶标数目、靶标距离、靶标大小及安放的空间位置，使一次拍摄就能同时拍得各靶标的图像，测得多个靶标的归一化对比度；使不同距离下的靶标就构成了能见度"永不离岗"的计量标尺，"刚好"能辨认出那个距离下的靶标，得到能见度值；在最近靶标到最远靶标距离范围以外的能见度值则通过测量曲线拟合计算得到；靶标间的距离即为能见度测量的长度标尺。该方法实现了测量即校准，从而实现了测量系统在任何气候条件下实时在线的自校准，可以免除散射式能见度测量系统校准的麻烦。

"刚好"能辨认是指归一化对比度下降到等于一个公认的阈值 $\varepsilon=0.05$。

该测量方法充分考虑了因散射引起的附加亮度和黑白目标固有的光亮度差异，进行了能见度计算方法改进，提高了能见度测量结果的准确度，免除了散射式能见度测量系统校准的麻烦，适用于公路、机场等场所的大气能见度的测量与显示。

4. 测量依据

自校准能见度测量通过适当的设计靶标数目、靶标距离、靶标大小及安放的空间位置，使一次拍摄就能同时拍得各靶标的图像，测得多个靶标的归一化对比度，使不同距离下的靶标就可构成能见度的计量标尺，得出能见度值；在最近靶标到最远靶标距离范围以外的能见度值，则通过测量曲线拟合计算得到；靶标间的距离即为能见度测量的长度标尺。

（1）能见度定义

日间气象能见度是指面对散射的天空背景观察，能够看见和辨认接近地面的适当大小的黑色物体的最大距离。能够辨认是指人们观察到的亮度对比度 C（contrast）大于约定的阈值对比度，其计算公式为

$$C=\frac{L_w-L_b}{L_w} \tag{10.14}$$

式中，L_w、L_b 分别为观察到的白色目标和黑色目标的光亮度。

该方法所述的能见度测量系统主要用于地面交通运输，对地面能见度 V_R（视见范围）更感兴趣，而不是大气参数的测量。在这个距离内，驾驶人员可以辨认出车辆和道路边界。

（2）靶标的光亮度对比度

为了测量大气的能见度，专门设计了测量靶标。其白色部分由光反射比很高的漫反射材料构成，黑色部分由光反射比很低的漫反射材料构成，如图 10-4 所示。

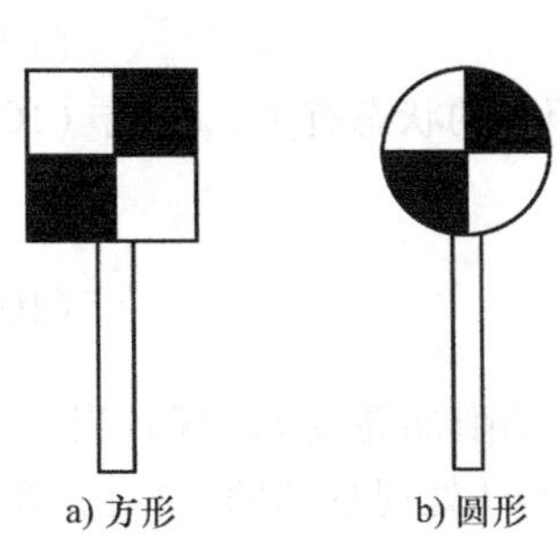

图 10-4　能见度测量靶标

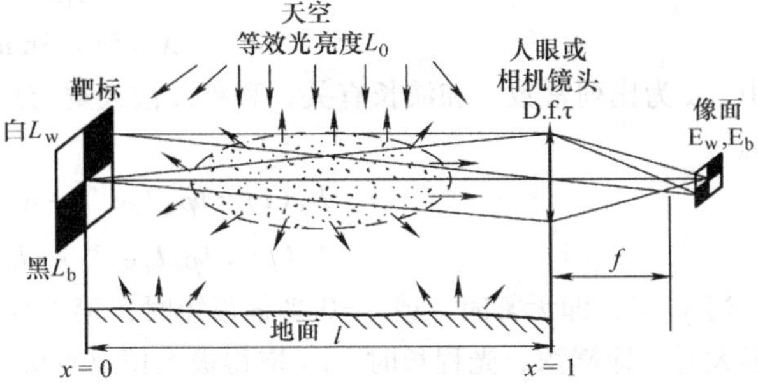

图 10-5　能见度测量示意图

靶标有漫射的天空光和地面反射光照明，设照明天空的平均等效光亮度为 L_0，地面反射产生的平均等效光亮度为 L_g。若靶标面为漫反射面，其白、黑靶面的反射光比分别为 ρ_W、ρ_B，它们的光亮度在近处（$x=0$ 处）分别为 L_{B0}、L_{W0}，按光度学理论，有

$$\left.\begin{aligned} L_{W0} &= b_1\rho_W L_0 + b_2\rho_W L_g = b\rho_W L_0 \\ L_{B0} &= b_1\rho_B L_0 + b_2\rho_B L_g = b\rho_B L_0 \end{aligned}\right\} \tag{10.15}$$

式中，b_1、b_2、b 为比例因子。在经过光程为 l 后，其靶标的亮度变为

$$\begin{aligned} L_W(l) &= L_{W0}\exp\left(-\int_0^l \gamma(x)\,\mathrm{d}x\right) + L_D(l) \\ L_B(l) &= L_{B0}\exp\left(-\int_0^l \gamma(x)\,\mathrm{d}x\right) + L_D(l) \end{aligned} \tag{10.16}$$

式中，$\gamma(x)$ 为大气衰减系数。右边第一项表示亮度因吸收和散射引起的衰减，第二项则表示因散射引起的光亮度增加，其表达式为

$$L_D(l) = \int_0^l L_d \cdot \sigma(x) g(\phi) \Delta\Omega \cdot \left[\exp\left(-\int_x^l \gamma(y)\,\mathrm{d}y\right)\right]\mathrm{d}x \tag{10.17}$$

式中：L_d 为被天空照明后大气柱截面得光亮度，显然它正比于天空的平均光亮度 L_0，可表示为 $L_d = p_1 L_0$。p_1 为比例常数。$g(\phi)$ 为 4π 方向入射条件下归一化散射函数，即

$$g(\phi) = \frac{\int_0^{4\pi} I(\theta) f(\phi - \theta)\,\mathrm{d}\Omega_\theta}{\int_0^{4\pi} I(\theta)\,\mathrm{d}\Omega_\theta} \tag{10.18}$$

$\sigma(x)g(\phi)\Delta\Omega$ 为 4π 方向入射时，光程中单位的散射体积散射到测光方向 ϕ 上立体角 $\Delta\Omega$ 内的散射系数的份额，它与散射系数 $\sigma(x)$ 的关系为

$$\begin{aligned} \int_0^{4\pi} \sigma \cdot g(\phi)\,\mathrm{d}\Omega &= \sigma \\ \int_0^{4\pi} g(\phi)\,\mathrm{d}\Omega &= 1 \end{aligned} \tag{10.19}$$

通常　$\sigma(x)g(0)\Delta\Omega = p_2\sigma(x)$　$(0 < p_2 < 1)$

式中，p_2 为比例常量，近似和浮质粒子浓度无关。若考虑的是水平能见度，可认为大气是均匀

的，$\gamma(x)$、$\sigma(x)$ 不随距离 x 变化，则式（10.17）变为

$$L_D(l)=\frac{p_1L_0p_2\sigma}{\gamma}(1-\mathrm{e}^{-\gamma l})=\alpha L_0(1-\mathrm{e}^{-\gamma l}) \tag{10.20}$$

$$\alpha=\frac{p_1p_2\sigma}{\gamma}=\frac{p\sigma}{\gamma}\approx0.95p$$

$$p=p_1p_2$$

$$\lambda=514.5\text{nm} \tag{10.21}$$

式中，α 为比列常数，和波长有关，和靶标被天空与地面反射光照明的状态有关，故式（10.16）变为

$$\begin{aligned}L_{\mathrm{W}}(l)&=b\rho_{\mathrm{W}}L_0\mathrm{e}^{-\gamma l}+\alpha L_0[1-\mathrm{e}^{-\gamma l}]\\L_{\mathrm{B}}(l)&=b\rho_{\mathrm{B}}L_0\mathrm{e}^{-\gamma l}+\alpha L_0[1-\mathrm{e}^{-\gamma l}]\end{aligned} \tag{10.22}$$

当 $\gamma=0$，即无雾时，或 $l=0$ 光程很短时，第二项因散射引起的附加亮度 $L_{\mathrm{D}}=0$；当 l、γ 增加很大时，即雾浓、光程长时，L_{D} 取得极大值（$\approx0.95pL_0$）。在 $x=l$ 处观察到的靶标白/黑色表面光亮度的对比度 C 为

$$C(l)=\frac{(\rho_{\mathrm{W}}-\rho_{\mathrm{B}})}{\rho_{\mathrm{W}}+\frac{\alpha}{b}[\mathrm{e}^{\gamma l}-1]}=(\rho_{\mathrm{W}}-\rho_{\mathrm{B}})[\rho_{\mathrm{W}}+\beta(\mathrm{e}^{\gamma l}-1)]^{-1} \tag{10.23}$$

由上式可知，测得的对比度与浮质浓度、光程有关，与（$\rho_{\mathrm{W}}-\rho_{\mathrm{B}}$）成正比，而和天空平均有效光亮度 L_0 无关。在实际测量中，应尽量选择接近理想漫反射白色和理想漫反射黑色的靶标面。又从式（10.23），对比度还和靶标周围的地形地物有关，故校准时靶标周围的地形地物状态应尽可能与使用时的相同。

光亮度是一个按人类视觉特性评价的可见波长范围的辐射量，不过，根据积分中值定理，从式（10.16）~式（10.23）只理解为可见波长范围内的某一等效单色光即可。式（10.23）中的常量 b、ρ_{W}、ρ_{B}，α、β 都可由实验测定。它们的取值范围大约为

$b\approx0.1\sim0.8$　　$\rho_{\mathrm{W}}\approx0.8\sim0.9$　　$\rho_{\mathrm{B}}\approx0.02\sim0.05$

$p=0.01\sim0.2$　　$\alpha\approx0.95p$　　$\beta=\frac{a}{b}$

$\gamma\approx(0.1\sim100)/\text{km}$

当 γ 一定时，光亮度 $L_{\mathrm{W}}(l)$，$L_{\mathrm{B}}(l)$ 和对比度 $C(l)$ 随距离的变化曲线如图 10-6 所示。

图 10-6 所示的 $L_{\mathrm{W}}(l)$，$L_{\mathrm{B}}(l)$ 曲线是按最大值 L_{W0} 归一化后的曲线，当距离增大时，白靶面亮度 $L_{\mathrm{W}}(l)$ 下降，黑靶面亮度 $L_{\mathrm{B}}(l)$ 上升，最后趋于一个恒定的亮度值 αL_0，而对比度 $C(l)$ 则从最大值一直下降到零。

当 $\gamma=0$，即无雾时，或 $l=0$ 光程很短时，第二项因散射引起的附加亮度 $L_{\mathrm{D}}=0$；完全透明，对比度达到最大值 C_0，即

$$C=C_0=\frac{\rho_{\mathrm{W}}-\rho_{\mathrm{B}}}{\rho_{\mathrm{W}}} \tag{10.24}$$

当浮质浓度增加，距离加大时，即 γ、l 增大时，式（10.23）的值趋于 0，即对比度 C 趋于 0，再也看不清靶标了。显然，随着距离的加大，C 值逐渐减小，目标物将逐渐模糊；当 C 小于某一临界值 ε，人眼将无法把目标物从背景中分辨出来，这一临界值 ε 称为阈值对比度，$C=\varepsilon$ 就是确定能见度 V 的条件。ε 是一个与人眼视觉特征有关的量，世界气象组织推荐 $\varepsilon=0.02$，而国际民航组织推荐 $\varepsilon=0.05$。

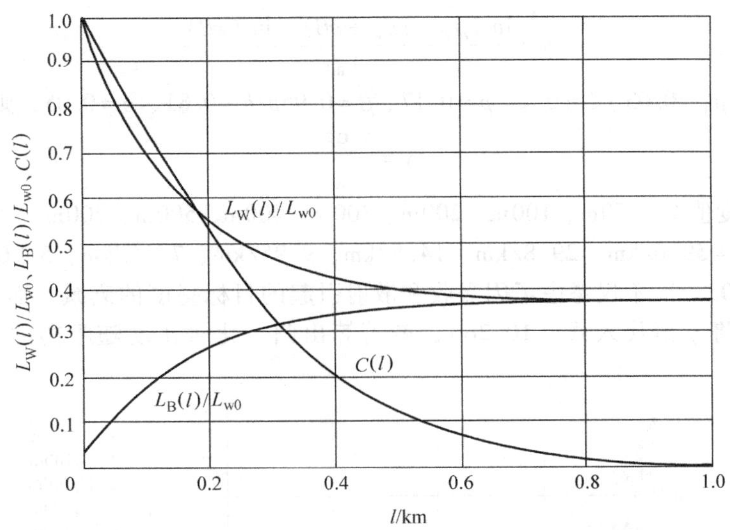

图 10-6　光亮度 $L_W(l)$，$L_B(l)$ 和对比度 $C(l)$ 随距离的变化曲线

当浮质浓度一定（即 γ 一定）时，加长光程 l，当满足条件 $C(l)=\varepsilon$ 时的距离，由式（10.23）得

$$V=\frac{\ln(\rho_W-\varepsilon\rho_W+\varepsilon\beta-\rho_B)-\ln(\varepsilon\beta)}{\gamma} \tag{10.25}$$

（3）能见度与靶标的光亮度归一化对比度的变化关系

1）光亮度归一化对比度

按世界气象组织关于能见度的原始定义，其能见度值和黑色物体的光反射比及背景天空区域的光亮度密切相关。从式（10.23）可看出，它的值明显受靶标白、黑区域光反射比 ρ_W、ρ_B 的影响。为减少影响它的不确定因素，引入归一化对比度的概念，着重对比度值的变化而不是对比度值的本身。

由式（10.23）可知，当 $\gamma=0$（即理想的晴天），大气完全透明，对比度达到最大值 C_0。此时的对比度为靶标的固有对比度，C 为观测到的靶标表现对比度，则定义 $C_N=C/C_0$ 为靶标的归一化对比度，即

$$C_N=\frac{C}{C_0}=\frac{\rho_W}{\rho_W+\beta[e^{\gamma l}-1]} \tag{10.26}$$

其最大值为 1，最小值为 0。当浮质浓度一定（即 γ 一定）加长光程 l，当满足条件：$C_N(l)=\varepsilon$ 时的距离，即通过一定距离的水平大气柱后，靶标的对比度衰减为固有对比度的 ε 倍时，就是能见度 V_R 的值，即

$$V_R=\frac{\ln(\rho_W-\varepsilon\rho_W+\varepsilon\beta)-\ln(\varepsilon\beta)}{\gamma} \tag{10.27}$$

由式（10.27）可知，靶标白、黑区域的光发射比对 V_R 的影响很小。

2）不同能见度条件下，靶标的光亮度归一化对对比度随距离的变化

假定靶标有图 10-4 所示简单的形状，有由黑白区域像素值平均计算得到的归一化固有对比度为 1。假定靶标安放的距离由近到远移动，并线性地增加距离，在不同能见度条件下，测量靶标的归一化对比度，利用式（10.27）导出的以下公式计算出不同能见度条件下对应的衰减系数 γ 为

$$\gamma = \frac{\ln(\rho_W - \varepsilon\rho_W + \varepsilon\beta) - \ln(\varepsilon\beta)}{V_R} \tag{10.28}$$

若选取$\rho_W \approx 0.8$、$\rho_B \approx 0.03$、$b \approx 0.2$、$p = 0.17$、$\beta = 0.95p/b \approx 0.81$、$\varepsilon = 0.05$，则

$$\gamma = \frac{2.98}{V_R} \tag{10.29}$$

若选取能见度值$V_R = 50\text{m}$、100m、200m、300m、400m、500m、700m、1000m，则分别对应的衰减系数$\gamma \approx 59.6/\text{km}$、29.8/km、14.8/km、9.95/km、7.46/km、5.96/km、4.26/km、2.98/km。式（10.29）不仅考虑了因吸收和散射引起的目标亮度的衰减，而且也考虑了因散射引起的增加。将γ值代入式（10.26），就可算出归一化对比度随距离的变化关系，如图10-7所示的曲线。

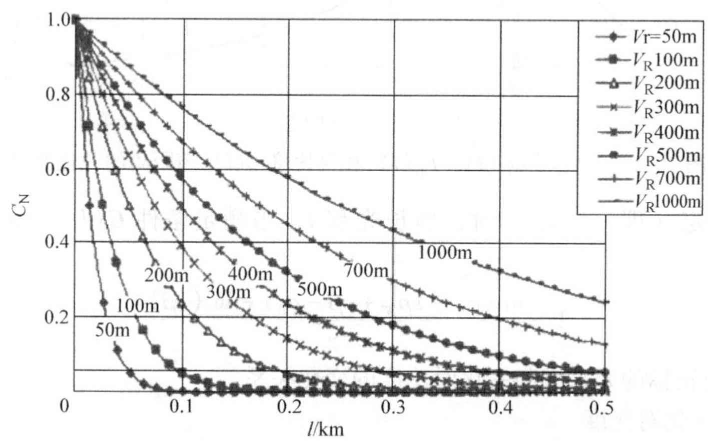

图10-7 不同能见度条件下靶标光亮度归一化对比度随距离的变化关系

图中，水平轴表示靶标的距离。归一化对比度为ε的水平线与某曲线的交点所对应的距离就是该曲线的能见度值。任何靶标的对比度降到阈值以下，便认为是看不见的。从图10-7所示可见，当能见度低时，对比度随距离的增加下降得很快；当距离大于能见度的靶标时，不能用于计算能见度值。

3）不同距离下靶标的光亮度归一化对比度随能见度的变化

靶标放置在25m、50m、75m、100m、125m、150m、175m、200m、250m、300m、400m、500m的距离下，式（10.26）中的变量l对每个靶标固定，能见度V_R从而随衰减系数γ（$\approx 2.98/V_R$）变化，对每一个靶标，在0～1000m范围内改变能见度，其计算结果如图10-8所示。

归一化对比度为ε的水平线与某曲线的交点所对应的能见度值等于该曲线对应的靶标的距离。如果能见度比靶标距离小，将是看不见的。若能见度比靶标距离大很多，该靶标的对比度将迅速变大而趋于饱和。即该靶标不能提供可供测量的、足够大的对比度的差值。如图10-7和图10-8所示曲线，在使用固定数目的靶标时，可得到源于能见度测量的一些重要的限制性结论：假如只允许使用一个靶标测量25～500m的能见度，靶标必须在25m处。因而能见度为25m时，任何远于25m的靶标将是看不见的。如图10-7所示，在25m处划一垂直线就可证实，它将越过所有的能见度线。同时，25m处的靶标对比度的变化显示，在高能见度条件下，使用近距离靶标，准确率很低。

由上面的分析知，自校准大气能见度测量的方法，考虑了因散射引起的附加亮度和黑白目标固有的光亮度差异。为了在宽的范围内测量能见度，要在宽的距离范围内安置与固有的对比度相

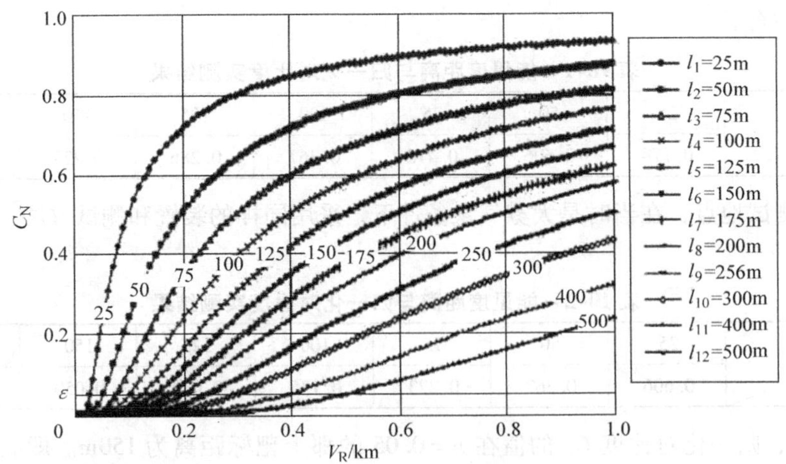

图 10-8　不同距离下靶标的光亮度归一化对比度随能见度的变化

同的靶标，在不同距离下，安置更多的靶标将会增加测量能见度的范围和准确度。使用单靶标将会严重地限制测量准确度和测量范围。

5. 测试范例

（1）现场气候

中雾

（2）测试时间及地点

时间为 2005－11－27

地点为成雅高速 25km 处

（3）靶标及参数

采用的靶标如图 10-4a 所示，实施例采用的能见度测量专用靶杆 1、底板 2。底板 2 固定靶杆 1 的顶端，靶杆 1 固定在地面基础支撑物。底板 2 被等分为四个区块，其中对角的两个区块为黑色漫射反光面 3，另外两个对角区块为白色漫反射反光面 4。底板 2 的形状为正方形，同色区块呈对角线分布。

靶标的工程安装参数可根据基本参数（靶标总数、使用场地、安装的距离范围、所用相机的 CCD 尺寸、总像素、相机的最大焦距、相机安装的光中心高度等）计算得到，参数如下：

现靶标数目＝8

每个靶标的距离＝25m、50m、75m、100m、125m、150m、175m、200m

每个靶标的边长＝0. 40m、0. 65m、0. 86m、1. 06m、1. 23m、1. 40m、1. 56m、1. 72m

每个靶标投影在水平面内距中心轴线的偏角＝2. 42°、2. 42°、1. 47°、1. 47°、0. 70°、0. 70°、0. 0°、0. 0^0

每个靶杆投影在水平面内距中心轴线的偏距＝1. 06m、2. 11m、1. 92m、2. 57m、1. 53m、1. 83m、0m、0m

每个靶杆的高度＝4. 59m、4. 90m、3. 77m、4. 55m、2. 95m、4. 15m、2. 13m、3. 71m

该组靶杆高度值是对地面基础为水平或等倾斜条件计算得到的。

测量方法按照前述技术路线的 4 个步骤进行。

测量结果见表 10-1。

表 10-1 中，归一化对比度 C_N 的值均大于阈值 0. 05，表示能见度应在最远靶标距离（200m）以外。根据曲线拟合和外推，能见度测量结果为 300m，视力正常人员目测结果约为 310m，与本

方法测量结果吻合。

表 10-1 能见度距离与归一化对比度实测结果

距离 / C_N	25	50	75	100	125	150	175	200
C_N	0.778	0.606	0.472	0.367	0.286	0.223	0.174	0.135

在同样的测试地点，在当时是大雾气象条件下，采用同样的装置和测试方法，测试结果见表 10-2。

表 10-2 能见度距离与归一化对比度实测结果

距离 / C_N	25	50	75	100	125	150	175	200
C_N	0.606	0.367	0.223	0.135	0.082	0.050	0.030	0.018

表 10-2 中，归一化对比度 C_N 的值在 $\varepsilon=0.05$ 的那个靶标距离为 150m。即能见度测量结果为 150m，视力正常人员测量结果约为 160m，与本方法测量结果吻合。

随着图像处理技术、机器视觉技术的发展，诞生了很多基于视频的能见度测量方法。例如，基于暗原色通道原理，仅从获取的监测区域的视频图像可以得到大气透射率，间接获取能见度值。这种方法不仅在监测装置中省去了靶标，而且对于高速路特别是山区或临海区域的高速路上常出现的团雾具有很好的检测效果，相关技术可以查阅有关文献。

10.2 道路空气污染的监测

在保障交通安全的基础之上，目前全球倡导绿色交通（Green Transport），广义上是指采用低污染、适合都市环境的运输工具，来完成社会经济活动的一种交通概念。狭义指为节省建设维护费用而建立起来的低污染，有利于城市环境多元化的协和交通运输系统。绿色交通是一个全新的理念，它与解决环境污染问题的可持续发展概念一脉相承。它强调的是城市交通的“绿色性”，即减轻交通拥堵，减少环境污染、促进社会公平、合理利用资源等。除了进行合理的路网规划，建立维持城市可持续发展的交通体系，选择合适的交通工具、出行方式外，采用先进的绿色交通技术也是实现这一理念的有效措施之一。目前，在交通控制技术发达的国家，已将车辆拥堵所造成的空气污染状况作为基础控制指标之一纳入城市交通控制系统中，真正实现通达、有序、安全、舒适、低能耗、低污染。

道路交通空气污染是由机动车（主要是汽车）排出的空气污染物引起的。主要污染物有一氧化物（CO）、碳氧化物（HC）、氮氧化物（NO_x）、二氧化硫（SO_2）、颗粒物质（铅化合物、碳烟、油雾）及恶臭物质。CO 是无色、无刺激的有毒气体。机动车排气中对人体健康危害较大的碳氢化合物主要是醛类（甲醛、丙烯醛）和多环芳烃。氮的氧化物较多，机动车排出的氮氧化物主要是 NO 和 NO_2，统称为氮氧化物（NO_x）。SO_2是一种无色气体。机动车排气中的颗粒物主要有铅化合物微粒和不完全燃烧而生成的碳烟粒等。

道路空气污染的情况主要与车、路、油三大因素有关，即道路的畅通水平、机动车发动机的工况和所用汽油的质量是影响机动车排放对空气造成污染的主要因素。而与道路交通空气污染物扩散有关的气象要素主要有气温、气压、湿度、风向、风速、云况、云量、能见度及太阳辐射等。

10.2.1 机动车污染物排放量的检测与估算方法

机动车污染物排放量的检测方法主要有强制装置法和怠速法。

（1）强制装置法

强制装置法要求汽车制造厂商在新生产的汽车上安装相应的装置，以控制曲轴箱通风和燃烧系统的汽油蒸发所排放的 HC 污染物，在现有车上安装减少排放 HC 和 NO_x 的装置。该方法目前采用得较少。

（2）怠速法

怠速法是指机动车的驱动轮处于静止状态，发动机运转，化油器的节气门处于最小位置，阻气门全开，转速符合车辆使用说明书规定的运行状态，在这种状态下，对机动车的排气进行采样。采样方法分为直接采样法、全量采样法、比例采样法和定容采样法四种，然后通过对采样的污染物分析，可以得到该车辆的污染物排放数据。怠速工况测试法比较简单，应用较广泛。

机动车污染物排放量的估算方法主要有实测法和经验计算法。

① 实测法。实测法是用仪器检测车辆排气中污染物的浓度 C_i 和废气的排放物 Q，废气中污染物的排放量 m_i 可按下式计算：

$$m_i = C_i Q。$$

② 经验计算法。经验计算法是利用机动车消耗单位燃烧的空气污染物排放系数 K、单车运行一定公里所消耗的燃烧物 Q，按下式计算排气中污染物的排放量 m_i：

$$m_i = KQ。$$

10.2.2　道路上机动车污染物排放量的检测

汽车尾气排放分析仪，是在汽车发动机正常运转时，对汽车排放的尾气进行检测、分析，从而判断汽车发动机是否工作正常、排出有害气体是否超出标准的一种仪器，是监测汽车尾气排放污染的有效工具。同时，以下几种设备也可用于汽车尾气的检测。

① 非分光红外吸收法仪器。此种仪器结构简单、寿命长、测量准确度高、响应速度快、运行费用低、操作简便，可用于分析测试 CO（一氧化碳）、CO_2（二氧化碳）、HC（碳氢化合物），NO_x（氮氧化物）等气体的浓度，因而被广泛用于汽车排放污染物浓度的测量分析。

② 电化学法气体分析仪器。此种仪器可用于测量 O_2、NO_x、SO_2 等，分析仪器是电化学式，属消耗性。此类分析仪器结构小巧简单、价格低廉、易于更换，但使用寿命短。

③ 氢火焰离子化法仪器。它主要用于测量 HC，具有准确度高、输出与碳原子数成良好线性关系的优点，多用于高准确度测量试验。此类仪器可以连续长时间测试，响应快、测试准确度高、结构简单、易维护，但配套设备价格昂贵。

④ 化学发光法分析仪器，它主要用于分析测试 NO_x 等成分，具有灵敏度高、响应速度快、线性好等优点。

典型的汽车尾气分析仪，如手持式五组分汽车尾气分析仪（HJ06 - AUTO5 - 1 型），其典型的技术指标见表 10-3。

表 10-3　HJ06 - AUTO5 - 1 型尾气测量仪主要技术指标

测量值	范围	分辨率	准确度
CO	5%，过量程 20%	0.01%	读数的 +5%
HC	0 ~ 2000ppm①，过量程 10000ppm	1ppm	读数的 +5%
O_2	0 ~ 21%，过量程 0 ~ 25%	0.01%	读数的 +5%
NO_x	0 ~ 5000ppm	1ppm	读数的 +5%
CO_2	0 ~ 16%，过量程 0 ~ 20%	0.01%	读数的 +5%

① ppm 为 $10^{-4}\%$。

它主要应用在环境监测部门的路检和抽检、尾气净化装置的快速检验、有关汽车尾气的研究工作、汽车修理厂、对其他现场仪器的参考校准。

随着2013年1月1日由国家和地方共投入约9.5亿元打造的国家环境空气监测网正式投入运行，截至目前，全国已有195个站点完成PM2.5仪器安装调试并试运行，有138个站点开始正式PM2.5监测并发布数据。我国74个城市从2013年1月1日起按空气质量新标准开展监测，并实时发布PM2.5等6项基本项目的实时监测数据和空气质量指数（AQI）等信息。

北京市目前有35个PM2.5监测点，其中交通污染监控点5个，全部设在城区内，分布在二环、三环和四环主干道上；分别位于前门东大街、永定门内大街、西直门北大街、南三环西路、东四环北路，均是在主要交通干道和环路上。交通污染监控站是为监控汽车尾气造成的PM2.5污染而设置的监测站点，属于污染源监测，不具有代表性，但可以了解局地交通污染的情况。

目前，道路交通空气污染检测仍停留在服务于城市大气空气质量监测发布和预报方面，并未有效地与城市道路交通控制结合起来。随着机动车尾气实时检测技术的不断提高，将会把局地交通污染作为一个控制指标，与其他交通流参数融合起来作为道路交通控制的参数，通过优化在提高道路通行效率的同时，有效降低交通污染。目前在一些交通控制水平发达的国家已开始试点。例如，在德国柏林市区，有近30个道路检测断面上采用了包含局地交通污染检测与交通流参数检测为一体的检测设备，已把交通污染作为控制指标用于交通控制。从实际运行效果来看，道路空气污染得到了有效的控制。

道路环境监测系统除了能见度检测和道路污染空气监测方面外，还包括路面状态传感器，可用于测量道路路面状况。例如，基于光谱测量原理的非侵入式遥感装置，能够准确测量道路路面水、冰、雪的量；基于红外辐射原理，通过测量路面发射的红外辐射来感知路面温度；还有风速风向传感器等。北京市在进出京的高速路段上，分别于2009年、2010年建设了12处和8处涵盖以上检测内容的交通气象监测点，用于对道路环境的检测。

参考文献

[1] 欧冬秀. 交通信息技术[M]. 上海：同济大学出版社，2007.

[2] 美国交通研究委员会. 道路通行能力手册[M]. 任福田，等译. 北京：人民交通出版社，2007.

[3] 朱茵，王军利，周彤梅. 智能交通系统导论[M]. 北京：公安大学出版社，2007.

[4] 安实，王健，等. 城市智能交通管理技术与应用[M]. 北京：科学出版社，2005.

[5] 许伦辉，傅惠. 交通信息智能预测理论与方法[M]. 北京：科学出版社，2009.

[6] 张飞舟，范耀祖. 交通控制工程[M]. 北京：中国铁道出版社，2005.

[7] 史忠科，曹力. 交通图像检测与分析[M]. 北京：科学出版社，2009.

[8] 纪震，李慧慧，姜来. 电子标签原理与应用[M]. 西安：西安电子科技大学出版社，2006.

[9] 全永燊. 城市交通控制[M]. 北京：人民交通出版社，1989.

[10] 饶瑞中. 大气中的视觉和大气能见度[J]. 光学学报，2010，30（9）：2486－2492.

[11] 中国气象局检测网络司. 气象仪器和观测方法指南[M]. 6版. 北京：中国气象出版社，2005.

[12] 全国气象基本信息标准化技术委员会. QX/T 114—2010 能见度等级和预报[S]. 北京：气象出版社，2010.

[13] 谢兴尧，万海峰，张速. 自校准大气能见度测量方法及系统：中国，200610020115.2[P]. 2006－07－19.

[14] 公安部道路交通管理标准化技术委员会. GA/T 832—2009 道路交通安全违法行为图像取证技术规范[S]. 北京：中国标准出版社，2009.

[15] 公安部道路交通管理标准化技术委员会. GA/T 497—2009 公路车辆智能监测记录系统通用技术条件[S]. 北京：中国标准出版社，2009.

[16] 公安部道路交通管理标准化技术委员会. GA/T 496—2009 闯红灯自动记录系统通用技术条件[S]. 北京：中国标准出版社，2009.

[17] 张亚平，裴玉龙，王富. 现代交通检测技术在城市快速路系统交通调查中的应用[R]. 哈尔滨：哈尔滨工业大学交通研究所.

[18] 姜桂艳，常安德，吴超腾. 基于GPS浮动车的交通信息采集方法[J]. 吉林大学学报：工学版，2010，40（4）：971－975.